让法律被信仰

国家社科基金重大招标项目
“国家治理现代化视角下预算法治化研究”（14ZDC015）最终成果

预算治理现代化 中国图景

蒋悟真·著

法律出版社 LAW PRESS·CHINA

作者简介

蒋悟真

籍贯湖南岳阳。华南理工大学法学院院长，教授、博士研究生导师。兼任中国法学会财税法学研究会副会长、中国法学会经济法学研究会常务理事。

长期从事经济法基础理论、财税法、竞争法、社会保障法、法律经济学研究。在《中国社会科学》《中国法学》《法学研究》等核心刊物发表学术论文60余篇，出版专著多部。主持国家社科基金重大招标项目、教育部哲学社会科学研究重大课题攻关项目等国家级和省部级项目20多项。

2017年被评为第八届“全国十大杰出青年法学家”。相关成果荣获教育部高等学校科学研究优秀成果奖（人文社会科学）二等、三等奖，省部级社会科学研究优秀成果奖一等、二等、三等奖多次。

序

现代国家通过预算治理国家,预算是国家治理的中心。预算制度作为影响国家治理现代化推进的强大力量,要求形成与国家治理现代化相适应的预算治理体系。本书立基于推进国家治理体系和治理能力现代化视角,采用体系化、类型化、跨学科的分析方法,从现代公共预算的规范性、民主性、绩效性这三重维度,深入厘清了"国家治理—现代预算"之间的内在逻辑关系,着重明确了构建现代预算制度的主要目标、体系架构、核心内容及革新方向,进而对当下我国预算法律体系的完善提出立法修订、制度设计与实施效果方面的具体建议。

本书共分为六章:第一章梳理预算治理的逻辑表达,即现代预算;第二章研究现代预算治理的导向,即公共预算;第三章探讨作为法治的预算治理,即规范预算;第四章介绍作为共治的预算治理,即民主预算;第五章解构作为善治的预算治理,即绩效预算;第六章分析中国预算治理现代化的现状与未来。

在“预算治理的逻辑表达:现代预算”部分,笔者提出现代预算的发展决定着预算治理的转型,展开预算治理的全景画卷:在治理理念上应遵循民主宪治、社会本位、正当程序以及可诉性的预算法理念;在治理要素上应推进治理主体由单一向多元、治理客体由被动向主动、治理目标由国家本位向以人为本、治理方式由神秘向透明、治理手段由命令向协商的彻底转型;在治理维度上应把现代预算的规范性、民主性与绩效性作为预算治理法治化发展的重要引领。

在“现代预算治理的导向:公共预算”部分,笔者认为公共预算是现代预算治理的基本导向,它相连于国家、社会、公民三方主体。一方面,公共预算关涉人民福祉与社会公共利益最大化,是强化民生权利保障的关键,应实现公共预算“政策性”向“法治化”的嬗变;另一方面,公共预算既是一种法律现象也是一种政治现象,是深化民主政治变革的抓手,应实现预算法律性对预算政治性的规训或驯化,塑造公共预算的良法属性。

在“作为法治的预算治理:规范预算”部分,笔者呼吁应将作为善治的预算治理与作为共治的预算治理落实到作为法治的预算治理层面。预算法治是现代预算治理的基本方式,为推进我国预算法治的发展,应将正当程序品质和公开透明特质引入现代预算制度的建构过程,建立程序正当、公开透明、全面规范、约束有力的公共预算制度,打造全方位保障的预算治理法治化体系。

在“作为共治的预算治理:民主预算”部分,笔者对我国预算共治格局进行了全面考察,提出要厘定政府、人大与公民之间的预算共治关系,集三方之力共同推动预算民主的不断发展。一方面,预算民主应以社会本位理念为引导,建立合乎社会公共利益的表达机制;另一方面,预算共治形成不容忽视的司法主体力量,应以可诉性理念为立法指引,推动我国《预算法》进入司法应用领域。

在“作为善治的预算治理:绩效预算”部分,笔者建议应将绩效预算作为善治的预算治理的价值目标与衡量标准,建立以结果为导向、以绩效评价为核心、以分权为手段、以绩效问责为激励的绩效预算治理体系,加快推动传统预算治理的控制性、制裁性向现代预算治理的有效性、激励性转变,摆脱预算工具理性对价值理性的宰制,形成一种真正服务于社会公共目标的现代预算模式。

在“中国预算治理现代化的现状与未来”部分,笔者重点审视了以我国《宪法》《预算法》以及其他相关预算法律为基础的法律规范体系、规范实施体系与预算能力体系。第一,对中国预算法修订进行规范分析,预算法律关系作为公共预算关系的抽象和拟制,是立法者运用立法技术制定预算法律规范的基础和指引,在预算立法与实践之间起着承启的作用。对预算法律文本中蕴含的各类法律关系进行规范分析,旨在深化对预算法律所预设的逻辑秩序之阐释和解析,进而说明和论证预算法律规范设定的主体、行为和责任等逻辑秩序与预算实践秩序间的关系。第二,现代预算法实施的核心问题,是使公民的社会公共需求得到最优化满足,通过某种实施机制实现这一目标,成为法学研究的重大命题。超越盎格鲁—撒克逊式预算模式,建构预算法实施的中国道路,需要更多地从公民视角探讨预算法的实施路径,维护广大人民的根本利益。利益需求的三重维度对应公民身份三大要素、三种权利以及三重保障。由此,预算法的实施至少包括政治化、社会化和司法化三条道路。预算法实施的三条道路,是制度合力的辩证统一,目标直接指向预算法的良好实施。第三,预算是国家治理的重心,推进国家治理现代化必须提升预算治理能力,是预算法现代化实现的必由之路。发达国家预算法的历史经验表明,预算法现代化先后经历了注重预算约束能力、强调预算配置能力与强化预算运作能力的三个阶段,依此生成的三重维度也是中国预算法现代化推进的根本路径。首先,为强化约束能力,应合理分配党委、人大、政府、司法以及公众的预算权责,以矫正预算约束失灵;其次,为优化配置能力,应升级预算配置理念、调整预算配置结构、重构预算配置模式,以提升预算配置的精准性;最后,为提升运作能力,应重塑预算运作价值、转换预算运作范式、拓展预算运作手段,以实现社会公共价值。

在我国,预算治理现代化已逐渐成为预算研究领域极具魅力的基本范畴之一,但是在法学研究领域仍是一块有待开垦的学术地。本书的研究以法学视野切入之,以规范视角审视之,侧重理念、功能、框架、制度、规则、实效等多个维度,研究思路具有从宏观到微观、由表层至里层、处一隅观全局的特点,展示出预算治理现代化蕴含的丰富内涵和多重面向。预算治理现代化,可谓财政预算法治问题之根本,其所涉领域非常广阔,个中问题更为复杂,鉴于笔者的研究能力和兴趣所限,本书论证过程中不免出现纰漏,尚祈读者批评指正,也有待日后进一步深入研究。

目次

引　论　/ 001
一、国家治理与预算制度之间的关系　/ 005
二、本书的主要思考　/ 011

第一章　预算治理的逻辑表达：现代预算　/ 013
第一节　现代预算法的核心理念　/ 015
一、预算法的民主宪治理念与修改路径　/ 016
二、预算法的社会本位理念与修改路径　/ 021
三、预算法的正当程序理念与修改路径　/ 026
四、预算法的可诉性理念与修改路径　/ 032
五、结语　/ 037
第二节　预算治理的基础要素　/ 038
一、预算治理的主体　/ 038
二、预算治理的目标　/ 040
三、预算治理的方式　/ 042

四、预算治理的手段 / 044
第三节 预算治理的三重维度 / 046
一、预算治理的规范维度 / 047
二、预算治理的民主维度 / 050
三、预算治理的绩效维度 / 055

第二章 现代预算治理的导向:公共预算 / 059
第一节 强化民生权利保障的公共预算制度 / 060
一、我国民生性财政支出预算执行的现实困境 / 062
二、合理厘定民生性财政支出的优先次序 / 065
三、构建民生性财政支出民意诉求表达机制 / 069
四、强化民生性财政支出预算执行的绩效问责与财政激励 / 073
五、结语 / 076
第二节 深化民主政治变革的公共预算制度 / 077
一、公共预算的规制特色:政治性与法律性 / 078
二、我国《预算法》的政治性 / 081
三、预算政治性的法律化之路 / 088

第三章 作为法治的预算治理:规范预算 / 093
第一节 预算法正当程序理念及其制度完善 / 095
一、预算法正当程序理念的内涵 / 096
二、预算法正当程序理念与预算正当的内在统一性 / 107
三、预算法正当程序理念下具体预算制度的修改及完善 / 113
第二节 预算公开法治化:实质、困境及其出路 / 127
一、公共财政与预算公开法治化 / 129

二、预算公开与预算权规范化 / 133
三、我国预算公开法治化的发展理路 / 141
四、余论 / 153
第三节 保障教师薪酬从全方位财税法治保障入手 / 155
一、教师薪酬财政法治保障观念应从注重事后问责向全方位保障转变 / 156
二、全方位保障教师薪酬首先需建立教师薪酬优先给付制度 / 159
三、教师薪酬优先权应有相应的财政保障机制 / 164
四、进一步健全拖欠教师劳动报酬的责任监督机制 / 168
五、结语 / 173

第四章 作为共治的预算治理:民主预算 / 174
第一节 推进预算民主的三条进路 / 176
一、立法机关预算监督的进路及其评析 / 176
二、政府部门预算公开的进路及其评析 / 180
三、公众参与式预算的进路及其评析 / 185
四、结语 / 190
第二节 预算法社会本位理念及其规范化表达 / 191
一、预算法社会本位理念的界定 / 191
二、预算法社会本位理念的价值维度 / 193
三、预算法社会本位理念的理论基础 / 197
四、预算法社会本位理念的制度表达 / 199
五、结语 / 208
第三节 预算法可诉性理念及其司法机制构建 / 209
一、预算法可诉性命题的提出与证成 / 209

二、预算法的可诉性理念内涵及其功能 / 212
三、预算法的司法审查制度的构建 / 217
四、预算法的公益诉讼制度的构建 / 219
五、结语 / 224

第五章　作为善治的预算治理:绩效预算 / 225
第一节　预算善治与绩效预算之间的关系 / 227
一、预算善治的内涵 / 227
二、预算善治是绩效预算治理的价值追求 / 230
第二节　预算绩效管理的框架体系与治理模式 / 235
一、绩效预算的发展脉络 / 235
二、预算绩效管理的框架体系 / 240
三、我国预算绩效管理的治理模式 / 242
第三节　我国预算绩效管理的现实困境 / 248
一、预算绩效管理法律法规体系不完善 / 248
二、预算绩效评价体制运作不足 / 249
三、预算绩效管理的适用范围不明确 / 251
四、绩效问责体制缺乏 / 253
五、财政激励机制不健全 / 256
第四节　我国预算绩效管理的发展进路 / 257
一、完善预算绩效管理法律法规体系 / 258
二、增强政府及其工作人员的预算绩效管理能力 / 259
三、明确预算绩效评价的适用范围 / 260
四、强化绩效问责 / 262
五、完善财政激励制度 / 266

第六章 中国预算治理现代化的现状与未来 / 272
第一节 预算法修订的规范分析 / 273
一、问题提出与分析框架 / 273
二、预算法主体的开放性与制衡性 / 277
三、预算法律行为的品性与法权配置 / 286
四、预算法律责任的缺陷与拓扑 / 294
五、结语 / 302
第二节 预算法实施的中国路径 / 303
一、预算法的实施道路:一种公民身份的视角 / 304
二、政治化道路:预算权力的运行机制 / 311
三、社会化道路:预算法实施的社会机制 / 321
四、司法化道路:预算法实施的诉讼机制 / 331
五、结语 / 340
第三节 中国预算法的现代化 / 341
一、预算法现代化的历史演变及其中国道路 / 343
二、预算约束能力的强化 / 350
三、预算配置能力的优化 / 356
四、预算运作能力的提升 / 362
五、结语 / 367

参考文献 / 369

初出一览 / 395

后 记 / 398

引　论

市场社会成立以后，由于经济体系的分离，经济体系、政治体系以及社会体系这三个下位体系彼此独立。可以说，财政是调整这三个下位体系，并将之统合为一个综合体系的媒介环。

——[日]神野直彦①

如果你不能预算，将无法实现治理。

——[美]阿伦·威尔达夫斯基(Aaron Wildavsky)②

党的十八届三中全会、四中全会提出了"推进国家治理体系和

---

① [日]神野直彦：《财政学——财政现象的实体化分析》，彭曦等译，南京大学出版社2012年版，第23页。

② Aaron Wildavsky, *If you carit Budget, How can you Govern?*, in Anderson, A. and Bark, D. L. eds., *Thinking about America: The United States in the* 1990*s*, Hoover Institution Press, 1988.

治理能力现代化”与“国家治理领域,全面推进依法治国”的战略部署,党的十八届三中全会同时还明确了“财政是国家治理的基础和重要支柱”的宏观判断,党的十九大报告更是要求“加快建立现代财政制度”“建立全面规范透明、标准科学、约束有力的预算制度,全面实施绩效管理”。然而,财政何以在国家治理过程中起到基石性作用?概因财政相连于政治、经济与社会的三大子系统,是作为其统合的无形媒介环,堪称庶政之母、邦国之本与安民之要的有机结合体。①

一方面,在现实层面上,剖析国家治理现代化的推进过程,推进国家治理的关键力量,可化约为三个维度:一是渗透力量,即国家有一种进入社群并能与人民直接互动的能力;二是汲取力量,即国家具有能力从社会取得资源;三是协商力量,即国家能够与社会本着互信互惠的关系,进行政策磋商,并达成政策共识。② 细考上述关乎国家治理力量的基本维度,它无一不密切相关于财政活动本身,财政领域与国家治理的支柱性关系就生成于其中。申言之,作为“无形媒介环”与“有机结合体”的财政,它的运行活动主要依赖预算来表达,预算就成为观察国家治理的最佳视角,预算治理也决定国家渗透、汲取、协商能力的高低:对于渗透能力的提升,预算可以通过在优化公共经济资源分配的过程中展开与公民社会的直接互动,以

---

① 参见[日]神野直彦:《财政学——财政现象的实体化分析》,彭曦等译,南京大学出版社 2012 年版,第 23 ~ 24 页;李炜光:《财政何以为国家治理的基础和支柱》,载《法学评论》2014 年第 2 期。

② 参见[澳]琳达·维斯、约翰·M.霍布森:《国家与经济发展——一个比较及历史性的分析》,黄兆辉、廖志强译,吉林出版集团有限责任公司 2009 年版,第 8 ~ 9 页;陈恒钧:《治理互赖理论与实务》,台北,五南图书出版股份有限公司 2012 年版,第 6 ~ 7 页。

深入回应社会公众的公共需求，才能获取社会公众对公共经济资源分配决策的广泛支持；对于汲取能力的保障，为防止造成对资源汲取的恶性循环与徒然浪费，现代国家对社会资源的汲取摒弃了恣意性的掠夺手段，而是采用了可再生的汲取方式，[①]来适当汲取公共政策执行所需的资源；对于协商力量的增强，预算决策过程作为吸引社会成员进行广泛参与的平台，预算资源分配格局的确立只有经过与社会成员的协调与商议，几经整合才能产生预算决策共识。[②]

另一方面，在历史角度上，整个西方政治演化史就是财政预算制度发展史。[③] 作为近代代议制理论与现代预算制度的发祥地的英国，其议会制度成长史充分反映财政预算的演化史。自英国封建制度形成之日起，便承继了原始民主传统观念，[④]有关征税问题一般需经“贤人会议”（封建制度确立后蜕变为大议事会）的讨论和同意。[⑤]后来由于王权的不断强化，加之财政危机的出现，国王屡屡打破了征税传统与惯例，甚至出现了对贵族横征暴敛的行为，最终爆发了贵族与国王、教会之间的激烈政治冲突。国王为维系王权的存在与

---

① 例如，汲取能力最主要的表现形式即为征税，在推行单年税主义的国家，征税必须通过议会审议和批准每年度预算，才被允许征税。以法国为例，一旦其岁入预算未被议会通过，当年就不能征税。而在英国，关于所得税是否延续也必须根据议会审批的岁入预算，如果得不到预算的认可，所得税将被取消。参见［日］神野直彦：《财政学——财政现象的实体化分析》，彭曦等译，南京大学出版社 2012 年版，第 77 ~ 78 页。

② 参见马骏：《治国与理财：公共财政与国家建设》，生活 · 读书 · 新知三联书店 2011 年版，第 63 页。

③ 参见［日］井手文雄：《日本现代财政学》，陈秉良译，中国财政经济出版社 1990 年版，第 173 页。

④ “当时有行新法及关生民利害之事，必须得人民之同意。”参见［英］比几斯渴脱：《英国国会史》，［日］镰田节堂译，中国政法大学出版社 2003 年版，第 2 页。

⑤ See Lyons Bruce, *A Constitutional and Legal History of Medieval England*, Harper & Brothers, 1960, pp. 248 – 249.

重塑王权的形象,压力之下被迫签署了限制王权的政治文件《大宪章》,它在历史上首次确立"非赞同毋纳税"原则,这成为君主财政专制权向议会批税权转化的源头。后因"光荣革命",1689 年议会通过《权利法案》标志着预算制度雏形的形成。再至 18 世纪,为避免议会腐败行为,[①]1706 年下议院通过决议:"本院将不接受关于公共服务方面的任何资金申请,或审议要求以公共收入为基础的拨款或经费的任何动议,不管可支付的是统一基金还是议会提供的经费,除非它是来自国王的推荐"。[②] 该决议从 1713 年起成为英国议会下议院永久的议事规则。同时,为控制国王可能出现的滥用皇室经费之行为,1782 年议会通过经济改革法案,将国王世袭的私人财务归入议会监督之下的公共财产,并制定了明确的开支方针和受托责任等。[③] 直至 1822 年起,财政大臣开始向议会提交关于政府财政的指导方针和活动内容的报告,如戴雪所言:"应当明晓英吉利法律所以处置岁出之方法,盖一如其所以待遇岁入之方法。申言之,岁入岁出均依巴力门法案行事。"[④]后至 1866 年,英国议会制定《国库与审计部法》以强化对政府收支的监督,设立了独立于政府的审计总长专职负责审计政府各部门的经费使用状况。通过梳理英国惊心动魄的政治史,可发现财政预算问题始终处于风口浪尖,历经复杂且漫长的斗争时期,最终才逐渐演绎成当前典型的预算治理

① 18 世纪初的英国,由于政府收支时常出现盈余,按照议会规定,政府在每年结束之际需将盈余返还给议会,这就难免出现了议员们通过滥提开支要求欲从剩余经费中谋取私利的腐败行为。

② Kenneth Bradshaw, David Pring, *Parliament and Congress*, Quartet Books, 1981, p. 309. 转引自张献勇:《预算权研究》,中国民主法制出版社 2008 年版,第 107 页。

③ 参见[美]玛格利特·利瓦伊:《统治与岁入》,周军华译,格致出版社、上海人民出版社 2010 年版,第 136 ~ 137 页。

④ [英]戴雪:《英宪精义》,雷宾南译,中国法制出版社 2001 年版,第 350 页。

体系。

总而言之,无论基于现实视角还是历史维度进行考察,财政预算制度始终是影响国家治理发展的强大力量。现代国家通过预算治理国家,预算是国家治理的中心,如果你不能预算,将无法实现治理。[①] “无论我们如何定义国家能力,预算能力都是国家能力最基本的支撑。没有预算能力,国家能力就不可能存在,因为不可能具有任何实质性的内容。”[②]那么财政预算制度作为影响国家治理现代化推进的重要抓手,就要求我们必须形成与国家治理现代化相适应的现代预算治理体系,并要求在现代预算治理的思维模式下合理构建现代预算制度,唯此才可能推进和实现预算治理的现代化,并全力确保国家治理体系和治理能力迈向现代化。这就是本书研究过程所要尝试并努力解决的重心所在。

一、国家治理与预算制度之间的关系

财政预算作为国家治理体系运行的重要保障,国家治理现代化的推进必须得到现代预算制度的强力支撑。鉴于预算治理现代化的研究是一个综合性研究领域,有必要对国家治理与预算制度之间的内在复杂关系进行梳理和分析。

(一)国家治理现代化的厘定

治理理论思想渊源久远,最早可以追溯到柏拉图的“混合国家”。亚里士多德的法治、城邦民主思想更使我们探寻了治理的星

---

① See Aaron Wildavsky, *If You Can't Budget, How Can You Govern?*, in Anderson, A. and Bark, D. L. eds., *Thinking about America: The United States in the 1990s*, Hoover Institution Press, 1988.

② 马骏:《治国与理财:公共财政与国家建设》,生活 · 读书 · 新知三联书店 2011 年版,第 63 页。

光。经过波里阿比、西塞罗时相关理论的完善,启蒙思想家洛克和孟德斯鸠先后提出了"以权力制约权力"的治理思想。随后,亚当·斯密的"守夜人"理论、凯恩斯的国家干预理论则进一步丰富了国家治理理论的内涵。但正如亨廷顿所言,"(传统)国家治理最根本目的是维护政治秩序"。① 现代国家治理理论发端于20世纪80年代末期,它在对政府与市场、政府与社会、政府与公民这三对基本关系的反思中产生,并随着这些基本关系认识的不断深化而发展。具体而言,现代国家治理理论是随着民主政治的成熟、公民社会的勃兴、市场经济的发展以及国家与社会的互动过程而逐渐迈向前沿的,在此动态过程中传统的"政府—市场"双边关系演进为现代的"政府—市场—社会"多边关系。

党的十八届三中全会提出:"全面深化改革的总目标是完善和发展中国特色社会主义制度,推进国家治理体系和治理能力现代化"。习近平总书记在《切实把思想统一到党的十八届三中全会精神上来》中指出"国家治理体系是在党领导下管理国家的制度体系,包括经济、政治、文化、社会、生态文明和党的建设等各领域体制机制、法律法规安排,也就是一整套紧密相连、相互协调的国家制度;国家治理能力则是运用国家制度管理社会各方面事务的能力,包括改革发展稳定、内政外交国防、治党治国治军等各个方面"。②

党的十八届三中全会将国家治理现代化推到新的历史高度,引发了学者们对国家治理理论的广泛讨论和深入研究。有学者在习

① [美]塞缪尔·P. 亨廷顿:《变化社会中的政治秩序》,王冠华、刘为等译,上海人民出版社2008年版,第153页。

② 习近平:《切实把思想统一到党的十八届三中全会精神上来》,载《求是》2014年第1期。

近平总书记阐释的基础上,认为国家治理现代化"就是使国家治理体系制度化、科学化、规范化、程序化,使国家治理跟上时代步伐,创新治理方式,回应国民现实需求,实现最佳的治理效果,为党的国家事业发展、人民幸福安康、社会和谐稳定、国家长治久安提供一套更安全、完备的制度体系,把中国特色社会主义各方面的制度优势转化为治国效能","包括国家治理体系现代化和国家治理能力现代化"。[①] 也有学者进一步认为,国家治理体系和治理能力是国家治理的两个方面,是一个有机统一的整体,两者相互影响、相辅相成——国家治理体系决定国家治理能力,规定治理能力的内容、要素、结构以及治理能力所达到的水平;国家治理能力影响国家治理体系功能的真正发挥,国家治理现代化深受公众参与、人权和公民权、党内民主、法治、政府权威和政治秩序被公民认可、社会公正、政务公开、政府责任、公共服务、廉政等因素实现程度的影响。[②] 还有学者从治理模式、目标模式及落脚点三方面认为,国家治理现代化包括共治、善治与法治三个维度,"实现国家治理现代化急需建构一个多元主体共同参与、平等协商为基础的公共治理模式";"善治是国家治理现代化的目标模式";"法治是国家治理现代化的必然选择,善治和共治的最终将落脚在法治"。[③] 更有学者从法治与国家治理现代化关系视角认为,"法治与国家治理体系和治理能力有着内在的联系和外在的契合;法治是国家治理的基本方式;依法治国、依法执政、依法行政、严格执法和公正司法,决定了推进国家治理现

---

① 江必新:《国家治理现代化》,中国法制出版社2014年版,第1页。

② 参见俞可平:《论国家治理现代化》,社会科学文献出版社2014年版,第1~10页。

③ 吴汉东:《国家治理现代化的三个维度:共治、善治与法治》,载《法制与社会发展》2014年第5期。

代化本体上和路径上就是推进国家治理法治化；现代法治为国家治理注入良法的基本价值，提供善治的创新机制，法治对于国家治理现代化具有根本意义和决定作用，法治化是国家治理现代化的必由之路，治理体系法制化和治理能力法治化是国家治理法治化的两个基本面向”。①

总体而言，治理应是一种新的管理社会的方式。西方国家治理经历了由统治、管理到治理的过程，是随着政治国家、公民社会以及现代法治的发展而逐步成熟的。现代国家治理就是在特定（成熟）的宪治、民主、法治等理念和机制支撑下，国家、社会、公民多元主体实现对社会予以治理的过程。随着众多学者的努力和国家的大力推动，我国国家治理理论快速发展，虽然不同学者因视角不同而观点不同，对我国国家治理体系和治理能力现代化构成要素的认知可能不尽相同，但在善治（法治）目标导向和“市场—社会—政府”治理架构下，控制权力、保障权利，实现国家与社会、政府与市场、中央与地方以及权力与权利之间的良性互动与平衡已成为我国国家治理现代化的共识和核心要义。

（二）国家治理与预算改革之间的关系

党的十八届三中全会着重强调，“科学的财税体制是优化资源配置、维护市场统一、促进社会公平、实现国家长治久安的制度保障”。不难看出，预算制度作为政治、经济、文化、社会、生态等国家治理体系运行的强大保障，只有构建合理的现代预算制度，才能着力推进国家治理体系和治理能力现代化。

第一，预算改革与政治功能相伴相生，政治民主的进步标志着

① 张文显：《法治与国家治理现代化》，载《中国法学》2014 年第 4 期。

预算制度的进步，而预算制度的成熟度也反映出政治民主的先进性。有学者认为，预算本身就是个政治问题，[①]预算应对政治经济环境的变化作出灵活反应；[②]也有学者认为，现代预算制度与民主政治架构紧密联系在一起，预算如果不和民主联系在一起就几乎没有任何价值；[③]更有学者从历史发展视角解析不断发展的美国预算体制，认为预算制度改革的核心在于对预算绩效与政治民主之间关系的恰当处理。[④] 概言之，预算改革的确在改变着政治过程，预算改革对廉洁政府的实现、税收国家的形成以及国家治理的保障都具有重要作用，但同时政治过程的核心部分似乎不是纯粹的预算改革所能改变的，预算改革的推进需要对政治过程的某些部分进行变革。[⑤]

第二，预算改革与经济功能天然契合，现代预算制度应立基于市场经济，应将预算制度定位为一种与市场经济相适应的治理模式，预算制度通过平等地对待市场主体、合理地矫正市场失灵，从而提供市场本身无法供给而又确实需要的公共物品与服务。有学者对预算的经济功能进行了较全面的论述：从政策角度来讲，它指明了经济的趋势，并表达了有效利用社会资源的意向；它促进了经济

① 参见[美]阿伦·威尔达夫斯基：《预算与治理》，[美]布莱登·斯瓦德洛编，苟燕楠译，上海财经大学出版社2010年版，第5页。

② 参见[美]爱伦·鲁宾：《公共预算中的政治：收入与支出，借贷与平衡》(第4版)，叶娟丽、马骏等译，中国人民大学出版社2001年版，第23页。

③ See Meyers, "Legislative Budgeting in Mexico: Aspirations and Choices", Accessed April 20, 2017, http://userpages.umbc.edu/~meyers/mexico.pdf.

④ 参见[美]杰克·瑞宾、托马斯·D. 林奇：《国家预算与财政管理》，丁学东等译，中国财政经济出版社1990年版，第6~21页。

⑤ 参见马骏：《治国与理财：公共预算与国家建设》，生活·读书·新知三联书店2011年版，第104页；马骏：《中国预算改革的政治学：成就与困惑》，载《中山大学学报》2007年第3期。

的宏观平衡;它已成为减少不公平的工具。[①] 也有学者认为,预算制度是一个非常重要的政策工具,它着重用于管理政府所能获取的有限公共资源,尤其竞争性政策目标正是通过预算过程得以调整,以适应现实情况并加以具体实施的。[②]

第三,预算改革与社会功能紧密相连,在预算理论的进化过程中,预算起初是强化对政府控制的工具,后来进化为政府合法性的象征,任何政党对公共政策的讨论都离不开预算的控制框架。预算制度不仅重构了政府合法性的基础,而且成为满足公民公共需求、保障公民权利的重要法宝。以美国进步时代的预算改革为例,历史上这场预算改革运动重构了政府的合法性基础,建立了现代公民权模型。[③] 在现代法治国家看来,预算制度不再只是单纯强调税收政策调整与预算收支控制的关联性,而是开始着重于关注其是否能被公民理解与接纳,也即现代预算的根基更多的是建立在定期与公民协商沟通并取得公民对政府认同的基础上。[④]

综上所述,无论是推进国家治理现代化的提出,还是深化预算制度改革的强调,二者的价值目标都以人民福利的最大化实现作为核心目标。预算制度不仅是政府资源配置的简单技术工具,而且是公民权利着陆的安全缓冲地带,并成为塑造公共生活、国家制度、公

---

① See A. Premchand, *Government Budgeting and Expenditure Controls: Theory and Practice*, International Monetary Fund, 1984, Introduction.

② See Richard Allen and Daniel Tommasi, *Managing Public Expenditure: A Reference Book for Transition Countries*, Paris: OECD Publishing, 2001, p. 19.

③ 参见[美]乔纳森·卡恩:《预算民主:美国的国家建设和公民权(1890—1928)》,叶娟丽等译,格致出版社、上海人民出版社 2008 年版,第 203 ~ 205 页。

④ 参见[美]爱伦·鲁宾:《阶级、税收和权力——美国的城市预算》,林琳、郭韵译,格致出版社、上海人民出版社 2011 年版,第 233 页。

众与国家关系的重要媒介手段,[①]国家治理与预算改革之间的内在关系正孕育其间。

二、本书的主要思考

预算治理现代化的具体研究将从国家治理现代化视角,立基于"市场—社会—政府"的国家治理构造,采用系统化、体系化、类型化的分析方法,从现代预算的公共性、规范性、民主性、绩效性这四重维度出发,着重厘清"推进国家治理现代化与构建现代预算制度"的内在逻辑关系,明确现代预算制度构建的主要目标、体系架构、核心内容及其方向指引,将以往独立割裂的研究进行综合和升华,建立体系完整、功能适度、相互协同,符合我国国情并具有可操作性的现代预算制度。

第一,预算治理现代化的逻辑表达,重点解读预算治理的核心理念、基础要素和主要维度,包括民主宪治、社会本位、正当程序以及可诉性的现代预算法理念,预算治理的主体、预算治理的客体、预算治理的目标、预算治理的方式与预算治理的手段,公共预算治理的规范维度、民主维度与绩效维度,以揭示现代预算的内涵、外延、本质和特征。

第二,现代预算的公共维度,现代预算应在尊重市场在资源配置中起决定性作用的基础上,进行合理的制度设计,实现公共预算,这种公共预算具有双重效果指向:一是具有社会公民受益效果;二是具有民主政治建设效果。这种公共维度体现出现代预算制度存在的最终价值导向。

---

① 参见[美]乔纳森·卡恩:《预算民主:美国的国家建设和公民权(1890—1928)》,叶娟丽等译,格致出版社、上海人民出版社 2008 年版,第 2 页。

第三，现代预算的规范维度，它与预算法治相适应，是现代预算制度构建的基石要素。这种规范性由许多能相对独立发挥功能的最小单位组合而成，例如，正当程序、公开透明、分权制衡、权利本位，正是依靠这些细小的预算法则才构造出一个相对严格、周密的预算规范体系。这种规范维度形成了预算制度进化的法律基础，展现出要求预算行为按照一定的规范准则予以进行的要求。

第四，现代预算的民主维度，它与预算共治相适应，是实现公共预算的前提与基础。这种民主性体现出现代预算的工具性价值，现代预算治理导向的实现离不开预算民主。总体上，这种民主维度应着重探究如何凸显以代议制为基础的预算民主制度、夯实协商民主为基础的社会本位理念以及强化实施效力的可诉性理念等，这将是提高预算治理能力的重要方向。

第五，现代预算的绩效维度，它与预算善治相适应，是预算治理现代化的衡量标准和目标取向。这种绩效性预算善治作为通向预算善治的关键，既是预算治理的目标，也是预算治理的内生性约束。总体而言，这种绩效维度是一种以结果为导向、以绩效评价为关键、以分权为激励、以监督和责任为约束的预算制度模式。

第一章　预算治理的逻辑表达:现代预算

现代化概念涉及一系列的过程,诸如:资本的积累和资源的利用;生产力的发展和劳动生产率的提高;政治权力的集中和民族认同的塑造;政治参与权、城市生活方式、正规学校教育的普及;价值和规范的世俗化;等等。

——[德]于尔根·哈贝马斯①

在现代预算的理念下,预算作为治理国家收支行为的基石,"以人为本""人民主权"应在整个预算治理中占据关键地位,而如何确立人民的主体性地位将是整个现代预算权体系构建的价值基础和核心任务。

——朱大旗②

① [德]哈贝马斯:《现代性的哲学话语》,曹卫东等译,译林出版社2008年版,第2页。
② 朱大旗:《现代预算权体系中的人民主体地位》,载《现代法学》2015年第3期。

在法学视角下透视预算治理，预算作为国家治理的主导方式，正依托于预算制度才满足了国家治理对于正当性与有效性的需要，预算不仅是被统治者赋予统治者在一个财政年度内关于收入、支出权限的授权书，[①]而且在预算制度逐步走向成熟的进程中，它同步体现出如何实现国家职能与促进公共利益、规约政府权力与保障公民权利的目的。[②] 从根本上来说，现代预算的发展是预算治理转型的关键，而预算治理的转型推动着国家治理转型，即现代预算体系与预算治理体系在相当程度上具有一体两面的同构关系，同时，预算治理能力充分反映出国家治理能力，现代预算体系甚至成为预算治理体系的另一种表达。为了深刻而全面地揭示上述命题所隐含的逻辑判断，以下将对预算治理体系作出前瞻性的论述，希望通过描述法学镜像中的现代预算制度，来充分阐释现代预算作为预算治理体系的根本属性，并从理论上探索现代预算体系与国家治理体系之间双向促进的可能性。

"现代化"乃是"一种一般意义上的社会发展模式"，[③]它通常被视为事物发展的特定阶段或客观趋势。当下中国正处于推进国家治理现代化的阶段，为充分保障国家健康、有序、高效地进行治理活动，预算制度只有顺应这种发展趋势，才能真正提升预算治理的现代化水平。同时，推进预算治理现代化也反映了现代预算的内在价值导向，昭示出现代预算制度的发展轨迹与完善前景。因此，要推进与实现预算制度体系现代化的转型，必须深刻揭示现代预算与预

---

① 参见［日］神野直彦：《财政学——财政现象的实体化分析》，彭曦等译，南京大学出版社2012年版，第65页。

② 参见蒋悟真：《中国预算法实施的现实路径》，载《中国社会科学》2014年第9期。

③ ［德］哈贝马斯：《现代化的哲学话语》，曹卫东等译，译林出版社2004年版，第2页。

算治理的内在逻辑关系，从而使促进现代预算制度发展的理路设计和制度建构能对我国预算治理转型产生牵引力与引导力。

为了充分论证上述理论命题，需要从以下两个问题予以推演：一方面，应强调建构一个有效的现代预算体系，通过剖析预算治理与现代化的关系，来对预算治理现代化转型的核心要素进行合理阐释；另一方面，为防止预算治理现代化的泛化，必须确立预算治理现代化的目标和任务，通过沿着现代预算的演进轨道来辨识预算治理的多重维度，从而划定真正属于预算治理现代化的表达范畴。概言之，在推进预算治理现代化的过程中，既要提炼预算治理的基础要素，又应摸索预算治理的表达范畴，才能将现代预算的丰富和复杂的内涵予以阐释，最终促成现代预算体系的一体化建设，将现代预算锻造为预算治理与国家治理的利器。

第一节 现代预算法的核心理念

历经重重曲折、充满种种争议，全国人大常委会终于在 2014 年 8 月 31 日表决通过了《关于修改〈预算法〉的决定》并于 2015 年 1 月 1 日施行。然而，法律的修改并不完全等同于法律条文的删废和改动，在更深层次上，法律修改是对传统法律价值与理念的重新定位与反省。我国《预算法》2014 年修正不仅是具体规则的改动，更是对其所蕴含的法理念的一种深度反思。因而，对预算法修改应着重在理念上突破原有的思维模式，从本质上深化立法理念的变革，从而将国家行政本位的预算法改造为追求和体现现代民主财政的预算法。

法理念是法的追求、理想和目标，是法的终极性价值。法理念属于法律意识的内容，是对法的本质的一种深刻反映，是一种高度系统化、抽象化的终极法律意识，是法的生命所在。在法治实践中，法理念是人们对法律的一种追求，是对现实的超越，反映了一种为社会物质条件所决定的应然规定性，是社会成员对理想化价值的追求。法的制定是一种合目的性行为，是在一定法理念的指导下进行的。正如我国台湾地区法学家史尚宽所说："法律制度乃运用之最高原理，为之法律之理念。"①相应于法理念，预算法的理念应当是人们对预算法的应然规定性的理性认识和追求，是预算法律法规的制定和实施的最高原理。因此，法理念决定预算法的具体规范，立法者有什么样的法理念，就会制定什么样的预算法，法条、法规好比躯壳，同样的躯壳置于不同的灵魂（法理念），就成为不同的体制，效果不尽相同，甚至大相径庭。② 如果没有正确的理念信仰与操守，我国《预算法》的修改就无法对预算关系作出合乎理性的调整。因此，我国《预算法》的修改，在更深层次上昭示立法者应从理念的高度对其重新反省与定位，并在相应理念的信守下考察预算法的具体修改路径。

一、预算法的民主宪治理念与修改路径

（一）预算法的民主宪治理念

近代资产阶级与王权的斗争首先争取的就是对公共财政的控制权，"宪政的历史可以说是现代预算制度的成立史和发展史"。③

---

① 史尚宽：《法律之理念与经验主义之综合》，载刁荣华主编：《中西法律思想论集》，台北，汉林出版社 1984 年版，第 259 页。

② 史际春、李青山：《论经济法的理念》，载《华东政法学院学报》2003 年第 2 期。

③ ［日］井手文雄：《日本现代财政学》，陈秉良译，中国财政经济出版社 1990 年版，第 173 页。

而时至现代，不同阶层的利益集团、政治力量的对比存在使利益分配日渐多样化，对预算资源的争夺也变得更加激烈，而宪治正是在不同利益要求之间进行平衡，力图使利益冲突的各宪治主体遵循彼此同意的规则竞争、协商、博弈，从而实现彼此利益的协调与平衡。① 但是，现况中一个危险的信号是政府权力扩张的本性容易打破各宪治主体间的协调与平衡，造成处于弱势地位的公民主体权利的损害。为了实现与保障平衡的状况，民主宪治理念在预算领域中的意义重大，而升华民主宪治理念的关键是将政府权力置于法律的约束下，监督权力的运行，设定权力运行边界，以降低权力运行的无序化、随意化和权力侵权可能性。② 唯有在预算制度中充分融入民主宪治理念的价值，才能对政府的预算权力进行有效限制和制衡，以保护公民财产权以及依附其上的基本人权，进而促进政府改进公共服务职能，满足各利益主体的不同需求。

从我国的预算立法现况来看，我国《宪法》对预算权作出了原则性界定，《立法法》《预算法》对人大与政府的预算权作出了较具体的规定。但是从整体上进行考究，立法上关于预算权分化和制约的配置从效果上来看还不尽如人意，导致人大的预算审议和监督权过于薄弱，而政府的预算编制权和执行权却处于较强势的地位，从而使预算的民主宪治功能未得到合理彰显。由于“权力有作恶的滥用的自然本性”，③政府预算权力需要被限制和制约，需要立法机关和社会公众的监督。1995 年《预算法》并不在于其条款多么陈旧过

---

① 参见谢维雁：《论宪政的平衡性》，载《四川师范大学学报》2002 年第 2 期。
② 参见刘剑文：《民主视野下的财政法治》，北京大学出版社 2006 年版，第 126 页。
③ ［美］格尔哈斯·伦斯基：《权力与特权：社会分层理论》，关信平等译，浙江人民出版社 1988 年版，第 8 页。

时,而是因为限制政府权力、保障公民权利的民主宪治理念未能浸润于其中,过多的未经界定的预算权力被赋予了行政机关以至官员。

从现代预算体制发展的历程来看,“控制取向”是根本特征。[①]而“控制取向”的公共预算之作用,就是给政府的预算权力装上一个“刹车系统”,用来防止行政机关和政府官员独断专权、以权谋私、损害公益。由此,“人民的钱袋子”被牢牢看紧,政府被关进了“笼子”。只有纳税人通过议会真正掌握了政府预算的决定权和监督权,才能增强客观经济力量阻止和否定政治权力主观孤行的能力,从而避免经济进程中政府因素可能产生的灾难性后果。[②] 然而,我国的控制型预算体制还没有完全建立起来。而控制取向的预算体制要求政治控制与行政控制的双重制度支撑,我国人大在现有的制度框架下无法充分施展其政治控制作用,而以财政部门为核心的行政控制制度仍有完善空间。[③] 无疑信守现代民主宪治理念,并以此作为预算法修订的理论基石是完善我国预算法制度的关键。

(二)民主宪治理念与预算法的修改路径

中国的预算改革的目标应该是在继续巩固和加强行政控制的同时,将作为政治控制手段的宪治机制引入预算过程。[④] 融合和深化民主宪治理念的具体制度设计,可以在人大、审计机关、财政部门

---

① Thomas Lynch, *Public Budgeting in America*, Prentice Hall, 1900, p. 40.

② 参见马骏、赵早早:《中国预算改革的目标选择》,载《华中师范大学学报》2005 年第 3 期。

③ 参见文炳勋:《中国财政收入高速增长之忧》,载《湖南财经高等专科学校学报》2008 年第 1 期。

④ 参见孙健波:《财税改革的理想与现实——宪政视角》,经济科学出版社 2008 年版,第 139 页。

三者中植入预算监督与制约力量，使民主宪治功能在预算制度中得到体现和发挥，从而实现立法机关的预算审议权、监督权和行政机关的预算编制权、执行权之间的博弈与抗衡。

1. 完善人大的预算权力

"一个有效率的、被赋予统治权力的代议机构，应该不只是像国会那样，仅限于表达全国民众的意志，还应该领导民众最终实现其目的。做民众意见的代言人，并且做民众的眼睛，对政府的所作所为进行监督。"[①]因此，代议机构必须被赋予强大的监督制衡权力并拥有足够的驾驭能力，才能真正发挥其监督效用。人大的预算审议、监督权本是整个预算权体系中至关重要的一部分，我国 2014 年修正的《预算法》对人大的预算权力有所加强（参见我国《预算法》第 43 ~ 52 条），但仍以实体性规定为主，凸显出预算法对预算权力配置合理性仍有欠缺。为此，人大预算权的配置亟待更新与完善。首先，完善人大的预算修正权。人大的预算修正权是人大预算审批权中的核心权力之一，而我国《预算法》却忽视对各级人大预算修正权的赋予，从而很大程度地制约了人大预算审批权的有效发挥。[②]在公共预算较成熟的国家，不是在最高位阶的宪法就是在预算法中，对议会的预算修正权作出了明文的规定。[③] 因此，在预算法的修改中赋予人大预算修正权既是一种迫切需要，同时也是深化民主宪治理念的重要体现。其次，预算初审机构的定位。强化人大的预算监督与力量，除要被赋予合理的权力外，还需要有足够的能力促使

---

① ［美］威尔逊：《国会政体》，熊希龄、吕德本译，商务印书馆 1986 年版，第 164 页。

② 我国目前这种现状使人大在审议预算草案时只能有两种选择，要么整体否决要么整体通过预算草案，因此实际上就造成人大预算审批权的落空。

③ 如法国《宪法》第 40 条规定，国会议员不得提出减少公共部门收入或提高支出的法律案或法律修正案，因此国会不得享有预算的修正权。

权力的发挥。

2. 增强政府权力的内部制衡

预算民主的推进不仅依赖人大预算的实体性监督,人大权力现实的回归,同时在中国当下也依赖法治政府的建构以及政府(部门)的自觉——以增强政府预算权力的内部制衡,具体包括政府内部的预算单位与财政部门之间冲突的协调,以及审计部门的职责、角色的界定与调整等问题,这些问题的解决都亟待在民主宪治理念的指导下重新厘定政府内部的权力配置和制度体系,以期使政府权力得到有效规制和公民权利得到切实保障。

一方面,分化和独立财政部门的权力。财政部门囊括预算编制、预算执行与预算监督三大职权,为了强化政府内部的控制与制衡,财政部门的三大职权必须得到分化,例如,设置行使预算编制权的专职机构对各预算单位的编制行为进行内部控制。由于我国预算改革不可偏废的部分是加强政府内部的行政控制,即建立一种以财政部门为核心的集中型控制体系,从而将其成功地转变成真正意义上的核心预算机构,以期达到高效配置稀缺的预算资源的良好状态,为此财政部门权力需要独立。但是,目前由于受一些准预算机构(如国家发展改革委)的影响,财政部门的预算权依然是不完整的,无法真正有效地在政府内部进行集中的财政控制,也不能从整体上运用战略计划引导资金的分配,无法实现预算资源的战略配置。另外,虽然法律上规定财政部门负责监督检查本级各部门及其所属各单位预算的执行,但是由于财政部门与其他本级部门在体制上隶属于同级政府的领导,造成财政部门预算监督难以有效的实施。为此,预算法的修订应进一步着力于保障财政部门拥有独立的权力,这同时也是我国预算改革的下一步方向。另一方面,落实和独立审计部门的权力。保障审计部门独立行使监督权力是民主宪治理念在预算制度构建中的重要体现,只有确立其独立地位才能真正监督和制约行政部门滥用预算收支权的行为。为此,1977 年第七届最高审计机关国际组织会议发表的《利马宣言》特别强调"最高审计机关必须独立于被审单位之外,并不受外来影响,才能客观有效地完成其工作任务。"但是我国审计部门不仅接受本级政府和上一级审计机关的领导,并且审计部门履行职责所必需的经费由本级人民政府予以保证,不难得知这种设置格局导致审计部门履行责任时难以排除政府的干扰。为此,笔者呼吁,如果要确保审计部门能独立行使审计监督权,需要将现行的审计部门从属于政府的模式改变为直接隶属于人大的模式。① 通过构建独立于行政而对人大负责的专业性审计监督模式,人大才能在很大程度上克服其与行政机关在预算过程中信息不对称的弊病,抵抗行政机关不正当的干扰,有效强化其监督制约能力。

二、预算法的社会本位理念与修改路径

(一)预算法的社会本位理念

社会本位理念是以社会公共利益为中心和起点,要求在个人与社会之间重新分配权利与义务的思想原则。② 社会本位理念要求一切社会主体在参与经济关系的过程中,必须维护社会整体利益或公

---

① 关于审计模式的设置,目前学界主要有 4 种不同观点。第一,维持现行审计模式,但应进行必要完善和改进;第二,实行独立性审计模式;第三,主张一种折中的双轨制国家审计模式;第四,实行立法型审计模式。参见蒋洪:《公共财政决策与监督制衡制度研究》,中国财政经济出版社 2008 年版,第 265~268 页。

② 参加薛克鹏:《论经济法的社会本位理念及其实现》,载《现代法学》2006 年第 6 期。

共利益,尽社会责任。[①] 预算法作为调整政府收入与支出计划的法律,以体现和维护社会公共利益作为其法益目标。按照社会契约理论,国家是公民间达成契约的结果,预算实际上是人民与政府之间就财政收支活动的范围和方向所形成的委托代理关系。政府本质上就是一个国家或社会的代理机构,承担着一种公共受托责任。[②] 政府行使的是人民的权力,作为公众利益的代理人,政府的一切权力行为理应以社会利益为本位。基于此,有的学者提出"将经济、社会和人的全面发展确立为预算的最终目标,以预算最终目的论代替预算工具论来统领一切具体预算制度的设计,实现国家预算的最高利益——人民群众公共需要的最大化实现"。[③]

依据法益保护的基本分工,现代社会普遍认为,私法侧重私人财产权的保护,而公法特别是预算法,侧重公共财政权的保护。然而,公共财产权的形成,在很大程度上又是建立在私人财产权的基础上的,是私人财产权的部分让渡。[④] 传统的预算法理念认为,预算是限制国家权力的工具。由此,我国《预算法》具有很强的公法性,公法性格被视为其首要性格,国家权力的"身影"在预算制度中随处可见。在现代社会中,对社会公共利益的保护诉求越来越突出,使预算法已不能被当然的归类为公法性质的法律,而越来越体现一种公私融合的趋势。公私融合是社会本位理念对现代法律发展的要求,同样也是法律发展的趋势。基于此,现代预算法已超越传统公、私二元的划分,遵循公私融合的趋势,通过公权力与私权利相互

---

① 参见徐孟洲:《经济法学》,北京师范大学出版社 2010 年版,第 20 页。

② 参见华国庆:《预算法的理念与中国预算法的完善》,载《法学论坛》2009 年第 4 期。

③ 参见朱大旗:《从国家预算的特质论我国〈预算法〉的修订目的和原则》,载《中国法学》2005 年第 1 期。

④ 参见张守文:《财税法疏议》,北京大学出版社 2005 年版,第 122 页。

之间的博弈以实现公共预算的目的。预算法的公私交融品行及其价值在于以私法的手段进一步保障公共利益在预算法律制度中的体现,归根结底在于维护社会公共利益。因此,在预算法的修改中我们应当遵循公私融合的趋势,建立合乎公众利益的表达机制,借助社会主体对预算的决策过程的参与让“公意”在预算制度中体现出来,进而通过对政府权力的外部制约以实现公共预算目标。

(二)社会本位理念与预算法的修改路径

我国《预算法》未对公民在预算过程中的权利进行规定。目前这种偏向以政府为核心的立法方式,使政府占据了较宽的预算平台,一定程度上忽视了预算法的公私交融品性,不利于预算法目的的实现。为此,在预算法修订中,必须完善相关制度从而突破单一的立法与行政主体范围,彰显出预算法主体的民主与开放的品性,使社会本位理念融入预算法律制度中。

1. 公众参与预算制度

渐进预算理论(Incremental Budgeting Theory)的倡导者瓦尔达夫斯基认为,预算决策是一种“连续—有限—比较”(Successive—Limited—Comparison)的过程,由于决策者的“脑力有限”(Small Brain)、资源亦有限,预算决策者没有能力再搜集全面与绝对的信息,因而无法针对各种特定政策问题,列举出所有可能的选择方案,并精密衡量各方案的利弊得失。[①] 因此,政府在收集信息上的不足以及决策者的有限理性亟须公众参与到预算制度中来;另外,随着分权的深入、市场化企业与社会力量的产生以及计划经济体制的消

---

① See Aaron Wildavsky, “*Political Implications of Budgetary Reform*”. in Albert C. Hyde, *Government Budgeting*: *Theory*, *Process*, *Politics*, Brooks/Cole Publishing eds., Company, 1990, pp. 39 – 42.

解，政府运行的财政应当从“国家财政”向“公共财政”转向。公众作为财政资金的提供者与公共产品、服务的消费者，有权决定政府为其提供何种的公共服务并对政府提供公共服务的过程进行监督。基于此，预算法虽然仍必须坚持国家立场，但其价值的逻辑起点却是社会立场，即从维护和实现社会公共利益的角度审批和监督政府的财政预算，以保障政府职能运行的公共性、服务性与公正性。所以，人民的意愿必须通过有效的表达机制嵌入政府预算的过程中是预算法社会本位理念的重要表现形式。将公众的意愿加入预算决策当中既是增进预算法社会本位理念的必要抉择，也是目前日益显现的参与式预算的核心内涵。

参与式预算（Participatory Budgeting）的核心思想是将公众的意愿直接贯彻到预算当中以提高公共决策的有效性和在整个社会中的可接受性。[①] 早在 20 世纪初，美国纽约市政府在推行预算改革时，就提倡“通晓预算便是好公民”的理念，而到了 20 世纪 20 年代中期，许多美国城市都推行了这种改革，公民对“预算”这一术语的通晓与民主、正义一般。在加强公众参与方面，瑞典的做法也值得借鉴。社会公众监督预算的整个流程，例如，预算在被提交给议会审议时，公众可以参加旁听议会成员对各部部长的提问过程，并能通过一定方式进行提问，新闻媒体还可进行直播与报道，更为重要的是，公众可以随时通过报纸或网络的途径来查询预算资金的分配结果。在我国的上海闵行区与浙江温岭等地也开始逐渐重视社会公众在预算监督过程中的天然优势，将社会公众吸引到公共预算决策过程中来，公众能与政府官员、人大代表进行直接对话，这也是社

① 参见刘邦驰、马韵：《试析参与式预算的理论基础与实践——基于巴西与中国浙江温岭两镇的比较》，载《财政研究》2009 年第 9 期。

会公众对公共预算最有效也是最直接的监督方式。但是目前这种改革还是局部性的。因此如何解决法律和体制在这方面的限制,不仅是深化预算民主性的重要表现,有利于提高公共部门的预算效率,使公共财政资源的配置真正满足公众的需要,而且是我国预算法修改的重要目的之一,使社会本位理念在预算制度中得以实现。

2. 社会权力主体制度①

在逐渐增长的社会组织与公民的自主自治权利要求的促使下,行政权垄断一切的局面被打破。同时,由于政府承担社会服务的任务过载,也需要将一些本不该由它拥有的权力"下放"给非政府组织。② 这就为社会权力主体发挥管理国家与社会事务的积极作用留下了空间。社会权力主体制度作为重要的权力制衡机制与人大、政府的监督是并行不悖的,预算的公共性、民主性内在要求社会权力主体有机地融入预算过程。保持预算主体的开放性,将这些具有不同权益要求的社会主体纳入预算主体范围之内,不仅从预算法外部启动对预算权力制衡的力量,更有助于推进预算法社会本位理念的深化。

目前,许多社会组织从事着满足社会公共需要的事业,如新闻媒体、各级政协和民主党派以及社会中介机构。这些社会主体具有专业、高效、低成本等优势,其对社会公共利益的促进作用不容忽视。充分发挥社会权力的作用,首先,加大新闻媒体的参与力度。随着现代信息技术的高速发展,新闻媒体已成为公共预算中不可忽视的力量。因此,为加大新闻媒体的参与力度,电视、广播、各类各

① 社会权力主体指拥有社会资源(物质与精神资源)并对社会和国家产生支配力的社会自治组织。

② 参见郭道晖:《社会权力与公民社会》,译林出版社 2009 年版,第 37 页。

级报纸杂志以及各种新闻发布会等媒体需要加大对公共预算方面的法律法规与信息宣传,特别是针对公共预算运行过程中存在的问题加大“曝光”力度,提高社会公众对公共预算的关注度和参与力度。其次,提升政协、民主党派的预算参与热情。根据我国《宪法》的明确规定,各级政协与各民主党派拥有参政议政的权利与责任,在政协和各党派内部拥有众多预算方面的专家,他们对预算具有很高的关注度,因此,疏通他们参与预算过程的渠道是提升他们预算参与热情、能力和水平的关键。例如,在每年的两会之前先举行当年公共预算的研讨会,在入会成员上邀请政协、各民主党派以及无党派队伍中的预算专家人士参加,依照法定程序就公共预算的重大问题进行专题讨论或辩论,充分发扬公共民主的精神。最后,强化社会中介机构在预算制度中的地位。在我国,民间审计组织是介于政府与人民之间,既服务于二者又对立于二者的社会中间层组织。民间审计组织在预算法地位的中立性决定了其具有沟通民众与政府的天然优势。一方面,民间审计组织清晰了解国家机构的预算执行情况及如何规制政府预算行为;另一方面,他们把这种对政府预算的正当认识以社会知识的形式普及给民众,提高民众的预算民主意识。重视社会权力主体在预算法主体制度中的塑造,发挥其外部制约的功能将是社会本位理念在预算法中得以实现的重要内容。

三、预算法的正当程序理念与修改路径

预算本身是一个流程,预算法总体上应是一种程序法,是保障预算资源配置实现规范化、制度化的程序性法规。许多预算改革者也认为,如果有一个设计良好的预算程序,就可以得到更满意的预

算结果，如果预算程序是正当的，那么其结果也将是合理的。[①] 在法治已成为国家基本治理方略的当下，在正当程序理念指引下，强化预算过程的公正及相关制度的合理化建构，是实现预算法治的应有之义。

（一）预算法的正当程序理念

程序是指主体遵循法定的时限、时序，按法定的方式、关系为一定法律行为。[②] 正当的概念极其复杂，不仅在于其所涉领域的广泛性，更在于其所深嵌的整个学术史。综观整个法律史，无论是罗尔斯的正义还是韦伯和哈贝马斯的合法性，正当包含两个层面的内涵：一是道德层面的合理性；二是经验层面的社会尊重与认同，表现在法规范层面，即合法性。因此，正当程序是以合法性与合理性为内在要求和价值导向而为一定行为的顺序、方式、关系或系统。预算法正当程序理念只不过是正当程序理念在预算法中的具体化而已，具有正当程序理念所具有的一般特征与价值导向性。预算法正当程序理念蕴含着内在价值和外在价值，正如萨默斯将程序价值分为“程序价值效应”和“好结果效应”一样——预算法正当程序理念的内在价值是指预算法程序本身作为程序所应具有提供“善”的内在道德品质；预算法正当程序理念的外在价值是指其应具有实现人们共同追求的价值品质，如公平、正义、自由、秩序、效率等。而预算法正当程序作为一种利益分配机制是实现个人利益、国家利益和社会利益最优化的程式，是公平、正义、自由与秩序等价值的实现机

① 参见［美］艾伦·希克：《当代公共支出管理方法》，王卫星译，经济管理出版社 2000 年版，第 4 页。

② 参见张文显主编：《法理学》，高等教育出版社、北京大学出版社 2007 年版，第 179 页。

制,更是实现行政合法化、司法正当化及程序自身合理化不可或缺的手段。预算法正当程序理念的功能具体表现为以下两方面。

首先,实现对人权的保障。预算法作为一种利益分配机制,与人权的保障具有直接的、必然的联系。预算法正当程序所具有的内在价值与外在价值本性,使无论是公民还是国家权力机关都能综合平衡地实现自身权利(力),从而在实体法的共同作用下,更好地实现对弱者利益的保护、实现真正的实质正义与分配公平,最终实现对人权的保障目标。

其次,限制国家权力滥用。正当行政程序与司法审查制度作为正当程序理念的重要部分,应是预算法正当程序理念的应有之义。进而,使政府在编制、执行预算中必须以正当行政程序为限度,立法机关在进行预算法立法、预算审批及监督过程中必须受正当程序理念与司法审查机制的约束。在程序的公开透明、公正合理的规制下,公民亦可以更好地参与预算的各个环节,从而实现自身利益。预算正当程序使公民、国家权力机关在程序的规制中,合理行使权利(力),为实现自身利益最大化而博弈的同时,实现权利与权力之间的动态制衡。

(二)正当程序理念与预算法的修改路径

预算法正当程序理念的运行在保障公民个人权利,限制国家权力的同时其亦在实现预算程序的自身完善,特别是实现预算正当程序理念在中国(实体法传统国家)的合理建构与完善。预算法正当程序的实施唤醒了民众的权利意识,强化了国家机关的服务意识,形成了合理的权利(力)运行与实施机制,形成了权利(力)运行文化,进而在动态中实现程序运行与程序自身的建构完善。因此,在预算法的修改中,要实现实体权利与程序权利的协调,建构完善的预算法制度,就必须贯彻正当程序理念。在正当程序理念的导向下,预算法修订应完善以下制度。

首先,重视预算司法审查机制的建构。预算司法审查机制是保证预算法立法质量的预防性机制,是对立法机关预算立法权和行政机关预算规章制定权的限制机制,更是个人利益、国家利益和社会利益的救济机制。人大作为预算法的立法机关拥有控制财政,其权力具有广泛而不易受限制性,具有"不良的倾向"可能性。政府行政权力同样具有被滥用和寻租的可能性。因此,建构预算法司法审查机制是实现合理、合法的预算立法,实现立法权、政府规章制定权正当行使的保障,是预算法正当程序理念实现的前提条件。

其次,在人大民主监督程序方面,在于预算编制过程和审批过程的完善。一是预算编制过程的完善。在我国现阶段,人大对预算编制过程的监督力度不足,而造成此局面的最关键因素就在于人大无法正确掌控预算的相关信息。因此,人大应建立一个专门的审计署机构,以解决目前人大预算审批时间短、人大代表相关知识缺乏而无法实质审查预算草案的问题,①从而一方面有利于民众通过人大听证程序行使监督权,同时实现预算审批行为的程序化构建。目前我国《预算法》关于预算审批行为的规定条文仅为简短的5条,所涉及的基本上都为实体方面的规定,而对审议程序的规定缺失。为了保障人大预算审批的公正性,就必须强化预算审批的程序。第

---

① 我国人大会会期短(地方4~7天,中央15天左右),用于审查预算草案的时间最多1~2天(2011年我国给代表审查预算草案时间为3月8日一天时间),预算草案只有款项及款数没有具体内容及解释,临会才发给代表还有保密款项,加上人大代表自身素质很难满足预算高度专业化所需的能力,预算草案审议很难深入。

一，采用立法程序审批预算，建构“预算三读制度”。① “三读”制度有利于政府部门预算细节的明确，有利于人大预算审批的合理，亦有利于社会对预算案的监督。第二，建立专门的拨款委员会。拨款委员会是人大监督政府部门预算的关键环节，主要要求政府财政部门提供预算提案细节，监督规定预算款项用途的贯彻执行，专款专用，禁止随意变更拨款用途。这使人大审议预算分两步进行，一方面有利于对政府部门的预算及预算执行进行监督；另一方面，实现人大内部的制衡。② 二是完善预算未决③时的应对程序。目前我国已出现了多起预算被否决的情形，而我国《预算法》对此情形未作出具体规定，必须予以完善。

再次，在政府监督程序方面，在于预算公开程序、执行程序的建构完善。一是预算公开程序的完善。公共预算信息是关于政府收支的信息，是反映政府行使所有与公共资源筹集及使用有关的权力信息，是制约和监督政府权力最关键的信息。预算必须公开以便接受社会公众和立法机关的监督是预算法治化程度提高的必经之路。④ “只有在预算透明的、能够适当提供有关财政的准确和全面

---

① 美国、英国、中国香港特别行政区都是采用立法程序审批预算的典型，其程序是先由财政部门代表政府对预算草案作出说明，再由预算审议部门对草案进行审查，最后由预算委员会形成草案意见。参见刘剑文、熊伟：《预算审批制度改革与中国预算法的完善》，载《法学家》2001 年第 6 期。

② 如我国针对财政部 2010 年出台的《关于进一步做好预算信息公开工作的指导意见》财预〔2010〕31 号规定导致地方预算公开透明倒退的情形，人大拨款委员会就可以起到实质性的作用。

③ 根据我国预算审议现状，预算案的未决主要包括：一是指预算案不议定，预算案正在审议程序中，但尚未决议，指人大能够依法审议并且没有全部否决预算案的情形；二是指预算案被否决，预算草案没有获得人大的通过的情形。

④ 参见叶姗：《前置性问题和核心规则体系研究——基于“中改”〈中华人民共和国预算法〉的思路》，载《法商研究》2010 年第 4 期。

信息时，约束财政机会主义行为的各种制约手段才会是有效的。”[①]因此，建构保障整个预算公开透明的程序及规定一套行之有效的衡量标准，是预算法修订的题中之意。预算信息的公开在预算实施程序上包括预算编制与执行的公开；在制度建构上包括听证制度和情报（信息）公开制度。二是预算执行的程序化构建。第一，严格预算调整程序。在国外“预算几乎都是按照时间安排来执行的，执行过程中出现的大多数改变都有各种可接受的理由，很少发生违背公众的意愿或违反常规状态的预算程序的重新安排预算收支的现象”。[②] 我国应结合我国具体国情，对预算调整的实体标准和调整程序进行详尽的规定。第二，严格预算变更的审批程序。预算变更是指预算调整之外的一切预算内容与项目的变动，主要包括预算预备费的动用、预算划转和预算科目的流用。第三，分化财政部门的预算执行权，简化拨款程序。我国《预算法》在完善过程中需分化职能，将财政机关预算处的总预算会计职责独立出去，成立总预算执行机构，负责管理财政预算资金账户，办理预算拨款，编制财政预算总预算等。同时，总预算执行机构要与国库部门联合，实行“国库单一账户管理，对部门财政支出实行统一支付，简化预算拨款程序”。[③]

最后，社会监督程序上，重视公众参与程序的建构。公共预算

---

① ［美］爱伦·希克：《公共支出管理办法》，王卫星译，经济管理出版社 2000 年版，第 45 页。

② Irene S. Rubin, *The Politics of Public Budgeting: Getting and Spending, Borrowing and Balancing*, 4th Ed, New York: Chatham House Publishers of Seven Bridges Press, 2000, p. 245.

③ 参见周波：《政府间财力与事权匹配问题研究》，东北财经大学出版社 2009 年版，第 290 页。

体现了一个国家的政策优先领域,关系资源配置的效率。参与式预算改革是现代公共预算领域的重要组成部分,通过发动代表和公众实质性参与公共预算编制、执行监督与评估,确保公共预算的公平、合理与高效,促进公共预算改革进一步推动和深化。参与预算决策的多元化是预算决策民主的实质,在预算编制过程中充分吸收公众参与决策,实现参与主体的多元化,是现代社会的发展趋势。[①] 因此,公众参与制度是参与式预算改革的题中之意,特别是公众参与程序的建构,如预算信息解读程序。公众参与制度在预算公开、听证等程序的保障下,个人、社会组织可以具有信息的对等性,从而践行程序的参与性、及时性等价值的同时,可提高预算的正当性、合理性。

四、预算法的可诉性理念与修改路径

(一)预算法的可诉性理念

"法律的可诉性是指凡法律规定的内容被违反或者人们的纠纷可以在法律上找到解决依据时,都可以通过诉讼机制来解决和裁判的法律的内在规定性……是法的基本属性之一。"[②]法的可诉性理念意味着一旦权力(利)被滥用,社会主体能够通过司法机制追究相关者的法律责任。易言之,可诉性理念体现出一种维权的价值和精神,当社会主体的权益受到侵害时,能求助于司法机制保护其合法权益的权利。法的可诉性理念实现的前提是法具有可问责性。预算法的可问责性根植于预算行为本质上是一种委托代理行为,政

① 参见邢会强:《程序视角下的预算法——兼论〈中华人民共和国预算法〉修定》,载《法商研究》2004 年第 5 期。

② 谢晖:《论法律实效》,载《学习与探索》2005 年第 1 期。

府行使的预算权源于纳税人对自身财产权的让渡,其目的在于为纳税人提供公共产品与服务。因此,政府作为承担提供社会公共服务的代理人,意味着其预算权的行使必须以公共利益为限度。坚持法的可诉性,要求预算法主体一旦发生僭权或滥权,不但能够在预算法律文本中寻找到相应的法律规则,而且能依据相应的规则作出合乎社会正义观念的正确处理。这就要求立法者在预算立法时,一方面,应当尽量避免法律空白,避免在发生不当行为时无章可循、无法可依;另一方面,预算法对其涉及的社会情势进行规定时必须尽量保持条文的细致性、精确性、一致性,避免造成法律适用的困境。就预算法而言,构建一个完善、合理、科学的责任制度,具体可以从行政机关的问责和立法机关的问责两个维度进行构建:首先,行政机关的问责机制。"问责制不仅仅是为了资金的有效利用,而是为了实现更好的结果;问责制所要强调的不仅仅是对现有制度体系和程序提出批评,而在于推动产生更好的公共产品与服务的供应系统"。① 因此,行政机关问责机制的确立不但能对预算恣意进行震慑,纠正执行偏差,而且可实现预算资源配置最优化;其次,立法机关的问责机制。人大代表是理性的"经济人",这意味着立法机构在预算过程中可能存在机会主义行为,为此必须施加宪法性约束以限制个别人大代表在预算决策中可能存在的机会主义行为。② 这样才能使民意机关成为人民表达意志的通道,规范立法机关行为。

由于目前立法机关与行政机关预算自由裁量权的扩张,使预算

---

① 参见[美]萨尔瓦托雷·斯基亚沃－坎波、丹尼尔·托马西:《公共支出管理》,张通译,中国财政经济出版社2001年版,第8页。

② 参见曾军平:《人大预算决策、机会主义行为与宪法性约束》,载《上海财经大学学报》2009年第1期。

过程中可能出现监督权和行政权双重失范的局面,而这种风险的控制则需要司法权的介入。例如,预算赤字和公债规模失控是现代政府共同面临的难题,其解决不但需要在宪法中确立预算平衡原则,更需要司法审查制度的配合。[①] 我们推崇预算法具有可诉性理念,不是让司法权替代监督权和行政权来判断如何进行预算配置才具有最佳效果,而是基于我国目前司法权不强的现况,通过融入可诉性理念,保障司法审判的独立性,从而使司法权的行使不受其他权力的羁绊。但是可诉性理念的缺位使预算法不能进入司法诉讼领域,在很大程度上只能被称作是一份"政治宣言",而减损了法律应具有的约束性,[②]进一步导致预算执行效力低下、预算违法行为的不断涌现,最终将社会主体的权益置于危险境地。另外,法律的生命在于施行,缺乏司法的威慑,法律的施行将大打折扣。在预算法领域提倡可诉性理念,是由于司法具有强制性、规范性、独立性等特点,是最权威和最有效的制约手段,并且是维护预算权威的最后一道屏障。值得一提的是,我国《预算法》第 91 条规定:"公民、法人或者其他组织发现有违反本法的行为,可以依法向有关国家机关进行检举、控告。"这一规定可谓是可诉性理念进入预算法领域的重要一步,但其细化与完善仍有待于吸收司法实践中的经验。只有充分认识预算法可诉性的重要性,构建司法审查制度和公益诉讼制度才可以规制日渐膨胀的预算权力体制,从而确保预算价值目标的实现。

---

① 参见叶姗:《法律促进预算平衡之基本原理研究》,载《现代法学》2010 年第 5 期。

② 参见刘守刚:《将〈预算法〉修订为真正的法律》,载《上海财经大学学报》2008 年第 3 期。

（二）可诉性理念与预算法的修改路径

法的可诉性是法必备的为了判断社会纠纷的是非而使纠纷的主体可诉求于法律公设的判断主体的属性。① 而法的可诉性的实践方式必然是司法机制，这就要求法律的可诉性必然要有相应的司法制度作为保障。没有相应的司法制度来处理法律纠纷，司法权力就没有介入其中的路径，法的可诉性就无从保障。

1. 构建司法审查制度

司法审查制度的重要性是不言而喻的。但是我国的司法审查制度未被充分运行，一些违宪现象发生。例如，我国目前已出现多起预算被否决的情形，②如果预算被否决意味着政府严重失职，这属于政府要承担宪法责任的范畴。为此我国的许多学者呼吁司法审查机制的构建已刻不容缓，笔者认为将司法审查权配置给法院，并且保障司法权与法院经费的独立性是在当前国情下的最佳选择。③ 虽然司法审查制度不是无所不能的“救世主”，但是及早确定司法审查制度，无疑对平衡社会与国家的利益关系有重要意义，只有真正树立起预算法可诉性权威，预算法才不再是一份政治宣言。

2. 推行公益诉讼制度

“国家有必要从维护纳税者对国家财政实行民主管理的角度，

---

① 参见谢晖：《独立的法与可诉的法》，载《法律科学》1999 年第 1 期。

② 2002 年 1 月湖南省沅陵县预算案遭否决，4 个月后加开人代会，才获批准；2005 年新疆昌吉市人大常委会否决了政府决算案和预算执行报告；2009 年河北省承德市的预算案两次遭到驳回，第三次才被通过。参见田必耀：《预算监督劲风正起》，载《人民建设》2005 年第 8 期。

③ 关于司法审查权的配置模式的相关研究，参见贺日开：《司法权威与司法体制改革》，南京师范大学出版社 2007 年版，第 104 ~ 114 页；孙健波：《财税改革的理想与现实——宪政视角》，经济科学出版社 2008 年版，第 201 ~ 206 页。

依据宪法精神,设置一个以保护纳税者基本权为目的的诉讼制度,并以许可纳税者提起主观诉讼的形式,完善纳税者诉讼的法律。"①公益诉讼制度的构建是抽象的"权力制约"和"人民主权"原则在司法领域的具体反映,可以保障纳税人对预算违法行为及时地提起诉讼,从而为维护和促进社会公共利益提供一种行之有效的司法救济手段。在预算法中引入公益诉讼制度之目的不仅在于制裁预算法主体违法的预算活动,而且使被损害的社会公共利益能得到及时的救济。2006 年"蒋石林诉湖南省常宁市财政局案"引发对预算公益诉讼的思考,蒋石林以纳税人的身份诉请法院确认常宁市财政局超年度预算购置两辆汽车的行为违法,常宁市人民法院以原告不符合诉讼主体资格,不予受理。在公益诉讼制度的构建过程中,有两方面的问题需要解决:一方面,对于公益诉讼制度的构建,如果公民个人直接提起诉讼,将存在取证难、诉讼成本高以及公民滥用诉权等问题,从而很可能导致个人直接的诉讼无法达到诉讼之目的。为此需要外部力量给予支持,检察院是我国的法律监督机关,具有天然的优势,是最可借助的力量,是最适合代表社会公共利益的诉讼主体,并且其也能有效地运用法律手段维护社会公共利益,使公民的诉权能借助人民检察院之力量付诸司法实践并得到保护。另一方面,在公益诉讼制度的构建过程中,对于诉讼主体的规定不应同于传统的诉讼主体理论——诉讼主体被限定为"直接利害关系人"。这是由于预算主体一般不会直接侵犯公民个体的权利,只会基于公共利益与个人利益的紧密联系造成对公民个体的侵害。因此,预算法需要对没有直接利害关系的个人或社会组织的原告主体资格予

---

① 陈刚:《宪法化的税法学与纳税者基本权——代译者序》,载[日]北野弘久:《税法学原论》,陈刚等译,中国检察出版社 2001 年版,第 32 页。

以规定,以提高诉权的实际应有性。

五、结语

我国预算法的修改必须要有一个明确的法理念,只有在正确的理念指导下,才会有制度变革的动力。当前预算法制度修订面临的阻力背后,昭示出对预算法治理念重视程度不够。我国《预算法》自 1994 年开始实施,历经两次修正,但经济和社会都处在不断的变化发展中,现行预算法从立法理念到立法技术乃至制度设计仍然滞后于我国预算实践,阻却了预算法推动公共预算进一步成长和发展。当然,我们在讨论预算法的修改时,一方面,不能否定多年来预算法在努力推进民主预算的积极作用;另一方面,对现行预算法实施中的成功经验,立法者应认真提炼、坚持和发展,特别是我们应看到在一些地区,所积极尝试的有关预算民主改革的实践操作,在推进预算民主方面进行了超前的改革和尝试(如一些地方政府推行的预算公开制度、公众参与预算等),这实际上为现行预算法的修改提供和积累了诸多经验。但地方预算公开依然鲜有,公众参与预算亦方兴未艾,预算民主推进阻力依然,这一切的改善都有赖于在预算法理念的导引下,对预算法律制度进行根本性的变革。

尽管上文着力倡导从法理念角度认真对待预算法的修订,但值得指出的是,从法理念并从宏观上把握整个预算法的修改,虽然可以指导并影响具体的法规范、法制度的形成和实施,却不能代替法规范、法制度的完善,预算法理念与预算法制度不能混同。因此,上文对具体的预算制度设计和法律条文增减的探讨所涉及的领域十分有限。此外,以相应的法理念作指导,预算法的具体修改仍应考虑到与其他相关法律制度的衔接(如政府信息公开法、税法等),改变以往与其他法律之间存在错位与脱节的现象,从而增强将来新法适用过程中的可操作性和实用性。

第二节 预算治理的基础要素

预算治理作为国家治理模式的一个缩影,预算治理的转型过程也紧紧跟随国家治理要素的转型方向。[①] 相应地描绘我国预算治理现代化转型的前景,它将经历预算治理主体由单一转向多元、治理客体由被动转向主动、治理目标由国家本位转向以人为本、治理方式由神秘转向透明、治理手段由命令转向协商的转型过程。如何彻底实现上述预算治理要素的转型,成为推进预算治理现代化的实质与关键。

一、预算治理的主体

预算治理主体是推进预算治理现代化的关键力量,如果说传统预算治理主体主要由国家机关所垄断,那么现代预算治理不再局限于国家视域下的唯一场所,它至少能分解为国家机关与社会的一体两面。现代预算治理是建立于批判传统行政场域下预算行政的实践基础之上,其主体系统呈现多元化结构形态,其主体间关系也经

---

① 国家治理要素的转变,其方向为国家治理主体由单一转向多元、治理客体由被动转向主动、治理目标由统治秩序转向以人为本、治理方式由神秘转向透明、治理手段由人治转向法治。参见姜明安:《国家治理现代化过程中国家治理要素的转变》,载《法制与社会发展》2014 年第 5 期。

历了从“强制”向“合作”的转化。① 申言之，通过现代预算治理的社会化改革，预算治理的过程逐渐由以政府为主的单一治理转向政府、人大、公民的多元共治。

首先，应建立良好的预算治理格局。在多元预算治理共同体的运行过程中，政府、人大、社会组织与公民个体相互之间能否建立良好的预算治理格局，直接关系我国现代预算治理改革之成败。一方面，政府要正视自身的治理信息缺陷，全方位推进行政管理体制改革，适当放宽对公共服务类社会组织的发展约束，充分调动其对预算治理的参与积极性。另一方面，政府还要重新审视其与公民个体之间的预算治理关系，彻底摆脱“预算行政行为相对人”以及“预算管理受体”等被动性角色视角，而将公民作为具有高度能动性的预算主体纳入预算治理的合作共同体之中，立法完善过程应当通过赋予公民个体更多的预算治理参与权利来保障政府与公民之间的预算治理关系从“命令—服从”转向“合作—监督”。并且，应着重强化公民预算治理主体意识、权利意识、规则意识和责任意识的培养，引导公民合理行使预算治理权利，形成社会（公民）与国家在预算治理中的新型互动关系。其次，应形成明确的预算权责疆域。预算治理共同体的建构需要明晰政府、社会、公民三者角色定位和职权

---

① 现代预算治理作为现代公共治理重要组成部分，其转型过程与现代公共治理的转型过程是一致的，即经历了“预算行政—预算管理—预算治理”3 种模式转换。在传统预算行政场域下，公民与国家间关系是“命令—服从”式的，其主体间的交互作用模式属于强制性的，预算行政主体的行为准则是对既成规定的高度遵从；在预算管理场域下，公民与国家间关系是“权利—义务”式的，其主体间的交互作用模式属于代表性的，预算行政主体的行为准则是兼顾预算行为的效率和公平；在预算治理场域下，公民与国家间关系是“权力—参与”式的，其主体间的交互作用模式属于合作性的，预算行政主体的行为准则是强调多元主体间的“权责利效”之统一。See Stephen P. Osborne, *The New Public Governance? Emerging Perspectives on the Theory and Practice of Public Governance*, New York: Routledge, 1988, pp. 2 – 12.

责任,以恰当的法治资源配置结构引导各方主体更好地行使预算权力或权利与承担公共受托责任。要做到预算治理中的权责明确,前提是推进政府预算职能转变。政府预算职能转变的实质是要对政府与市场、政府与社会、政府与公民关系进行再调整。按照建立服务型政府和责任型政府的要求,打造服务型预算模式与责任型预算模式,使预算治理机制从封闭式管理向开放式治理转变。

二、预算治理的目标

现代预算治理的目标诉求是什么,这是事关治理效果或服务质量的重要价值论追问。就此而言,现代预算治理的应然之境乃是实现基本公共服务领域的善治。反之,若治理不善,其结果将会是利益集团操控基本公共服务资源,供给不均衡加剧,社会不平等加深以及公共服务质量低下。① 因此,走向善治应成为现代预算治理的目标诉求。一般认为,善治包含合法性、法治、透明性、责任性、回应、有效、参与、稳定、廉洁、公正十个要素。② 这十个要素普遍适用于我国国家治理现代化改革的所有领域,也应是现代预算治理的目标所在。

就现代预算治理而言,其善治的理想状态体现在以下几个方面:其一,预算治理应具有合法性,即预算治理过程应获得社会组织与公民的广泛认同与服从;其二,预算治理应遵循法治的要旨,即预算治理既要体现形式法治的精神,又要体现实质法治的意蕴;其三,预算治理应符合透明性要求,即预算法的实施应透明和公开,便于

① 参见[瑞典]博·罗斯坦:《政府质量:执政能力与腐败、社会信任和不平等》,蒋小虎译,新华出版社 2012 年版,第 55 页。

② 参见俞可平:《论国家治理现代化》,社会科学文献出版社 2014 年版,第 112 页。

社会组织与公民知情和参与治理;其四,预算治理应符合责任性要求,即预算法律权责分配体系应彰显政府主体所承担的公共责任、并彰显社会组织与公民个人所承担的社会责任;其五,预算治理应适应“回应性法律秩序”的要求,①即预算治理应满足民众日益增长的基本公共服务需求,促进回应性预算秩序的形成;其六,预算治理应具有有效性,即预算治理结果应具社会实效,能够有效率地促进基本公共服务均等化;其七,预算治理应具有可参与性,即社会组织和公民享有预算治理的参与权,通过参与预算治理,表达和实现自己的利益主张,彰显预算治理民主;其八,预算治理应具有稳定性,即预算治理过程应具有一定的连贯性和可预期性,其运行的效果有助于民众避免生存风险和实现安居乐业;其九,预算治理应是在政府、社会组织、公民奉公守法的条件下进行的,即现代预算治理过程应依法依规行事,不因谋求私利而损害公共利益;其十,预算治理应有助于实现社会公正,尤其是在基本公共服务领域,预算治理应有助于促进机会均等、实现积极自由和实质正义。

总而言之,传统预算被定位为政治国家管理社会之工具,这种预算治理模式侧重维护国家本位,主要被视作“强化政府预算管理和宏观调控职能”的工具。预算治理模式的转型过程,现代预算被锻造为社会治理政治国家之利器,这种预算治理模式主要遵循权利本位的价值导向,通过注重权利主体主观能动性和公共选择性的发挥,现代预算治理目的在于“最大化满足社会公共需求和提高社会福利”。

① 参见罗豪才、毕洪海编:《软法的挑战》,商务印书馆 2011 年版,第 361 页。

三、预算治理的方式

传统预算治理的方式主要是自上而下、政府指向公民的单轨运作,更多是一种恣意化与封闭化的表现形式;随着预算制度的不断发展,现代预算治理的方式转变为上下互动的双轨模式,许多预算决策都呈现出政府、人大、公民三者之间的互动反馈和相互影响,无论是静态的预算管理事项还是动态的预算运行过程,都离不开法定化与程序化的治理方式,通过预算信息公开的改革,整个预算治理过程变得透明。“国家的存在对于经济增长来说是必不可少的,但国家又是人为的经济衰退的根源。”①政府凭借国家权力调配财政资金,对社会整体生产力的发展可以产生相对个体而言更大的作用,但是管理机制和决策集团内部的不稳定性以及自我膨胀性又会造成预算的经济调节功能被过分强调,以至于预算管理体制呈现“经济增长至上”的价值目标异化。在多中心、公私协作的预算治理中,政府必须改变过去在经济领域大包大揽的做法,以“掌舵”的身份代替“划桨”,对预算资源的调配更多采取符合市场需要的治理方式。②

首先,以开放平衡的方式重塑政府预算行政。政府在预算治理中,应当善于运用其主导地位,鼓励和推动公民积极参与预算治理实践,为社会力量参与和基层预算治理创造适宜的条件和平台,充分倾听和权衡预算治理中不同利益主体的诉求,促进预算决策共识

---

① [美]道格拉斯·C.诺思:《经济史上的结构和变革》,厉以平译,商务印书馆2010年版,第25页。

② 参见罗伊:《公民社会与善治之关系的再思考》,载何增科、包雅钧主编:《公民社会与治理》,社会科学文献出版社2011年版,第358页。

的形成。这是在科学平衡预算权力与预算权利之间的关系,合理界分政府与社会、市场的预算治理行为边界的基础上进行的政府预算责任的建构。[①] 在预算治理的目标价值方面,作为公共预算权力的执行者和预算公共责任的现实要求,平衡政府的"限权"与"放权"至关重要。

其次,以集思广益为方式提升预算治理效率。现代预算治理强调对政府权力的约束,但并不意味政府在预算治理中可以碌碌无为、以降低预算治理整体效率为代价来换取预算治理的开放化。相反,约束政府预算权力从另一层面上来说,正是为了保障政府在不逾越法治的前提下更有作为、更具现代化地进行预算治理。以广泛的公众参与为形式,可以为预算治理的决策与执行提供传统预算管理模式中所无法获取的信息资源和智慧资源,这将极大促进对预算资金划拨机制、程序以及技术的专业化改进,规避政府因为社会分工过细所产生的信息弱势,从而促进预算编制和预算执行更科学化与合理化。[②]

最后,以公开透明为方式构建预算治理互信。政府遵循预算法开展预算活动,接受人大和社会公众的监督,并就违法行为承担法律责任。这在一定程度上有利于使政府的财政收支活动得到民众的认同和信任,塑造人民心中基于本能的认可而产生的法律信任、政治信任与预算信任,从而有利于缓解社会冲突与树立清廉负责的政府形象。宪法赋予公民的知情权、参与权和监督权在预算治理中应当获得实现,公众参与成为鲜活生动的政治实践。因此,无论是基层、小区域内的公民直接参与预算编制,还是

---

① 参见林毅夫:《政府与市场的关系》,载《中国高校社会科学》2014 年第 1 期。

② 参见刘剑文:《预算治理中的人大、政府与公民》,载《武汉大学学报》2015 年第 3 期。

较大范围内的公民对预算发表建议和意见，都是因地制宜的。进言之，公民参与和监督的对象不只是针对政府的预算行为，还包括对人大履职的监督，尤其是在当前我国各级人大预算监督较乏力但公众预算参与已有较多成果的情况下，我们不仅要逐步加强人大建设，还要调动和发挥来自社会的民主力量，形成对预算权体系的外部监督。

四、预算治理的手段

相较传统的预算管理模式而言，公共预算治理模式的一个显著特征就是治理手段的多样化，尤其是非强制化。在创设预算治理手段时，应当视具体情境建构各类强弱程度不等的预算法律关系，将现代预算治理的手段分为协商手段、命令手段以及责任手段。

第一，协商手段。是指政府建议或者引导公众为或不为某种预算行为，或者公众为政府或者其他社会预算治理组织作出某种预算治理决策提供参考建议。公民参与预算意味着它将原来政府控制的财政领域向公民开放，以保证每个公民在决定预算资源分配时都有平等的参与权。[①] 从世界范围来看，20 世纪 70 年代末开始，各主要市场经济国家在经济发展“滞涨”问题的影响下，均产生了严重的财政收支压力，公共服务问题由此而爆发，各国公民对政府的不信任情绪持续上升，促使各国开始尝试在预算过程中引入协商手段，包括引入听证制度、咨询顾问委员会、公民问卷、公民论

---

① 参见[美]詹姆斯·博曼：《公共协商：多元主义、复杂性与民主》，黄相怀译，中央编译出版社 2006 年版，第 4 页。

坛、公民陪审团等不同的模式。① 一项预算决策的有效性不只是在于简单多数的同意,而更在于其中所包含的公共理性,协商民主不仅展示了"实质性政治平等",而且使预算治理的民主参与成为可能。

第二,命令手段。在从管理模式向公共治理模式的转变过程中,单向度、强制性的命令因其无法体现预算治理的民主性、参与性而大幅缩减。尽管如此,"命令—服从"在预算治理中仍然不可或缺。作为一种典型的单方强制行为,命令的发布不以相对方的同意为前提,政府预算机构可以直接向下级预算组织发布指令,要求其服从指令,为或不为某种行为,令行禁止。需要注意的是,对此类行为一个常见误解是,认为命令的强制性与单方性可以被无限放大、延长,事实上,其单方性、强制性只能出现在预算治理命令发布之后。在命令作出之前的酝酿决策过程中,公共预算机构通常应当依法就命令的内容与相关主体沟通、协商,增进共识,谋求其对命令的理解和支持。

第三,责任手段。传统的预算责任手段主要表现为惩罚性追责机制。此类机制意在通过反向激励的单一手段结构来督促预算责任主体恰当地行使其预算权力。② 然而,无论是在政府作为唯一主体的预算行政模式,还是在政府占据主导地位的预算管理模式中,

---

① 通过多年的尝试与改革,各国也逐渐形成一些有效的协商手段模式,例如,美国华盛顿特区的"公民峰会"、南非的"非政府组织预算监控"、印度的"预算公开和支出跟踪"等。参见[法]伊夫·辛多默、[德]卡斯滕·赫茨贝格:《参与式预算:一个全球视角》,载[法]伊夫·辛多默等主编:《亚欧参与式预算——民主参与的核心挑战》,上海人民出版社 2012 年版,第 9 页。

② 例如,我国《预算法》第 92 ~96 条所规定的预算法律责任,就全都以单一的行政处罚或者刑事处罚内容作为激励的主导方式。

政府内部层级结构所固有的晋升激励问题会与单一反向激励的责任手段产生激励错位，导致逆向软预算约束的产生。[①] 因此，转型期的预算治理责任手段革新，应当摆脱传统法治视角下的单一化倾向，在充分了解预算治理各类主体的多样化治理需求的基础上，以充分调动各类治理主体的治理能动性为激励目标，构建多元化的责任手段。

从管理模式转变为治理模式，彻底改变了国家单纯使用强制方式实现预算治理的思维方式，预算治理方式朝着多样化、双向度、非强制化方向发展。对于预算法治来说，一方面意味着尽管预算治理更强调开放公共过程，更重视公众参与，更注重协商、沟通、互动，更推崇认同、共识甚至合意，但并不意味着不再需要单方强制性公共管理，必要的强制对于预算治理来说仍是不可或缺的；另一方面意味着尽管强制管理经常是立竿见影，但它只应被保留在较小的、必要的范围内，预算治理必须顺应公共治理方式多元化与非强制化的发展趋势。

第三节　预算治理的三重维度

曾几何时，国家预算是一个神秘、孤立、封闭的传统事务；时至今日，预算活动已冲破“暗箱”不断地穿梭于社会民众之间，发展为一个透明、联动、开放的公共现象，传统国家预算在迈向现代化的今天，现代预算更多地显示出规范性、民主性与绩效性的内在品性。而同步展开预算治理的全景画卷，它呈现的是一幅囊括预算法治、

① 参见周雪光：《“逆向软预算约束”：一个政府行为的组织分析》，载《中国社会科学》2005 年第 2 期。

预算共治与预算善治的三维图像。[①] 现代预算的内在品性与预算治理的图景要素之间的逻辑相互映衬,进一步反映出现代预算是推进预算治理现代化的制度载体,实现预算制度现代化也是推进预算治理转型的必然方向。

一、预算治理的规范维度

无论是预算民主性还是绩效性,最终只有落实到规范性的层面,才符合现代预算的表现方式。相较民主预算与绩效预算,规范预算是较隐秘的现代预算品性表达,却是现代预算制度构建的基石要素。"建立健全全面规范、公开透明的预算制度"作为我国《预算法》立法宗旨的重要组成,浓缩其价值精要,即呈现出规范预算的图形脉络。规范预算作为现代预算的外在表现与内在要求,它与作为法治的预算治理之内涵相吻合。预算法治是预算善治与预算共治的最终落脚点,预算规范性则为预算法治的价值精髓所在,民主预算和绩效预算的改革举措只有纳入规范化的预算法治轨道,才能形成推动预算治理转型的恒久动力,而通过积聚这种动力,将逐渐形成一股强大的促进力量反向助推民主预算和绩效预算改革的不断深入。因此,打造全面规范、公开透明的现代预算制度,实现预算编制、预算审批、预算执行、预算调整、预算审计与预算监督等行为的严密衔接,最终达到对预算滥权、怠权与越权行为的规范制约和有效监督,这是规范预算与预算法治的共同实践要求。

剖析预算治理的规范维度,它作为一个被建构起来的概念,由许多能相对独立发挥功能的最小单位组合而成,如法定预算、公共

① 参见吴汉东:《国家治理现代化的三个维度:共治、善治与法治》,载《法制与社会发展》2014 年第 5 期。

预算、平衡预算、全面预算、公开预算。正是依靠这些细小的预算法则才构造出一个相对严格、周密的预算规范体系,才得以根治预算制度体系在其发展与演进过程中经常发生的脱离预算规范要旨的弊端,最终成就了使预算行为"服从于规则之治的事业"。① 研究预算规范原则的目的,主要在于了解如何通过这些规范法则进行预算过程,达成预算制度所预期的功能。② 对于预算规范法则的研究,在不同时期产生了不同的见解,主要包括"古典型"和"现代型"两种预算规范体系:③前者分为两类,包括形式层面的完整性原则、统一性原则、明确性原则与实际层面的严密性原则、事先决定原则、限定性原则、公开原则;④后者对前者进行了修正和补充,包括政府责任原则、政府自由裁量原则、时期弹性原则、报告信息管理原则、统合

---

① [美]富勒:《法律的道德性》,郑戈译,商务印书馆 2005 年版,第 113 页。

② 参见徐仁辉:《公共财务管理》,台北,智胜文化事业有限公司 2005 年版,第 64 页。

③ OECD 曾将预算原则划为 3 类:权威准则(Authoritativeness)、经典准则(Classical principles)、现代准则(Modern principles);具体又分为 10 项:权威(Authoritativeness)、年度基准(Annual basis)、全面性(Universality)、统一性(Unity)、明确性(Specificity)、平衡性(Balance)、可问责性(Accountability)、公开透明(Transparency)、稳定性(Stability)、绩效(Performance)。See OECD, "The Legal Framework for Budget Systems: An International Comparison", *OECD Journal on Budgeting*, Vol. 4, No. 3, 2006, pp. 132 – 150.

④ 对于古典预算规范原则的主要研究代表,还包括:19 世纪意大利财政学者尼琪提出的公开性、确定性、统一性、总括性、分类性和年度性的六大预算原则;1927 年德国学者纽玛克提出的全面性、收入的非专用性、一致性、明晰性、准确性、事前批准、严格性、公开性的静态与动态两个层面的 8 项预算原则;1933 年德国学者舍德认为预算原则有 4 个基本问题,作为对这些问题的回答,每个问题下又分别形成一些预算原则——针对"什么应该被纳入预算"的问题将产生全面性、准则性的两个原则,针对"预算将通过何种方式展示包含的支出与收入项目"的问题将产生一致性、清楚性、公开性、可比性的 4 个原则,针对"何时提交预算"的问题将产生事前审批原则,针对"预算规定在何种程度上约束着各个政府部门的行动"的问题将产生严格性原则。参见肖鹏:《美国政府预算制度》,经济科学出版社 2014 年版,第 67 ~ 69 页。

性预算管理原则。[1] 因此，通过归纳和演绎的方法所总结的若干预算法则，它们并非一成不变的，预算法则将随着预算的时代功能及制度的演进而改变，当前现代预算制度不断发展的同时，现代预算职能变得日趋复杂（必须同时实现控制、管理、计划和政策的四种职能），如何根据预算改革的阶段性特征，对传统的预算原则进行重新调整和设计，这是在预算治理的规范维度上必须认真对待的难题。[2] 例如，当下中国处于大力推进中央与地方财政事权和支出责任划分的改革阶段，应首先确立事权和支出责任相适应的原则，从而保障中国特色财政的有机形成。

当然，仅单纯强调现代预算的规范法则，恐仍难达到预算治理的规范维度。对此，仍需对预算治理的规范维度进行深层次分析。作为法治的预算治理，其规范化就在于促使各类预算行为必须且只能在预算法律法规的规定范围内进行。然而，面对多种不同类型的预算法律行为，无论在静态层面还是在动态层面上，预算法律行为都存在多重利益的博弈与对抗，体现出各种预算权力（利）主体之间的相互制衡与监督。预算治理的规范表达是各种预算权主体在动态博弈过程中通过不断妥协以实现平衡的产物。也就是说，只有将各种预算权主体的权责进行清晰、明确、科学地设置与定位，只有廓清预算法律关系中各预算主体权力（利）行使的边界，才能使预算主体权力（利）、义务和责任的分配达到均衡，从而形成一个能保障预算规范运行的预算权制约和监督体系，促使现代预算规范维度的真正实现。因此，实现预算治理的规范维度的关键或实质在于预

① 参见［日］神野直彦：《财政学——财政现象的实体化分析》，彭曦等译，南京大学出版社 2012 年版，第 78～87 页。

② 参见马骏：《公共预算原则：挑战与重构》，载《经济学家》2003 年第 3 期。

算权的规范化，即预算权配置及其监督模式实现规范化。纵览整个预算制度的变迁史，从议会与国王（或政府）之间为捍卫财政收支控制权而经过残酷且漫长的斗争，①到几经震荡逐渐确立议会至上的预算权架构，再到形成当今世界法治国家广泛推行的预算权配置模式——在最高位阶的法律（宪法）中规定政府的预算编制权与执行权、议会的预算审批权与监督权等，②预算治理的规范结构的每一次演化都始终朝着预算权规范化的目标迈进，从而为预算制度的合理运行奠定了最基本的法律规则。

概言之，通过剖析预算治理规范维度的逻辑，其规范维度构建了预算制度发展与完善的价值基础，展现出要求预算行为按照一定的规范准则予以进行，从而使预算治理现代化以某种作为法治的理想方式予以推进。同时，预算规范维度必须借助法律规制手段才能实现，而预算权则作为法律规制的核心范畴，它贯穿预算制度发展的始终。唯有实现各主体间预算权的有效制约和合理监督，才能保证现代预算治理走向规范化和法治化。

二、预算治理的民主维度

现代预算治理导向的实现离不开预算民主的统制，民主性作为

---

① 历史上《大宪章》（1215 年）首次确立“非赞同毋纳税”原则，这是君主财政专制主义向议会财政民主主义转化的源头。《大宪章》签订之后，议会的课税权逐渐强化，例如，爱德华一世在 1275 年、1295 年、1296 年和 1301 年的课税行动均得到了议会的认同。（See Lyons Bruce, *A Constitutional and Legal History of Medieval England*, New York: Harper & Brothers, 1960, p. 386.）至 14 世纪，“无纳税人同意不得征税”这句格言在法国和英国都已牢固确定下来，违反它就相当于实行暴政，恪守它相当于服从法律。参见［法］托克维尔：《旧制度与大革命》，冯棠译，商务印书馆 1992 年版，第 139 页。

② 参见张献勇：《预算权研究》，中国民主法制出版社 2008 年版，第 41 ~ 61 页。

现代预算的工具性价值，贯彻预算民主原则成为实现公共预算的前提与基础。申言之，每一位社会公民的公共需求之表达、反馈、协商与抉择都高度依赖预算民主的平台，唯有通过预算民主渠道的合理设计，社会公共需求才有可能得到最优化的满足。预算民主作为牵引预算治理向前推进的核心动力，加快预算民主的前进步伐，正是推进预算共治的实践要求——无论是落实代议式预算民主还是倡导参与式预算民主，二者皆充分反映出作为共治的预算治理的价值内涵。作为共治的预算治理不再是以往政府单方的封闭治理，而是发展成为政府、人大与公民共同参与的开放治理。也就是说，预算共治之重心就在于拓展预算民主的广度与深度，预算治理的社会化即是预算民主发展的必然结果。如何在多元性的预算法律关系主体之间增进预算民主治理模式的转型与预算民主治理效果的提升，最终形成既相互制约与监督又相互促进与共荣的预算共治关系，这是民主预算与预算善治之间逻辑关系的体现。

对于预算治理的民主之维，西方国家的预算成长历程表明，预算治理的民主维度主要建构于代议制民主之上。对于代议制民主重要作用，约翰·密尔指出，"代议制议会的适当职能不是管理——这是它完全不适合的——而是监督和控制政府：把政府的行为公开出来，迫使其对人们认为有问题的一切行为作出充分的说明和辩解；谴责那些该受责备的行为"。[①] 西方国家正是借鉴预算制度发源地与发展地——盎格鲁—撒克逊国家的模式和经验，在代议制民

① ［英］J. S. 密尔：《代议制政府》，汪瑄译，商务印书馆 1982 年版，第 80 页。

主的基础上,[①]遵循分权制衡原则,根据预算权力主体的性质对预算权进行合理配置,才形成推进预算治理现代化的基本动力,即在代议制民主下形成一个"自洽性"的预算治理体系——以代议制机关为核心、司法机关为后盾的经典预算体系。在预算治理代议制民主的推广上,主要在于直接民主的限制性,使人民只能形成对代议制民主(间接民主)的信任与依赖。然而,代议制民主并非完满无缺,代议制民主属于一种"至善者"的统治,统治者是由竞争式选举产生的精英集团,但精英集团只是在公众面前扮演"至善者",而在价值和见解上脱离于一般公众。[②] 由于精英主义和民众的政治冷漠并存,人民的激情和想象也逐渐为形式合理性下代议制政治所"规训"和"湮没",而在价值合理性上代议制体制却变得僵化、官僚,甚至成为限制人民的"牢笼"与"枷锁"。因此,西方国家代议制民主所崇尚的精英主义削弱了政府对人民的责任,导致了公共之善的失却,这种民主的弱化造成普通民众很难对代议民主机制及其决策过程产生实质性的影响。[③]

申言之,预算起初是作为一种维护民主的责任手段而出现,仅具有对政府进行普遍控制的功能,但其后发展成为简单却有力的合

---

① 对于代议制民主,诚如法国人端洛姆(Delome)形容英国议会之言:"在法律上它什么都可以做,除了把女人变成男人外。"参见祁建平:《英国议会制度的变迁:从"议会主权"到"行政集权"》,载《人大研究》2006 年第 11 期。

② 参见[美]理查德 · A. 波斯纳:《法律、实用主义与民主》,凌斌、李国庆译,中国政法大学出版社 2005 年版,第 131 页。

③ 参见[美]卡罗尔 · 佩特曼:《参与和民主理论》,陈尧译,上海人民出版社 2006 年版,推荐序言第 12 页。

法性象征。[①] 在现代预算法治国家看来，预算已超脱于以往过多地强调预算控制的原始阶段，不再是单纯意义上的强调税收政策调整与预算收支控制的关联性，而是着重于预算不仅需要被公民理解，也需要为公民接纳，现代预算的根基建立在定期与公民协商沟通，并取得公民对政府认同的基础上。[②] 因此，公共预算不仅是政府资源配置的简单技术工具，而是落实公民权，实现民主治理以及塑造公共生活、国家制度及其二者关联的文化建构的重要手段。[③] 于是，现代预算的发展方向必须是有助于真实反映公民作为纳税人的诉求，必须是映射于不同纳税人的诉求集合，这是现代预算永恒的主题。[④] 正是在这种社会背景下，由于代议制民主下预算治理难以准确地捕捉到纳税人的公共诉求。面对代议制民主的不足，罗尔斯提出秩序良好的政治民主“应该理解为协商民主”，[⑤]这种以卢梭人民主权理论为基石并注入了实践理性元素的民主理论形式，已迅速为

---

① 参见[美]乔纳森·卡恩：《预算民主：美国的国家建设和公民权(1890—1928)》，叶娟丽等译，格致出版社、上海人民出版社 2008 年版，第 5 页。正如福山所述，“尽管历史上有许多形式的合法性，但在当今世界，合法性唯一真正的来源则是民主。”([美]弗朗西斯·福山：《国家构建：21 世纪的国家治理与世界秩序》，黄胜强、许铭原译，中国社会科学出版社 2007 年版，第 26 页)无论是从预算的源起还是发展来看，它都是民主的一种重要体现方式。

② 参见[美]爱伦·鲁宾：《阶级、税收和权力——美国的城市预算》，林琳、郭韵译，格致出版社、上海人民出版社 2011 年版，第 233 页。

③ See Kahn, Jonathan, *Budgeting Democracy: State Building and Citizenship in America 1890 - 1928*, Ithaca, NY, and London: Cornell University Press, 1997, p. 2.

④ 参见牛美丽：《公民权与公共预算——民主治理之道》，载《公共行政评论》2008 年第 1 期。

⑤ John Rawls, "The Idea of Public Reason Revisited", *The University of Chicago Law Review*, Vol. 64, No. 3, 1997, p. 772.

西方国家所广泛推崇。[1] 当前西方国家预算治理的过程为回应公民社会的愿望和需求,开始重点强调公民、社会的民主协商和参与。民主作为一种制约和平衡的制度,能把价值观念同各种对立梦想不断地加以平衡。[2] 明确预算治理的协商民主维度可以凝聚更多的民主资源,[3]促进预算治理现代化改革向纵深推进。

因此,预算治理的民主基础逐渐演变成为代议制民主与协商民主的双重向度,宏观上强调代议制民主,微观上则强调协商民主。代议制是预算治理的直接保障,而协商民主是对代议制民主下预算治理公共性不足的合理补正,其通过在预算治理领域中强调程序的开放性设置,从而保障公民社会的平等参与来提高公民社会的理性认知能力,进而改善社会公众对公共预算的冷漠与无知,同时避免精英集团控制的危险。立足于我国当下国情,在人民代表大会制度框架下,通过政治协商、扩大公众参与以及促进政府对法治观的认知来构建较完善的协商民主理论,[4]尤其在确保进步方向和社会稳

---

① 发达国家为实现对现代民主思想的追求经历了不同的民主理论形式的建构历程,卢梭的人民主权使民主理想第一次那么的真切,然而却又是那么的模糊,表达民主则克服了人民主权理论模糊性的弱点使其具有可操作性。随着社会的官僚组织化,表达民主异化为精英民主,进而从本质上改变了民主的内涵,然而随反叛性民主浪潮的到来,协商民主得以建构。参见张康之、张乾友:《现代民主理论的兴起及其演进历程——从人民主权到表达民主再到协商民主》,载《中国人民大学学报》2011 年第 5 期。

② 参见[美]詹姆斯·M. 伯恩斯等:《美国式民主》,谭君久等译,中国社会科学出版社 1993 年版,第 1150 页。

③ 除与公共事务的经济性和效率性密切相关外,预算制度本身就是最强有力的实现民主的机制。参见[美]阿尔伯特·C. 海迪等:《公共预算经典(第二卷)——现代预算之路》,苟燕楠、董静译,上海财经大学出版社 2006 年版,第 26 页。

④ 《中共中央关于加强人民政协工作的意见》明确提出:人民通过选举、投票行使权利和人民内部各方面在重大决策之前进行充分协商,尽可能就共同性问题取得一致意见,是我国社会主义民主的两种重要形式。

定的前提下不断扩大民主的范围和程度，无疑是我国法治现代化的根本利害所在，同时与协商民主制相匹配的法治，强调法与社会彼此融合，完全符合中国特色社会主义的主流价值观。①

三、预算治理的绩效维度

现代预算活动以绩效性作为行动基准，绩效性作为现代预算的目的性价值，充分体现了作为善治的预算治理的价值内涵。在预算治理体系中，绩效维度对实现善治有着决定性的作用，达致良好预算绩效目标的预算治理，才是一种真正服务于社会公共目标的现代预算模式，才是预算治理的理想状态。在语义上，预算善治超越了善于预算治理的表达，即不仅强调运用预算这个手段进行治理的擅长程度与熟练与否，不能把预算仅视为一种实现社会公共目的和引导公众行动的手段，不能纯粹归属于一种工具主义善；它更是表达为良好的预算治理，侧重的是预算治理的目的意义，它反映了预算治理过程的价值追求，是一种目的主义善之体现。② 如同善"被看作是各种需要的来源，它也要满足这些需要"，③绩效维度就是使预算治理成为善的那些特殊的性质，这种作为善治的预算治理意味着能回应各种需要，它指向的是社会公共需求得到最优化满足的预算治理过程和预算治理活动。

---

① 中国的主流价值观内涵主要包含3个方面：其一，增强中华民族国家的文化认同感；其二，坚持社会主义市场经济的发展道路；其三，探索中国特色的社会主义，发扬社会主义优越性。参见史际春、赵忠龙：《中国社会主义经济法治的历史维度》，载《法学家》2011年第5期。

② 参见周安平：《善治与法治关系的辨析——对当下认识误区的厘清》，载《法商研究》2015年第4期。

③ ［澳］约翰·麦凯：《伦理学：发明对与错》，丁三东译，上海译文出版社2007年版，第52页。

申言之,所谓预算治理的绩效维度,它成为一种预算善治的表达,体现出预算结果和预算目标意义上的良好预算治理,良好的预算绩效就是对预算治理结果或状态的良好评价。也就是说,它不再单指作为需要实现的工具或途径,也不仅是指通过预算治理国家的手段有效性,而是预算治理的一种内在构成性部分,也是促进和实现社会公共需求的共同善的治理,更是对预算治理主体所提出的价值性要求。预算治理绩效性的价值主义,它注重预算治理的目的和效果,以现代预算治理话语进行表达,就是以如何最优化地满足社会公共需求才是现代预算制度存在的价值基础。这意味着,预算治理的绩效性兼具工具主义和价值主义于一体,并且在相互比重上,其对价值主义的强调远甚于工具主义,甚至价值主义本身将形成对工具主义的强有力约束。① 之所以要超越预算治理绩效性的工具主义,是因为手段是否有效、效果是否优劣,对于它的最终判断将因评价主体的不同而有存在较大差别。譬如,传统的政府预算模式属于政府对公众的治理,那么对于预算治理绩效的评价体系也就将主要围绕政府的利益来进行,而公众对于预算治理绩效的评价往往将被忽略。同时,在预算治理实践中,如果只是基于实用主义的立场,将预算治理视为实现所欲求的社会目标的工具,那么预算治理体系就会被当作达成这一目的所需要的任何方式来加以形塑,这种针对预算治理绩效性的工具主义认知甚至最后成为对现代预算发展的阻碍和威胁。譬如,预算治理绩效维度的工具化将会导致预算权力主体任意利用和操纵预算治理以实现非正义的目的,破坏了社会公众对于预算治理现代化的价值认同和目的诉求。

---

① 参见周安平:《善治与法治关系的辨析——对当下认识误区的厘清》,载《法商研究》2015 年第 4 期。

从上述分析可知,对于预算治理的绩效维度,它不是一个“赋予的绩效”,而是一个“自带的绩效”,即彰显了预算治理主体的实践选择和具体行动的意义来源,也是预算治理体系得以存续与发展的价值基础和推进动力。同时,预算治理的绩效维度,其中的“绩效”不是一个“抽象的绩效”,而是一个“具体的绩效”,它指向的是预算治理共同体中每一个体的繁荣和能动的最基本方面,提供了预算治理的基本依据,塑造了预算治理实践的话语空间。进言之,作为善治的预算治理只是一个“抽象的善”,而预算治理绩效维度的具体开展将完成一次“抽象的绩效”向“具体的绩效”的转化。这种绩效预算模式的焦点由过去重视投入的控制转变为强调治理目的和治理结果的评价,它可被解读为一个通过适度的放权以获得可预期的结果为导向的绩效评估体系,包括要求各个层级预算编制主体分别编列绩效计划,对公共服务的具体结果和明确目标进行清晰的陈述,并要求预算绩效的指标是可测量的,如计划的产出、计划的结果、公共服务品质、民众满意度,从而以便判断绩效目标是否真正达成。这种借由以成果为导向的绩效评估体系,将以各个预算执行主体的最终执行成果作为客观的考核标的,以此来检测预算对人民需求和愿望的回应能力,①并以绩效考核结果为基准,对相应的预算责任主体进行监督、问责与激励,最终将预算运行引入持续提升绩效预算目标和不断强化预算支出责任的可持续循环轨道。总而言之,绩效预算的优越性在于它能高度重视预算资源的使用效率,通过回应社会公众的真正需求和迫切愿望,以寻求实现预算效率的最大化。总体就是一种“以结果为导向、以绩效评价为关键、以分权为激

① 参见徐仁辉:《公共财务管理》,台北,智胜文化事业有限公司2005年版,第279页。

励、以监督和责任为约束”的预算制度模式。[①]

概言之,通过解读预算治理绩效维度的逻辑,其绩效维度可以被看作是预算治理现代化的衡量标准和目标取向。预算善治既构成了预算治理的目标,也提供了预算治理的内生性约束。[②] 而根植预算治理的绩效维度是通向预算善治的关键;欲达到预算善治,首先必须牢牢把握预算治理的绩效维度。

---

① 参见孟庆瑜:《绩效预算法律问题研究》,载《现代法学》2013 年第 1 期。

② 参见郑玉双:《实现共同善的良法善治:工具主义法治观新探》,载《环球法律评论》2016 年第 3 期。

第二章 现代预算治理的导向:公共预算

所有的权利只能在某种程度上受到保护,并且这种程度部分依赖于如何分配稀缺公共资源的预算决定。

——[美]史蒂芬·霍尔姆斯、凯斯·R. 桑斯坦①

公共预算向公民提供了一个强有力的可靠性的工具,使得公民能够知道政府是如何进行支出,政府是否遵循他们的偏好。预算将公民的偏好与政府产生联系起来。

——[美]爱伦·鲁宾②

财政是庶政之母,预算是善政之基。公共预算作为国家执政的

① [美]史蒂芬·霍尔姆斯、凯斯·R. 桑斯坦:《权利的成本——为什么自由依赖于税》,毕竟悦译,北京大学出版社 2004 年版,第 88 页。

② [美]爱伦·鲁宾:《公共预算中的政治:收入与支出,借贷与平衡》,叶娟丽等译,中国人民大学出版社 2001 年版,第 2 页。

重要手段,它“向公民提供了一个强有力的可靠性的工具,使公民能够知道政府是如何进行支出,政府是否遵循他们的偏好。预算将公民的偏好与政府产出联系起来。”[①]因此,现代预算治理改革重在重塑国家与公民间关系,彰显公共预算“取之于民、用之于民、造福于民”的治理导向。

第一节　强化民生权利保障的公共预算制度

从历史上来看,现代财政学的转型主要是以“公共物品”为基础的支出理论,强调增进国民福祉。换言之,也就是最大限度地实现公共需要的最大化。[②] 如上所示,如何最大限度地改善与保障民生,真正地体现民生权利保障的要求,这是实质意义上的公共预算的必然发展要义,也是实施公共财政、全面建设小康社会的重要使命。

民生问题涉及人民福祉与经济可持续发展。近年来,国家财政支出不断向民生领域倾斜,但该政策仍处于“于法无据”的尴尬境地。民生性财政支出资金被闲置、浪费乃至被非法冒领、挪用的现象屡见不鲜,无疑与现代公共财政及其财政民主的理念相悖。合理厘定民生性财政支出的优先位次、构建民意诉求表达机制以增强民众的预算执行权利意识、完善民生性财政支出绩效评价与财政激励,将民生性财政支出由政策性向法治化转变以提高其预算执行的规范性、针对性与有效性,既是增强民生性财政支出预算执行效力

① [美]爱伦·鲁宾:《公共预算中的政治:收入与支出,借贷与平衡》,叶娟丽等译,中国人民大学出版社2001年版,第2页。

② 参见朱大旗:《实现公共需要最大化》,载《中国改革》2010年第4期。

的关键，也是提升国家治理能力的重要体现。

“关注民生、重视民生、保障民生和改善民生”一直以来都是党和政府工作的重点。据财政部公布的数据，2018 年全国一般公共预算收入增长 6.2%，其中教育支出增长 6%，就业补助支出增长 6.8%，重点民生支出增速保持较高水平。① 然而在我国不断加大民生性财政资金投入的同时，看病难、上学难、住房难等一系列民生问题依然存在，这种发展失衡固然与我国长期以来财政支出结构不合理有关，但同时也是我国民生性财政支出预算执行力不高的具体体现。公共财政是与市场经济体制相适应的财政制度，其公共性特征决定了国家的财政支出必须要“一视同仁”，公平对待市场活动的各类主体，②但政府的支出偏好表明国家在财政支出过程中，民生性财政支出常常处于被边缘化的境地。当前，我国学者对于民生性财政支出预算执行的研究主要集中在财政支出结构的调整、中央与地方政府财政支出责任的划分等宏观层面上，缺乏具体的制度设计，一些学者虽然提出了民生性财政支出优先的理论，但对于如何增强其支出刚性则论述不足。③ 以下立基于公共财政视角，以提高民生性财政支出预算执行力为突破口，在深入分析我国民生性财政支出面临的法律困境的基础上，结合我国当前正在修订的《预算法实施条例》，重点对实现民生性财政支出预算执行的规范性、针对性和有

① 以上数据引自财政部《关于 2018 年中央和地方预算执行情况与 2019 年中央和地方预算草案的报告》。

② 张馨：《公共财政论纲》，经济科学出版社 1999 年版，第 89 页。

③ 相关文献参见陈少英：《论地方政府保障民生的财政支出责任》，载《社会科学》2012 年第 2 期；邓子基、韩瑜：《公共财政与民生》，载《当代财经》2008 年第 8 期；华国庆：《试论民生支出优先的财政法保障》，载《法学论坛》2013 年第 5 期；陈治：《我国实施民生财政的法律保障机制研究》，法律出版社 2014 年版等。

效性作深入研究，以期能为我国财政预算执行力尤其是民生性财政支出预算执行力的提升提供相关对策性建议。

一、我国民生性财政支出预算执行的现实困境

预算执行是政府根据议会审议、批准的预算，为实现特定目标而实际运用预算资金的过程，是预算编制、审议之目的所在。然而长期以来，预算执行一直被认为是纯粹的技术与管理过程，其社会关注度也因此大大降低。当前，我国对于预算执行尤其是民生性财政支出预算执行的规制主要集中在党和政府出台的一系列政策性文件上。[①] 虽然财政政策是财政立法的前提，国家通过财政政策可以有效回应社会发展中所面临的复杂性、变动性、渐进性等难题，同时使广泛的社会参与成为可能，[②]但公共财政是法治财政，作为实现公共财政公共性目标的民生性财政支出涉及立法权力、行政权力、司法权力、社会力量或公民等多方主体对国家财政资源的配置进行协商、博弈和妥协，[③]只有运用法治思维与方式才能约束并规范政府的财政支出活动，最终实现分配正义。受传统预算观念以及社会经

---

① 如2017年党的十九大报告提出要“坚持在发展中保障和改善民生，增进民生福祉是发展的根本目的，必须多谋民生之利、多解民生之忧，在发展中补齐民生短板、促进社会公平正义，在幼有所育、学有所教、劳有所得、病有所医、老有所养、住有所居、弱有所扶上不断取得新进展”。2018年的《政府工作报告》中再次提出：“调整财政支出结构，盘活沉淀资金，保障基本民生和重点项目”。《十二五规划》明确提出要“坚持民生优先，完善就业、收入分配、社会保障、医疗卫生、住房等保障和改善民生的制度安排，推进基本公共服务均等化，努力使发展成果惠及全体人民”。《十三五规划》更是将保障和改善民生放在了核心位置，指出要“按照人人参与、人人尽力、人人享有的要求，坚守底线、突出重点、完善制度、引导预期，注重机会公平，保障基本民生，实现全体人民共同迈入全面小康社会”。

② 参见罗豪才：《公共治理的崛起呼唤软法之治》，载《行政法论丛》2008年第0期。

③ 参见蒋悟真：《中国预算法的政治性和法律性》，载《法商研究》2015年第1期。

济发展水平的制约，我国民生性财政支出预算执行力正面临严峻的挑战。

（一）民生性财政倾斜支出于法无据

民生性财政支出是公民共享改革发展成果、实现人民主体地位的重要物质保障，也是我国《宪法》明确规定的一项国家义务。2017年政府工作报告指出，“在财政收支压力加大情况下，民生投入继续增加”，“推进以保障和改善民生为重点的社会建设”，但“民生投入继续增加”目前仍只是党和政府的一项政策性的理念，并无确定的法律依据。此外，我国《教育法》第54条规定了“国家财政性教育经费支出占国民生产总值的比例应当随着国民经济的发展和财政收入的增长逐步提高”，而在科技文化、医疗卫生、社会保障等相关领域的法律也有类似规定，但其内容均是原则性规范居多，且对公共财政框架下的预算法定构成了直接冲击，人为地分解了正式规则下财政的预算分配权，明显带有计划经济时期的色彩。① 尽管党的十八届三中全会提出要“清理规范重点支出同财政收支增幅或生产总值挂钩事项”，并在2016年中央全面深化改革领导小组会议上通过了《关于清理规范重点支出同财政收支增幅或生产总值挂钩事项有关问题的通知》，国务院《关于推进财政资金统筹使用方案》更是明确规定要“推动尽快修订重点支出同财政收支增幅或生产总值挂钩事项的相关规定”，无疑这些规定均有利于改善传统的片面追求投入规模的民生性财政支出预算执行模式，统筹安排预算资金而避免使用的“碎片化”，但同时却也使“财政支出向民生领域倾斜”处于一种于法无据的尴尬境地。

---

① 参见罗春梅：《“法定支出”政策与执行现状间的差异性分析》，载《湖北经济学院学报》2008年第4期。

(二)民生性财政支出预算执行过程重权力而轻权利

财政支出尤其是民生性财政支出是国家实现其管理职能,体现其存在正当性与合法性的重要体现。[①] 在民主社会中,国家的财政活动必须受制于现行法律制度所确立的一系列制度规范,国家财政支出的结构、范围和程度必须回应权利诉求的紧迫度和权利实现对国家的依存度。特别是作为国家权力机关的人民代表大会,理应在国家预算活动中处于主导地位,这也是预算权力配置民主性的基本要求。政府主导型的财政支出模式过于强调为政者和相对人在施恩与受惠之间的道德关系,缺少对国家支出责任、受惠主体的权利以及支出程序等法治基本因素的考量,由此导致了在民生性财政支出过程中"救人于水火"或"雪中送炭"的道德性优势掩盖了对于"救"或"送"背后的法定义务的关注。[②] 民生性财政支出也因此更易被政府部门或强势利益集团所控制,从而造成对公民财政权利的侵害。[③]

(三)民生性财政支出重指标而轻实效

政府在预算编制过程中往往重视民生性财政支出在财政总支出中所占的比例等一些指标性问题,而忽视其执行绩效。增加民生性财政支出占财政总支出的比例仅仅是"财政支出向民生领域倾斜"的表象,其本质在于为社会提供更高质量和水平的均等化公共服务,切实保障和提高最广大人民群众的福祉,以实现面向社会公

---

① 参见郭维真:《中国财政支出制度的法学解析——以合宪性为视角》,法律出版社 2012 年版,第 58 页。

② 参见陈治:《我国实施民生财政的法律保障机制研究》,法律出版社 2014 年版,第 30 页。

③ 参见张文显:《运用法治思维和法治方式治国理政》,载《社会科学家》2014 年第 1 期。

平的分配正义。[①] 虽然民生性财政支出的支出方式、支出目的、支出范围等均有所不同,无法以个人的主观感受作为评判标准而只能借助客观的指标,但如若过分注重这些数字指标则容易走向形式化的弊端,陷于对民生性财政支出的机械化认识。虽然我国《预算法》已明确要求预算支出要"讲求绩效",在预算执行中"应当对预算支出情况开展绩效评价",[②]《中央部门预算绩效目标管理办法》亦详细规定了绩效目标的设定、审核、批复、调整和应用等内容,但民生性财政支出预算执行绩效评价结果的反馈与应用机制的有效衔接尚不健全,距离"预算编制有目标、预算执行有监控、预算完成有评价、评价结果有反馈、反馈结果有应用"的预算绩效管理机制尚有较大差距。

二、合理厘定民生性财政支出的优先次序

财政支出的本质在于财政资金的选择与取舍。公共财政资金的稀缺性与支出需求的无限性决定了预算资金的分配必然导致"行动者之间的相互竞争,项目之间以及受益人之间的相互竞争"。[③]在政府主导型的财政支出模式下,公民基本权利的实现在很大程度上依赖政府如何分配稀缺的公共预算资源,[④]政府更加偏好的支出往往享有更高的支出优先权,因而需要国家从立法层面明确民生性

---

① 参见王桦宇:《论现代财政制度的法治逻辑——以面向社会公平的分配正义为中心》,载《法学论坛》2014 年第 3 期。

② 参见我国《预算法》第 12 条、第 57 条。

③ [美]爱伦·鲁宾:《公共预算中的政治:收入与支出,借贷与平衡》,叶娟丽等译,中国人民大学出版社 2001 年版,第 148 页。

④ 参见[美]史蒂芬·霍尔姆斯、凯斯·R. 桑斯坦:《权利的成本——为什么自由依赖于税》,毕竟悦译,北京大学出版社 2004 年版,第 76 页。

财政支出的优先地位，严格控制其他支出尤其是行政管理支出的规模，使民生性财政支出真正谋民生之利、解民生之忧。

（一）民生性财政支出优先于其他财政支出

教育、卫生、文化、社会保障支出等是民生性财政支出的重要组成部分，但该支出在我国法律体系中始终处于隐而不显的状态，且无优先性可言。为此，有必要在财政法治层面构建民生性财政支出优先支付制度，使"财政支出向民生领域倾斜"真正有法可依。

1. 民生性财政支出优先安排

我国《预算法》第37条规定"……在保证基本公共服务合理需要的前提下，优先安排国家确定的重点支出"，但对于"国家确定的重点支出"的基本内涵以及如何"优先安排"并无具体规定，地方政府在决定财政支出的科目、位序、数量以及支出比例等方面拥有较大的自由裁量权。为此，国务院《关于进一步加大财政教育投入的意见》提出要提高要优化财政支出结构，压缩一般性支出，"优先保障教育支出"；国务院办公厅《关于保障性安居工程建设和管理的指导意见》也指出，"地方各级人民政府要在财政预算安排中将保障性安居工程放在优先位置"；广东省更是明确将未确定具体使用方向的一般性转移支付资金按照有关民生保障支出、运转支出、协调发展支出的先后顺序安排使用，民生支出优先。① 我国《预算法实施条例》的修订应将上述内容与理念纳入考量，重点对民生性财政支出优先权的具体行使进行规范，以更好地回应公民的基本诉求。

---

① 参见《广东省财政一般性转移支付资金管理办法》第6条、第16条。

2. 民生性财政支出削减豁免

近年来我国经济下行趋势明显，国家财政收入增速减缓，地方各级政府都面临巨大的财政压力，在解决民生问题与促进经济增长之间应如何抉择成为地方政府在财政支出领域不得不面临的难题。受政绩考核机制、财政收支结构以及官员的个人偏好等因素的影响，各级政府大多将促进经济增长作为自己的首要目标从而弱化了其公共服务职能，违背了财政支出的公益性。[①] 李克强总理曾表示，在当前国内外形势严峻复杂的情况下，更要优先保障和改善民生，[②] 但此原则尚未从立法层面予以确认。为保证民生性财政支出的资金需求，有必要从预算法角度对政府财政资金的减支尤其是民生性财政资金的减支作出必要的限制。美国《平衡预算和紧急赤字控制法》第 253 条对关于社会福利支出的豁免减支进行了规定。[③] 我国民生性财政支出预算可以借鉴其合理成分，对民生性财政支出的预算减支予以豁免，以保证支出资金的充足性。

---

① 财政支出的公益性是指财政支出既要讲求经济效益，也要讲求社会效益，当经济效益和社会效益发生冲突时，要以优先考虑社会效益，这是对财政支出要体现公益性的本质要求。参见曾康华：《优化财政支出结构与推进民生财政》，载《人民论坛》2011 年第 8 期。

② 李克强：《民生是为政之要，必须时刻放在心头、扛在肩上》，载新华网：http://www.xinhuanet.com//politics/2017lh/2017－03/05/c_129501569.htm，最后访问日期：2019 年 7 月 12 日。

③ 当预算赤字超过特定水平时自动对支出删减。当自动删减发生时，要求一半来自国防支出，另一半来自非国防支出。对于一些社会福利支出，如社会保险及贫穷补助则可以免于被删减的命运。

(二)基本保障类民生性财政支出优先支付

民生性财政支出是典型的权利性支出,[①]各级政府在编制财政预算时,必须优先确保这些事业发展所需的资金。但公共财政资金的稀缺性决定了民生支出必须要适度而行,而要实现支出的适度首先要理顺支出的层次。民生性财政支出要优先安排财政资金保障涉及人民群众基本生存的领域,如扶贫支出、保障性安居工程支出、义务教育支出、医疗保障支出等,这是民生性财政支出"层级化"的基本要求。[②] 基本保障类民生性财政支出是与公民基本权利联系最为紧密的第一性民生需求,更是"保障国民能过像人那样的生活,以在实际社会生活中确保人的尊严"[③]的物质基础,可以有效降低居民对未来不确定性的预期,鼓励人们进行消费从而拉动经济的增长。[④]

当前,民生性财政资金尤其是基本保障类民生性财政支出资金被有的地方各级政府或部门侵占、挪用的现象时有发生。虽然亦有立法对此作出了一定的规范,例如,《财政专项扶贫资金管理办法》

---

① "权利性支出"也称为"赋权性支出",是通过立法产生的法定义务,它需要向符合法律规定资格要求的人和单位支付补助金。最低收入保障、医疗以及就业等涉及公民基本的生存以及发展权利,因此这些赋权性支出在一国的财政预算中占据着优先地位。参见[美]阿伦·威尔达夫斯基、娜奥米·凯顿:《预算过程中的新政治》,苟燕楠译,中国人民大学出版社 2014 年版,第 105 页。

② 所谓"民生性财政支出的层级化"是指根据财政支出与人民生存与发展的不同关联程度而将财政支出划分为不同的层次,如基本保障类民生性财政支出,发展机会类民生性财政支出等,财政资金优先保障民生最急需的项目或领域的安排,这是由国家财政资金的稀缺性与民生活动的多样性等因素所决定的。参见马海涛、和立道:《公共财政保障民生的次序研究——基于民生支出项目的"层级分布"要求》,载《地方财政研究》2010 年第 2 期。

③ [日]大须贺明:《生存权论》,林浩译,法律出版社 2001 年版,第 16 页。

④ 参见[美]阿伦·威尔达夫斯基、娜奥米·凯顿:《预算过程中的新政治》,苟燕楠译,中国人民大学出版社 2014 年版,第 107 页。

和《中央财政城镇保障性安居工程专项资金管理办法》中均有相关规定，[①]但这些规定大多位阶较低且相对分散，并未从正面回应基本保障类民生支出优先支付。与此相对应，《广东省财政一般性转移支付资金管理办法》则将民生支出划分为底线民生、基本民生和其他民生三类，其中，底线民生包括城乡最低生活保障、医疗救助等民生项目，且未安排使用方向的一般性转移支付资金要优先保障底线民生支出。我国《预算法实施条例》的修订可以结合我国现行地方实践中的经验，将民生性财政支出进行类型化规范，并依据民生支出的层次性，重点保障基本保障类民生性财政支出。

三、构建民生性财政支出民意诉求表达机制

为保证公民最低经济条件的获取，国家必须安排部分财政收入以提供文化教育、社会保障和福利性收入的形式满足个人的基本需求，以提供必要的物质条件来保证个人自由的社会发展机会。[②] 但是，国家在通过有关住宅、健康以及最低收入等方面的法律确保每一个人都具有符合人类尊严生活的物质条件的同时，也影响了个人自主性，有侵害法律自由原则之虞。[③] 财政支出的合法性不仅依赖按照民主原则经由国家权力机关审议通过，而且也依赖非制度化的

---

① 《财政专项扶贫资金管理办法》（财农〔2011〕412 号）第 9 条明确规定，财政专项扶贫资金不得用于“行政事业单位基本支出”“各种奖金、津贴和福利补助”“弥补预算支出缺口和偿还债务”以及“修建楼、堂、馆、所”等。《中央财政城镇保障性安居工程专项资金管理办法》（财综〔2017〕2 号）第 17 条规定专项资金不得用于“人员经费”“公用经费”“购置交通工具”等与城镇保障性安居工程无关的支出。

② 参见葛克昌：《国家学与国家法——社会国、租税国与法治国理念》，台北，月旦出版社股份有限公司 1996 年版，第 60 页。

③ 参见［德］哈贝马斯：《在事实与规范之间：关于法律和民主法治国的商谈理论》，童世骏译，生活 · 读书 · 新知三联书店 2011 年版，第 504 页。

“话语民主”，依赖民生性财政支出过程中的对话、讨论与沟通。[①]如何将有序的公众参与纳入公共管理过程中来，并在民生性财政支出预算执行过程中建立以“人民选择、人民决策、人民评判”为基础的民意诉求表达机制，是当前我国《预算法实施条例》修订中迫切需要解决的问题。

（一）民生性财政支出决策参与权的法定化

“只有在大众普遍参与的氛围中，才有可能实践民主所欲实现的基本价值如负责、妥协、个体的自由发展、人类的平等。”[②]将民众的民意诉求或主观偏好表达机制贯穿于民生性财政支出的全过程中，增加民众的“话语权”将有利于人民群众表达自己对于民生性财政资金分配的意见，以此弥补行政主导型财政支出的不足。我国部分地区已有此类实践，如四川省广安市在民生性财政支出中通过在各级政府网站上开设专门的电子版“民生菜单”，由人民群众通过“点单”的方式选择财政支出领域，以增强民生性财政支出预算执行的针对性与有效性。[③] 安徽省合肥市等地区则在民生性财政支出预算执行的过程中提前倾听民众意愿，供民生之所需并广受好评。虽然我国《预算法》第45条已经明确规定了县乡政府在编制预算的时候要“听取选民和社会各界的意见”，以此破解民生性财政

---

① 哈贝马斯在《在事实与规范之间：关于法律和民主法治国的商谈理论》一书中将民主概念的内涵划分为“制度层面的民主”与“话语民主”，其中“话语民主”是以一种非制度化的意见与意志的形成过程发生着，且制度化民主应立足于话语民主基础上。参见陈炳辉等：《参与式民主理论》，厦门大学出版社2012年版，第188～190页。

② [美]卡罗尔·佩特曼：《参与和民主理论》，陈尧译，上海人民出版社2006年版，第8页。

③ 参见侯大伟、胡世平：《四川广安：自主选择“菜单式”民生让百姓受益》，载人民政府网：http://www.gov.cn/jrzg/2012-11/12/content_2263062.htm，最后访问日期：2016年11月2日。

支出与需求脱节的难题。但是，我国民生性财政支出的公民参与机制还处于探索与起步阶段，尚未实现制度化与规范化。因此在我国《预算法实施条例》修订中，应明确细化人民群众在在预算编制尤其是民生性财政支出预算决策过程中的参与权，为民生性财政支出的民主决策参与机制提供法律基础。

(二)民生性财政支出预算参与的程序保障

虽然公民参与民生性财政支出预算已经有了预算法依据，部分地区亦早开"公民参与预算之先河"，但公民参与仅仅是作为一种"非决策性参与"在制度上进行了原则上的确认，我国预算立法既未设置公众参与决策性程序的具体途径、方法，亦未提供预算决策层面上公众分权的基本原则。[①] 由此，完善我国民生性财政支出预算的公民参与的制度性保障就成为我国《预算法实施条例》修订的重点。

1. 增强民生性财政支出预算参与决策的公民影响力

财政分权体制下，中央和地方各级政府承担不同的管理与服务职能。[②] 地方政府由于了解本地区居民的偏好，代表本地区居民的利益，因而能够更好地执行地方性经济政策和提供区域性公共产品。[③] 民生性财政支出主要涉及与人民生活密切相关的医疗、住房、社会保障等领域，由此也决定了其公民参与的层次不能过高，而部

---

① 参见陈治：《实施民生财政背景下的预算法治变革》，法律出版社 2016 年版，第 124 页。

② 一般来说，中央政府主要承担的责任是稳定经济、实现最公平的收入分配以及提供某些严重影响全社会所有成员福利的公共物品，而地方政府主要负责提供与其辖区居民利益相关的公共产品和服务。参见[美]华莱士·E. 奥茨：《财政联邦主义》，陆符嘉译，译林出版社 2012 年版，第 19～20 页。

③ 参见熊伟：《政府间财政关系的法律调整》，法律出版社 2010 年版，第 11 页。

分国家和地区的预算实践也证明了公民参与式预算主要存在于县、乡级政府。虽然我国《预算法》规定在县乡人民代表大会举行会议审查预算草案前要“听取选民和社会各界的意见”，但是应该“在什么时候、在多大频率上、以什么方式以及多大程度上”接纳公众的参与也即所谓“公共参与的难题”①并没有明确的规定，而是留给地方政府自由裁量，公民和政府应如何分享预算权力(利)缺乏制度性保障。我国政府主导型的民生性财政支出预算执行模式决定了政府尤其是基层地方政府在支出决策中应享有较大的决定权，但政府应当与公民分享公共决策的权力，在决策中反映公众的价值偏好，并将公众意见作为其财政决策的重要参考。为此，有必要在我国《预算法实施条例》中明确规定县、乡级人民代表大会举行会议审查预算草案前听取选民和社会各界的意见，并将该意见作为其财政决策的重要参考。

2. 强化民生性财政支出预算执行的信息公开

阳光是最好的“防腐剂”。我国《政府信息公开条例》规定“扶贫、教育、医疗、社会保障、促进就业等方面的政策、措施及其实施情况”是县级以上各级人民政府及其部门应该重点公开的对象。我国《预算法》虽然也增加了公众参与预算与预算执行报告的相关条款，但究其本质仍旧局限于原则上的规定，缺乏实际的可操作性：首先，该规定主要是针对预算执行机关内部的预算执行制度报告，即主要是各级政府部门及其所属单位向各级财政部门报告，各级财政部门向本级政府报告和各级政府向上级政府报告，对于报告的内容、期限以及方式都由相关政府部门规定。其次，预算执行情况缺

① [美]约翰·克莱顿·托马斯：《公共决策中的公民参与：公共管理者的新技能与新策略》，孙柏瑛等译，中国人民大学出版社2005年版，第10页。

乏公众监督。《预算法》的一大亮点就是提高了预算的公开透明度，但在预算执行方面仅仅规定“对预算执行和其他财政收支的审计工作报告应当向社会公开”。为进一步贯彻落实预算执行机关的预算报告制度，加强民众对于民生性财政支出预算执行的监督与反馈，我国《预算法实施条例》在修订的过程中亟须明确向公众报告的时间、方式和内容，完善预算执行的月报告、年中报告、年末报告以及长期报告等制度，定期披露相关信息，使政府的预算执行报告成为一项制度性的措施，增强预算法律关系中信息的均衡性，从而提高信息弱势方的利益保护能力。①

四、强化民生性财政支出预算执行的绩效问责与财政激励

有效的财政支出制度既要通过惩罚机制将个人行为限定在合理界域之内，同时也要依靠激励机制来提供发展动力与合理预期，以实现激励与惩罚的合理均衡。② 构建民生性财政支出预算执行的财政诱导与激励机制，在强化预算执行违法行为责任追究的同时激发或鼓励预算执行机关主动追求年度预算所设定的绩效目标，实现由“事后追责”向“事前引导”的转变，是提高我国预算执行尤其是民生性财政支出预算执行效力的根本保证。

（一）增强民生性财政支出预算执行的绩效责任

民生性财政支出预算执行不仅要强调项目产出的数量与质量，更应该注重该产出的经济效益、社会效益以及环境效益是否满足人民群众的迫切需要以及符合经济社会的可持续发展等问题。《俄罗

---

① 参见蒋悟真：《中国预算法实施的现实路径》，载《中国社会科学》2014 年第 9 期。

② 参见俞宪忠：《优好制度设计的基本原则：激励与惩罚相兼容》，载《社会科学战线》2011 年第 12 期。

斯联邦预算法典》第 65 条明确规定各级预算支出要建立在“最低国家社会政策标准、提供公共服务的财政费用标准以及最低预算保障计算的统一方法基础上”。[①] 我国《预算法》已经明确规定在预算的编制、执行过程中要“讲求绩效”，但无论在《预算法》还是在《财政违法行为处罚处分条例》中均缺乏追究预算执行绩效责任的规定。

根据权利与义务相统一的原则，如果政府的执行行为偏离了社会利益和公众利益，就应当追究有关责任人及行政长官的责任。[②] 在此方面，美国审计总署明确地将预算绩效评价结果作为被评估部门负责人任免和奖惩的重要参考依据，新西兰、韩国等亦有类似的规定。综观国内，我国部分地区在预算执行过程中也已开始尝试实行行政长官负责制，如重庆市渝中区《关于全面推进财政预算绩效管理的决议》就把绩效目标完成情况纳入年度考核和干部任用考察；上海市松江区制定的《松江区预算绩效管理办法》也对预算绩效管理考核和绩效评价结果进行问责；中共中央办公厅、国务院办公厅印发的《脱贫攻坚责任制实施办法》更是明确规定在脱贫攻坚工作中对于党政正职干部要做到“不脱贫不调整、不摘帽不调离”。这些地方法规及中央政策的先行实践经验，应当合理地吸收到我国《预算法实施条例》的修订之中。

（二）构建民生性财政支出预算执行的绩效引导与激励机制

针对行为的控制机制主要有两种：一种是将有价值的东西作为奖励提供给服从者，另一种是给不服从者以惩罚。[③] 追究民生性财

---

① 本文所引用《俄罗斯联邦预算法典》相关条款均引自财政部预算司编：《部分国家预算法汇编》，外文出版社 2005 年版，第 683 ~ 776 页。

② 参见蒋悟真：《我国预算法修订的规范分析》，载《法学研究》2011 年第 2 期。

③ 参见［美］戴维·波普诺：《社会学》，李强等译，中国人民大学出版社 1999 年版，第 482 页。

政支出预算执行的绩效责任固然可以提高预算执行的效力，但其本质上仍是一种被动的、事后性的惩罚机制。法律的主要作用不是惩罚或压制，而是为人类共处和为满足某些基本需要提供规范性安排。[①] 因此，需建立健全民生性财政支出预算执行的财政激励机制，充分调动和激发预算执行机关的积极性、主动性和创造性，以"内部化预算执行的外部成本，诱导预算执行机关选择社会最优的行为"。[②] 我国《预算法》第 32 条规定各级政府应当"参考上一年预算执行情况、有关支出绩效评价结果"编制本年度预算。将绩效评价结果与下一年度预算资金安排挂钩，是增强民生性财政支出预算执行财政激励的重要手段，同时也是我国未来预算体制改革的方向。为此，国务院、财政部等出台了一系列增强财政预算绩效评价结果反馈与应用的规范性文件，[③]部分地方政府也从本地的财政实践出发进行了有益的探索。[④] 我国《预算法实施条例》的修订，应引进民

---

① 参见[美]E. 博登海默：《法理学：法律哲学与法律方法》，邓正来译，中国政法大学出版社 2004 年版，第 366 页。

② 张维迎：《信息、信任与法律》，生活・读书・新知三联书店 2003 年版，第 63 页。

③ 如国务院《关于深化预算管理制度改革的决定》（国发〔2014〕45 号）指出要加强绩效评价结果应用，将评价结果作为调整支出结构、完善财政政策和科学安排预算的重要依据。《经济建设项目资金预算绩效管理规则》（财建〔2013〕165 号）也强调评价结果反馈与应用，指出财政部可会同主管部门根据工作需要，对绩效较好的予以通报表扬，对较差的通报批评；可按照协议约定或有关规定，采取评价结果与资金安排挂钩等奖惩措施。《财政支出绩效评价管理暂行办法》（财预〔2011〕285 号）也规定对绩效评价发现问题、达不到绩效目标或评价结果较差的，可在一定范围内予以通报并责令其限期整改，直至取消该项财政支出。国务院办公厅《关于对真抓实干成效明显地方加大激励支持力度的通知》（国办发〔2018〕117 号）更是强调对在民生领域真抓实干、取得明显成效的要给予适当奖励或倾斜支持。

④ 例如，前文提到的上海市松江区制定的《松江区预算绩效管理办法》，就对预算绩效管理工作开展积极或绩效评价结果较好的，在安排预算资金时可予以优先保障和重点支持，而对于预算绩效管理工作开展不力或达不到绩效目标、评价结果较差或对绩效评价发现问题整改不力的，财政部门应当严格控制该部门预算资金安排。

生性财政支出的财政激励政策，将预算绩效评价结果作为下一年度预算资金安排的重要指标之一，同时预算资金要向绩效评价较好的项目倾斜或给予适当的奖励，实现由“惩治法治观向励治法治观”的转变。①

五、结语

从管理到治理，言辞微变之下涌动的是一场国家、社会、公民从简单的以国家为主体的管制思维到多元共治、合作共赢的治理思维转变的思想革命。② 公共财政的法治化特征决定了政府的财政支出尤其是民生性财政支出必须改变传统的过多依赖各类财政政策的“软法”治理的思维模式，将预算执行的合法性、参与性、责任性以及有效性等贯穿到民生性财政支出全过程，实现由“政策性”向“法治化”的合理嬗变，并最终实现以公共利益最大化为目标的预算善治，这也是财政民主的本质要求。基于此，需要科学界定国家财政支出的优先序位，唤醒广大公民的财政权利意识并构建财政支出诱导与激励机制，以法治化思维引导民生性财政支出预算执行。但预算执行仅仅是国家财政活动的一个中间环节，民生性财政支出预算执行效力的提升还需要提高预算编制的科学性与民主性以及建立全方位的民生性财政支出预算执行监督体制，以便充分发挥各级人大及其常委会、政府机关以及社会公众在民生性财政预算执行中的监督作用。

---

① 丰霏：《从立法技术到治理理念——中国语境下法律激励理论的转向》，载《法商研究》2015 年第 3 期。

② 参见江必新：《推进国家治理体系和治理能力现代化》，载《光明日报》2013 年 11 月 15 日，第 1 版。

民生问题的解决并不是某一学科的使命,而是一个系统性、全局性的工程,它不仅涉及政府职能的转变,更需要全社会的共同参与和面对。在法治化轨道上推进我国民生建设,不仅需要民生财政支出的预算执行实现法治化和规范化,还需要有更广阔的视野与宏观的制度设计,以及与之相配套的法律法规如税法、社会保障法等其他分配法有效的构建与良好实施,以多维的视角和多元的方式打破既有的财产分配格局,实现资源优化配置,共享改革发展成果。

第二节　深化民主政治变革的公共预算制度

党的十八届三中全会强调"财政是国家治理的基础和重要支柱",公共预算作为财政体系的核心内容,预算治理能力在一定程度上影响国家治理能力现代化目标的实现。我国《预算法》在立法理念上融入了更多的民主性、公共性、控权性、全面性、公开性、问责性等现代预算法治精神,从规范化和体系化的角度完善了公共预算制度,这些规定至少从静态的法律条文层面为预算治理能力的提升和国家治理基础的夯实提供了制度保障。[①] 但审慎观察《预算法》,其中仍然含杂许多不合时宜和有欠合理的成分,尤其是将《预算法》放在当前财政法律体系中进行全局性考察,在我国财政立法整体落后或不足的法治背景下,《预算法》恐难担当起"财政宪法"的重任。预算治理能力能否得到理想幅度的提升也依然是一个无法预知的

① 2018 年 12 月 29 日,全国人大常委会第七次会议对《预算法》作出了修订,本次修法仅将第 88 条中的"监督检查本级各部门及其所属各单位预算的编制、执行"修改为"监督本级各部门及其所属各单位预算管理有关工作",未涉及其他条文。故如无特别说明,本书中所指《预算法》为 2018 年经全国人大常委会第七次会议修订后的《预算法》。下文亦然。

难题。实际上,任何国家的预算问题都绝非纯粹的法律范畴,从预算编制、执行、监督、公开的全过程都或多或少地夹杂着政治考量、利益趋向和民主呐喊,并围绕关联各方权利(力)合理配置与有效协作而展开。立足于我国现有的政治体制运作模式,《预算法》虽显露出浓重的法治色彩,但政治基调依然清晰可见。基于此,我国在强调财政治理能力和治理体系现代化的进程中,其预算治理能力的提升取决于政治实践和法治路径之间的顺利切换,即如何运用法治理念来消弭政治上的不利影响,实现预算法律性对预算政治性的规训或驯化,塑造预算法的良性品质。

一、公共预算的规制特色:政治性与法律性

对于预算本质的研究,国外学界存在“预算是政治的一个次系统”的认知,[①]甚至断言“公共预算的研究就是政治的研究”。[②] 结构功能主义认为,社会是由经济、政治、法律和文化纵横多层次子系统构成的整体。就此意义而言,预算法作为社会子系统之一可以界定为在特定的经济和文化系统中为整合和实现不同主体间的特定政治目的而存在的子系统。因此,预算既是一种法律现象,也是一种政治现象。从法律性视角而言,预算法作为各方权利(力)的配置机制或各方政治目的的整合机制,在为各方主体权利(力)提供限度的同时,各方权利(力)则在预算法中获得了合法性和合理性,各方的政治目的亦被预算法驯化与整合。从政治性视角而言,预算法

---

① Aaron Wildavsky, Naomi Caiden, *The New Politics of the Budgetary Process*, Longman Publishing, 1996, p. 439.

② Aaron Wildavsky, *The Politics of the Budgetary Process*, Little, Brown and Company, 1974, p. 126.

则成为各方主体追求政治目的的工具或整合各方政治目的载体,政治目的超越预算法之上,赋予了预算法以内涵和效力。于是乎,公共预算的研究不能局限于对预算法文本的规范解释和逻辑推理,也不能被纯粹地视为一种脱离预算实践的法律规范主义,那些对公共预算起决定性作用的政治因素也同样应纳入分析范畴,唯有如此,才能真正理解和认识公共预算。

现代公共预算法治与现代立宪政治相伴相生,是现代立宪政治的子系统。不同的社会阶层、利益集团通过不同的政治形式或路径参与预算过程,以实现自身(阶层)的特定利益诉求。预算法则是作为特定政治目标追求和权力配置合法化的工具,从而实现各方利益的动态平衡。政治是关于权力的艺术,公共预算的政治规制难以避免对预算权利(力)的发力。从权利(力)角度而言,预算法政治性的影响因子一般包括预算权力结构、预算主体决策方式以及民主模式等。① 正因如此,预算法的政治性突出表现为三个方面:(1)预算权力的结构性能,权力得以合理配置便是形成权力主体间一致行动的目标,预算权力的结构性能优良与否不仅在于权力界限划分的清晰与否,更主要的是预算权力的配置能否接受政治系统运行效果的考验。一国预算权配置采用集中型还是分散型,人大主导型抑或是政府主导型,这都是国家的政治实践问题,只不过基于权力分配的法治路径,大部分国家会将此政治决定转换为立法规范,从而实现预算权力的政治安排和法治保障。(2)预算主体的决策方式,从20世纪50年代开始,以美国为首的许多国家进行了一场理性预算

① Aaron Wildavsky, "The Political Implications of Budgetary Reform", *Public Administration Review*, Vol. 21, No. 4, 1961, pp. 183 – 190.

改革,希望用理性的预算分析来取代政治判断,[①]然而却疏忽了"预算决策始终是与政治斗争结合在一起的",[②]决策者只能在组织规章制度、效率准则、组织认同等框架下作出决策。(3)预算民主的启动模式,我国的预算民主改革总体上是由政府主导的,目前的一些参与式预算试点也基本上是由当地开明的地方官员所推行,[③]虽然我国《预算法》对预算公开义务的进行了明确的法律规定,但在具体执行上,对于违反预算公开义务的政府部门或官员,更多地还是依赖政治问责途径,透露出预算民主的行政主导色彩。

预算制度的政治性和法律性在互动与平衡中推动预算法治的发展,这种发展过程体现了通过张扬预算的法律性来实现对政治性的驯化过程。首先,预算法的发展深嵌于整个西方政治的发展史,预算的政治性与法律性相伴相随。整个西方预算制度的发展史就是与王权斗争、政治冲突、立宪政治、民主发展相关的政治演化史。英国1215年《大宪章》、1688年《权利法案》使君主立宪政体确立,财政权也逐步为议会所掌控,在政治上议会甚至为了控制国王对皇室经费滥用的行为,通过1782年《经济改革法案》,将国王世袭的私人财务都归于议会控制之下,对王室规定了明确的开支方针和受托责任等。[④] 美国1921年《预算与会计法案》、1974年《国会预算与扣押控制法》以及1990年《预算执行法案》等财政性法律的颁布,在实现议会、总统、审计署及法院等主体之间预算权合理配置的同时,

---

① 参见马骏、赵早早:《公共预算:比较研究》,中央编译出版社2011年版,第302页。

② See Key, V. O., "The Lack of a Budgetary Theory", *American Political Science Review*, Vol. 34, No. 6, 1940, pp. 1137 - 1144.

③ 参见蒋悟真:《推动预算民主的三条进路》,载《法学》2011年第11期。

④ 参见[美]玛格利特·利瓦伊:《统治与岁入》,周军华译,格致出版社、上海人民出版社2010年版,第136~137页。

还进一步稳固了各个政治主体之间的政治博弈规则。简言之,解读预算法治的发展史,它伴随整个西方政治制度的成长和变革进程,在政治体系历经多轮震荡而走向成熟之时,也逐渐奠定了现代预算法的基本体系和良好的预算法治基础。其次,政治性是预算法价值理念的来源。法律由人制定,政治系统成为共同体目标形成和确定机制,而这些共同体价值(目标)则成为法律的理念。再次,预算法的政治性为法律性提供权力基础,为法律性提供了国家强制力保障。"'法律的苍穹'不是独立存在的,它建立在政治的柱石之上。没有政治,法律的天空随时可能塌陷。"[①]最后,预算法的法律性是共同体政治目的的承载和良性政治秩序的保障。在社会共同体中,各主体信任的不是政府,而是支撑这一共同体的法律。法律是"通过害怕而相互制约的工具,是共同认识和价值观的贮藏室"。[②] 要想预算法的政治性或共同体政治秩序(目的)得以实现,必须借助预算法的法律性,从而在赋予共同体政治秩序(目的)合法性和规范性的同时,约束政治恣意,确保不会走向共同体政治秩序(目的)的反面。总体而言,法律性犹如预算法的骨骼,政治性犹如预算法的精神(理念),无骨骼则预算法则无法恰当承载特定的精神(理念),无精神(理念)骨骼将徒有其表,失去应有功能。[③]

二、我国《预算法》的政治性

立足当下中国,经济层面正处于转型期,计划经济遗留下来的

---

① 参见[美]莱斯利·里普森:《政治学的重大问题——政治学导论》(第10版),刘晓等译,华夏出版社2001年版,第201页。

② [美]昂格尔:《现代社会中的法律》,吴玉章等译,中国政法大学出版社1994年版,第99页。

③ 参见管欧:《法学绪论》,台北,五南图书出版股份有限公司1997年版,第137页。

政府管理思维依然存在,市场在资源配置当中的决定性作用未能得到充分彰显;政治层面面临治理能力和民主法治的双重挑战,行政主导色彩浓重而议会民主机能尚未充分发挥;政府权力边界不够清晰,难以受到法治规范对其有效控制。总而言之,中国有着自身特有的经济背景、政治模式以及法治现状,在这种特殊国情之下,政治地位凸显而法治路径不充分,延伸到预算治理领域,预算权的配置格局、预算整体进程和预算民主模式都不免受到影响。但它们都是共同体预算目标实现的重要影响要素,自此,预算法的政治性范畴及其至关重要的影响因素至少包括预算权力配置、预算整体进程和预算民主模式。结合我国《预算法》一一剖析可以发现,尽管这一有着"财政宪法"之称的法律文本顺利修订通过,确实实现了预算法从"治民之法"向"治权之法"的理念跃迁,[①]并且在预算法律原则、预算跨年平衡机制、国库权利配置、转移支付、地方债务风险评估与预警、预算公开、预算调整等方面的完善,对预算法的法律性的合理保障具有重要意义。但是我国《预算法》仍存在许多不足之处,严重影响了其自身形式理性的内在逻辑自足,从而难以合理赋予各主体预算权力的合法性,实现对各预算主体政治目的的驯化与整合。

(一)预算权力配置不合理

预算是对国家"钱袋"予以合理规制的活动,是立法权力、行政权力、司法权力、社会力量或公民等多方主体对国家财政资源的配置进行协商、博弈和妥协的过程。各方预算权力的合理配置事关共同体预算目标的合理实现。我国《预算法》确立了全口径预算制

---

① 参见刘剑文、陈立诚:《预算法修改:从"治民之法"到"治权之法"》,载《中国财政》2014 年第 18 期。

度,完善了预算编制制度,细化了人大预算审查内容,实施了国库集中收支制度,赋予了地方有限的发债权等,这些具体制度的建构、完善,尽管对各方预算权力的合理配置和各方预算目标的实现大有裨益,但预算权力的配置依然不合理,主要表现为:国家行政机关预算权力依然较强大、国家权力机关预算权力不强、审计机关预算权力和司法机关预算编制(财权)不独立等,所有这些都影响预算法政治性的发挥。

第一,国家权力机关预算权力不强。虽然我国《预算法》加强了人大的预算初步审查权,但依然未赋予人大预算修正权,未加强人大预算机构的作用或设立特定的人大预算审查监督机构。没有预算修正权,人大只能整体通过或否定预算案,而最终只能通过预算案。同时,人大财经委员会职责众多,预算专业人员缺乏且存在预算信息的不对称,因此必须建构一个具有预算编制、审查和监督能力的机构,才能使国家权力机关的预算审查(监督)从形式审到实质审,从而实现国家权力机关与国家行政机关间预算权力配置的平衡。

第二,审计机关缺乏独立的预算监督权。我国《预算法》未赋予审计机关独立的监督地位,审计部门依然隶属于行政部门。一方面,审计机关不能够独立地发起审计,国家权力机关亦不能独立地请求审计机关进行审计;另一方面,审计机关的审计报告不仅要向人大报告更要向政府报告,从而导致审计监督发挥不了应有的监督作用。

第三,司法机关预算编制(审批)权(财权)不独立。党的十八届三中全会中明确提出"推动省以下地方法院、检察院人财物统一管理,探索建立与行政区划适当分离的司法管辖制度"。根据中央关于重大改革事项先行试点的要求,自2014年起,上海、广东等18省、直辖市、自治区已在法检人财物省以下统管方面开始改革“破冰”,如广东省出台了《广东省省以下法院、检察院财物统一管理改革试点方案》,省内284家市、县法院、检察院直接向省财政编报预算。但试点只是改革的一小步,司法预算独立性的欠缺容易诱发司法地方化,导致司法经费截留及司法服务的地方化差异,不利于司法公正,①影响司法功能的进一步发挥。

第四,行政机关内部预算权力的配置不合理。在现阶段,由于国家发展改革委等准预算机构的存在,财政部门的预算权力并不完整。加强政府内部的行政控制,则需要将预算权力集中到财政部门,建立一种以财政部门为核心的集中型控制体系或建构专门的预算机构,为此,必须保障财政部门独立完整的预算权力。同时,虽然我国《预算法》赋予了地方有限的发债权,但地方政府的自主预算权力依然缺乏。

(二)预算整体进程政府主导

预算体现政治权力对社会资源的一种计划性分配,预算资金的汲取、支出涉及国家自主性以及民众对国家的政治认同,其决策过程反映政治权力的价值取向、结构功能以及治理技术等方面的深刻变化。② 一直以来,在预算决策过程中,由于人大缺乏对预算支出信息的便利获取渠道,各级政府及其部门对于所管理范围或行业领域的公共需求、资源分配、结构状态等方面的预算信息较熟悉,因而由

---

① 参见朱大旗、李帅:《法治视野下的司法预算模式建构》,载《中国社会科学》2016年第10期。

② 参见靳继东:《预算政治学论纲:权力的功能、结构与控制》,中国社会科学出版社2010年版,第2~3页。

行政机关负责编制预算具有现实合理性，但出于规范政府在预算过程中的权力，有必要发挥人大的民主决策、民主管理和民主监督作用。在我国行政主导预算模式依旧盛行，虽然《预算法》在第1条立法宗旨中明确其目的之一就是“规范政府收支行为”，并在预算的多个具体实施问题上指明政府义务的履行程序和实体规定，强化了人大在预算决策和执行过程中的监督作用，但总体上人大在预算权配置中依然不强。

之所以我国在预算权配置上更倾向政府一方，与强调政府在国家治理进程中的主导性地位有关，另从预算的理性化来说，由政府和政府部门主要负责预算活动有其合理性，因为看似管理一切社会事务的行政机关具有强大的支出信息收集能力，能够快速准确地获悉财政需求并在此基础上作出较科学的安排，但这也存在一个有瑕疵的假设前提，即把政府作为一个“完全理性人”的组织体存在，而实际上政府并非如此，政府行为是权力行为，也是人之行为，难免会出现问题，科学来说政府应是“有限理性人”。鉴于此，预算整体进程的主导者不应为政府，而应赋予行政权力的制约力量——体现民主意志的议会机构，在我国即为各级人民代表大会及其常务委员会。总而言之，从预算模式的理想设计来说，应当是以人大主导下的政府预算模式，这意味着涉及预算管理过程应当偏向政府，一旦需要对政府预算行为进行外部力量制约时，人大的监督制约作用就要发挥作用。另外，人大作为国家权力机关，也有责任将政府预算过程加以明确化、程序化和法治化，为政府进行预算管理提供立法支持。

但是在预算整体进程当中，人大与政府之间的关系也并非如法治蓝图一般理想。首先，在预算决策过程中，人大代表审议政府预算很难具备专业知识储备，往往表现为是一种形式审查，在短暂的人大会议期内很难保证对预算文本内容的准确认识和深入了解，加上以配合政府管理正常展开之需要和纪律，较难提出否决预算议案之情形，如此一来，由人大行使预算决策权更多展示的是一种形式，不易产生监督政府权力的效果。其次，在预算编制过程中，这个进程基本上属于预算编制主体的自主权力范围，人大只有待会议召开之际的最终审查权，但到那时所进行的审查难以窥视预算编制背后的事实背景。最后，在预算执行过程中，经人大审查通过后的预算文本进入具体执行阶段后，脱离了人大的视线，唯有预算需要调整时，人大才会再次行使审核权，但这并不意味着人大监督在预算执行过程中的空置，而是通过立法的形式把预算执行中对权力滥用的规制问责交予了政府本身，从而更多体现的是政治问责等自我监督形式。

（三）预算民主通道不够顺畅

民主与预算相伴而生，不同的预算民主模式决定着不同主体管理或参与预算事务的方式，直接影响共同体预算目标（政治目的追求）的形成过程和各方预算目的（利益）的实现程度，对预算法政治性的承载和实现至关重要。我国《预算法》偏重国家权力机关、国家行政机关，特别是不同行政机关内部预算权力的配置，而未对公众直接主动参与预算的方式和权利作出具体明确且合理的规定。我国《预算法》只在第91条规定了公民的检举权和控告权（虽然第45条规定县级及以下政府应采取多种形式组织人大代表听取选民和社会各界的意见，但公众具有被动性、相关参与方式亦未明确规定）。公众无法通过我国《预算法》直接积极主动地表达或实现自身的预算需求，①必将影响共同体预算目标的真正形成和各方预算利益配置的平衡，而该法也无法承载其本应承载的政治性。因此，要使共同体预算目标合理的生成，预算法的政治性得到恰当的承载，必须对我国《预算法》的民主模式予以革新。

在我国特定的社会背景下，多元主体共同的预算目标或预算法理念的生成进路应为：在省级以下政府应采取协商民主形式，实施参与式预算以实现不同预算主体间的自由协商，从而在自由与开放的对话中，达成最多数公民预算目标、理念的集结，实现不同主体价值理念的整合；在中央则实施民主集中制和代议制民主的结合，通过代议制民主实现国家权力机关、国家行政机关主、司法与政协间预算权力的合理配置，通过人民代表大会制度和政治协商制度以实现各共同体统一预算目标、理念的形成。之所以选择以上进路，是因为在现代国家的场景中，至关重要的是，不同群体以话语方式形成表达其利益的政策或方案的能力，②并在公共领域中开辟出宣扬这些政策或方案的能力，拥有话语权就拥有了表达和追求利益的平台，亦拥有了获取利益的保障。只有强化国家权力机关、审计机关、司法机关以及政协的预算话语权，才能在预算过程中实现共同体预算目标。在省级以下部门采取协商民主形式，实施参与式预算，是因为省级以下部门一般是直接提供公民公共服务的部门，与公民自身利益息息相关，各预算主体可以更好地进行协商。同时，面对我

---

① 被动地位（对国家权力的服从）、消极地位（排除国家的干预）、积极地位（对国家拥有请求权）、主动地位（参与行使国家权力）是公民在国家中地位的表现形态，四种公民地位呈阶梯性的上升。参见［德］格奥格·耶利内克：《主观公法权利体系》，曾韬、赵天书译，中国政法大学出版社 2012 年版，第 79 页。

② ［英］安东尼·吉登斯：《民族——国家与暴力》，胡宗泽等译，生活·读书·新知三联书店 1998 年版，第 225 页。

国集权主义传统的残余，只有使国家权力逐步地回归社会，实施参与式预算，提升公民话语权，才能使国家成为“人民的自我规定，(成为)人的自由的产物”。[①] 进而在地方预算协商民主模式下，渐进性地形成一股强大的力量反向“激活”代议制民主的发展。当然，多元主体话语权的保障，仍有赖于我国社会组织能力和公民的法治意识的提升。因为社会组织是社会和国家间起中介作用的自治力量，是公民实现话语权的平台，也是实现国家权力回归社会的重要形式和途径。[②] 而公民法治意识的觉醒则是实施话语权的前提，是在省级以下部门实施协商的基础，因为公民只有保持预算法治意识的觉醒，才具有完全的预算权利意识、参与意识和平等意识，才可明确“为权利而斗争”是其作为整个法律秩序成员的权利。[③]

三、预算政治性的法律化之路

法律是个自主创生系统，法律系统自生自发地通过法律行为、法律规范、法律过程以及法律教义学间的互动内生地产生一种自治秩序。[④] 预算法要合理地实现法律性，应立基于自身的内在结构(预算行为、预算规范、预算程序等)，实现自身的精确化和可操作性，达到预算法自身形式理性的内在逻辑自足。也只有在预算法实现了自身形式理性的内在逻辑自足，才具有承载共同体预算理念(政治性)所应有的品性。规范和控制权力的有效路径无外有二：

---

① 《马克思恩格斯全集》(第1卷)，人民出版社1956年版，第281页。

② 参见吕世伦：《社会、国家与法的当代中国语境》，清华大学出版社2013年版，第21页。

③ 参见[德]耶林：《为权利而斗争》，胡宝海译，载梁慧星编：《为权利而斗争：梁慧星先生主编之现代世界法学名著集》，中国法制出版社2000年版，第12～39页。

④ See Teubner, Gunther, *Law as a Autopoietic System*, Blackwell Publishers, 1993, p. 20.

一是行政程序的细化,二是责任体制的完善,我国预算治理有必要从程序机制完善和责任机制建构两个方面着力突破。

(一)预算程序机制的完善

预算法总体而言应是一种程序法,而预算法程序性品质的不足,致使预算过程更多显露出政治权力行使的易变性缺陷,这也严重影响了其法律性的实现。因此,预算政治性的法律化之路,应是一条以程序正义贯彻始终之路。政府的预算权力行为是行政行为类型之一,同时也有其不同于通常行政行为的特殊之处,了解如此,在塑造预算行为程序规则的过程中,就应着力完善预算的下述程序机制。

第一,预算公开程序的完善。我国《预算法》第 14 条关于预算公开的规定仅是一种静态层面的公开,未能完全贯穿到公共预算的整个过程,除对公开的期限予以重点说明外,缺乏到底如何进行公开的规定。因此,有必要对预算公开程序予以完善,具体包括:(1)公开细节的明确。如预算编制的依据和方法、预算监督的过程与详情、预算执行的过程与结果、预算调整的内容与理由等。(2)公开程度的界定。公开应是实质性的公开,准确、真实、具体、完整、及时、易解应是公开的应然态。(3)公开方式的说明。公开应尽可能利用所有可供利用的媒介,除传统的报纸、杂志、电视、广播等媒体外,还应引入一些现代化的通信手段,如官方网站、官方微博、公众微信号等网络媒介。

第二,预算听证程序的建构。我国《预算法》并未对预算听证程序作出规定,但预算听证程序对预算利益相关者的保护是其他制度无法替代的,故应构建预算听证程序制度。具体而言:(1)应规范听证主体,如利益相关主体、专家及相关程序人员等;(2)应明确听证的具体内容，如听证项目、项目可行性分析、听证地点等；(3)应赋予听证者质询权并对听证进行公证的裁决。

第三，实施跨年度预算编制程序。我国《预算法》依然规定预算年度为1月1日至12月31日，与人大会议的时间不相协调，导致预算年度与预算案相冲突，使上级行政主体代编预算案、“先斩后奏”以及“跑部钱进”等情况出现，最终致使预算流于形式、缺乏法律约束力。虽然我国《预算法》规定，“各级政府部门应当建立跨年度预算平衡机制”，但并未规定具体措施，因而必须修改预算案编制时间，实施跨年度预算——从本年的4月1日到次年的3月31日，相关的预算编制程序亦向后作相应的推移。

第四，建构预算案否决应急程序。我国已经多次出现人大否决预算案的情形，但我国《预算法》对此并未作出回应。因此，应建构预算案否决应急程序。具体而言，预算案否决应急程序包括：(1)面对预算年度开始后无预算可供执行的现实，可参见上一年度预算标准执行；(2)被否决的预算案按人大要求修正后，依据预算审批相关程序报人大常委会审批(此时人大会议已开完而无法报人大审批)。

第五，设立预算拨款委员会、构建预算拨款程序。在人大设立预算拨款委员会、建构预算拨款程序是加强人大预算监督权的关键，既有利于人大对行政主体预算执行行为的监督，又有利于实现人大内部制衡。完善预算拨款程序应从以下几个方面着手：(1)行政部门在编制预算草案的同时，应编制更加具体的部门预算拨款草案；(2)预算案审议通过后，财政部门将部门预算拨款草案提交人大拨款委员会审议，同时在审议期间拨款委员会可提出修订意见，财政部门应遵循审议意见对预算拨款草案进行完善，完善后再提交拨款委员会审议；（3）拨款案通过后，财政部门按照拨款计划具体执行，人大拨款委员会予以监督。

（二）预算法律责任与问责机制的合理建构

法律责任是法律实施的重要保障机制，是以国家强制力为保障的权利（力）救济机制，是法律权利（力）实现的重要组成部分。预算法律责任的合理配置为各预算主体正当实施预算行为提供了强制力的保障和威慑，而恰当合理的问责机制的建构则是预算法律责任威慑力真正发挥、各方预算主体合理实施预算职权和各方预算利益平衡配置的关键。法律责任及其问责机制建构的合理与否甚至是评价一部法律成败的关键因素。我国《预算法》仅仅规定了行政责任和刑事责任两种责任形式，问责机制则更偏向行政内部问责。这势必将导致我国《预算法》形式理性的内在缺失，影响该法的威慑力和实施实效，阻碍预算法治的发展进程。

行政责任和刑事责任制度的建构并不能完全规制不同的预算违法行为。对预算法律责任形式来说，除行政责任与刑事责任外，还应补充政治责任和经济责任。虽然我国现行法律缺乏对政治责任的具体规定，但并不说明政治责任没有存在的必要性。对预算违法行为的主体课以不信任投票、弹劾、罢免以及引咎辞职等政治责任是预算法作为“财政宪法”和预算控权取向的本质要求。经济责任则是对预算违法行为造成的损害结果必须予以赔偿。预算法本身就是为了对有限财政资源进行优化配置以实现公共利益的最大化，而某些预算主体违法行为往往是为了个体利益或部门利益而损害公共利益。通过经济赔偿或经济补偿的形式，能有效地实现对预算违法行为的规制，并合理地引导其他预算主体的行为。

预算问责机制由内在问责机制和外在问责机制共同构成。内在问责机制主要表现为行政问责;外在问责机制除人大监督、审计监督和社会监督外,主要表现为司法问责。对于司法问责,许多学者认为对预算行为不具有可行性,因为预算行为不具有可诉性。其实,这是对预算行为性质的误解。只有政治行为才不具有可诉性。预算行为可能是国家行为,但并不是政治行为。对具体的司法问责机制来说,纳税人诉讼内在的契合于预算司法问责精神之中,一方面,纳税人诉讼是为了防止因行政主体的违法行为而导致的公共利益损害;另一方面,起诉主体与案件没有直接的利害关系,是一种特殊的公益诉讼。同时,纳税人诉讼也与我国《预算法》赋予公民、法人和社会组织的控告权相契合。

总而言之,政治性与法律性是预算法的两种重要属性,实现预算法政治性和法律性的互动与平衡是预算法良性品质的保障。在这种双重维度下,通过对我国《预算法》进行重点分析和解读,不难发现,该法的规范化建构是一个极为复杂的系统工程。要使我国《预算法》得到确实有效的实施,恐怕仍然需要对处于系统内部的政治关系、财政体制以及法治基础予以配套性完善,只有夯实该法实施所依赖的内部制度基础,我国预算法的政治性和法律性才能得到更好地彰显与表达。也就是说,国家预算治理能力的真正提升,除受预算法自身形式理性自足的影响外,更重要的还在于政治体制改革和财政体制改革的深化。当然,预算作为政治系统与法律系统的共治对象,不应对其政治性和法律性的任何一方存在偏见,所需要做的就是用法治将可能会失控的政治权力控制起来,同时要不断塑造一个预算治理能力现代化的品质政府。

第三章　作为法治的预算治理：规范预算

预算程序规范化是非常有益的。首先，它建立了在政府内部进行财政控制的基础；其次，它力求在合理的程度内确保财政信息的准确、统一和及时。这些和其他一些预算过程中的要素是组成公共支出管理所必需的基础。

——［美］艾伦・希克①

对公权谋私唯一的补救方法，就在于公共领域本身，在于照亮公共领域范围内每一个行为的光明，在于那种使进入公共领域的一切都暴露无遗的可见性。

——［德］汉娜・阿伦特②

---

① ［美］艾伦・希克：《当代公共支出管理方法》，王卫星译，经济管理出版社 2000 年版，第 6 页。

② ［德］汉娜・阿伦特：《论革命》，陈周旺译，译林出版社 2007 年版，第 236 页。

预算法治是预算治理的基本方式,也是预算治理现代化的路径保障,作为善治的预算治理与作为共治的预算治理只有落实到作为法治的预算治理层面,才真正符合预算治理现代化的要求。只有通过完善预算法治才能体现现代化的预算治理,才能真正引领和驱动现代预算制度的规范构建。以预算治理为导向的预算法治体系,包括预算法律规则体系、预算法律实施体系与预算法律监督体系,这是决定预算法治能力与水平的关键。审慎而客观地评价我国预算法治体系,上述三个子体系皆处于亟待完善的阶段,这也造成当前我国预算治理的失范。

悉数预算法治体系不足的表现:首先,从我国《预算法实施条例》的修订来看,详情不容乐观。该条例的修订虽取得了一定的进步,但是该条例的修订过程存在严重的部门化和部门利益法律化倾向,①该条例本应作为一部与上位法相配套的行政法规,现在却几乎沦为财政部门的一家之言。② 其次,从预算执行的实践来看,预算违规行为频现。以国务院《关于 2014 年度中央预算执行和其他财政收支的审计工作报告》作为佐证样本,无论是考察中央决算草案审计详情,还是剖析中央财政管理审计内容,抑或是归总中央部门预算执行审计结果,总体审计情况都不容乐观。预算执行主体屡屡突破预算案的安排、擅自违反财经纪律的限制、无视预算资金管理的规范。再次,从预算的全面规范性来看,全口径预算管理未能真正

① 2015 年 6 月 24 日国务院法制办在官网上公布《中华人民共和国预算法实施条例(修订草案征求意见稿)》(以下简称《条例草案》)。对《修订草案》进行初步统计:全文分为 8 章共计 118 条,关于“财政部门”的字样总共出现 105 次,散布在 58 个条文之中;“财政部”的字样更是频现 149 次,分散在 70 个条文中。

② 参见胡明:《预算治理现代化视角下的〈预算法实施条例〉修订》,载《法学》2015 年第 10 期。

形成。全面审视我国《预算法》，预算编制、预算审批与预算执行等方面的规定主要适用于一般公共预算，而政府性基金预算、国有资本经营预算、社会保险基金预算的制度规则几乎空白。即使从《条例草案》来看，后三类预算账本依旧缺乏可操作性的行为规范。最后，从预算公开透明性来看，近年来我国预算公开的改革虽见成效，但也只是形式意义上的预算公开，难以称得上是预算透明，如何才能深入预算公开改革的"深水区"，目前仍不得而知。

面对上述预算法治发展的难题，以下从现代预算构建的规范要素出发，直面预算法立法宗旨——"建立健全全面规范、公开透明的预算制度"，对其具体内涵进行深入剖析，以促进预算规范体系的形成，并提出预算法律制度的完善建议。

第一节　预算法正当程序理念及其制度完善

预算是财政资源的再分配过程，是主体权利义务的配置过程。预算法作为规制预算之法，是对财政资源、主体权利义务配置过程予以规制之法，总体上应是一种程序法。但无论是从人大预算审议期限的过短、政府预算调整的频繁等具体预算实践角度，还是从我国现有的预算法规范角度，审视我国预算法，作为宪治精神之承载的程序性品质缺失已成为不争的事实。要实现预算法程序性品质的回归、预算过程的公平正义及各方权利义务的合理配置，预算法正当程序理念的确立及其具体制度的建构成为必须予以面对的课题。

一、预算法正当程序理念的内涵

（一）预算法正当程序理念的界定

程序滥觞于英美，是一些建构和规范人类行为规则系统的方式，使规则系统不仅有效且具有作为规则应有的品质，是内在价值和外在价值的统一。① 程序有正当和非正当之分，正当程序是被正当所限定的程序。正当从自然法开始就与法如影随形。无论是亚里士多德的“政治正当”、②罗尔斯的“制度正当”，③还是韦伯的“统治合法性”，④正当总体上具有两层含义：道德上的合理性与法治上的合法性。因此，正当程序理念是道德上合理性与法治上合法性的统一，是程序正义理念的承载。⑤ 预算法正当程序理念作为正当程序理念在具体法律制度内的具体化，秉承着正当程序理念的本质内涵与精神导向。

1. 正当程序理念的嬗变

正当程序理念思想的印记最早可追溯到罗马法，即公元 2 世纪罗马作家阿普列乌斯的《复形记》——在和平时期的任何时候都不应像野蛮人或暴君那样不经审理而处罚某个人。⑥ 最早对正当程序作出规定的是英国 1215 年《大宪章》第 39 条，即“任何自由人非经

---

① ［美］富勒：《法律的道德性》，郑戈译，商务印书馆 2007 年版，第 5 ~ 114 页。

② 正义和善是政治正当最基本的价值理念。参见［古希腊］亚里士多德：《政治学》，吴寿彭译，商务印书馆 1983 年版，第 148 页。

③ 罗尔斯的正义是指应用于社会制度时的正当。参见［美］罗尔斯：《正义论》，何怀宏等译，中国社会科学出版社 2009 年版，第 153 ~ 307 页。

④ 韦伯将合法性统治分为合理性统治、传统性统治和魅力性统治。参见［德］马克斯·韦伯：《经济与社会》（上卷），林远荣译，商务印书馆 1997 年版，第 241 页。

⑤ 蒋悟真：《法理念视野下的预算法修改理路》，载《法商研究》2011 年第 4 期。

⑥ 参见［爱尔兰］约翰·莫里斯·凯利：《西方法律思想简史》，王笑红译，法律出版社 2010 年版，第 66 页。

贵族院依法判决或者遵照王国的法律之规定外，不得加以扣留、监禁、没收其财产、剥夺其公权，或对其放逐，或受到任何伤害、搜查或者逮捕”，[①]但仅仅适用于自由人。在 1225 年，第二次颁布的《大宪章》将适用范围扩展为所有民众，至此，《大宪章》成为限制政府权力、保护公民自由的保障。在 1354 年，爱德华三世颁布的《伦敦威斯敏斯特自由令》第 3 章第 28 条规定，“未经法律的正当程序进行答辩，对任何财产和身份的拥有者一律不得剥夺其土地或住所，不得逮捕或监禁，不得剥夺其继承权和生命”，[②]在普通法中首次出现“正当法律程序”。至此，正当程序成为普通法的内在精神不可或缺的部分，成为维护权利和自由最重要的宪法原则之一。当然，之后的《权利请愿书》《人身保护法》《权利法案》使正当程序理念在限制公权力的行使程序上更加深入英国法治思想，已成为承载“自然正义”的程序性理念。之所以说是程序性的，是因为在英国正当程序仅仅适用于权力行使的程序限制，从而保护公民自由和财产。随着殖民扩张，正当程序理念来到美国。在美国正当法律程序理念主要体现在《宪法修正案》第 5 条和第 14 条。美国《宪法修正案》第 5 条被称为程序性正当程序条款，国家机关在行使权力涉及公民生命、自由和财产等权利时，其行为必须符合程序正义的要求。美国《宪法修正案》第 14 条被称为实质性正当程序条款，是指美国联邦政府与州政府议会制定的法律应当符合公平正义的要求，否则，任何人的生命、自由和财产不得被剥夺。该条款突破了程序性的限制，对立法机关制定的法律本身的公平正义进行规制，从而使正当

---

① 光复书局大美百科全书编辑部：《大美百科全书》（第 9 卷），台北，光复书局企业股份有限公司 1990 年版，第 202 ~ 203 页。

② ［英］丹宁勋爵：《法律的正当程序》，刘庸安等译，法律出版社 1999 年版，第 1 页。

程序理念由对行政机关行政专横的限制扩展为对专横立法的限制,正如奥尔特所言,"美国的正当程序已经包含了意义重大的对立法的宪法限制。正当程序不再仅限于要求行政部门如何执法,也涉及立法机关的所作所为;也就是说正当程序已经具有了实体方面的重要性"。[①] 当然,实质性正当程序理念并非一蹴而就,是在经历了一系列的争议与沉淀之后才真正成为正当程序条款的应有之义的。[②] 至此,美国正当程序理念不仅包括程序性的,也有实体性的,主要通过宪法性法律文件而普及化,使自身成为宪法原则的精神归依,成为联通宪法文件与自然正义的桥梁,"正当程序给许多'自然权利和正义'的原则提供了保障"。[③] 现今,正当程序理念主要表现为两个方面:一是实体方面的含义被"法治"[④]概念所吸收,正当程序就是指法治概念本身及文明国家所奉行的获得普遍接受的正义标准;二是程序方面,正当程序理念是"自然正义"的承载,由于英美程序法的传统,将其称为"程序正义"。

2. 正当程序是程序工具主义与程序本位主义的统一

程序工具主义由绝对工具主义和相对工具主义构成。绝对工具主义认为法律程序没有任何独立的价值,其自身存在不是为实现

① [美]约翰·V. 奥尔特:《正当法律程序简史》,杨明成、陈霜玲译,商务印书馆 2006 年版,第 7 页。

② 如在 1869 年"屠宰场案"和 1884 年"赫塔多案"就否定了实质性正当程序的效力。随着正当程序理念的发展,在 1885 年"合租公寓雪茄烟案"及之后的"奥尔盖耶诉路易斯安那州"案件中,实质性正当程序理念得以确立,从而使正当程序理念得以拓展。参见[美]伯纳德·施瓦茨:《美国法律史》,王军等译,中国政法大学出版社 1990 年版,第 118 ~ 122 页。

③ [美]詹姆斯·安修:《美国宪法判例与解释》,黎建飞译,中国政法大学出版社 1999 年版,第 45 页。

④ 法治在戴雪看来意味着法律相对于专断权力的优越性及法律面前人人平等的思想。参见[英]戴雪:《英宪精义》,雷宾南译,中国法制出版社 2001 年版,第 228 ~ 245 页。

自身的内在价值,正当程序仅仅是实现实体法律目的或价值的工具,对于价值的实现程序是第二位的,只有实体法目的或价值才能实现程序的价值,程序依赖实体而存在,正如边沁所言,“实体法的唯一正当目的是最大限度地增加最大多数社会成员的幸福”,“程序法的唯一正当目的,则为最大限度地实现实体法;程序法的最终有用性要取决于实体法的有用性……除非实体法能够实现社会的最大幸福,否则程序法就无法实现同一目的”。[①] 相对工具主义的代表者是德沃金,其在坚持正当程序是实现实体的工具的前提下认为正当程序(程序性权利)自身的存在能更好地体现、维护自然正义和道德价值。[②] 程序本位主义则正好相反,认为程序的作用先于实体而存在,程序在实现法的价值中独立并重于实体,正如法谚所言,“正义不仅要实现,而且要以看得见的方式实现”,程序具有决定性作用,只要在正当程序下为一定的行为,结果必然公正且与相关事实无关,正如达弗所认为的审判程序的公正与否与裁判结果的公正性具有内在的必然联系,程序具有独立的价值而与实体无关。[③] 无论是程序工具主义还是程序本位主义都只在于强调一方的重要性,有失偏颇。随着法治的发展,程序工具主义与程序本位主义趋于融合。正当程序理念应是工具主义与程序本位的统一:一方面,正当程序具有自身独立的内在价值,如公平、平和、参与、人道、尊严等,其有利于公平正义价值的实现,有利于主体程序性权益的维护;另一方面,正当程序具有工具性,或称为外在价值,其有利于主体实

---

① Gerald J. Postema,“The Principle of Utility and the Law of Procedure:Bentham's Theory of Adjudication”,*Georgia Law Review*,Vol. 11,1976,pp. 1393 – 1424.

② 参见[美]罗纳德·德沃金:《原则问题》,张国清译,江苏人民出版社 2005 年版,第 96 ~ 131 页。

③ See R. A. Duff,*Trial and Punishment*,Cambridge University Press,1986,pp. 110 – 114.

体性权益更好地实现。正当程序理念的内在价值与外在价值相辅相成,共同致力于主体权益的维护与实现。

3. 预算法正当程序的概念

预算法正当程序理念只不过是正当程序理念在预算法中的具体化而已,具有正当程序理念所具有的一般特征与价值导向性。预算法正当程序理念是指,预算法所应承载的"法治"和"自然正义"原则的价值指向,具体由预算法正当程序的内在价值品质和外在价值品质所承载。内在价值品质是指在预算法实现正当性价值过程中,自身应具有的独立价值品质,一般包括预算程序的参与性、平等性、中立性、正统性、及时性、理性、和平性、终止性等。外在价值是指,预算主体通过预算法或预算程序所追求的公平、正义、安全、人权等价值。预算本身是一个决策与资源分配的过程,预算法总体上应是一种程序法,程序是预算法的核心,要实现有限预算资源分配的公平正义,就必须依赖预算法正当程序理念的导引,使预算法程序具有中立性、及时性、人道性等品质。因为预算法只有具有这些品质才具有正当的基因,才能承载正当程序理念,进而实现预算法的实体价值。总而言之,预算法的正当程序理念是实现预算各方主体正当参与预算过程的导向,是预算过程中各方权利(个人权利、国家权力与社会权利)综合平衡及预算法实体价值实现的理念保障。预算法正当程序理念作为联通预算法治与自然正义的桥梁,主要表现为两方面:实体上的含义被"法治"①概念所吸收,是指法治概念本身及文明国家所奉行的获得普遍接受的正义标准;程序上是"自然正义"的承载或被称为"程序正义"。

① 法治在戴雪看来意味着法律相对于专断权力的优越性及法律面前人人平等的思想。参见[英]戴雪:《英宪精义》,雷兵南译,中国法制出版社 2001 年版,第 228 ~ 245 页。

(二)预算法正当程序理念的价值维度

预算法正当程序理念蕴含着内在价值和外在价值,正如萨默斯将程序价值分为“程序价值效应”和“好结果效应”一样,内在价值是指,预算法正当程序本身作为正当程序理念的承载与实现工具所应具有的工具理性或内在道德品质;外在价值是指,预算法正当程序理念具有实现人们共同追求的价值——公平、正义、安全等的价值取向。

1. 预算法正当程序理念的内在价值

内在价值是法律自身合理与否和实现其外在价值的制度性保障,在此意义上,预算法正当程序的内在价值成为评价程序自身正当与否及能否实现外在价值的尺度。预算法正当程序理念的内在价值由参与性、平等性、中立性、正统性、及时性、公开性、终止性共同组成。

参与性。参与性是主体的一种能动的行为,主体希望通过行为来使事情的结果更趋于有利自我。参与性表现为预算法保证各利益主体能够自愿地参与预算全过程,并能实质性地影响预算过程和结果。

平等性。平等性是指给予主体公平地位和平等机会参与预算,给予主体公平的关注,不因强势主体而偏向的道德品质,正如戈尔丁对诉讼程序品质的描述,“各方当事人应得到公平机会来对另一方提出的辩论和证据作出反应;对各方当事人的意见均给予公平的注意”。①

中立性。中立性在预算过程中表现为预算主体不能担任自己

---

① [美]马丁·P. 戈尔丁:《法律哲学》,齐海滨译,生活·读书·新知三联书店 1987 年版,第 240~241 页。

案件的法官;利益分配结果中不应当包含预算程序直接参与者的利益。

正统性。正统性是指预算(程序)在法律、政治和道德上的权威性或正当性。预算(程序)的正统性表现在法律上为符合宪法及相关法律的规定,即合法性;表现在政治上为其是通过政治上的民主程序而获得公民认可的民主性;表现在道德上为其符合公认的道德原则精神,即合道德性。

及时性。及时性是草率与拖拉两个极端的折中,既不是无充分时间收集信息并思考情况下草率的决定,又非无效率地拖延。[①] 及时性品质是预算程序保障预算既不能拖延,也不能不合理的过快,即按正当预算时间合理地为预算行为的品质。

公开性。公开性是指预算法程序应具有使预算所经历任何阶段和步骤都要以看得见的方式进行的品质,正如英谚所言,“正义不仅要伸张,且必须眼见着被伸张”。[②] 公开性是预算法程序的正当性保障,正如伯尔曼所言,“没有公开就无所谓正义”。[③]

终止性。终止性是指程序在法定的时段内具有终结性,终结后不能再被任意启动。终止性是预算法程序必须具有的品质,是指一旦预算年度(过程)终止就不能再任意地启动预算程序。

2. 预算法正当程序理念的外在价值

预算法正当程序理念的外在价值是预算法正当程序工具作用的结果,是指其对于人们通过预算所实现的“善”——公平、正义等

① [美]迈克尔·D.贝勒斯:《法律的原则——一个规范的分析》,张文显等译,中国大百科全书出版社1996年版,第36页。
② [美]伯尔曼:《法律与宗教》,梁治平译,中国政法大学出版社2003年版,第21页。
③ 同上书,第21~22页。

价值的追求，即“正义或公平是一些人对人们生活中的种种状况所作的一种有目的的决定，亦即使人们的生活状况受制于公平或正义的控制”。[①] 预算法是人们为了实现个人利益、国家利益和社会利益的帕累托最优而委托政府按照正当程序对现有预算利益进行分配的过程。因此，预算法正当程序作为利益分配最优化的实现工具，追求的目的价值应该是分配正义，即预算法正当程序的外在价值是分配正义，具体而言，实现个人利益、国家利益和社会利益配置的帕累托最优。“正义有着一张普洛透斯似的脸”，[②]预算法正当程序的分配正义价值更直接地表现为预算主体对实质公平的追求，希望通过预算过程实现利益分配的实质公平，恰如罗尔斯的正义二原则——任何人都拥有与其他人相同的、平等的、基本的自由权；人们在社会和经济上可以存在差异，但这种差异必须符合每个人的利益，特别是最劣势主体的利益。[③]

（三）预算法正当程序的法治功能

“程序是社会的保护神。只有程序才能保护无辜，它们是使人们融洽相处的唯一手段。”[④]预算法正当程序作为一种利益分配机制是实现个人利益、国家利益和社会利益最优化的程式，是公平、正义、自由与秩序等价值的实现机制，更是实现行政合法化、司法正当化及程序自身合理化不可或缺的手段。预算法正当程序在预算过

① ［英］弗里德利希·冯·哈耶克：《自由秩序原理》，邓正来译，生活·读书·新知三联书店 1997 年版，第 121 页。

② ［美］E. 博登海默：《法理学：法律哲学与法律方法》，邓正来译，中国政法大学出版社 1999 年版，第 252 页。

③ ［美］约翰·罗尔斯：《正义论》，何怀宏等译，中国社会科学出版社 2009 年版，第 237 页。

④ ［法］邦雅曼·贡斯当：《古代人的自由与现代人的自由》，阎克文等译，上海世纪出版集团、上海人民出版社 2003 年版，第 236 页。

程中具有其他制度不可取代的功能——保障人权、限制国家权力滥用。

1. 保障人权

人权是指“人们主张应当有或者有时明文规定的权利。这些权利在法律上得到确认并受到保护,以此确保个体在人格和精神、道德以及其他方面的独立得到最全面、最自由发展。它们被认为是人作为有理性、意志自由的动物所固有的权利,而非某个人实在授予的,也不是实在法所能剥夺或消减的”。① 人权的存在形式有多种,而最常见的则表现为道德(应有)人权、法定人权和实有人权。预算法作为一种利益的总分配机制和道德性人权向实然人权的实现转化机制,一边连接着道德人权,一边连接着法定人权和实有人权,直接关系主体法定人权的多少和实有人权的真实现状。预算法正当程序理念作为预算利益分配机制(预算法)建构的保障理念或价值导向,与人权的保障同样具有直接的、必然的联系。首先,预算法正当程序理念保障人权精神的实现。人权具有天然的道德正当性,预算法在预算法正当程序理念的导引下,实现着人权,亦实现着对自身正当性的证明。在预算法正当程序理念的导引下,建构的预算法,成为人权道德精神及其具体化的实现机制,体现出对预算各主体意志的尊重,体现出主体人权自我实现的自主性、公平性和正当性。就此意义而言,预算法正当程序理念在保障人权实现的同时亦实现着自身承载的道德精神,与人权精神具有内在统一性。其次,预算法正当程序作为一种正当性理念,与应然人权保障范围的宽窄有着联动效应。应然人权的宽窄与社会发展的先进与否,是对等

① [英]戴维·M. 沃克:《牛津法律大辞典》,李双元等译,法律出版社 2003 年版,第 537 ~ 538 页。

的，随着人类社会的发展应然人权与实有人权都在扩展。预算法正当程序理念的确立、发展也同样是随着人类社会的进步而逐渐确立的。预算法正当程序理念的确立与发展是与应然人权的拓展同步、联动的，该理念的发展确立促使着应然人权和实然人权范围的拓展与确立。最后，预算法正当程序理念在预算法中实际确立的状况决定法定人权真实的保障情形。从正当程序理念在英美的确立至今，正当程序法律化的范围不断扩展，法律保护人权的内涵越来越丰富、手段越来越多。预算法正当程序同样如是，预算法正当程序实际法律化的范围越多，法律主体利用手中的权利保护人权的手段越多，对抗公权力机关和其他侵犯个人权利的方式就越丰富。

具体而言，预算法正当程序理念在保障人权上，表现为以下方面：首先，预算正当程序理念的建构就是以把人当作真正的人——当作有自由、人格、尊严的人，以维护人权为目的的。人道性是预算法正当程序的首要品质，是其他品质的前提。预算法正当程序以保护人权为其存在的最低限度要义。其次，预算法正当程序理念使公民增强了权利的自我保护意识。预算法正当程序理念所具有的价值高度使公民对自身所拥有的权利更加明确（明确权利可能的危害和利益），进而提升自我保护意识。公民对自我所拥有的权利明确，积极地参与预算，是对自我尊严和自由的宣示过程，更是预算正当程序理念对公民主体自由尊严的保障过程。再次，预算法正当程序理念使公民明确了预算矛盾的处理方式。和平、民主的预算方式为公民所选择。这种问题处理方式对预算问题的解决更加有效，亦意味着人权的实现与保障更加合理。最后，在预算过程中，对预算机关（人大、政府及相关组织）预算权力的行使进行监督，预算主体只能在正当的预算程序中行使权力，使预算对利益的分配更加合理，从而直接加强对人权的保障。

总而言之,预算法正当程序所具有的内在价值与外在价值本性,使无论是公民还是国家权力机关都能综合平衡地实现自身权利(力),从而在实体法的共同作用下,更好地实现对弱者利益的保护、实现真正的实质正义与分配公平,最终实现对人权的保障目标。

2. 限制国家权力滥用

“程序是法律的中心。”[①]预算法正当程序理念仅仅是正当程序理念在预算法中的确立、运用而已,限制国家权力滥用是预算法正当程序理念的应有之义。

预算法正当程序具有理性品质,有利于限制国家权力的滥用。首先,表现在预算法程序的分化特质。预算法正当程序将预算权分解为人大的预算监督审批权、政府的预算编制及执行权和公民的参与权等,各方主体共同制约、共同作用才能推动预算过程的正当前行,因而各方只有共同作用才可发挥作用。在预算法正当程序理念的导向下,人大合理合法地监督政府的预算行为,公众及其他社会主体正当地参与预算、监督预算,政府则必须在法定的权力内以正当的形式实施预算行为。预算法正当程序的制衡品质,限制了权力的恣意性。其次,中立性是预算法正当程序正当性的来源与本质要求。预算法正当程序的中立性使预算各方主体不偏不倚地行使自身权利,预算主体不能成为自己的法官,并在预算过程中要充分地听取各方意见。因此,政府在行使预算权过程中必须在正确的预算法规范围内,在人大和公民的监督下为一定的预算行为,从而限制了政府预算权偏向和滥用的可能。再次,预算法正当程序的公开性

① See Amos Maurice, “A Day in Court at Home and Abroad”, *The Cambridge Law Journal*, Vol. 2, No. 3, 1926, pp. 340 – 349.

使各方行使权力必须以公开的可看见的形式进行，保障了各方信息的对等性。公开性使无论是立法机关还是政府部门为预算行为都必须以看得见的形式进行，一是为监督者提供了有利的信息来源，使公众及其他社会主体可以更好地参与预算、监督预算；二是为权力行使者提供了约束，从而限制了权力行使的恣意。最后，预算法正当程序实体上要求预算主体不仅要对预算过程承担责任，更要对其自身制定的预算相关法律法规的有效性承当责任。从而在实体性程序上对各方预算行为进行监督。另外，随着预算法正当程序理念的确立，公民预算民主意识亦随之提高，公民维护自身预算利益、要求预算合理公平的行为已正态化，监督意识亦不断强化，使国家预算权的行使必然更加合理化、合法化。

总而言之，预算法正当程序理念使政府在编制、执行预算中必须以正当行政程序为限度，立法机关在进行预算法立法、预算审批及监督过程中必须受正当程序理念与司法审查机制的约束。在程序公开透明、公正合理的规制下，公民亦可以更好地参与预算的各个环节，从而实现自身利益。预算正当程序使公民、国家权力机关在程序的规制中合理行使权利（力），为实现自身利益最大化而博弈的同时，实现权利与权力之间的动态制衡。

二、预算法正当程序理念与预算正当的内在统一性

预算法正当程序理念的运行在保障公民个人权利，限制国家权力的同时亦在实现预算程序自身的完善，特别是实现预算正当程序理念在中国（实体法传统国家）的合理建构与完善。预算法正当程序理念唤醒了民众的权利意识，强化了国家机关的服务意识，形成了合理的权利（力）运行与实施机制，更在于其所形成的权利（力）

运行文化,进而在动态中实现程序运行与程序自身建构的完善。因此,在预算法修改中,预算法正当程序理念对于公权力机关服务观念的树立、公民权利意识的培育和权利(力)运行文化的形成具有不可替代的作用,而这一切的真正实现必须借助于法律规范这一承载机制。预算法正当程序理念成为预算法规范正当性的根源,预算规范成为理念的承载,两者在动态中实现互动与平衡。

(一)预算法正当程序理念是预算正当性的根源

预算法正当程序理念是"自然正义"和"法治"的继承与承载,是内在价值与外在价值的统一,具有超越现实的形而上的道德价值的意识指向性。预算法正当程序理念与预算正当的内在统一性,主要表现为预算法正当程序理念对预算规范、预算过程及预算结果(绩效)的正当性在总体上的控制取向。首先,预算法正当程序理念决定预算规范的正当性。道德是法律的来源,法律源于其背后的人们认同的共同的政治道德。[①] 法律规范的形成实际上是主体对共同道德权利的认同。因此,预算规范源于主体共同认同的道德,其正当性决定于背后的道德,而预算法正当程序理念是"自然正义"和"法治"的承载,是预算规范形成的道德归依。具体而言,预算规范在形式上必须符合预算法正当程序理念的内在价值要求才具有正当性的可能。其次,预算法正当程序理念决定预算过程的正当性。政府编制预算草案的过程实际上是政府经济政策法制化的过程,更是其正当化的过程。政府履行编制预算政策的职责来自民众对其委托代理。然而政府具有机会主义倾向,具有被俘获的可能性,具有政治经济人本性。政治受到人们对信息所作出解释的影

① 参见[美]罗纳德·德沃金:《认真对待权利》,信春鹰、吴玉章译,生活·读书·新知三联书店2008年版,中文序言第21页。

响，同时，政治活动就是为了操控这种信息解释力的方向而努力的。[①] 各种利益主体，特别是具有信息优势的大型利益集团为了自身利益的最大化永远不会缺乏这种操控倾向，努力对政府进行寻租。而作为监督政府预算的人大监督部门，同样具有被寻租和控制的可能。经济行政程序是一个“过滤装置”，无论“权利”还是“权力”经过这个过滤装置后就更容易获得普遍性和正统性，通过这个连接国家与社会的装置，政治和社会本身在获得更安定的秩序同时还可能具有更强的自省力，[②]而经济行政程序的背后，站立的是正当程序理念。因此，在此情形下，要实现政府预算过程的正当性，唯有发挥预算法正当程序理念总价值的控制取向功能。政府预算编制过程与人大预算监督过程实际上是“自然正义”和“法治”理念的限度下的政治博弈过程，两者只有符合预算法正当程序理念的限度才具有正当性、合法性。两者间的预算过程，只有以预算法正当程序理念为导向，才能共同实现预算的正当性，才可能得到民众认同与遵循，否则将无效。如在 1995 年 12 月克林顿政府、2005 年纽约州和明尼苏达州政府[③]以及 2013 年 10 月奥巴马政府出现预算草案无效的情形[④]都充分地展示预算是在预算法正当程序理念导向下政府与议会博弈过程，甚至于 2019 年年初特朗普政府“停摆”同样如是。

---

① 参见［美］詹姆斯·W. 费斯勒、唐纳德·F. 凯特尔：《行政过程的政治——公共行政学新论》（第 2 版），陈振明、朱芳芳等译，中国人民大学出版社 2002 年版，第 251 页。

② 参见［日］谷口安平：《程序的正义与诉讼》（增补本），王亚新、刘荣军译，中国政法大学出版社 2002 年版，代译序第 10 页。

③ 参见惠铭生：《宁可政府“关门”，也不让法律闭眼》，载中国法院网：http://www.chinacourt.org/html/article/200709/06/263527.shtml，最后访问日期：2011 年 7 月 15 日。

④ 参见孙语双：《美国政府关门风波暂告段落，但言“墙争”终止为时过早》，载澎湃新闻网：http://www.thepaper.cn/newsDetail forward2910577，最后访问日期：2019 年 7 月 25 日。

这完全可以说是预算法正当程序理念的胜利,其决定预算过程的正当性。最后,预算法正当程序理念决定预算绩效的正当性。预算绩效的正当表现在预算结果的合理性、合法性,进而实现各方预算主体的权利义务平衡与协调、公平与公正等。预算法正当程序理念的自然正义和法治价值以实现预算主体间的公平正义,实现个体利益、国家利益与社会利益的平衡为本质。预算法正当程序理念的外在价值就在于引导主体在实现过程公平的同时,保障结果实质公平和各方利益帕累托最优的实现。预算法正当程序理念为绩效预算的正当性提供了价值理念上的总控制取向。如 2013 年的美国债务危机就是鲜明的代表。虽然在博弈中仅仅表现为政府与议会你来我往的争议,其实质上不仅包含政府与议会的博弈、美国两党间的博弈、个人利益与社会公共利益的博弈甚至还包含世界其他国家利益与美国国家利益的博弈。预算法正当程序理念所承载的价值导向,成为美国国会和政府不得不践行的制约因素,否则其将遭受的就不仅仅是美国国内各方利益主体的谴责和反对,世界其他国家同样会抵制和反对美国,美国将受到巨大的损失。因此,预算法正当程序理念是预算正当的价值控制取向,通过价值取向的总控制,实现预算规范、预算过程及预算绩效的正当性,与预算正当具有内在统一性。

(二)预算规范是预算法正当程序理念规范化的表达机制

法律是道德的实现方式,是道德的操作机制、强化机制和纠错机制,正如亚里士多德所言,"法律的实际意义应该是促成城邦人民都能进行正义和善德的永久制度"。[①] 同时,制度能通过设置预先

---

① [古希腊]亚里士多德:《政治学》,吴寿彭译,商务印书馆 1983 年版,第 138 页。

就已确认好的行为模式来控制人类的行为,引导人们抵制或放弃其他从理论上来说可能的方向,且内化于制度本身。[①] 道德价值要转化为法律规范且内化于其中,一般遵循道德价值—法律价值(原则)—法律规则(法律化的道德价值)的路径。预算法正当程序理念作为一种人们追求的道德价值指向,要对我国预算发挥现实的指导作用,就必须内化于预算法,进而实现预算正当程序理念到预算规范化的转变。因为只有预算法正当程序理念规范化,才能使其成为预算主体法定的权利义务,才能对预算法主体发挥实质性的约束力。

源于自然正义的正当程序理念,在英美的规范化经历了不同的历程。在英国正当程序理念的规范化是由宪法、一般性法令及宪法性文件等共同完成的。在英国最早对正当程序作出规定的是 1215 年《大宪章》,随后,在 1354 年,爱德华三世颁布的《伦敦威斯敏斯特自由令》第 3 章第 28 条是普通法首次对正当程序作出规定,之后的《权利法案》等宪法性文件亦对其作出规定。在美国则直接表现为正当程序理念的宪法化,正当程序理念直接转化为《宪法修正案》第 5 条、第 14 条。正当程序理念规范化使其具有了法律的强制性,一方面,宪法具有了程序性的规定使宪法具有了实践性品质,有利于正当程序理念的全面实质性的确立;另一方面,有利于该理念的全民意识化,进而实质性地发挥对公民权利的实质性保护。对于正当程序规范化在我国尚未有相关法律规范规定,在我国正当程序理念的规范化急需践行,从而更好地保护公民的自由及相关权利。借鉴正当程序理念,在我国《宪法》中加入程序性的规定对于宪法

---

① 参见[美]彼得・伯格、托马斯・卢克曼:《现实的社会建构》,汪涌译,北京大学出版社 2009 年版,第 47 页。

实践性的实现、公权力的正当限制及公民权利的保护都具有重要的意义。当然,一般性法律同样可以成为正当程序理念规范化实现的方式。我国预算法正当程序理念的规范化,一方面是正当程序理念规范化的应有之义;另一方面预算法自身同样可以成为预算法正当程序理念规范化的实现方式。预算法正当程序理念规范化后,预算主体为预算行为就必须依法(预算法正当程序理念规范化的结果)而为,具体表现为:预算主体必须严格遵循法律(宪法、预算法及其他一般性法律)规定的权利(力)、义务及行为的方式、步骤、时序等为一定预算行为;预算主体为一定预算行为时所选择的行为程序必须以有利于公民和社会的权益为目标和限度;预算主体违反法定的权利(力)或义务而为一定预算行为必须承担相应的责任(宪法责任和一般法律责任)。

预算法正当程序理念通过宪法和一般性法律规范化,使规范化的预算法正当程序理念成为保证预算法立法质量的预防性机制,成为立法机关预算立法权和行政机关预算规章制定权的限制机制,更是个人利益、国家利益和社会利益的救济机制。人大作为预算法的立法机关拥有控制财政的权力,足以使其他部门对其产生依赖性,政府行政权力同样具有滥用和寻租的可能性。因此,规范化的预算法正当程序理念是实现合理、合法的预算立法保障,是实现立法权、政府规章制定权正当行使的保障,是预算法正当程序理念实现的前提条件,从而使正当程序理念通过公众参与程序制度、政府预算编制程序制度及人大预算监督法律制度等预算制度贯彻于预算全过程,限制预算主体的恣意,保障预算过程的公开、公正及各方利益分配结果的合理性、公正性、合法性。

三、预算法正当程序理念下具体预算制度的修改及完善

在预算法修订与完善过程中，必须借助预算法正当程序理念的高层价值导引，从而实现具体预算制度的合理建构与运行，实现各方预算主体间权利（力）的合理配置与平衡。制度能通过设置预先就已确认好的行为模式来控制人类的行为，引导人们抵制或放弃其他从理论上来说可能的方向，且内化于制度本身。[①] 预算法正当程序理念作为一种人们追求的道德价值指向，指导预算制度建构、修改与完善的过程，其实就是其规范化和具体作用于预算实践的过程。

（一）公众参与预算法律程序制度

公众参与制度是参与式预算改革的题中之意，特别是公众参与程序的建构——预算公开制度和预算听证程序制度为各预算主体提供了参与预算的可能性，为各预算主体实现信息上的对等性提供了可能，从而在践行预算法正当程序理念的参与性、及时性等价值的同时，提高预算的正当性、合理性和可接受性。

1. 预算公开制度

预算公开是指预算主体的一切预算行为（预算活动的相关信息）除特殊规定（如涉及国家秘密）外，必须向公民和社会公开，从而增强预算行为的透明性，接受公民和社会的监督。预算公开是公众参与预算和监督预算的必要前提，是预算民主和预算正当程序理念的必然要求。公共预算信息是关于政府收支的信息，是反映政府行使所有与公共资源筹集和使用有关的权力信息，是制约和监督政

① ［美］彼得·伯格、托马斯·卢克曼：《现实的社会建构》，汪涌译，北京大学出版社 2009 年版，第 47 页。

府权力最关键的信息。财政预算信息的公开,不仅是公民权利——知情权的基本要求,而且是建立民主法治政府,实现良好治理的关键。公共财政预算越公开,政府将会越努力按公众利益的要求配置预算资源,从而使政府在预算资金的使用方面更能得到民众的支持。预算必须公开以便接受社会公众和立法机关的监督是预算法治化程度提高的必经之路。[①] "只有在预算透明的、能够适当提供有关财政的准确和全面信息时,约束财政机会主义行为的各种制约手段才会是有效的。"[②]亦只有如此,才能实现公民、人大与政府间信息的对等,使公民与人大明确政府预算行为的信息,做到有的放矢,有效地参与预算行为和监督政府预算行为。

根据现代公共预算的要求,预算信息必须是公开的,公众申请预算公开的程序必须是顺畅的。目前,我国《预算法》与《政府信息公开条例》对预算公开虽已作出一定规定,但从我国预算公开的实际情况来看,各省份虽均已实行预算公开,这些已公开的财政预算信息从大体上来说还过于笼统,公布的内容也较粗糙。同时,根据我国目前一些致力于实现预算公开的志愿者团队进行申请所得到的反馈来看,2010 年率先作出将政府部门预算进行公开的深圳、广州两地,在 2011 年反而出现了倒退,[③]这主要是源于财政部于 2010 年 3 月出台的《关于进一步做好预算信息公开工作的指导意见》的

① 参见叶姗:《前置性问题和核心规则体系研究——基于"中改"〈中华人民共和国预算法〉的思路》,载《法商研究》2010 年第 4 期。

② [美]艾伦·希克:《当代公共支出管理方法》,王卫星译,经济管理出版社 2000 年版,第 45 页。

③ 2010 年在网上公布全部 114 个部门预算的广州,2011 年部门预算的公开程度从 100% 骤降至 18.4%。2011 年深圳的 92 个政府部门中,公开部门预算的比例仅为 34 个。参见黄河、王小乔:《政府预算公开:"退"一步为了跳得更远》,载《南方周末》2011 年 3 月 10 日,第 A11 版。

规定，其中关于“预算公开主体”[①]以及“部门预算一般公布到款”[②]的规定妨碍了预算进一步公开，导致公民申请预算信息公开的复杂性和所公布的信息的粗糙性。直至 2017 年，仍有 227 个地方部门和单位未公开年度预算。[③] 要改变我国预算公开现状，必须建构合理的预算公开制度，建构能保障整个预算公开透明的程序。预算信息的公开在预算实施程序上一般包括预算编制与执行的公开，但从广义上来说，还应包括对人大审议和监督预算信息的公开。预算公开包括预算行为依据的公开、过程的公开、结果的公开及其他预算相关信息的公开。首先，政府预算编制过程，其编制该预算的相关依据必须公开。在此处的“公开”一定是充分、全面的公开而非形式公开实质不公开。预算编制是一个复杂的工程，政府编制预算必须以上一年度预算和经济实际情形为依据，来决定该年度预算编制。政府必须公开预算编制的依据，即公民、社会公众及人大都能实实在在地看明白预算是依据什么而编成的，而非随意性。其次，人大预算监督过程必须公开。人大对政府及其部门的预算编制及执行情形进行监督，人大必须对其监督政府预算行为的过程及依据予以公开。如人大审议通过政府编制的预算，必须公开其审议行为的过程及通过预算编制的理由，并对理由予以说明。再次，政府必须对预算的执行过程及执行结果予以公开并附有以公民、人大的能

① 该意见中对预算公开主体的规定为：各级政府财政部门负责本级政府总预算、决算的公开，各部门负责本部门预算、决算的公开。因此，各级财政部门只公布“总账”，而各级政府部门则负责自身“分账目”。

② 该条将预算公开定位在非常粗的线条上，即使一些部门想进一步深入公开，但碍于此条规定，难以成行。

③ 参见王晓霞：《地方预决算公开度排行榜公布 227 个单位未公开预算》，载新浪财经：https://finance.sina.com.cn/china/2018-11-29/doc-ihmutuec4836998.shtml，最后访问日期：2019 年 7 月 6 日。

力都可理解的理由，对理由予以说明。最后，人大和公民具有随时可以查阅相关预算资料的权利，建构预算资料查询制度以保障人大、公民及相关组织随时查询预算资料的可能。对于预算公开的方式可采取多种——报纸、媒体、网络等。如2004年广东省人大财经委员会就与财政厅实行联网并通过“广东省国库集中支付系统”使每一笔财政支出在第一时间进入人大监督的视野。[①] 唯有如此公开，才能保障政府预算过程的公开、公正，又能使人大发挥应有的监督职能，还能使公民和社会接受预算的全过程，进而实现各方利益分配的正义。

2. 预算听证制度

预算听证制度是指预算主体在对预算利益进行分配过程中，特别是面对预算利益分配矛盾时，作出最终利益分配决定前，应当听取预算利益主体的意见，从而最终平衡各方利益的制度或程序。预算听证制度应该是一种正式的听证制度，[②]是公民及社会组织参与预算的重要形式，给予了公民及社会组织对预算表达自己意见的机会，是预算民主和预算公正的统一。

预算是对稀缺资源进行配置的行为，是主体将有限的经济资源在潜在的支出项目之间进行选择，以求得利益最大化的行为。[③] 预算过程就是对个人利益、国家利益和社会利益进行重新配置的过程，从某种意义上来说，利益的分配过程就是对权利义务的再分配

---

① 参见唐娟：《预算监督：构建阳光下的政府财政——深圳市人大常委会预算监督制度评介》，载《人大研究》2005年第2期。

② 听证制度具有广义和狭义之分，广义听证制度包含正式听证制度和非正式听证制度；狭义的听证制度指正式听证制度。在正式听证制度中当事人必须亲自参加听证程序。

③ 参见朱大旗：《从国家预算的特质论我国〈预算法〉的修订目的和原则》，载《中国法学》2005年第1期。

过程。因此,在此意义上,预算的过程就是一种立法的过程,预算分配利益的结果就等同于立法分配权利义务的结果,预算听证制度准用于立法听证制度。预算听证制度之所以能存在,一方面是由于预算是利益的分配机制;另一方面更在于其是由第三者对利益进行分配的活动。第三者作为受托者要真实、客观地反映利益双方的状况,就必须听取当事人的真实意思表示,进而在中立程序下实现利益分配的正义与公平。但预算听证制度作为一种特殊的听证制度,其所适用的范围仅仅限于预算过程中,且并不适用于所用的预算过程。如果每一过程都适用听证制度,必将影响预算的效率,在预算效率与预算公平间出现失衡,最终有可能导致既无公平也无效率的局面。针对预算听证制度在预算哪个阶段适用更能实现效率与公平的统一问题,我们清晰地发现预算编制过程才是对预算当事人的利益分配影响最大的阶段,将预算听证限定在预算编制过程将是最佳的选择。有学者将预算编制所适用的程序划分为情报活动阶段的程序、设计方案阶段的程序、抉择阶段的程序、公共阶段的程序和公告后阶段的程序,在这些阶段中一般只有设计方案阶段适用于听证制度。[①] 综上所述,根据立法听证程序及预算听证程序的特点,将预算听证程序归结如下:一是预算听证主体由预算组织者(一般为财政部门)、利益主体(公民、社会组织及机关等)、专家及相关程序人员;二是听证组织者提供明确的听证内容,如听证的项目、预算项目编制的可行性分析、听证地点及时间、相关听证人员等,并在听证开始前一定时间内(如听证会举行前一星期)通知利害关系人;三是听证者参与听证并对相关预算分配提出质询及相关意见;四是在

① 参见邢会强:《程序视角下的预算法——兼论〈中华人民共和国预算法〉之修订》,载《法商研究》2004 年第 5 期。

公平、公开的情形下对预算编制进行裁决。

预算听证制度的建构使预算编制是在广泛地听取预算利益的利害关系者的意见,对各方意见进行综合平衡之后,作出的最终决议。因此,预算听证制度通过发动代表、公众及相关社会组织实质性的参与公共预算编制、执行的监督与评估,确保公共预算的公平、合理与高效,吸收公众参与决策,实现参与主体的多元化的同时提高预算的可接受性,落实预算决策民主的同时更加实现了预算过程自身的正当化、合法化。

(二)政府预算编制法律程序制度

预算编制一般包括概算(预测)、各部门编制具体草案、财政部门汇总编制预算草案等过程,是预算活动进行的基础,更是对各方权利义务予以分配和综合平衡的具体实践过程。我国《预算法》规定预算年度从一年的1月1日到12月31日,而我国人大召开会议的期限没有具体规定,一般在每年的3月进行,而有些地方人大召开时间甚至于在六七月才进行,①这就使预算年度与预算案相冲突,使预算还未审议就已执行,造成上级部门层层代编预算、地方实际执行预算与人大审议预算不同,使预算流于形式、缺乏法律约束力。要改变我国预算编制的现状,必须对预算年度予以更改,从而与人大会议召开期间相适应。预算编制程序在坚持各级政府分别编制各级预算不变的情况下,实行预算跨年度制,从本年的4月1日到次年的3月31日。具体而言:4月至7月末,国家财政部根据上年度国家及地方经济运行情况,提出概算,制订预算指导总方针(编制预算草案的原则、要求及报表格式等)报国务院批准;8月至10月

① 以2010年广东省为例:广州市在4月5日召开人大会、深圳市在5月31日召开人大会、佛山市则在7月22日才召开人大会。

末，中央各部门根据财政部要求编制预算草案、省级政府根据财政部要求编制预算草案并向各下级政府下达依据财政部要求编制预算草案（在此期间，省级政府部门可依据自身经济情形，向国家财政部提出本辖区内的认为合理的预算异议，经财政部门审议，通过则采纳于本辖区预算草案）；11 月 30 日之前，各省级政府（财政部门）必须将本部门预算及下级部门预算草案提交财政部审议；1 月 30 日之前，财政部必须将审核后的地方及中央部门预算草案编制成国家预算草案送国务院审议；国务院审核通过后报人大审议、核定预算草案，并依据人大意见修订预算草案直至预算草案通过。当然，各级国家预算部门在编制预算草案期间，必须公开预算草案编制的具体细节信息，公开必须达到使一般专业人士或公众可以看得懂的程度，同时就相关预算信息（特别是与公共利益密切相关的）举行听证会向社会征求预算意见。如温岭式参与预算模式就值得借鉴。在举行听证会前，必须将听证时间、地点、内容予以公布，同时在预算草案形成后提交人大前，预算草案及具体预算细化说明必须先行向人大代表和公众参与者公开。温岭市水利、交通等 5 部门对预算公开进行恳谈。交通部门提前 1 周就将《交通部门 2010 年预算执行及 2011 年预算编制情况汇报》《交通局 2010 年预算执行情况及 2011 年预算计划汇报》《关于交通部门 2010 年度重点建设计划执行情况及 2011 年重点建设计划安排的汇报》材料发放到参与者手中，内容具体细致，一般参与者都能看懂，参与者（有些参与者开始不适应，但参与几次后对预算深有了解）积极参与质询，对于异议之处，预算草案必须予以修订。①

---

① 沈茜蓉：《温岭公共预算改革："参与式预算"的民主样本》，载雅虎网：http://news.cn.yahoo.com/ypen/20110120/180162_1.html，最后访问日期：2011 年 7 月 11 日。

(三)人大预算审批法律程序制度

预算是一个相当复杂的过程,为了充分保证预算的准确性与正当性,就必须要有专业化的人员和机构对国民经济进行分析总结。现阶段我国人大对预算的监督流于形式,而造成此局面的最关键因素就在于人大无法正确掌控预算的相关信息。目前,人大预算审批时间短、人大代表相关知识缺乏而无法实质性地审查预算草案已成为不争事实,必须予以解决否则必将影响预算的合理性、正当性。人大对预算编制的合理与否进行判断,就必须要有科学的依据,其主要来自人大和政府部门的提供。面对预算信息缺乏问题,首先,可以在人大设立预算委员会和预算局,①对国民经济进行合理的分析,进而对预算提出合理的判断;其次,人大可以对预算情形举行听证,多方听取公民、社会组织的意见;最后,政府自行深度公开预算信息。如2010年年底,我国中部省会城市合肥市在全国率先尝试"开门办预算",②取得了相当好的效果,并产生了非常大的影响。该创举使政府部门"要钱"和财政部门"给钱"环节公开透明化,避免了"暗箱操作",从而有利于预算信息的对等及预算的合理化。至此,人大面对财政部门提交的预算草案粗略,透明度低等预算信息不对等问题就得以解决。

预算审议的程序化构建。目前我国《预算法》关于预算审议行

---

① 美国预算委员会的功能是对预算进行综合考察,包括预算支出、预算收入及各种支出间的比较,同时向国会提出建议,规定预算支出、收入、盈亏、公债总额等。国会预算局由众多专家组成,主要是帮助国会编制预算,对预算报告、经济和财政政策进行分析等研究。两者共同致力于预算的合理分析与编制。

② "开门办预算"打破了以往财政部门编制预算的封闭性,使民众能对政府财政拨款进行了解,尊重了人民的知情权。参见吴贻伙:《安徽合肥邀请人大代表等提前审查预算编制》,载新浪网:http://news.sina.com.cn/c/2011-03-28/013022190294.shtml,最后访问日期:2011年6月9日。

为的规定条文仅为简短的 5 条,[①]所涉及的基本上都为实体方面的规定,而对审议程序的规定则缺失。我国预算审议方式一般由代表对新预算内容分组讨论、提出意见,但意见提出后采纳与否没有规定,即使质疑亦没有相关辩论程序,为了保障人大预算审批的公正性,就必须强化预算审议的程序。第一,预算草案表决前,听取政府预算编制部门和人大预算机构的预算编制报告,对两者进行对比分析,同时,对于政府预算报告必须要附有合理的依据及预算编制明细表。第二,可以借鉴美国联邦议院三审预算案制度和俄罗斯杜马四审预算案制度,建构预算"三读"制度。美国联邦通过三读审议预算草案:"一读",财政部长对草案说明,议员发表看法;"二读",预算委员会作预算审查结果报告,讨论并作出预算案修改决定;"三读",议院就议案进行辩论并表决。[②] 俄罗斯杜马则通过"四读"进行预算审批过程,具体为:"一读",提供联邦预算的宽泛框架,包括宏观经济预测、财政政策指南和调整预算间关系的原则等,自提交之日起 30 日内完成;"二读",提交"一读"的总支出按功能性质分类汇总后的情况,在完成一读后 15 日内完成此项工作;"三读",提交按功能性质分类、分项分类支出及按部门职能分类支出,在"二读"通过后 25 日内完成此工作;"四读",大体上批准预算并按季度分配支出,14 日内完成。[③] 可以综合美、俄两国经验建构我国预算审议"三读"制度:"一读",由政府部门对预算草案作出说明,预算

---

① 参见我国《预算法》第 38 ~ 42 条。

② 参见刘剑文、熊伟:《预算审批制度改革与中国预算法的完善》,载《法学家》2001 年第 6 期。

③ 参见[美]杰克·戴尔蒙德:《俄罗斯新预算体制:批判性评价及未来改革议程》,载马骏、於莉编:《公共预算改革发达国家之外的经验与教训》,於莉、马骏编译,重庆大学出版社 2010 年版,第 70 ~ 71 页。

委员会提出意见,两部门应进行充分的辩论并提供各自对预算案意见的依据;“二读”,由预算审议部门对预算草案进行审查,综合“一读”具体情形的同时,就预算案的具体细节或部门计划安排予以讨论,提出预算草案修改意见(政府部门应根据修改意见对预算草案予以修改);“三读”,将预算最终草案提交人大最终表决。当然,“三读”的具体期限限定是必要的,但这必须对我国预算审议的时间进行修订,相应的延长预算审议时间或在人大会前由人大常委会进行提前审议。[①] 在“三读”预算草案过程中,政府提出论证理由、各方提出辩论意见。“三读”制度有利于政府部门预算细节的明确,有利于人大预算审议的合理,亦有利于社会对预算案的监督。第三,政府预算编制部门,在听取各方审议意见后,在表决前,可根据相关意见,对预算草案进行修改。同时,人大预算机构在预算表决前必须给出预算草案审议报告。第四,完善预算未决[②]时的应对程序。目前我国已出现了多起预算被否决的情形,[③]而我国《预算法》对此情形未作具体规定,必须予以完善。对此情况的补救程序可采取:一是预算年度开始后,如无生效的预算可供执行,则暂按上一年度的标准执行;二是被否决的预算议案经修改后,再报人大常委会审议;三是预算修正案需由人大常委会组成人员的 2/3 以上表决通过。[④]

---

① 我国人大会会期短(地方 4 ~7 天,中央 15 天左右),用于审查预算草案的时间最多 1 ~2 天。如 2011 年我国给代表审查预算草案时间为 3 月 8 日,仅 1 天时间。

② 根据我国预算审议现状,预算案的未决主要包括:一是指预算案不议定,预算案正在审议程序中,但尚未决议,指人大能够依法审议并且没有全部否决预算案的情形;二是指预算案被否决,预算草案没有获得人大的通过的情形。

③ 如 1995 年河北省饶阳县政府预算报告被否;2009 年承德政府预算报告两度被否,直至第三次审议才得以通过;2010 年深圳关于公务员近 30 万元年薪的预算草案被否,等等。

④ 参见刘剑文:《民主视野下的财政法治》,北京大学出版社 2006 年版,第 249 页。

(四)预算执行监督法律程序制度

虽然审议已经很好地对政府预算行为进行了监督,预算计划案变得更加合理,从而使个人利益、国家利益和社会利益得到了平衡与保护,使实现各方利益配置的帕累托最优成为可能。然而,这仅仅是可能,其实现必须依赖政府预算的执行过程。因此,可以说预算的执行过程才是各方实在利益得到真正实现的过程。预算执行过程的合理、合法与否切实关系预算计划的实现、各方利益的保障。政府作为公民利益的代理者,一方面,具有政治人本性,具有为利益代表者谋利益的本性,具有寻租的可能;另一方面,政府由自然人组成,具有自然人的自利本性。更甚者,我国具有行政本位的传统,政府部门领导对预算执行影响较大。而与此同时,我国行政部门领导行为责任缺乏、监督容易流于形式,缺乏对其约束力。众多的因素使对预算执行过程进行监管成为必然,通过对预算执行过程的程序化以优化我国预算执行现状。

1. 建立专门的拨款委员会并完善拨款程序

拨款委员会是秉承“先授权后拨款”理念而设立的。目前,预算拨款是由财政部门实施,造成我国财政机关严重集权——预算编制权、预算拨款权、预算执行权集于一身。绝对权力带来绝对的腐败,必须将财政部集权予以分化。在人大建构预算拨款委员会成为现实的合理的选择。预算拨款委员会建构后,在我国则表现为预算草案通过后,政府要提出具体的预算拨款计划,针对计划拨款委员会有针对性地拨款。因此,拨款委员会成为人大监督政府部门预算的关键环节,主要要求政府财政部门提供预算提案细节,监督其是否按规定的预算款项用途贯彻执行,特款特用,禁止随意变更拨款用途。这使人大审议预算除审议外,又增加了一道监督手段,一方面有利于对政府部门的预算及预算执行进行监督;另一方面实现人大内部的制衡。在预算草案审议通过后,预算款的具体拨付必须按照相应程序进行。

首先,政府或财政部门在编制预算草案的同时,必须要求各级政府(财政部门)编制预算拨款计划草案;其次,在预算案通过后,将预算拨款计划草案提交人大预算拨款委员会审议,在审议期间财政部门根据拨款委员会建议可以对拨款草案予以修订;最后,审议通过后,财政部门具体执行拨款计划,并不得变更具体款项用途、数量等,拨款委员会予以监督。同时,财政部预算执行机构应与国库部门联合,实行"国库单一账户管理,对部门财政支出实行统一支付,简化预算拨款程序"。[①] 但对于一些特殊性质的款项,并不需要拨款委员会的监督亦可得到很好的实施。如公务人员工资、特殊建设款项、专用补贴款项等在预算案通过后,可由国库部门直接拨付于财政部门予以执行。[②] 美国、加拿大等发达国家执行预算拨款时,同样针对不同预算款项采用不同的拨款程序。如对于政府债务款项、社会保障资金、法官薪金等只要在预算年度相关的预算支出预测中进行说明即可。[③]

2. 严格预算调整程序

"预算几乎都是按照时间安排来执行的,执行过程中出现的大多数改变都有各种可接受的理由,很少发生违背公众的意愿或违反

---

① 参见周波:《政府间财力与事权匹配问题研究》,东北财经大学出版社2009年版,第290页。

② 参见冯健身、张弘力:《中国预算支出制度改革设想》,载中国财政学会编:《构建预算管理模式》,经济学出版社2000年版,第103页。

③ 参见王加林:《发达国家预算管理与我国预算改革的实践》,中国财政经济出版社2006年版,第35页。

常规状态的预算程序的重新安排预算收支的现象。”[①]但是预算是个复杂的工程,不可能面面俱到,同时,经济发展具有巨大的变量,预算草案一旦通过,政府就不能随意更改,要适应现实情形就必须要有预算调整程序存在。我国《预算法》第67条规定,“经全国人民代表大会批准的中央预算和经地方各级人民代表大会批准的地方各级预算,在执行中出现下列情况之一的,应当进行预算调整:(一)需要增加或者减少预算总支出的;(二)需要调入预算稳定调节基金的;(三)需要调减预算安排的重点支出数额的;(四)需要增加举借债务数额的”。按照此规定,那么只有涉及总收支规模的改变、预算稳定调节基金的调入、重点支出数额的调减以及举债额的增加的4种情况才被定性为预算调整,这将使许多其他不符合预算执行规范的行为都被排除于预算调整的范畴之内:在不改变原有预算总支出规模的情形下,如支用预算外的“超收收入”只是导致“总收入超过总收支”,或者与原批准的“总支出”没有关系只是在此之外的收入和支出,就将不被视为“预算调整”;[②]同样,在不影响原有“预算收支平衡”下,一些不涉及社会公共利益重大变更的预算经费调用,如重点支出的调增,非重点支出类别之间的经费调整,款、目、项层面的支出流用等。[③] 这些明显有违预算执行刚性的行为,政府都可根据自身需要行使自由裁量权,不要经过人大常委会的审批。这显然是与预算理念是相悖的,必将带来预算个体利益、国家利益和社会利益同预算草案的巨大差异和不平衡。政府亦可能显

---

① Irene S. Rubin, *The Politics of Public Budgeting: Getting and Spending, Borrowing and Balancing*, 4th Ed, Chatham House Publishers of Seven Bridges Press, 2000, p. 245.

② 参见马岭:《我国预算大幅“超收”的法律原因评析》,载《法学》2010年第9期。

③ 参见胡明:《我国预算调整的规范构成及其运行模式》,载《法学》2014年第11期。

现有限理性的本性,放纵没有约束的权力。

程序是预算调整过程的核心,诚如艾伦·希克之言:“如果预算程序是合理的,那么其结果也是正确的”。[①] 为保障预算调整过程的正当性,需要对预算调整程序予以合理规定。第一,一般调整的次数限制。除不可控的特殊性预算调整(如自然灾害、突发公共事件)外,对于一般预算调整,必须严控年内预算修订的次数(如一次),如果预算总是被不断地修正,预算执行将难以控制。第二,科目调整的要件限制。我国《预算法》未对科目调整予以必要的限制,这将可能导致预算科目调整现象的泛滥。对此,我国《各级人大常委会监督法》第 17 条第 2 款虽然已规定“严格控制不同预算科目之间的资金调整”,但预算法的继续完善还应进一步增加对经费流用的许可条件、允许要件与流用限制的明确规定,[②]如资本性预算不得流用至经常性预算,[③]同时不能忽略对经费流用的最大幅度的规定,如《法国预算组织法》第 12 条第 1 款规定:“同一部门内的拨款,可以在项目之间有科目流用。累计流用额在同一年度内,不能超过预算法案中每个相关项目拨款额的 2%。这个上限同样适用于相关项目中的人员支出拨款”。第三,预算调整的听证要求。美国新泽西州于 1917 年颁布的《皮尔森城市预算法案》中规定,如果预算

---

① [美]艾伦·希克:《当代公共支出管理办法》,王卫星译,经济管理出版社 2000 年版,第 4 页。

② 例如,《阿拉伯联合酋长国宪法》第 131 条规定:“非依据法律不得将总预算支出部门的拨款项目转入另一个项目,必须由法律作出规定。”

③ 例如,《法国预算组织法》第 12 条第 4 款规定:“任何科目流用或经费转移,只能在预算法案规定的项目间才能进行。不能从其他支出分类向人员支出分类进行科目流用和经费转移。”《德国联邦预算法》第 19 条第 1 款对“可结转性”也明确规定:“有关投资支出以及基于特定目的收入之支出,可以转移(预算年度结束时尚未使用之支出,得为其支出目的而跨越年度使用)。其他各项支出,在其促进经济的及节约的使用之范围内,得在预算计划中表示可以转移。”

调整的幅度，即任何款项的改变都超过10%，或者任何需要征收的税收改变超过5%，经由改变的项目必须重新公之于众，并须在最后采纳新预算之前重新召开听证会。① 我国《预算法》第45条规定，“县、自治县、不设区的市、市辖区、乡、民族乡、镇的人大在审查预算草案前应当听取选民和社会各界的意见”，这是对促进预算民主方面的突破性规定，预算法的继续完善可以进一步考虑将预算调整也列入选民和社会各界听证的范围，以充分发挥社会公众对预算调整的监督，从而保障预算调整行为逐渐走向规范。②

第二节　预算公开法治化：实质、困境及其出路

近年来，我国在迈向公共财政和法治国家的进程中，政府对预算公开实践做出了诸多努力，在中央层面，自2008年国务院颁布实施《政府信息公开条例》以来，在国务院和中央各部委的协力推动下，掀起了一波预算公开改革的热潮；③在地方层面，自2009年广州市率先公开部门预算之后，深圳、上海等地纷纷响应，四川省巴中市白庙乡更是竖起了“中国第一个全裸乡政府”的大旗，湖南省在

① 参见［美］爱伦·鲁宾：《阶级、税收和权力——美国的城市预算》，林琳、郭韵译，格致出版社、上海人民出版社2011年版，第193页。

② 参见胡明：《我国预算调整的规范构成及其运行模式》，载《法学》2014年第11期。

③ 2009年财政部首次公开中央财政预算4张表格；2010年74个中央部门在其门户网上公布当年部门预算收支总表和财政拨款支出预算表；2011年国务院要求98个中央部门将“三公预算”列入中央财政决算报告并向社会公开；2012年92个中央部门同日之内扎堆公布本部门决算、“三公经费”等；2013年国务院办公厅印发《当前政府信息公开重点工作安排》（国办法〔2013〕73号），明确要财政部、审计署分别牵头推进“三公经费”、国有资本经营预算以及财政审计的信息公开；2016年2月中共中央办公厅、国务院办公厅印发的《关于进一步推进预算公开工作的意见》（中办发〔2016〕13号），指出要建立健全全面规范、公开透明的预算制度。

2017 年地方预决算公开度排行榜中以 99.52% 的透明度高居第一,[①]推进预算公开打造透明政府俨然成为建设社会主义法治国家的重要标志。然而,按照现代预算公开原则的基本要求,[②]从宏观视角考察我国预算公开的成效,无论是预算公开的广度、深度还是效果,都与财政预算透明度的要求存在较大差距。[③] 当前各级政府推动的预算公开,主要是为了保证自身行为合法性而主动采取的措施。然而,预算公开不应仅仅是政府的单方行动,还需要其他社会主体的积极参与、配合。[④] 顺应公共财政和法治政府的时代潮流,促使预算公开,我国预算公开改革亟须纳入法治化轨道。

基于我国预算公开改革强烈期待法治化的倾向,立法机关在预算法修订过程中对我国预算公开的难题予以了高度重视——2014 年 8 月 31 日全国人大常委会向社会公布了《预算法》,对预算公开进行了"刚性化"规定,这种抽象立法形态上的"形式法治",对预算民主与公共财政目标起到一定的宣示作用。但该规定仅仅是预算

---

① 参见财政部:《2017 年度地方预决算公开度排行榜——地方预决算公开状况持续向好 但一些问题不可忽视》,载中华人民共和国财政部:http://www.mof.gov.cn/mofhome/jiandujianchaju/zhengwuxinxi/gongzuodongtai/201811/t20181129_3078980.html,最后访问日期:2019 年 7 月 18 日。

② 我国台湾地区学者分析现代预算公开原则的基本要求提出:其一,预算案、法定预算及预算执行之结果应该有规律的、以易解的方式对外公开;其二,预算审议除国家安全上之理由,而应守秘密之部分外,应该完全公开,使编制机关与审议机关同受居民之监督;其三,对于预算之批评应该完全自由,并且不得因此蒙受任何不利益。参见蔡茂寅:《预算法之原理》,台北,元照出版有限公司 2008 年版,第 44 页。

③ 合理的预算公开必须包含确定性、具体性、完整性、及时性、可读性以及参与性等基本特性。参见李燕:《财政预算透明度提升的环境基础研究报告》,中国社会科学出版社 2011 年版,第 22~28 页。

④ 其实预算本身就是控制政府的有效手段,预算公开是防治腐败的最佳切入口,甚至是从源头上遏制腐败。因此,要推进政务公开、透明,实现权力在阳光下运行,政府自然将消极抵制。参见温家宝:《让权力在阳光下运行》,载《求是》2012 年第 8 期。

公开法治化的纲领性规定,需要具有现实可操作性措施予以落实,以满足预算公开法治化的客观要求。鉴于此,下文立足于我国预算公开的法治化走向,将公共财政理念和民主法治理念的价值导向合理延伸到预算公开的范畴,并从理论和实践双重路径对我国预算公开法治化的发展理路予以探析,以期对我国预算民主和公共财政的发展和完善有所裨益。

一、公共财政与预算公开法治化

政府预算公开是公共财政的内在要求,昭示着法治政府的进步方向与未来图景。要解决我国预算公开在实践中出现的诸多问题,实现预算公开的法治化,必须深刻揭示公共财政与预算公开的内在逻辑关系,合理厘定预算公开法治化的内涵,从而使预算公开的法治化理论及其相关理路或制度设计对预算公开实践产生解释力和应用力。

(一)公共财政与预算公开

预算公开是随着现代公共财政的发展而出现的。公共管理理论认为,公共财政主要源于纳税人缴纳的赋税,政府与纳税人之间是一种委托—代理关系,政府通过合理利用纳税人让渡的部分私人财产权,为纳税人提供必要的公共产品与服务。而政府作为预算权的承载主体具有经济人的本性,存在寻租动机。当预算主体间信息不平衡时,政府寻租动机极易被一些特殊利益集团所俘获,从而与特殊利益集团进行共谋,以致出现“逆向选择”和“道德风险”等机会主义行为。为有效控制政府或政府公务人员的趋利本性,克服委托代理关系中的问题与风险,汉娜·阿伦特提出,“对公权谋私唯一的补救办法,就在于公共领域本身,在于照亮公共领域范围内每一个行为的光明，在于那种使进入公共领域的一切都暴露无遗的可见性”。[①] 这意味着在公共财政目标的实现过程中，只有保障预算公开，为预算监督主体及时提供准确和全面的财政信息，使公共预算主体间达到信息平衡，才能真正约束和制约各种财政机会主义行为，从而实现公共财政配置的公平、公正。[②]

现代社会消除了身份的差别，将公共生活扩大到了前所未有的范围，公开性构成了现代政治社会生活的一个最基本的属性。[③] 现代预算制度已超越以往只关注预算控制的初级阶段，突破了传统意义上仅将预算作为政府收支合法性象征的含义，也不再是单纯地强调税收政策调整与预算收支控制的关联性，而是着重于预算不仅需要被公民理解，更需要为公民所接纳。[④] 现代公共财政预算改革表明，政府向纳税人提供更好的公共产品与服务以期使公民享有最大化的税收福利，是为了最大限度地取得公众对其行为的认同感。这无疑为现代预算公开改革注入了新的动力。尤其是新公共管理运动的兴起，法治政府基于财政拮据、管理危机以及信任危机的压力，开始重点强调公共预算资源的分配尽可能满足纳税人多样化的公共需求。为有效提高公共产品与服务供给的效率与质量，推进、落

---

① [德]汉娜·阿伦特：《论革命》，陈周旺译，译林出版社2007年版，第236页。

② 参见[美]艾伦·希克：《当代公共支出管理方法》，王卫星译，经济管理出版社2000年版，第45页。

③ 参见沈敏荣：《市民社会与法律精神——人的品格与制度变迁》，法律出版社2008年版，第140页。

④ 参见[美]爱伦·鲁宾：《阶级、税收和权力——美国的城市预算》，林琳、郭韵译，格致出版社、上海人民出版社2011年版，第233页。

实、实现预算公开已成为良好公共财政和政府治理的外在表达。①我国政府一切行为的宗旨都是为人民服务,政府有义务也乐于为人民提供更好的社会供给并接受人民群众的监督。因此,通过预算公开来不断提升公共预算绩效亦被视为公共预算改革的国际趋势,这不仅在预算发达国家出现了各具特色的探索与实践,而且将成为我国公共财政改革的核心课题与发展方向。

(二)预算公开法治化的内涵

现代政府预算公开行为的外在表现形式为:在静态层面,主要表现为一系列数字与表格,例如,对一般公共预算、政府性基金预算、国有资本经营预算以及社会保障基金预算信息的公布等;在动态层面,则包括社会主体对公共预算全过程的监督与管理(主要包括编制、审批、执行、决算、监督以及调整等环节),例如,预算编制阶段公众的预算参与行为、预算审批阶段代议机关举行的听证行为以及预算执行阶段公众的预算监督行为等。无论在静态还是在动态层面,预算公开行为都存在多重利益的博弈与对抗,体现出各种预算权力(利)主体之间的相互制衡与监督。因此,要保障公共财政的健康发展和公共预算目标的实现,关键在于对政府预算行为进行有效控制。否则仅靠政府自我约束,将不可避免地出现权力滥用与行为异化。因此,预算公开作为控制政府预算行为的方式或载体,它既是实现有效监督和制约的必要前提,又是驱使预算权走向规范化的重要手段。概言之,预算公开是各种预算权主体在动态博弈过

① 另外根据一些学者提出的"熊彼特—希克斯—诺斯命题",即国家为了实现长治久安的目的,必然追求合法性的最大化,而财政正是国家追求合法性最大化的约束条件,在公共财政绩效性目标的压力下,国家为防止合法性水平的下降,则必然推行预算公开的改革。参见何帆:《为市场经济立宪——当代中国的财政问题》,今日中国出版社 1998 年版,第 2 页。

程中通过不断达成妥协以实现利益平衡的产物,只有将各种预算权主体的权责进行清晰、明确、科学的设置与定位,才能保障预算权之间实现有效的制约和监督,促使预算公开目标的真正实现。综览整个预算权的变迁史,从议会与国王(或政府)之间为捍卫财政收支控制权而经过残酷且漫长的斗争,到几经震荡逐渐确立议会至上的预算权架构,再到形成当今世界法治国家广泛推行的预算权配置模式——在最高位阶的法律(宪法)中规定政府的预算编制权与执行权、议会的预算审批权与监督权等,[①]预算权内部结构的每一次演化都始终朝着预算权规范化的目标迈进,从而为预算权的合理运行奠定了最基本的法律规则,最终保障预算公开目标的实现。因此,实现预算公开的关键或实质在于预算权的规范化,即预算权配置及其监督模式实现的规范化。

依据公共财政目标,通过对预算公开行为深层要义的大力揭示、对预算公开法治化基本内涵的厘定,无非是为了在预算透明度原则的引导下划定公共财政信息公开的领域,借助必要的法律技术要素(如法律程序),以廓清预算公开法律关系中各预算主体权力(利)行使的边界,使预算主体权力(利)、义务和责任的分配达到均衡。同时,通过预算审议、预算批准、预算监督以及预算参与等方式来不断落实、硬化、规范各预算主体法定的预算职责,以实现对政府预算行为和预算权力的理性控制,从而形成一个能保障预算公开透明的预算权制约和监督体系,驱动政府的预算编制、执行、调整等情况得以向立法机关和纳税人公开,并自觉接受检验与评价,进而在以代议制为核心(如立法机关、社会公众)的预算监督与问责机制

---

① 参见张献勇:《预算权研究》,中国民主法制出版社 2008 年版,第 41 ~61 页。

的鞭策下，激励政府自身不断完善公共预算制度与绩效管理模式，最终实现公共预算绩效的最大化。

二、预算公开与预算权规范化

预算公开透明必须借助法律规制手段才能实现，而预算权则作为法律规制的核心对象。唯有实现各主体间预算权的有效制约和合理监督，才能保证预算公开走向法治化。因此，按照预算公开透明的逻辑内涵，对于预算公开法治化的研究实质上可转化为对预算权的规范化分析。

（一）预算权的规范化进路

现代预算法治发展历程表明，预算公开制度的产生首先在于强化对政府预算权的控制，预算权主要在公法范畴内（如议会、政府）予以配置，预算权的规范化可归纳为一种强调"控权性"的"公法进路"。但随着现代公共治理和预算绩效目标的凸显，公民预算权利逐渐从传统的预算公权体系中"衍生"出来，预算权兼具了公私法交融的属性，预算权的规范化也演化出了"私法进路"。

1. 公法视野的预算权规范化

根据公共预算制度的进化过程，提炼预算权规范化的公法进路，主要是在法治原则导向下，构建保障预算公开的监督和问责机制，从而形成以代议主体为核心、行政主体为枢纽、司法主体为后盾的预算权体系。

首先，代议主体对预算公开的监督控制。对于代议主体的重要作用，约翰·密尔指出，"代议制议会的适当职能不是管理——这是它完全不适合的——而是监督和控制政府：把政府的行为公开出来，迫使其对人们认为有问题的一切行为作出充分的说明和辩解；

谴责那些该受责备的行为”。[①] 因此,代议机关的监督和控制是促使政府预算公开的基本动力,它既要认真审查、批准政府预决算草案的合理性、规范性,又要积极履行监督政府预算公开行为的职能,并且还应向公众及时披露关于行使预算监督职权的具体信息。发达国家也正是依靠代议主体的这种动力源,才能基本实现预算公开性阶段的跨越,再朝着提升预算公共性(预算绩效)目标的方向迈进。

其次,行政主体对预算公开的内部监督。一般认为,行政主体的内部预算监督是一种独立性、权威性都较低的监督形式,但由于预算公开是一种专业性、技术性兼备的行为,行政主体既拥有庞大的预算信息库又具备较强的预算监督能力,它在微观预算监督层面的优越性不言而喻。在发达国家预算权规范化的公法进路上,通过明确行政主体内部各政府职能部门的角色、职能和权力,形成了以中枢预算监督主体(如财政部门)为核心的内部监督体系。

最后,司法主体对预算公开的救济保障。发达国家对于依法行政救济制度的完善极为重视,现代发达国家无不建立了较完备的依法行政救济体系。[②] 司法机关始终是监督和制约预算权的重要力量,它能保证预算公开朝着合理化、规范化的方向进行,当预算公开主体拒绝公开预算信息或未能按照法律规定及时公开预算信息,公民、法人等可诉诸司法机关寻求救济,司法机关将发挥其司法威慑权以保障预算公开的实现。

---

① [英]J. S. 密尔:《代议制政府》,汪瑄译,商务印书馆 1982 年版,第 80 页。

② 参见袁曙宏、赵永伟:《西方国家依法行政比较研究——兼论对我国依法行政的启示》,载《中国法学》2000 年第 5 期。

2. 私法视野的预算权规范化

随着预算民主的发展，现代许多国家已经或正在完成由自产国家（国家拥有庞大的国有资产，能够自我维持的一种财政国家类型）向税收国家（国家收入主要是向国民的私有财产征税）转变，这不仅意味着国家收入来源的变化，而且国家为了获取私主体缴纳的税收，不得不开启国家与社会之间互动的闸门。[①] 因此，公共预算不仅是政府资源配置的简单技术工具，而且成为落实公民权、实现民主治理以及塑造公共生活、国家制度及二者关联文化建构的重要手段。[②]

正是在公共预算目标的牵引下，预算法作为一种能积极回应各种社会需要和愿望的法律，[③]将落实公民权与协商民主价值相结合，逐步引导社会的民主协商和参与。现代预算权的配置日渐突破了传统公法范畴的禁锢，尤其是参与式预算的兴起使预算权利得以勃兴，公民预算权利作为一种外在的预算权制衡与监督动力，能通过权利集合机制逐渐形成一种强大的社会权力[④]来规制政府预算权力，从而使公共预算体现出公开性和公共性之本质，在抽象层面，这

---

① 从自产国家向税收国家转型不仅意味着国家收入汲取模式的根本性转变，而且意味着国家与社会间关系的根本性转变。在自产国家模式下极易形成一种国家养人民的“财政幻觉”，但在税收国家，人民这种财政幻觉将逐渐消失，并渐进意识到国家财政收入来源于己，此时纳税人的权利意识将幡然醒悟，将迫使国家做出让步，逐步发展出公民权的要求。参见马骏：《治国与理财——公共预算与国家建设》，生活 · 读书 · 新知三联书店 2011 年版，第 38 页。

② See Jonathan Kahn, *Budgeting Democracy*: *State Building and Citizenship in America 1890 – 1928*, Ithaca, NY, and London: Cornell University Press, 1997, p. 2.

③ 参见［美］诺内特、塞尔兹尼克：《转变中的法律与社会：迈向回应型法》，张志铭译，中国政法大学出版社 2004 年版，第 16 页。

④ 社会权力即社会主体以其所拥有的社会资源（物质和精神资源，以及各社会群体、社会组织、社会特殊势力）对国家和社会的影响力、支配力。参见郭道晖：《社会权力与公民社会》，译林出版社 2009 年版，第 54 页。

种秉承了私法自治精神的制约模式可归类为预算权规范化的私法进路。[①] 沿着预算权规范化的私法进路，通过强调预算程序的开放性设置，将保障社会的平等参与作为实现预算公开透明的一种手段，既可以增强民众对政府的信任程度，[②]又能提高政府预算权的规范性和正当性，而且经过提升公民的理性认知能力还能有效改善社会公众对公共预算的冷漠与无知，从而在避免预算权规范化的公法进路中可能出现的精英集团控制的危险。[③]

（二）中国预算权规范化的困境

按照预算公开与预算权规范化进路的归类，解读我国预算公开实践：一方面，在公法进路上，在我国现行的宪法秩序框架下，在理论形态上应遵守人大至上的权力架构，[④]但是在实际运行中预算权在立法和行政之间、各级政府之间以及政府内部各机构之间缺乏合理配置和有效监督，[⑤]从而导致我国刚启动推进预算公开的引擎，就

---

① 在形式主义上，私法作为连贯正当理由的现象，蕴藏着矫正正义结构和内在的道德性，是一种具有私法自治功能的规范统一体。因此，公民社会按照私法的内在精神要求，依凭预算权利对预算公共性的不懈追求，是对预算分配正义不足的矫正。这种承载了私法自治精神的预算参与制度在一定程度上可归纳为预算权规范化的私法进路。参见［加］欧内斯特·J. 温里布：《私法的理念》，徐爱国译，北京大学出版社2007年版，第219～221页。

② See Lourdes Torres, "Service Charters in Spain: Transparency and Citizen Empowerment or Government Marketing?", *Public Money & Management*, Vol. 26, No. 3, 2006, pp. 159 – 164.

③ 因为预算权规范化的公法进路过于依赖代议制力量，而代议制属于一种"至善者"的统治，即统治者是由竞争式选举产生的精英集团，但精英集团只是在公众面前伪装成"至善者"，而在价值和见解上脱离于一般公众。参见［美］理查德·A. 波斯纳：《法律、实用主义与民主》，凌斌、李国庆译，中国政法大学出版社2005年版，第131页。

④ 关于全国人大和宪法之间的地位关系问题，相关论述具体可参见翟小波：《代议机关至上的人民宪政——我国宪法实施模式的解释性建构》，载《清华法学》2007年第2期。

⑤ 参见朱大旗：《从国家预算的特质论我国〈预算法〉的修订目的和原则》，载《中国法学》2005年第1期。

陷入了权力机关监督虚化、司法问责缺位、政府内部监督乏力等内部困境;另一方面,虽然社会堪称我国预算公开推进的原动力,但由于传统法学理论将预算法划分为体现"控权性"的"经济公法",很少从私法的角度剖析预算法及其性质,社会主体也就未被归入预算法主体之中,[①]致使预算权规范化的私法进路也同样面临一种社会权力难以制衡国家权力的外部困境。

1. 预算权规范化的内部困境

第一,权力机关预算公开监督的虚化。我国《宪法》对于人大的预算审批权和预算监督权仅作象征性的规定(参见《宪法》第 62 条第 10 款、第 67 条第 5 款),人大预算权力配置不足导致立法机关对政府预算权的制约监督不可避免地出现"疲软"情形。例如,我国当前的预算公开实践,仅有少数地区地方人大在预算公开中发挥作用,如浙江省温岭市等地区的地方人大在预算公开中起到了一定的实质性作用,南京市人大出台《中共南京市委关于增强人大监督刚性和监督实效的意见》以强化预算透明度,[②]其他的权力机关(包括全国人大)对于政府预算公开的推进还只是被动的、有限的参与而已。另外,面对当前政府债务居高不下、地方政府偿债压力日益增加的形势,[③]人大起到的监督作用有限。虽然我国《预算法》沿袭了地方政府不得举债的规定,并将债务合法性与合理性的审查(《预算法》第 48 条第 7 项)列入了人大重点审查的范围。然而财政预算危机主要源于我国财税领域缺乏体现综合协调、平衡各类主

① 参见蒋悟真:《我国预算法修订的规范分析》,载《法学研究》2011 年第 2 期。

② 参见胡明:《推进地方预算公开的规范理路——以〈中共南京市委关于增强人大监督刚性和监督实效的意见〉为实证分析》,载《现代经济探讨》2014 年第 9 期。

③ 根据审计署 2013 年审计署第 24 号审计公告对 36 个地方政府本级政府性债务的审计结果,如加上政府负有担保责任的债务,2012 年有 16 个地区债务率超过 100%。

体利益的法治精神，[①]在当前情形下，仅依据预算法律文本及其规范释义学是无法理解和解释现实中人大预算监督“疲软”现象的。

第二，行政主体预算公开内部监督体系的封闭。转型期政府预算公开的内部监督体系，整体上缺乏相互制约和彼此激励。在纵向层面，关于预算公开的改革，上下级政府之间缺乏合理的呼应和互动。例如，2009 年广东省地方政府率先推行了预算公开的改革，当国人对其普遍称赞之时，财政部却出台了《关于进一步做好预算信息公开工作的指导意见》的保守规定（其第 2 条第 1 款规定：各级政府财政部门负责本级政府总预算、决算的公开，各部门负责本部门预算、决算的公开），[②]这导致了地方预算公开程度的倒退（2009 年广州公布 114 个部门预算，2010 年却只公布 21 个）；而四川巴中白庙乡政府创全国之首例实行“裸账”，其预算公开目的在于通过透明政府的打造和当地民生的改善以显示基层政府的合法性，这在中国预算公开改革中无疑具有里程碑意义。但这种公开模式缺少法律和制度的支撑，且没有得到上级政府或部门的支持，而难以得到广泛推广。[③] 在横向层面，审计监督缺位。自 2011 年起，中央各部委开始实施“三公预算”公开，但公开结果却并不理想。对此，社会舆论普遍呼吁审计机关对预算公开的信息进行审计调查，但由于我

---

① 参见张守文：《财税法疏议》，北京大学出版社 2005 年版，第 2 ~ 18 页。

② 在我国财政体制下，预算公开主体应承担的预算公开义务需和各级政府部门所掌握的预算信息量相对称。各级政府财政部门同时拥有预算编制、预算执行和预算监督三大权力，掌握的预算信息比例较高，其应承担更多的预算公开义务。

③ 自 2010 年 6 月白庙乡政府业务经费开支全部“裸账”经媒体披露后，白庙乡镇府在向有关部门争取项目和资金时，一度遭到冷遇，去到白庙乡的上级部门人员与以往相比减少了一半。参见胡彬：《白庙乡“裸账”让人生畏　至今没争取到一笔资金》，载搜狐新闻网：http://news.sohu.com/20100607/n272609676.shtml，最后访问日期：2019 年 7 月 6 日。

国现行《预算法》《审计法》缺乏对审计机关权力行使的激励，而且我国审计机关的独立性较差，导致我国的审计监督基本处于缺位的状态。

第三，司法主体预算公开问责机制的缺位。在我国预算公开实践中，司法机关（主要是指法院）未发挥其应有功能。当前政府主导型预算公开的主体是各级政府或政府部门，这种模式的预算公开归属于行政行为的范畴，而“参与式预算”主体为地方政府与同级人大，其行为性质可概括为立法（监督）行为与行政行为。在现代法治国家，可诉性是行政行为的本质属性，①如果政府预算公开行为或结果有违法律规范或基本要求，那么就必须引入司法问责机制。但我国《预算法》对于预算公开违法行为只是抽象且单一地规定了行政处分的责任形态（《预算法》第 92 条第 3 项），这不仅将导致一些预算公开违法行为面临无章可循、无法可依的窘境，而且基本忽略了司法主体的预算监督和制衡作用——正是这种缺位造成我国《预算法》自 1995 年实施以来至今仍未见一个相关预算的司法案例。究其原因，我国政府单方推动的预算公开夹杂多重因素，对预算公开违法行为的问责超出了司法技术的范畴。如何在保持法律独立性的情形下，适当构建一个司法问责机制将是预算公开改革中亟待解决的问题。

2. 预算权规范化的外部困境

第一，社会公众预算参与不足。社会公众预算参与主要是指公众通过直接与国家机关（尤指政府）互动的方式来决定预算资源的分配。近年来，一些地方政府立足于当地民情，努力探索公众预算

---

① 参见郝明金：《论可诉性是行政行为的本质属性》，载《法学论坛》2006 年第 3 期。

参与的路径,例如,通过打造公众与政府的互动平台,设置一些参与渠道接受社会公众对预算项目的咨询、征求预算立项方面的建议、组织预算决策环节的讨论、推行预算立项的竞标化,实现了预算执行与预算评估过程的公开,然而从法治视角宏观考察我国参与式预算改革:一方面,我国的公众预算参与改革仍存在诸多不足——公民的民主参与意识淡薄、参与动力缺乏、参与渠道单一、推广依赖政府等。如温岭"参与式预算"改革,公众的预算参与渠道基本局限于民主恳谈的形式,公众参与能力也未能得到有效提升(主要囿于公众预算专业知识、预算信息等不足);另一方面,在立法层面,我国《宪法》《立法法》《预算法》等法律对社会公众的民主参与渠道规定得较抽象、模糊,有的政府也并未真正产生与社会公众分享预算信息和预算权力的意愿,社会公众难以对政府预算公开进行有效地参与和监督。

第二,社会组织预算参与受限。近年来,一些社会团体开始积极关注预算公开的重要性,①在一定程度上体现了社会组织在预算改革中的积极推动作用。但是,这种预算参与仍处于初级层次:一方面,大部分社会组织参与仅局限于预算编制阶段,而在预算审议、执行以及审计阶段,其作用仍受到很大限制,并且上述比较有代表性的社会团体对预算公开的推进也仅为一种事后的监督和评价,如何创造条件以发挥社会组织的预算参与和监督作用仍是重大难题;另一方面,我国社会组织预算参与仍受到较大限制,公众难以通过

---

① 例如,由深圳"公共预算观察志愿者"团队长期致力于推动我国预算公开;上海财经大学公共政策研究中心的《中国财政透明度报告》项目研究小组多年来从事我国各省预算透明度的调研评估;浙江温岭"参与式预算"中,温岭市人大常委会在预算编制环节邀请一些社会组织的成员来参加民主恳谈会。

创设预算组织的形式进行预算参与和监督。

第三，其他社会主体预算参与乏力。推动预算公开，其他（一些特殊的）社会主体的预算参与和监督作用也不容忽视，如政协、新闻媒体以及社会中介审计机构等。倘若这些社会主体能和政府公共部门建立良好的监督合作关系，达到国家权力与社会权力互补互助，这将有助于我国预算公开法治化的推进。然而，由于预算权力结构体制不完备、预算参与和监督渠道不健全的影响，无论是政协还是新闻媒体所蕴藏的预算监督潜力并未得到有效的发挥，对预算公开的监督和推动作用都比较有限。

三、我国预算公开法治化的发展理路

发达国家预算公开法治化的发展理路是在立足预算权规范化的公法进路基础之上，再通过地方政府预算参与的私法进路予以完善，进而形成两条进路互动与补充。我国预算权规范化面临的困境表明，预算公开与实体预算体制之间存在的张力使预算权平衡架构的打造与现实的政治、经济、文化生态之间，既攸关又矛盾，这是预算权规范化的难点所在。如果有关预算公开的法律设计不能立足于转型期我国的财政和法治基础，或者草率地对西方预算公开法律经验及其实践的模型进行“想当然”地塑造，并将这样的模型付诸中国预算公开的实践，那就很有可能导致预算公开法律实施的低效，甚至阻碍中国预算公开的改革进程。① 中国预算公开法治化的

① 有学者认为，以研究旨趣与思维方式为标准，法学研究可区分为法律理念研究和法律工程研究。对于西方法学中的法律工程研究成果（具体的法律及其实践模型）的借鉴与吸收，无论是在学术意义上还是在政治实践意义上确实应该保持足够的思想审视和理性自觉。参见姚建宗：《法学研究及其思维方式的思想变革》，载《中国社会科学》2012 年第 1 期。

实践必须遵循预算公开法治化一般规律、考量转型期我国有待完善的财政分权体制与民主法治格局以及认真对待纵向政府间事权存在差异配置①的基础上,同时激发公法进路与私法进路两方面的积极性和创造力——地方(省级以下各级地方政府)预算公开可利用私法进路上已呈现的契机,将预算权规范化的价值问题转换为程序问题,②从而化解预算权规范化外部困境中(私法进路)的难题,进而将推进社会公众的预算参与作为实现预算公开一种手段而非目的——一种改善预算权体系并能复兴公法进路的重要手段;③而省级以上层级(含省级)预算公开应从"顶层设计"的视角④出发来突破预算权规范化内部困境中(公法进路)的障碍。这是推动和保障我国预算公开的法律制度设计所应当遵循的理论认知。⑤

(一)地方预算公开法治化的发展理路

地方政府作为公共服务的直接提供者,主要职能是如何满足社

---

① 中央主要负责宏观公共领域,承担稳定经济、收入再分配以及提供某些严重影响全社会所有成员福利的公共产品的职责;相对于中央和省级政府,地方政府致力于微观公共领域,主要负责提供与其辖区居民利益相关的公共产品与服务。参见[美]华莱士·E.奥茨:《财政联邦主义》,陆符嘉译,译林出版社2012年版,第19~20页。

② 参见季卫东:《法治秩序的建构》,中国政法大学出版社1999年版,第11页。

③ 由于协商民主的推进将同时涉及国家权力的改造与社会的重构(参见[英]戴维·赫尔德:《民主的模式》,燕继荣等译,中央编译出版社1998年版,第396页),经过一定的预算民主周期,这将有助于我国人大预算制约和监督职能的"软着陆",最终实现对预算权规范化公法进路的彻底改造。

④ 顶层设计主要是指预算公开法治化应顺应预算民主发展的要求,立足于统一性的战略高度深化预算体制改革,具体通过修改、激活、落实预算相关的法律文本,修缮代议制为核心的预算监督和制约体系,使预算权在立法、行政、司法之间形成清晰的边界并最终得到合理配置。

⑤ 我国预算权规范化模式的设计,民主基础也是关键性的考量要素,而我国民主的物质条件、法制条件、智力条件、心理条件等,都决定了协商民主下的私法进路仍只能在微观的社会公共领域(地方层级)实践推广,那么中央层级预算公开还需在以代议制民主为根基的公法进路中寻求突破。参见[美]科恩:《论民主》,聂崇信、朱秀贤译,商务印书馆1988年版,第102~205页。

会主体的公共需要。因此，地方预算公开改革必须致力于提升公民对政府预算支出的认同感，即应淡化过多地强调预算投入与支出的控制，将追求预算公开的注意力建立在政府部门定期与纳税人协商，让纳税人感到其缴纳的税收被负责任地用于更具合法性和公共性之目的。整体考察我国地方政府已试验推行的预算公开实践范例，大都未能真正有效地促进地方政府预算决策的公共化，其推广与深化过程正面临极大的阻碍。因此，对于我国地方预算公开法治化理路的完善，仍需在确保进步方向和社会稳定的前提下，继续提升预算参与和监督理论的实践理性，进而达至完善预算公开的私法进路使公民获得预算参与和监督的权利，并不断拓展公民的参与机会，以保证政府的行动镶嵌于社会之中，从而更好地发挥和强化社会的作用。① 然而，认真研读《预算法》，并未给社会主体留置预算监督和参与的空间，如何合理实现社会公众参与预算，仍将是地方预算公开法治化的重点。

1. 预算参与适格主体的建构

在地方预算过程中，地方政府为了更好满足社会主体的需要，实现预算的公共目的，必须与社会主体进行协商。在预算协商过程中，社会公众必须以某种方式选定如何集体地和个人地使用其资源，必须决定政府财政预算的适度规模，以及财政预算组成项目，②从而与政府进行预算交流，使预算趋于合理化。而这一切实现的前提是公众作为具有独立地位的适格预算主体，否则其有可能成为政

① 参见［美］约翰·克莱顿·托马斯：《公共决策中的公民参与：公共管理者的新技能与新策略》，孙柏瑛等译，中国人民大学出版社2005年版，第7页。

② 参见［美］詹姆斯·M. 布坎南：《民主财政论——财政制度和个人选择》，穆怀朋译，商务印书馆1993年版，第13页。

府公权力部门的附庸,从而失去协商应有的意义。对于我国的公众预算参与改革,如浙江温岭的“民主恳谈”、江苏无锡的“参与式预算”以及上海闵行区的“民主参与改革”等,虽然引入了公众参与的形式,但是依然面临公众参与能力不足的问题。结合我国现行国情和预算法治的实际,对此应从社会公众(个体)预算参与权法定化、社会组织预算参与权能的提升方面予以努力。

首先,社会公众预算参与权的法定化。预算参与权的法定化为预算参与主体追求自身的目标提供了空间。一方面,在宪法中明确公民参与权无疑是参与权法定化的合理方式。对于宪法中的公民参与权,《俄罗斯联邦宪法》第 2 章第 32 条第 1 款明确规定:“俄罗斯联邦公民享有直接或通过自己的代表参与国家事务管理的权利。”在我国现行《宪法》中,虽然公民参与权可以从《宪法》第 2 条第 3 款、第 33 条第 3 款以及第 35 条中推导,但是为提高该权利显在的实效性,仍需对我国《宪法》进行修正以明确公民参与权,并且需在《宪法》“公民的基本权利和义务”部分增加公民知情权、表达权、决策权和监督权条款以落实公民参与权,以切实保障公民对预算的参与。另一方面,需在预算法中配置社会公众的预算参与权。在我国人大预算监督相对“弱化”的情形下,只有使社会公众的预算参与成为制度化的事实,才能“倒逼”政府主导的预算参与从形式走向真实并返归实质。[①] 同时,对于有的地方政府隐性举债“禁而不止”的情形,应将政府债务向社会公开,以发挥社会公众的监督作用。目前,我国《各级人大常委会监督法》第 7 条已规定,“各级人民代表大会常务委员会行使监督职权的情况,向社会公开”。但

① 参见蔡定剑:《公众参与:风险社会的制度建设》,法律出版社 2009 年版,第 20 页。

是为了更好培养我国财政预算风险控制所依赖的法治精神,必须秉承民主、公开等基本原则,将公共债务风险纳入预算公开范畴,并通过协商民主下的社会公众参与来形成舆论压力,从而控制政府债务风险的增长。

其次,社会组织预算参与权能的提升。社会组织作为政府与人民的中介,独立于政府和市场主体,具有沟通社会公众与政府的天然优势,能促进公民预算民主意识的提高,是参与式预算制度中的重要主体。[①] 市场经济条件下社会组织是与"公共权力机关直接相抗衡"的力量。[②] 为了更好地发挥其对预算公开性和公共性的推进功能,必须提升我国社会组织的预算参与权能。鉴于转型期我国许多社会组织面对严格的双层管理体制,特别是挂靠制度使许多社会组织因没有挂靠机关而无法设立,或即使设立了也难以实施实质性的活动,必须对《社会团体登记管理条例》中的相关规定进行合理修订以满足组建预算组织的需求,同时政府还应设立专项资金来扶持预算组织的成立与运行,从而确保预算组织能有效实现预算参与。同时,由于我国新修订的《保守国家秘密法》仍对保密范围规定过宽,并且赋予了政府定密自由裁量权和涉密纠纷的裁决权,从而限制了社会组织预算参与能力,为保证社会组织预算信息公开申请的畅通,需要对该法中有碍预算公开的规定进行法律技术处理(如完善定密制度),从而落实社会组织的预算参与和监督权利。

值得指出的是,提升我国社会组织的预算参与权能,应充分挖

---

① 参见王全兴:《经济法基础理论专题研究》,中国检察出版社 2002 年版,第 524 ~ 531 页。

② 参见[德]哈贝马斯:《公共领域的结构转型》,曹卫东等译,学林出版社 1999 年版,第 2 页。

掘其他社会民主力量，如人民政协和新闻媒体的预算参与作用不容忽视。政协通过参政议政、政治协商、民主监督等形式提出的意见、建议与批评，可以视为一种“柔性”的权力制衡模式。因此，在加强政协自身建设的过程中，各级地方政协应着力调整政协委员的人员结构，扩大预算领域专家的入选比例，以期充分发挥政协的监督作用——提高预算资源配置的公共性与合理性。而新闻媒体被誉为社会权力的“无冕之王”，凭借其软实力（如言论自由、批评建议等民主监督权利）是公民权利与政府权力互动协商的载体和纽带——能真实收集和反馈社会公众的意志，是预算参与改革的驱动者和监督者。因此，应当提升媒体的独立性、公共参与理性、增强媒体的开放性，以便发挥新闻媒体参与和监督功能，从而对政府预算公开改革产生积极的影响。

2. 公众预算参与的程序保障机制的拓扑

协商参与和监督作为一种突出和契合程序正义的民主形态，是一种通过求同存异的办法来防止实质性价值争论激化、维护多元化格局的最基本的制度框架。[①] 一个理性与公正的民主程序可以保障各方预算主体都能合理嵌入预算公开的推进过程，[②]并在公共协商的框架下实现预算主体间的理性交换，使各预算主体在相互博弈过程中实现适度平衡。这种与协商民主制相匹配的法治强调法与社会彼此融合，无疑是我国法治现代化的根本利害所在，同时也完全

① 参见季卫东：《正义思考的轨迹》，法律出版社 2007 年版，第 14 ~ 17 页。

② 达尔认为程序性民主必须能够保障所有相关公民对民主过程进行有效的参与、平等的投票、开明的理解（民众都有探寻、证明对其最有利选择的正当性的平等的机会）、议程的控制（民众都有决定将选择如何置于通过民主程序予以决策的排他性机会）。See Peter Laslet and James S. Fishkin, *Philosophy, Politics and Society*, New Haven: Yale University Press, 1979, pp. 97 - 133.

符合中国特色社会主义的主流价值观。[①] 基于协商民主的理念,拓扑地方预算参与程序机制以保障社会参与主体合理、有效、平等地参与预算资源配置过程,从而在实现各主体间利益的理性交换、社会主体权利与政府权力间的交流与制衡的过程中,实现社会主体预算参与权和政府预算公开间的良性互动。因为地方预算参与程序保障机制的建构过程,就是对社会主体配置预算参与的程序性权利和对政府赋予预算公开义务的过程。在此意义上,地方预算参与程序机制的合理建构过程,也就是预算公开法治化不断推进的过程。

关于预算参与程序保障机制的构建,在立法层面虽然《立法法》第5条、第36条规定"立法应当体现人民的意志,发扬社会主义民主,坚持立法公开保障人民通过多种途径参与立法活动","听取意见可以采取座谈会、论证会、听证会等多种形式",但是在我国《预算法》中未能对地方参与式预算改革所积累的经验进行吸收,这些无疑是预算相关法规完善过程中需重点关注之处。在预算编制阶段,应完善预算听证机制。预算编制作为利益分配的过程,引入听证制度可以提高利益分配透明度与公平度,尤其是对社会公共利益影响较大的预算设计项目必须适用听证制度。对于预算听证程序的完善:一是预算听证主体,包括预算听证组织者、相关利益主体、专家等;二是听证组织者在一定时间内提供明确的听证内容,如听证项目、项目可行性分析、地点、时间等,并且内容的明确性直接关系听证的实效性;三是听证者参与听证并可提出质询及相关意

① 中国的主流价值观内涵主要包含三个方面:其一,增强中华民族国家的文化认同感;其二,坚持社会主义市场经济的发展道路;其三,探索中国特色的社会主义,发扬社会主义优越性。参见史际春、赵忠龙:《中国社会主义经济法治的历史维度》,载《法学家》2011年第5期。

见;四是在公平、公开情形下对预算编制进行裁决。在预算审议阶段,应构建预算旁听制度。在现代法治国家中,关于预算审议过程,公众一般都能旁听议员与政府官员的互动博弈过程,新闻媒体还可以进行直播报道等。在我国地方参与式预算改革过程中,浙江温岭的"民主恳谈"模式同样值得借鉴,一是镇政府预算案公开程序,其必须在人大会召开两天前向人大代表和其他参与者公开预算草案并予以细化说明,并使参与者能够理解,从而使草案真正向所有人公开;二是民众与人大代表恳谈预算草案和细化说明,从而使民众意见得到合理实现;三是审议过程中可以自愿旁听,从而使全过程向民众公开;人大代表提出预算修正议案程序,即人大代表在不认同政府所作的"预算修改方案"时,可提出预算修正议案,该议案一经人大表决通过,政府必须作出修改。① 在预算执行阶段,应重点监督预算调整行为。例如,美国新泽西州于 1917 年颁布的《皮尔森城市预算法案》规定,如果预算批准后需要对预算进行修改,一旦修改达到一定的程度(任何款项的改变都超过 10%,或者任何需要征收的税收改变超过 5%),经由改变的项目须重新公之于众,并须在最后采纳新预算之前重新召开听证会。② 因此,为降低预算调整行为出现的频率,应发挥社会公众的监督力量,通过构建一个针对预算调整行为的合理监控程序,从而保障政府预算调整行为走向规范。

(二)省级以上预算公开法治化的发展理路

按照省级以上政府的财政职能,其主要提供使整个宏观区域受

---

① 参见贾西津:《中国公民参与案例与模式》,社会科学文献出版社 2008 年版,第 186 ~ 192 页。

② 参见[美]爱伦·鲁宾:《阶级、税收和权力——美国的城市预算》,林琳、郭韵译,格致出版社、上海人民出版社 2011 年版,第 193 页。

益的公共产品与服务,如国防外交、拉动内需、宏观救市等,但政府宏观调控行为又具有牵涉广、影响深、风险高的特征,那么对于宏观性公共产品与服务的预算公开法治化发展理路的设计,必然离不开民主政治改革的"顶层设计",以构建一个以权力机关为核心的预算监督体系。① 唯有不断规范预算监督主体的权力、打造法治问责政府以及推动预算公开救济机制的不断发展,才能对现行预算制度体系和程序提出批评,促使政府在宏观公共领域提供更好的公共产品与服务。② 譬如,国务院的"三公预算"公开,"三公预算"在很大程度上是国家计划体制转型不彻底的"遗留物",要斩断这截"遗留尾巴"也就当然离不开预算监督权力体系、问责与救济机制的顶层设计来修缮预算公开法治化的公法进路,从而达到行政运行成本的合理化、规范化。

1. 预算公开监督权力的规范

当前我国理论界一般认为,预算公开进程应由人大主导,只有通过人大立法主导预算公开,各种样式的预算公开才会纳入合法性范畴。对于权力机关预算监督权力的规范,必须有赖于人大更充分地理解和认识宪法和法律赋予人大的预算监督权力和职能,以及为预算公开改革提供持续的政治支持。③ 其实,在我国人大至上的权力架构下,对于预算监督权力体系的调整,在立法理论上取决于权

---

① 例如,在2008年美国经济危机过程中,美国国会无论是审查批准《紧急经济稳定法案》(Emergency Economic Stabilization Act of 2008)还是表决通过"问题资产救助计划"(Troubled Asset Relief Program, TARP)等救市措施,对于这些财政宏观调控行为,美国国会始终是监督体系的核心。

② 参见[美]萨尔瓦托雷·斯基亚沃-坎波、丹尼尔·托马西:《公共管理支出》,张通译,中国财政经济出版社2001年版,第8页。

③ 参见林慕华、马骏:《中国地方人民代表大会预算监督研究》,载《中国社会科学》2012年第6期。

力机关的自我决定——其完全可以通过立法、修宪、宪法解释等手段来改变宪法和预算法文本中关于预算权的配置模式，这也意味着在预算案的形成、审批和执行全过程中，人大作为国家权力机关当然地拥有监管和督察的权力。① 当然，为保障权力机关的预算权力走向规范化，还必须对我国《宪法》《预算法》中关于人大预算权力的具体规定进行完善。可以借鉴国外的立法经验，如《印度宪法》第5篇第2章、《巴西联邦共和国宪法》第1篇第6章、美国1921年《预算和会计法案》以及1974年《国会预算和扣押法案》中的许多条款就议会预算权进行了详细界定。对此，我国《宪法》《预算法》同样应对人大的预算权予以具体化，以"激活"人大预算公开监督的权力。例如，在预算审议阶段，完善人大的预算修正权与否决权等是人大预算审议权规范化的重要体现。我国《预算法》的继续完善可参考《广东省预算审批监督条例》第14条关于预算修正权的主体、程序、效力等相关方面的规定。同时，为应对预决算文本一旦被人大否决而产生的后续问题，②还需在我国《宪法》与《预算法》中补增政治问责③的规定，以督促政府必须回应人大或公众对预算公开文本与过程产生的质疑，甚至是追究政府的宪法责任（如弹劾官员、

① 参见刘剑文：《民主视野下的财政法治》，北京大学出版社2006年版，第186页。

② 这种现象已在某些地方政府出现：2002年1月湖南省沅陵县预算案遭否决，4个月后加开人代会，才获批准；2005年新疆昌吉市人大常委会否决了政府决算案和预算执行报告；2009年河北省承德市的预算案两次遭到驳回，第三次才被通过。参见田必耀：《预算监督正在走强》，载《人大建设》2005年第12期。

③ 政治问责包括两个基本要素：可回答性（Answerability），即"公共官员有义务告知和解释他们正在做什么"；实施性（Enforcement），即"问责机构有能力对违反他们的公共职责的权力使用者施加惩罚"。See Andreas Schedler, "Conceptualizing Accountability", in Andreas Schedler, Larry Diamond, and Marc F. Plattner, eds., *The Self-Restraining State: Power and Accountability in New Democracies*, Boulder, Lynne Rlenner Publishers, 1999, p. 14.

提出警告等），从而为政府预算公开施加动力。

另外，由于预算集专业性、政策性、技术性于一身，专业性的审计机关是评估和提高预算公开绩效所必不可少的重要机构，审计监督是保障预算公开的信息能否真实有效的必备手段，[①]发达国家的审计主体通过在政府内部建立适当的信息、控制、评估和报告制度以提高政府的责任感，并为政府披露财务报告，提供和颁布公认的会计标准，从而有利于保障政府预算公开信息的规范性与真实性。[②]为促使我国审计机关行使对政府预算公开信息的审计权力，其关键在于保障审计权力行使的公正性和有效性，需提高审计机关的独立性。[③] 当前的行政型审计模式，必须转换为立法型审计模式，即将审计机关从属于行政机关的模式改为隶属于权力机关的模式是我国国情下的迫切要求。

2. 预算公开救济程序机制的完善

法谚云，“法律常赐予救济”（Lex semper dabit remedium），要促使预算公开实现形式性向实质性的转变，离不开预算救济主体的力量，它是预算信息公开是否合法、真实、全面之有效保障，如对于政府自我封闭式改革的打破，[④]必须发挥预算救济机制的重要作用。

---

① 参见［英］戴雪：《英宪精义》，雷宾南译，中国法制出版社 2001 年版，第 350 页。

② 参见国际货币基金组织编：《财政透明度》，财政部财政科学研究所整理，人民出版社 2001 年版，第 94 页。

③ 国际最高审计组织大会于 1977 年通过的《利马宣言——审计规则指南》第 2 章第 5 节第 1 条明确提出：“最高审计组织必须独立于受审单位之外并不受外来影响才能客观而有效地完成其工作任务。”

④ 政府自我封闭式的预算公开改革难以实现彻底性。如当前我国共有 3 个关于预算编制内容的账本：《预算收入账》《预算支出功能分类账》《预算支出经济分类账》，但由于体制与程序的限制，公开的程度还不到 1/3。参见吴君亮：《我国为什么推动预算公开》，载腾讯网：http://view. news. qq. com/a/20120306/000027. htm，最后访问日期：2012 年 6 月 29 日。

为改善我国预算公开中救济主体缺位的状况,2014 年我国《预算法》增加了关于政府上下级、同级之间财政内部监督机制的规定(该法第 87 条和第 90 条),并且将预算违法行为纳入社会主体检举、控告的范畴(该法第 91 条),[①]这些都表明立法者已意识到预算监督与救济机制的作用,但是为防止这些法律条文在生效以后形同具文,仍需提高其规范性与实效性,尤其要发挥程序的促进与救济作用——既要制约救济主体的行为不致过分偏离其本来应有的职责,同时,即使救济主体的行为存在某种程序的功能扩散也能够通过程序保障而获得正当性。[②]

当前完善预算公开救济机制的迫切任务是,构建一个合理的预算公益诉讼机制。为规范政府预算公开的行为,应该将预算公开不规范的行为列入行政复议与行政诉讼的范畴。可以借鉴发达国家的相关经验,如日本通过颁布《信息公开法》和《行政事件诉讼法》形成了对政府预算权力的自我制约,当政府作出拒绝公开的决定时,公民主体除可以提起行政复议外,还可以依法提起行政诉讼,从而保障了政府信息公开的合法性与合理性。关于预算公开诉讼机制性质的剖析,倘若政府在预算公开改革中不作为或作为有悖于法律,在法理上其侵犯的是公民的知情权,并且损害社会公益,那么这种涉及侵害公民预算知情权的案件就应"有必要从维护纳税者对国家财政实行民主管理的角度,依据宪法精神,设置一个以保护纳税

---

① 同时,2012 年 6 月国务院公布《机关事务管理条例》,其中也已出现关于"三公开支"不合理与不合法的问责条款,但是未对"三公预算"具体概念、统计口径、评估标准等进行明确规定,这种问责配套机制的不完善,依旧导致司法主体对"三公预算"问责功能的缺位。

② 参见[日]谷口安平:《程序的正义与诉讼》,王亚新、刘荣军译,中国政法大学出版社 1996 年版,第 22 页。

者基本权为目的的诉讼制度,并以许可纳税者提起主观诉讼的形式,完善纳税者诉讼的法律”。[①] 因此,为了充分保障公民的预算知情权,须在我国《预算法》修订过程中构建预算公益诉讼机制以真正发挥司法机关的预算监督权力,即通过预算公益诉讼把诉权赋予全体纳税人,为诉权主体提供必要的诉讼支持,实行举证责任倒置,并将诉讼请求的范围由“法律权利标准”扩展到“公共利益标准”(是指纳税人有权基于任何预算公开不规范行为而提起诉讼)等,这既可以弥补传统诉讼机制的不足,又有助于激发纳税人的预算监督意识。另外,为减少预算公益诉讼机制实施的阻力,应当进一步完善关于预算公开违法行为的法律责任与问责的具体操作规范等,[②]例如,对《政府信息公开条例》第 46 条至第 53 条进行修订,增加关于预算公开部门或机构问责的范围、方式、程序、途径、责任等,这样才能真正发挥预算公益诉讼机制的作用。

四、余论

预算公开的法治化是一个艰难的渐进过程,不仅关乎预算管理的技术性、相关学理的探究,而且需与其发展的政治、经济、文化背景紧密契合。我国倡导公共预算改革已多年,而且当前正在进行的预算公开改革实践有可能将我国带入一个预算法治发展的新阶段,

---

① 陈刚:《宪法化的税法学与纳税者基本权——代译者序》,载[日]北野弘久:《税法学原论》(第 4 版),陈刚等译,中国检察出版社 2001 年版,第 32 页。

② 同时 2012 年 10 月 1 日起施行的《机关事务管理条例》,其中第 5 章列举了一些关于“三公开支”不合理与不合法的问责条款,但是未对“三公预算”具体概念、统计口径、评估标准等进行明确规定,财政部虽明确“三公”经费分别为因公出国(境)费、公务用车购置及运行费以及公务接待费,但仍无其他细化规定,问责配套机制的不完善,将导致“三公”问责的艰难。

但并未达到一个公共预算的考核层次。预算公开法治化仍是我们必须面对的课题。通过对我国预算权规范化困境的解读可以发现，我国预算公开法治化困境的化解路径不仅在于探寻我国预算权规范化配置与监督的方法，重塑预算权运行的程序与规则，而且在更深层次上展示我国公共预算体制改革将是一个持续的过程，除了需要预算法的修订与完善，还必须依赖整个财税法领域乃至宪法等其他法律领域的充分配合与协调。[①] 因此，当前我国预算公开法治化的努力不能简单地设想将保障预算公开的机制（如人大预算监督机制）予以立法"硬化"，否则预算公开的推进将陷入立法需求"硬化"不足和实施效力"软化"的两难境地。[②]

诚然，我国预算公开法治化的进程显现出一种不同于西方国家的发展逻辑，相关预算公开法律制度的设计也将不可避免地呈现出自身的独特性和艰难性。[③] 然而，当前我国《预算法》的修订活动，显得过于谨慎和保守：未能对人大预算权力、纳税人预算权利的配置进行充分重视，甚至缺乏关于预算民主原则或预算参与原则的基本法律条款。尽管如此，我国预算公开法治化的进展已经向前迈进

---

① 参见熊伟：《认真对待权力：公共预算的法律要义》，载《政法论坛》2011 年第 5 期。

② 其实这种状况已有前车之鉴，反垄断法就是例证。我国《反垄断法》实施以来，由于体制的原因又使我国《反垄断法》在规制行政权力排除限制竞争方面的效力十分有限。参见王晓晔：《经济体制改革与我国反垄断法》，载《东方法学》2009 年第 3 期。

③ 在现实生活中，关于制度是如何形成和发展的，受制于传统的、现实的、经济的和政治的等诸多因素。我国预算公开制度的本土化设计也正好反映了这一特点。参见朱苏力：《制度是如何形成的？——关于马歇尔诉麦迪逊案的故事》，载《比较法研究》1998 年第 1 期。

了一大步,[①]我们可预期的是,预算公开制度作为现代法治国家重要的公共财政制度,在中国财政法治现代化进程中,将通过持续不断学习与发展的实践,逐步走向法治化、民主化和规范化。

第三节　保障教师薪酬从全方位财税法治保障入手

"按时获取工资报酬,享受国家规定的福利待遇以及寒暑假期的带薪休假",是我国《教师法》规定教师享有的基本权利。但最近湖南省衡阳县数千名教师因工资长期被克扣、拖欠而聚集在县政府门口维权的新闻再次把人们的视线聚焦在"教师集体讨薪"问题上(以下简称"衡阳教师讨薪"事件)。[②] 实际上,这些年来该类事件已屡屡见诸报端,[③]对"教师集体讨薪"的新闻我们并不陌生。我国具有尊师重教的传统,此类事件频发让师道尊严扫地,如任其发展,恐动摇教师对国家教育政策之信心,进而伤及教育之根本。认真对待

---

① 党的十九大召开后,李克强总理在2018年1月16日国务院党组会议中指出要"进一步扩大预算公开范围,推动绩效管理对所有财政资金全覆盖",2019年4月23日国务院第二次廉政工作会议上提出要"严格财经纪律,坚持预算公开",足以表明我国政府对预算公开的重视。

② 参见王一然:《衡阳千余名教师讨薪　副县长称不赖账》,载凤凰网:http://finance.ifeng.com/a/20160504/14363389_0.shtml,最后访问日期:2016年5月7日。

③ 如2014年12月22日,河南固始县的部分教师因为涨工资的承诺非但没有兑现,反而出现扣减现象而在县政府门前拉横幅"罢工"(参见潘志贤:《河南固始数百名教师集体"讨薪"》,载《中国青年报》2014年12月25日,第1版)。2015年1月14日,济南历城第五中学教师同样因为工资被拖欠、克扣而不得已拉横幅集体讨薪(参见戎国强:《拖欠教师工资者,该当何罪》,载《钱江晚报》2015年1月14日,第23版)。2016年,陕西周至县173名教师上班7个多月未领到工资,经媒体报道后,当地政府表示先按每人每月1000元的标准垫付8个月工资。此外,湖北孝感、黑龙江肇庆、江苏盐城、陕西吴堡县等地近年来都发生过类似的因拖欠教师工资导致的集体讨薪事件。

“教师集体讨薪”的事件，不能每次都诉求于政府临时性的应急承诺或单纯的“救火式”处理，而应在法律层面上提供一个稳定的、可预期的法治解决之道。为此，下文将立足教师薪酬保障的财政法治视角，透析“教师集体讨薪”这类事件，深入剖析教师薪酬保障的财政法治困境，力图构建一套教师薪酬保障的全方位财政法治体系。

一、教师薪酬财政法治保障观念应从注重事后问责向全方位保障转变

须承认，我国《教师法》《教育法》及其相关法规政策都对教育经费支出与教师薪酬保障进行了明确规定。教育经费保障上，我国《教育法》第54～56条要求“国家建立以财政拨款为主……教育经费支出在财政预算中单独列项”；《国家中长期教育改革和发展规划纲要（2010—2020年）》提出“2012年实现国家财政性教育经费支出占国内生产总值比例达到4%”，据统计，2017年全国教育经费总投入占国内生产总值的5.19%。[①] 在教师薪酬保障上，我国《教师法》第25条要求“教师的平均工资水平应当不低于或者高于国家公务员的平均工资水平”。近20多年来中央曾多次发文强调要求解决教师工资拖欠问题；[②]《国家“十三五”规划纲要》更是提出“改

① 相关数据参见教育部、国家统计局、财政部《关于2017年全国教育经费执行情况统计公告》（教财〔2018〕14号）。

② 参见国务院办公厅《关于采取有力措施迅速解决拖欠教师工资问题的通知》（1993年）、国务院办公厅《关于保障教师工资按时发放有关问题的通知》（1997年）、国务院办公厅转发财政部《关于进一步做好教育科技经费预算安排和确保教师工资按时发放通知的通知》（国办发〔1998〕23号）、国务院《关于深化农村义务教育经费保障机制改革的通知》（国发〔2005〕43号）、国务院《关于加强教师队伍建设的意见》（国发〔2012〕41号）、国务院《关于进一步完善城乡义务教育经费保障机制的通知》（国发〔2015〕67号）等。

善教师待遇”。法律或政策的生命力皆在于实施,由于我国教师薪酬财政法治保障观念的落后,导致上述教育财政制度实施的不力,才屡屡酿成“教师集体讨薪”事件。对症下药,实现教师薪酬财政法治保障观念的转变已迫在眉睫。

(一)教师薪酬财政法治保障观念的落后

归纳我国《预算法》《教育法》《教师法》《财政违法行为处罚处分条例》对教育财政制度运行的保障,主要集中于以“消极问责”为核心的事后追责模式。例如,对挪用、克扣教师工资等行为依法追究其行政责任甚至刑事责任;①“妨碍义务教育实施,造成重大社会影响的,负有领导责任的人民政府或者人民政府教育行政部门负责人应当引咎辞职”(我国《义务教育法》第 9 条第 2 款)。事后追责机制作为财政法治建设的重要内容,确实能在一定程度上提升教育财政制度实施的效力。但由于缺乏事前防范与事中控制的教育财政法治运转之全方位要件,这种过于依赖传统制裁手段作为践行教育财政制度的立法模式,使我国教师薪酬保障面临力不从心的困境。

究其原因:其一,事后追责机制的重要特征是责任追究的“事后性”,该机制的运行本身具有被动性,往往只能起到“救火”的作用。事后追责虽有抑制政府违法行为之功效,但更多只是一种平抑“民愤”的手段。其二,引发“教师集体讨薪”事件的“导火索”是地方政府领导或职能部门领导对教育人员经费的长期克扣、肆意挪用等行为。对于这种财政违法行为,目前侧重追究违法官员的行政责任,但由于我国领导干部行政问责缺乏系统性规定使其可操作性不足,

---

① 参见我国《预算法》第 92 条、《教育法》第 71 条、《教师法》第 38 条以及《财政违法行为处罚处分条例》等相关法律法规的规定。

许多地区“推行的‘责任追究制’从严格意义上说只是一种政策，而不是法律规范意义上的制度安排”。[①] 纵使有些地区出台了行政问责的专门性规定，但依然不能有效杜绝“教师集体讨薪”事件的发生，甚至也未能因此使相关责任人承担行政责任。[②] 至于更具威慑力的政治责任与刑事责任，更是很少能落实到“教师集体讨薪”事件的具体问责之上了。正因如此，我国个别地方政府及教育主管部门领导才敢克扣、挪用教师工资，最终导致“教师集体讨薪”事件。

（二）教师薪酬财政法治保障观念的转变

按照现代法治政府建设的要求，[③]防范因“挪用、克扣教师工资”而引发的“教师集体讨薪”事件，关键在于推进传统的以问责为核心的教师薪酬财政法治保障观念向现代的全方位的教师薪酬财政法治保障观念的转变，即构建“三段式”的教师薪酬保障的财政法治体系，实现事前、事中与事后的全方位保护，其基本思路是：第一，事先防范机制，即首先建立教师薪酬的优先给付制度，明确教师薪酬在教育财政支付中的优先地位；第二，事中控制机制，即教师薪酬优先权应有相应的财政保障机制，如厘定各级政府的教育支出责任、设定教师薪酬的预算执行要件、规范教师薪酬的专项转移支付；第三，事后监督与责任追究机制，将“挪用、克扣教师工资”等行为纳入严格的法律责任监督范畴，以真正形成对“教师集体讨薪”事

---

① 张贤明、文宏：《中国官员责任追究制度建设的回顾、反思与展望》，载《吉林大学学报》2008 年第 3 期。

② 2012 年黑龙江哈尔滨市出台了《行政问责规定》，其中明确规定“截留、滞留、挤占或者挪用财政专项资金和政府代管资金的”为问责事由之一，但在 2014 年哈尔滨市依兰县依旧发生了大规模的教师讨薪事件，由此可见行政问责效果的有限性。

③ 《法治政府建设实施纲要（2015—2020 年）》提出应“构建系统完备、科学规范、运行有效的依法行政制度体系”。

件相关责任人的震慑。

二、全方位保障教师薪酬首先需建立教师薪酬优先给付制度

"每一个工作的人,有权享受公正和合适的报酬"是《世界人权宣言》的庄严规定(第 23 条第 3 款)。获取劳动报酬已成为一项世界各国普遍认同的基本人权。我国《宪法》也明确劳动权是公民的基本权利,作为劳动者而获得劳动报酬乃是劳动权的核心内容之一。审视"教师集体讨薪"事件,它直接反映出教师劳动报酬权未得到应有的尊重与保护。对此,应首先确立教师劳动报酬优先权,以保障教师薪酬具有被优先给付的法律地位。

(一)教师薪酬优先给付的重要性解析

1. 劳动报酬决定教师生存权

劳动报酬是教师生存的物质保障,是其基本人权的重要体现。而"生存权的目的,在于保障国民能过像人那样的生活,以在实际社会生活中确保人的尊严",从而"要求国家有所'作为'的权利"。[①]由于教师劳动报酬的支付主体是国家,所以国家在保护教师生存权时承担两重义务:一是国家作为公权主体,应当介入与干预,通过立法来建立完善的教育保障体系,切实履行保障教师生存权的义务,排除对教师生存权的侵害;二是国家作为教师的"雇主",应积极承担起支付教师工资报酬的义务,不得侵犯教师的劳动报酬权。目前,国家通过增加财政投入以及改革教师的薪酬体系,积极履行了保护教师生存权的第一重义务,也通过制定法律和政策来禁止地方政府的欠薪行为,以此履行保护教师生存权的第二重义务。但是,

① [日]大须贺明:《生存权论》,林浩译,法律出版社 2001 年版,第 16 页。

国家制定的法律与政策欲发挥应有作用,需要地方政府的积极执行,国家保护教师生存权的双重义务之履行,地方政府有不可推卸的责任。然而,衡阳县教师集体讨薪等事件的发生,根本原因在于地方政府的卸责。确立教师劳动报酬给付的优先权地位,就是为了促使地方政府履行其应尽的义务。概言之,及时、足额获得劳动报酬应是教师享有的基本权利,不得被任意剥夺,教师薪酬优先给付制度是国家履行其双重义务的必然结果。

2. 教师职业的公共性

教师职业的公共性主要体现于其从事活动的公共性与所处场所的公共性。① 教师所处场所具有公共性,是因为学校是以受教育者为对象,以国家或社会力量为基础兴办的教育机构。教育作为一项与社会公共福祉密切相关的事业,属于社会公共事务范畴,因此,即便某些学校是私立教育机构,也不能否定其公共性特征。而教师从事活动的公共性是指教育所提供的产品或服务,为社会共同占用与享有,尤其是中小学阶段的义务教育,其公共产品的特征更加突出。从终极目的上来讲,教育不仅是一项知识普及与文明传承的公共活动,更是增强国家软实力的关键。因此,教师这一职业从本质属性上而言具有丰富的公共精神和强烈的公共使命感。也正是教育所具有的公共性特征,使在世界范围内,各国各地区尽力避免将教育活动完全交由市场来调整。而稳定教师队伍以及提高教师队伍的素质,成为保证教育质量、实现教育公共性的根本途径。由于我国地区经济发展不平衡,经济欠发达地区教师流失已经是一个十

① 参见余雅风、劳凯声:《科学认识教师职业特性,构建教师职业法律制度》,载《教育研究》2015 年第 12 期。

分严重的问题,[①]而低薪、长期欠薪等事件,只会导致教师对国家教育政策失去信心,加速这些地区教师的流失,从而动摇基础教育尤其是经济欠发达地区基础教育的根基。由此可知,基于教师职业公共性衍生出的教师劳动报酬优先权,是稳定教师队伍、保证教育发展的基础前提。一个不证自明的道理:只有充分保护教师的劳动报酬权,才有可能保障教师相当的生活水准,维持教师的工作热情,使教师职业的公共性得到最大可能的实现,从而提升社会公共福祉与国家软实力。

3. 教师与公务员比较的相对弱势

上述两个方面,尚不足以证成教师劳动报酬具有优先权。因为在性质上,公务员的劳动报酬同样关涉其生存权,其行为也具有公共性。但之所以主张教师劳动报酬优先权,在于教师相对于公务员的弱势地位。虽然公立学校的教师主要为事业单位编制,即传统意义上的“铁饭碗”,但在我国以行政为主导的政治体制下,相较政府公务员,其身份地位与话语权皆处于相对弱势地位。于是在公务员与教师之间,易于发生“集体讨薪”事件的必然是教师群体。譬如,在衡阳县“教师集体讨薪”事件中,维权教师代表称,衡阳县长期拖欠、克扣教师工资,甚至 20 多年来一直违规克扣教师养老保险金等。尽管该县县委常委、副县长蒋某对维权教师承诺,政府绝不赖账,并表示衡阳县的财政优先保障教师工资,[②]但是,衡阳县官方并没有向维权教师或新闻媒体解释县政府为什么会长期拖欠与克扣

---

① 参见阳锡叶等:《教师流失困扰农村教育》,载人民网:http://edu. people. com. cn/n/2015/0126/c1053－26449605. html,最后访问日期:2019 年 7 月 8 日。

② 参见王一然:《衡阳千余名教师讨薪　副县长称不赖账》,载凤凰网:http://finance. ifeng. com/a/20160504/14363389_0. shtml,最后访问日期:2016 年 5 月 7 日。

教师工资及其他福利待遇，同时也没有说明，在县政府财政可能存在困难的情况下，长期拖欠、克扣教师工资的同时，是否也对公务员及其他财政供养人员一视同仁，采取了相同的拖欠、克扣工资的手段。正因教师群体的相对弱势地位，才导致“教师集体讨薪”事件的屡屡发生。为体现社会公平的诉求与法律的人文精神，建立教师劳动报酬优先权势在必行。

（二）教师薪酬优先给付的实体性保障

教师薪酬优先给付制度的实体性建构，是在充分重视教育财政支出的前提下，要求教师人员与公务员人员薪酬支出相比具有被优先保障的地位，并且要进一步确立教师薪酬支出在整个教育财政支出次序中的优先保障地位。以下对此予以具体解析：教师劳动报酬优先权，至少可从宏观、中观和微观三个层面予以分析。第一，宏观层面上要求财政支出结构应优先保障教育财政支出，这是教师劳动报酬优先权保障的前提。尽管近年来我国教育财政支出占整个财政支出的比例呈上升之势，但是我国财政支出结构依旧体现出“建设型财政”模式。[①] 如何改善与发展教育财政支出，进一步提升教育财政的支出比重，仍需要得到更明确的具体规定。第二，中观层面上要求确立教育财政支出与其他财政支出的优先地位，即使在地方财政较困难的情况下，应优先承担相应教育事权的支出责任，尤其是将教师劳动报酬列为优先保障的地位，[②]最直接的拷问就是公务人员的工资支付不能优于教师人员的工资支付，这种教师劳动报

① 参见朱稳根、李文军：《我国财政支出结构的演进与优化对策》，载《经济纵横》2013年第3期。

② 早在1993年11月16日国务院发布的《关于采取有力措施迅速解决拖欠教师工资问题的通知》中就明确指出“拖欠教师工资严重的地方，不准兴建楼堂馆所，不得购买小汽车”，这实际上就体现出国家对于教师劳动报酬优先支付的重视。

酬优先权可通过修改我国《教育法》来明确其法律地位。第三,微观层面上要求在整个教育支出(包括以支出用途为划分的人员支出、日常公用支出、项目支出)的具体结构中,教师劳动报酬(包含于教育人员支出之中)较其他教育财政支出具有优先地位。

(三)教师薪酬优先给付的程序性控制

根据2006年6月29日教育部发布的《关于认真执行〈行政单位财政统一发放工资暂行办法〉,切实做好教师工资统一发放的通知》,即"2000年7月1日实行教师工资与公务员工资同步统一发放"。相应追踪《行政单位财政统一发放工资暂行办法》,其第4章对"工资发放程序"作出规定,大体包括"单位编制数据(含人员编制、实有人数、工资标准及代扣款项)→编制部门核准→人事部门核定→财政部门拨付(包括工资汇总、列单、代扣、拨付)→代发银行分发"的流程,不难看出,教师工资发放机制体现为一种横向的审查型控制格局,整体发放过程基本掌控在本级政府及其相关部门手中(编制部门、人事部门、财政部门皆受当地政府的领导)。

教师劳动报酬优先权的精确保障固然需要公权力审查、监督的制约,但若将其充分落定为一名教师应当享有的基本权益,还应尽量隔离公权力可能对其造成不当侵犯的空间,即从优化程序性控制的层面来推进教师薪酬发放体系的改革。教师作为相对弱势群体,为凸显其劳动报酬优先权,务必在工资发放的程序设计上对教师与公务员进行区别对待,打破横向层面的同级政府及相关部门对教师工资发放体系的绝对控制,即应加快形成纵向的审查型控制。依照党的十八届三中全会审议通过的《关于全面深化改革若干重大问题的决定》(以下简称十八届三中全会《决定》)关于"扩大省级政府教育统筹权"之政策要求,除在教育行政管理体制上加快省级政府教育统筹权外，还必须在教育财政管理体制上抓紧建立以上级统筹负责为主、当地配合负责为辅的教师工资发放体系（其前提为形成省级甚至是中央财政为主的教师薪酬供给体系），通过形成纵向的上级统筹教师工资发放机制，来斩断当地政府及相关部门原先乱伸的权力之手，从而最终保障教师人员经费的预算资金能正常、及时地拨入教师的个人薪金账户。

三、教师薪酬优先权应有相应的财政保障机制

公共财政是教师薪酬供给的主要来源，要确保教师劳动报酬给付的及时性、充足性与规范性，首先必须从法律上厘定各级政府的教育支出责任、设定教师劳动报酬预算执行要件以及规范教师劳动报酬专项转移支付，这将是教师薪酬优先给付保障的法治基础。

（一）各级政府教育支出责任的厘定

教师劳动报酬作为教育经费的重要组成部分，是影响教师与教育供给的核心指标之一。依据公共物品理论，教育尤其是基础教育作为地方性公共物品，为更好地满足居民的多样化需求，应由更接近居民的本级政府予以供给。① 相应地，为担负起教育事权所需的财力，也考验着最接近居民的县级政府的财政能力。事实上，由于我国区域之间经济发展与财政总量的不均衡，许多县级政府难以供给举办基础教育所需资金，而这部分缺口主要由上级政府通过专项转移支付的形式予以弥补。近10年来，我国逐步确立了以"中央地方分担，各级政府分管，省级负责统筹，县级政府为主"的基础教育经费保障体制。这种分权式的教育经费机制，对于治理我国区域间

---

① See Wallace E. Oates, "The Theory of Public Finance in a Federal System", *The Canadian Journal of Economics*, Vol. 1, No. 1, 1968, pp. 37 – 54.

和城乡间公共教育投入不均现象，起到了至关重要的作用。

然而为充分落实教师薪酬优先给付制度，仍应进一步明确划分各级政府的支出责任。党的十八届三中全会《决定》强调，应“清理规范重点支出同财政收支增幅或生产总值挂钩事项，一般不采取挂钩方式”。为落实这项政策，必然将促使对我国《教育法》第 56 条第 2 款“各级人民政府教育财政拨款的增长应当高于财政经常性收入的增长”的修改，不再允许教育财政拨款增幅的机械性挂钩，但为充分满足公民不断增长的教育需求，就应建立与形成长效的教育财政保障机制。首先，在现实国情下，应根据各地的教育供养人口与教育经费需求，结合各地的经济发展水平与财政支付能力，对各级政府的教育支出责任予以精确落实。其次，为避免基础教育财政支出的不足与公共教育支出效率的低下，在防止下级政府（主要指县级政府）卸责的前提下，应要求上级政府（主要指省级政府与中央政府）承担更多的教育支出职责，并且适当提高上级政府的教育财政投入（确定中央与省级政府的教育专项转移支付比例），以减轻下级政府的教育财政压力。最后，针对贫困落后地区，为避免教师薪酬区域间差距过大（至少同一县域甚至省域内），应要求教育财政对其予以倾斜，推进形成以省级甚至是中央财政为主的教师薪酬供养机制。① 唯此，才能从源头上充盈包括教师劳动报酬在内的教育财政支出。

（二）教师劳动报酬预算执行要件的特设

教育作为应予以优先保障的财政支出重点领域，其预算执行过

---

① 2016 年 1 月 1 日开始实施的国务院《关于进一步完善城乡义务教育经费保障机制的通知》（国发〔2015〕67 号）明确规定，应“巩固落实城乡义务教育教师工资政策……教育部门在分配绩效工资时，要加大对艰苦边远贫困地区和薄弱学校的倾斜力度”。

程应被认真对待。按照我国《预算法》的要求,各级财政部门应依法、及时、足额地拨付预算支出资金(该法第57条),任何部门、单位和个人都不得截留、占用、挪用或者拖欠政府的全部收入(第56条)。但在具体执行过程中,过于随意与频繁的预算调整销蚀了教育项目预算执行本身,预算法上也未能规范协调预算执行刚性和预算调整弹性之间的矛盾,导致许多截留、占用、挪用或者拖欠等违法违规行为的出现。[①] 譬如,有些地方出现了套取教育经费的现象。[②] 对此,增强教育项目预算执行的规范力度以及限制教师人员经费的预算调整,就成为保障教师依法获取劳动报酬的重要途径之一。

严格预算执行与限制不当预算调整,就必须制定保障教师人员经费不被恣意调整的专门性要件。对于预算调整的限制要件,我国《各级人大常委会监督法》第17条第2款规定:"严格控制不同预算科目之间的资金调整。"教育项目预算除应当遵照这一科目调整的限制要件外,还应为教师人员经费建立特殊的"防火墙"制度。对于普通公务经费,一些发达国家预算法存在"资本性预算禁止流用至经常性预算"的准则,[③]但是对于教育人员经费(作为一种经常性预算),它是否应照搬这一限制性要件?至少在我国当前的国情下,

---

① 参见胡明:《我国预算调整的规范构成及其运行模式》,载《法学》2014年第11期。

② 例如,2012年3月21日教育部公布《关于安徽省界首市虚报中小学学生人数套取教育资金问题的通报》。

③ 例如,法国《预算组织法》第12条第4款规定:"任何科目流用或经费转移,只能在预算法案规定的项目间才能进行。不能从其他支出分类向人员支出分类进行科目流用和经费转移。"《德国联邦预算法》第19条第1款对"可结转性"也明确规定:"有关投资支出以及基于特定目的收入之支出,可以转移(预算年度结束时尚未使用之支出,得为其支出目的而跨越年度使用)。其他各项支出,在其促进经济的及节约的使用之范围内,得在预算计划中表示可以转移。"

相较公务人员经费的预算执行而言，教师人员经费的预算执行仍处于不稳定状态，当资本性预算面临拮据之时，教师人员经费易成为被任意挪用的部分。为了着重维护教师的基本权益，应对教师人员与公务人员的经常性预算予以区分。在严控教育行政经费的前提下，确保教师人员经费的独立，打破上述经费流用的禁止性规定，即对于类如教师人员经费的重要民生性预算，应考虑"资本性预算允许流用至重要民生类预算"，这就是应对教师人员经费调整予以特殊规定的许可与禁止要件。

（三）教师劳动报酬专项转移支付的规范

面对繁多且重叠的教育专项转移支付项目，由于其指定用途较宽泛，地方政府一般根据实际情况来随意调整教育转移支付预算的科目用途，以致出现了挤占教育经费等行为。例如，一些西部县级政府将本应由财政支撑的非教育工作人员安置到教育机关，从而挤占了本应支持教师生存与发展的教育专项资金。① 对此，应按照我国《预算法》规定的"建立健全专项转移支付定期评估和退出机制"，《中央对地方专项转移支付管理办法》以及国务院《关于改革和完善中央对地方转移支付制度的意见》的要求，制定更具可操作性的教育专项转移支付的执行机制。

一方面，设立教师报酬专项转移支付。优先保障教师劳动报酬权，关键在于对教育专项转移支付的资金用途予以特别限定，可考虑针对教师人员经费设立特定项目，即专款专用的教师劳动报酬专

---

① See Mingxing Liu, Juan Wang, Ran Tao, Rachel Murphy, "The Political Economy of Earmarked Transfers in a State-Designated Poor County in Western China: Central Policies and Local Responses", *The China Quarterly*, Vol. 200, No. 200, 2009, pp. 973 – 994.

项转移支付。同时,还应优化教师劳动报酬专项转移支付的执行机制,明确专项资金分配、管理、拨付、发放、监督方面的程序,从而保障教师劳动报酬能通过这种特定的专项转移支付机制及时且足额地拨付至每个教师的专门账户。

另一方面,评估与整合教育专项转移支付。为配合教师劳动报酬专项转移的设立,应对交叉复杂的教育专项转移支付项目予以优化。既要通过制度的合理设计来激励教育转移支付资金运行绩效的提升,如设计环节应综合考虑教育转移支付对地方教育投入的“挤出效应”、政府的公共支出偏好(如重投资轻民生)、政府教育偏好差异以及本级政府财力差距等因素,①又要清理、整合与规范现有的教育专项转移支付,待归并一些资金使用方向相同或相近的教育专项拨款项目之后,可适当将一些用途比较宽泛的教育专项转移支付转为地方政府自主安排的一般性转移支付。

四、进一步健全拖欠教师劳动报酬的责任监督机制

“权利即使得到了认可,如果没有坚实的保障,它也毫无意义。而如果没有与保障相关的力量对其加以维护,则这些保障就毫无意义。”②“教师集体讨薪”事件的发生与我国拖欠教师劳动报酬的问责机制不完善以及财政执行监督乏力存有联系。“教师集体讨薪”事件的杜绝离不开相关问责机制与财政执行监督机制的完善。

---

① 参见赵海利:《教育专项转移支付的公平性分析——以浙江省为例》,载《经济社会体制比较》2011 年第 6 期。

② [法]佛兰索瓦·基佐:《欧洲代议制政府的历史起源》,张清津、袁淑娟译,复旦大学出版社 2008 年版,第 271 页。

（一）拖欠教师劳动报酬责任追究法律机制的完善

1. 拖欠教师劳动报酬行政处分机制的完善

首先，我国《教育法》《教师法》等规定，对于违反国家财政制度、财务制度，挪用、克扣教育经费的，由上级机关责令限期归还被挪用、克扣的经费，并对直接负责的主管人员和其他直接责任人员，依法给予行政处分。然而现有的行政处分法律法规对挪用、克扣教育经费行为的规制却存在诸多漏洞。第一，虽然《行政机关公务员行政处分条例》第 18 条至第 33 条对各种行政处分的适用情形作出了明确规定，但是对于违反国家财政制度、财务制度的行为处分规定并不完善。例如，尽管该处分条例第 24 条规定，违反财经纪律，挥霍浪费国家资财的，可根据情节轻重给予不同处分，但一些地方政府挪用教育经费、克扣教师工资，并非为"浪费国家资财"之举，对于这种情况，该规范缺乏适用的余地。第二，《财政违法行为处罚处分条例》第 6 条规定，"截留、挪用财政资金""滞留应当下拨的财政资金"等行为人，根据情节轻重，受到记大过、撤职或开除处分。从理论上来说，该条例为违法行为人受到行政处分提供了充分的依据，但是《财政违法行为处罚处分条例》所规定的执法主体是财政部门、审计机关或监察机关，而在实践中挪用、克扣教育经费的违法主体大多是地方政府领导或职能部门领导，对其作出撤职、开除的处分应属于任免机关的职责，所以对于挪用、克扣教育经费的行为，《财政违法行为处罚处分条例》所能发挥的作用也是相当有限的。鉴于上述分析，笔者认为，最便捷的改革方式是在我国《教育法》《教师法》中直接完善有关行政处分的规定，对作出行政处分的主体、程序，以及各种情形下所受处分的种类等予以明确，以使行政处分机制能够切实发挥应有的作用。

其次,对于非挪用、克扣教育经费而拖欠教师劳动报酬的行为,有关人员受到行政处分的可能性较小。例如,我国《教育法》第71条规定:"违反国家有关规定,不按照预算核拨教育经费的,由同级人民政府限期核拨;情节严重的,对直接负责的主管人员和其他直接责任人员,依法给予行政处分。""限期核拨"并非行政处分,并且由何机关督促同级人民政府限期核拨也没明确规定,因此,当发生"教师集体讨薪"事件并经媒体曝光之后,一般都是地方政府自动作出解决问题的承诺。而该条款中的"情节严重"也不易考量,故以此追究责任的依据也不太具有可操作性。或许正是存在这些立法上的漏洞,一些地方政府则往往把教师欠薪的原因归结为当地财政困难,[①]并以此规避本应该承担的法律责任。在衡阳县"教师集体讨薪"事件中,衡阳县副县长蒋某向公众表示:"衡阳县的财政收入是19个亿,其中用于发工资是15个亿。这个2016年的财政预算都是公开的,大家可以到网上去查看。"[②]然而,因其内容的粗略性,查阅《关于衡阳县2015年财政预算执行与2016年预算草案的报告》后,[③]笔者根本无法得知衡阳县教师工资的发放情况。解决这一问题的途径在于明确行政处分责任的同时实现地方政府财政预算的细化与公开,做到每一笔教育财政执行状况都可以"有据可查",从而达到保护教师劳动报酬权之目的。

---

① 王松岩、于晓非:《哈尔滨道外区拖欠千余教师绩效工资5年　有关部门:财政困难》,载人民网:http://hlj.people.com.cn/n/2014/0522/c220027-21261771.html,最后访问日期:2016年5月8日。

② 参见王一然:《衡阳千余名教师讨薪　副县长称不赖账》,载凤凰网 http://finance.ifeng.com/a/20160504/14363389_0.shtml,最后访问日期:2016年5月7日。

③ 《关于衡阳县2015年财政预算执行与2016年预算草案的报告》,载衡阳县人大网:http://www.hnhyxrd.gov.cn/jhjd/2016/05/121.html,最后访问日期:2019年7月9日。

2. 拖欠教师薪酬与刑事处罚机制的衔接

虽然我国《教师法》第 38 条和《教育法》第 71 条均对违反财政制度挪用、克扣教育经费的行为规定了“构成犯罪的，依法追究刑事责任”，但却存在巨大的不足：第一，“情节严重”属于典型的不确定型概念，若没有具体的司法解释，相关罪名的认定必然存在困难；第二，这一规定无法和现行刑法有效衔接。教育经费若被挪为己用，尚可以挪用公款罪或贪污罪追究行为人的刑事责任，然而在实践中拖欠教师工资，往往是因为基层政府将教育经费挪作其他“公用”，如城市基础设施建设、建楼堂馆所等，并非直接“谋取个人利益”，无论是“挪用公款罪”，还是“挪用特定款物罪”“贪污罪”，都无法与之准确对应，同时，一般教师（除合同制或人事代理外）并不属于劳动法上的“劳动者”，故而不能作为“拒不支付劳动报酬罪”的犯罪对象，[①]从而无法对政府欠薪行为进行规制。为此，要合理发挥刑罚在政府教师欠薪行为的威慑作用，一方面，应从数额、结果等方面对克扣、挪用教育经费的情节严重作出具体明确的划分；另一方面，应扩大“拒不支付劳动报酬罪”的适用对象，将公务员和比照公务员管理的事业单位的工作人员纳入其中。

（二）教育财政执行法律监督机制的完善

拖欠教师劳动报酬的行为，可能是地方政府财政窘迫所致，但更多是源于教育财政执行的不力。所以，立足长远，解决拖欠教师劳动报酬问题，还要依赖有力的教育财政执行法律监督机制。目前，我国教育财政执行监督存在人大监督失灵、行政监督乏力以及社会监督不足的困境。为改变这一状况，可以从如下几个方面着手

---

① 参见赵秉志、张伟珂：《拒不支付劳动报酬罪立法研究》，载《南开学报》2012 年第 2 期。

改革：首先，要健全教育财政执行人大监督机制。一是设立专门预算委员会审查、监督行政部门对教育财政的预算调整、执行行为。[①]同时可以有针对性地选取与预算有关专业方面的人大代表成为预算委员会成员，以提高监督主体的专业化水准。二是实施动态监督方式，建构人大、财政部门、行政部门等多部门间网络信息互动平台和信息披露制度，推行全过程的动态监督。三是引进专家评估机制，发挥特定领域，如法律、金融、管理等不同领域专家作用，提升人大监督的专业性和能力。其次，拓扑教育财政执行行政内部监督机制。应建立以财政部门为核心的专门预算机构，以利于财政部门独立、完整地获取预算权力，从而加强教育财政执行的行政内部控制。同时建构独立审计部门，改变现行审计部门从属于行政部门的现实，赋予审计部门独立地位，从而使审计部门对教育财政执行的合法性、经济性、有效性等进行监督。[②] 最后，强化教育财政执行社会监督机制。赋予公民、社会组织、新闻媒体的参与权和监督权是预算民主的逻辑要求，而实现公民、社会组织和新闻媒体对行政部门教育财政执行过程的监督，则必须要求行政部门推行预算（信息）公开以保障社会监督权的实现，即通过预算征询、预算听证、预算旁听以及预算公众评议等程序机制的建构从程序确保社会监督渠道通畅。[③]

教育财政执行法律监督机制的完善，是保护教师劳动报酬权及其他合法权益的根本之道，但一个不可否认的事实是，笔者提出的

---

① 参见蒋悟真：《中国预算法的政治性和法律性》，载《法商研究》2015 年第 1 期。

② 参见［日］室井力：《日本现代行政法》，吴微译，中国政法大学出版社 1995 年版，第 300 页。

③ 参见朱大旗：《完善人大对政府预算全方位的审查监督制度》，载《法学杂志》2014 年第 2 期。

机制改革建议虽是在我国宪法框架下展开的，然而因涉及政治体制与行政体制改革等重大问题，就近期而言，上述改革建议欲一步到位恐怕还难以实现，但是随着国家增量政治改革的推进，这些改革建议又是极具现实意义的。

五、结语

“尊师重教”绝非一句空洞的口号，而应以实际行动予以践行。通过对“教师集体讨薪”事件的深入分析不难发现，当前我国教师薪酬保障的不足以及教育财政制度实施的疲软，若仅仅依靠有待完善的事后追责机制，将难以保障教师合法权益的实现。为此，有必要转变教师薪酬财政法治保障的观念，要求构建“三段式”的、贯穿全过程的教师薪酬保障体系，即着重确立教师劳动报酬优先权制度，再具体落实教师薪酬优先给付的财政保障机制以及完善拖欠教师薪酬的问责机制与教育财政执行法律监督机制，此举应是破解“教师集体讨薪”难题与保障教师合法权益可供选择的财政法治进路。当然，在法治作为国家治理基本方式的当下，从财政法治层面透析“教师集体讨薪”事件所带来的问题，离不开良法价值的贯彻、公民法治意识的提升、多元立法间的衔接和健全、深化依法行政以及推进公正司法等条件的配合。

第四章　作为共治的预算治理：民主预算

人们更多地认为，民主的本质是协商，而不是投票、利益聚合与宪法权利，甚或自治。民主走向协商，表明人们在持续关注着民主的真实性：在多大程度上，民主控制是实质性的而不是象征性的，而且公民有能力参与其中。

——［澳］约翰·S. 德雷泽克[①]

国家制度建设应当包括民主政治的成分，而且其最终目的也是在中国建立稳固的、基于法治的民主政治体制。有序地扩大公民参与公共政治是建设民主国家制度的必经之路。

——王绍光[②]

---

① ［澳］约翰·S. 德雷泽克：《协商民主及其超越：自由与批判的视角》，丁开杰等译，中央编译出版社2006年版，前言第1页。

② 王绍光：《安邦之道：国家转型的目标与途径》，生活·读书·新知三联书店2007年版，第541页。

预算共治是预算治理现代化的结构保障，如未能达成预算共治格局，既难实现预算善治的治理目标，也难以称得上是现代意义的预算治理。

以我国现行《预算法》作为考察样本，并以政府、人大、公民作为衡量预算共治格局的基本要素，总体梳理我国预算共治的现状：首先，我国《预算法》存在较多的授权性条款，这种强调重视政府预算管理功能和调控功能的立法模式，使政府主体占据了过高的预算主体地位，从而极大地影响了整个预算权力格局的平衡；其次，我国《预算法》虽相对增加并细化了人大预算权的规定，但人大预算主体地位的根基依旧不牢固，尤其是一些关键性的人大预算权未能落到实处，如缺乏对预算审批权的进一步解释，未对人大的预算修正权、预算否决权、预算单项审批权进行明确规定，导致人大难以真正行使最重要的预算审批权能；最后，我国《预算法》基本忽视了公民的预算主体地位，从现有的规定来看，只能从零星的几条才能找到公民预算主体意志表达的狭小空间，如该法第 14 条关于预算公开的规定、第 45 条关于基层人大应在预算草案审查前听取公民意见的规定、第 91 条关于公民有权进行检举与控告的规定，此外，公民的预算主体地位未能充分体现。因此，未形成三足鼎立的预算共治格局，预算法的修订者未能立足长远来考虑预算共治格局的平衡，预算立法者过于保守与谨慎的态度，不利于推进我国预算治理现代化的推进步伐。

从法的实施的角度来看，我国的预算权体系较依赖行政主体的主导，可能存在权力机关难以有效制约有的行政主体追求部门利益和有的官员追求自身利益的现象。为减少和扼制这种公共经济资源配置实践中的机会主义行为，应更多凸显与表达现代预算治理的共治理念。

第一节 推进预算民主的三条进路

尽管我国于1995年就实施了《预算法》,但预算民主的进程还未驶入预算法治的轨道,①财政预算改革一直处于艰难转型期,虽然人大的立法与监督、政府预算公开及公众参与预算的出现,形成了推进中国预算民主的三大进路,但人大监督不够强劲、政府预算不够谨慎、公众参与不够充分亦是不争的事实。鉴于财政预算改革的持续推进,如何承载并实现预算民主理念是预算法的宗旨,为此,下文针对预算民主在中国法治实践的进路予以评析,并审视其进步意义与局限性,以期对预算法的完善有所裨益。

一、立法机关预算监督的进路及其评析

预算法堪称国家治理的"亚宪法",既是落实代议制民主的重要制度机制,又是建构法治政府的保障。立法机关对预算的立法权和监督权的必要行使,不仅丰富了代议制民主和法治政府的具体内容,充实了预算权规范的实质内涵,更是重构我国预算法律关系和推进预算民主的最终落脚点。

(一)立法机关对预算立法与监督的推进

预算立法是对预算民主的引导与落实,预算监督是建构公共预

---

① 造成上述现象的原因是多方面、深层次的。从预算法律文化角度而言,其中最直接的原因是西方预算与中国预算的起源上的差异。财政立宪是西方宪政发展的源头,西方预算的产生在很大程度上是代议制机构与王权长期博弈的结果,其预算制度内生式的涵括了预算民主的机理,公共财政与民主、宪政之间呈现良性互动关系。参见熊伟:《宪政与中国财政转型》,载《法学家》2004年第5期。

算的基本保障。在我国民主法制建设过程中，立法机关对预算民主的推动路径，主要表现为以下几个方面：首先，立法机关对预算法的重视。自我国1994年《预算法》颁布以后，对其进行修订便成为久议之题，连续两届人大将其列入“全国人大常委会5年立法规划”当中。最集中的一次修订，即2014年我国《预算法》，整个修订过程曲折、充满争议，但无不是预算民主理念的折射与贯彻。其次，地方立法机关对政府预决算草案的审议。“在代议民主制度的前提下，除了法案的审议之外，预算审议可说是议会最重要的职权，也是国民对国家的施政计划进行监督的重要手段。”[①]随着我国代议机关——人大权力的逐渐强化，在地方人大行使预算监督权的过程中已出现多起否决政府预决算草案的状况。例如，1995年河北省饶阳县政府预算案两次遭到否决，第3次才被通过，历时3个多月；2002年1月湖南省沅陵县预算案遭到否决，4个月后加开人民代表大会，才获批准；2005年新疆昌吉市人大常委会否决了政府2004年决算案和2005年预算执行报告。[②] 这些个案虽然只是一些零星的事实，但是无不反映出我国人大预算监督制约能力的增长，印证出立法机关对预算民主的强大推动力。最后，立法机关是预算公开和参与式预算民主的助推器。一方面，政府预算公开离不开立法机关的推动。人大预算监督权的行使，需要全面、准确的预算信息，而预算信息的平衡是预算公开的结果。因此，人大为了提高审议和监督效果，将力推政府公开预算信息。比如，上海闵行区推行的公共预算改革，人大作为主导机关，积极推动政府建立预算项目网上公示平台，并力主在预算编制阶段公开预算项目的编制情况，以便征求

① 许志雄等：《现代宪法论》，台北，元照出版有限公司2002年版，第359页。

② 参见张献勇：《略论代表机关的预算否决》，载《人大研究》2009年第7期。

社会意见和建议。[①] 另一方面,参与式预算民主需要立法机关的主导。浙江温岭参与式公共财政预算改革的力量,即源于当地人大的积极助推。人大在预算编制、执行和监督的整个过程中,有序组织人大代表和社会公众广泛参与,使预算审查监督同民主实践有机结合起来,走出了一条预算民主的新道路,被赋予开启“中国基层预算民主按钮”的意义。[②]

(二)立法机关推动预算监督的进路评析

尽管立法机关对我国预算民主的推动起到了良好的导航作用,但是随着预算改革的逐步深入、预算环境的日渐复杂、民众对民主法治的日趋渴望,立法机关对预算民主体制的推动却呈现出滞后性。必须突出立法监督机构对预算过程的控制。[③]

首先,人大预算监督能力和效力亟待改善。宪法和预算法赋予了人大对预算的审议权和监督权,但由于人大制度自身建设的不足,同时宪治责任的缺失进一步降低了人大预算监督的效力。一方面,人大预算审议专门机构设置缺位。由于我国人大会议的期限短暂、人大代表专业素质欠缺,导致人大代表很难真正看懂预算草案的内容,人大也较难以真正发挥预算审议的效用。鉴于此,人大需要设立专门的预算审查机构和预算咨询机构。对于预算审查机构的设立,由于我国目前各地预算审查机构的设置模式不一、各存优

---

① 参见陈统奎:《从议事到议财的转变》,载《南风窗》2011 年第 5 期。

② 参见林应荣:《预算民主人大给力》,载中国日报网:http://www.chinadaily.com.cn/micro-reading/dzh/2011-03-28/content_2148921.html,最后访问日期:2011 年 4 月 29 日。

③ 参见朱大旗、何遐祥:《议会至上与行政主导:预算权力配置的理想与现实》,载《中国人民大学学报》2009 年第 4 期。

势，[①]因此，各级地方人大需要总结经验、因地制宜的设置此机构。预算咨询机构的设置，主要目的是将其作为我国人大预算工作委员会审议预算的助手。在公共预算成熟的国家，其议会内部也基本上专设了关于公共预算的智囊机构，以协助议员来行使预算监督权。[②]不能忽略的是，上述两个机构的设立都应特别注重吸纳具有丰富预算经验的专家和学者的参与，从而提高人大审议机构的预算监督能力。另一方面，立法机关责任制度缺失，无法有效鞭策人大行使监督权力。加强立法机关在预算过程中对政府的监督作用，需要立法机关责任体制的有效配合。立法机关本应服从人民制定的宪法，但立法机关存在违反民意、违反宪法的可能，因而必须建立对立法机关的立法行为的违宪审查制度。[③] 如果立法机关怠于或越位行使预算权力，导致在预算监督中违宪，就应承担相应的宪法责任。通过完善立法机关的宪法责任，建立起对立法机关的预算违宪审查机制，从而用宪法责任来鞭策和约束立法机关行使预算监督权。[④]

其次，我国预算民主改革总体上是由政府主导。例如，我国参与式预算的试点基本上由当地开明的政府官员所推行。[⑤] 因为我国尚未建立起以"控制取向"为特征的现代预算制度，人大未真正实

---

① 全国人大是在人大常委会下设预算工作委员会；而地方人大比较有特色的是，深圳市设立的计划预算委员会、黄冈市设立的预算委员会均为人大专门委员会。

② 例如，美国国会的专业研究国会预算局、国会研究服务处以及国会图书馆等专业团体，对于提高立法监督机构的政府预算审议水平都具有重要的作用。当议员需要了解预算法案的时候，可以从专家库中聘请专家进行系统解释。参见马蔡琛：《中国公共预算管理改革的法治化进程及其路径演化》，载朱春奎等编：《公共财政与政府改革》，上海人民出版社 2008 年版，第 79 页。

③ 参见刘广登：《宪法责任论》，山东人民出版社 2007 年版，第 107 页。

④ 参见蒋悟真：《我国预算法修订的规范分析》，载《法学研究》2011 年第 2 期。

⑤ 浙江温岭、河南焦作、江苏无锡、黑龙江哈尔滨等地的参与式预算改革试点，都是由当地政府官员力主推动，再由政府主导，这就存在人走政息的可能。

现对政府预算的政治控制,只能发挥现行不完善的行政控制机制,进而导致预算过程中过于依赖政府部门。[1] 预算民主改革的本来目的是,增强人大和社会公众的预算权能,对政府的预算权力进行制约与补充,防止政府公权力被滥用,保障政府预算行为和结果的公平性、合理性。然而,这种过于依赖政府的预算民主推进模式,不仅导致预算民主变革进程的缓慢,而且难以对可能存在的政府预算权滥用和预算腐败的机制进行改良,使预算改革无法真正冲破现有的预算格局。也正因为政府主导的模式,使预算透明度徘徊于较低的水平,这也是预算改革陷入"泥潭"的一个缩影。"历史经验证明,只有通过民主代议制的形式才能保证公共需要得以真正地显现和满足。"[2]预算民主改革要想真正突破现状,还需要从源头上寻找答案,完善代议制民主制度,提升代议制机构——人大及其常委会的预算制约能力,并使其积极有力地参与预算审议和预算监督的过程,从而为预算民主的前进保驾护航。

二、政府部门预算公开的进路及其评析

预算不公开的政府是"看不见的政府",而"看不见的政府"必然是"不负责任的政府"。"不负责任的政府"不可能是民主的政府。公共预算是立法机关和社会公众监督政府活动的工具,而有效运用这一工具的前提是预算的公开透明。"使政府的活动置于国民监督之下,这是以国民主权和民主主义为基础的宪法体制的基本要

---

① See Thomas Lynch, *Public Budgeting in America*, Prentice Hall, 1990, p. 40.

② 丛中笑:《法治国家视角下的公共财政》,载《财贸研究》2009 年第 4 期。

求。公开是确保行政信息能够使国民知晓的基础。"[①]因此,政府的财政预算公开不仅是预算民主的重要体现,更是现代国家实现公共预算的基石。

(一)政府预算公开的渐进性

我国自1999年启动新一轮预算改革以来,预算民主对国家治理的重要性日益凸显。为了改善这种情况,应增强政府预算透明度,因为阳光是最好的防腐剂。一方面,自2007年《政府信息公开条例》颁布以来,民间和社会力量一直致力于推动政府信息公开。[②]在这种努力下,2009年广州市财政局终于在"公共预算观察志愿者"的申请下,开全国之先例,率先在其政府网站上"晾晒"114个部门预算,这一度曾激起学界和社会的广泛热议。广州市财政局的预算公开之举不仅在中国预算民主的里程上具有开创性的进步意义,而且在全国范围内起到了良好的示范效应,一些政府部门也纷纷加入预算公开的行列。[③] 2009年12月国务院向全国人大常委会郑重承诺,未来2~3年中央部门预算要公开。在当前经济社会条件下,国务院此举意义重大,这对转型期中国预算民主的推进的积极影响超过我们的预期。2010年3月30日国土资源部成为首个公开部门

---

① 朱芒:《开放型政府的法律理念和实践(上)——日本信息公开制度》,载《环球法律评论》2002年秋季号。

② 例如,吴君亮发起成立了"公共预算观察志愿者"团队,致力于搜集有关公共预算的信息;北大王锡锌、沈岿、陈端洪3位教授以公民身份,就机场高速路收费问题,向北京市发改委、市交通委和首发公司分别提出了信息公开申请;上海律师严义明向国家发改委申请公开4万亿元"救市"资金的具体来源去向。

③ 例如,2009年10月9日上海市财政局曾以"国家秘密"为由,拒绝公开市级部门预算。但在广州市财政局的影响下,11月5日上海市政府作出了公开财政预算的表示。参见陈欢:《上海开列"阳光预算"时间表》,载《21世纪经济报道》2009年11月10日,第5版。

预算的中央部委，随后中央各部委也都纷纷开始“晾晒”自己的账本，[①]这表明“政府预算属国家机密”的观念于2010年被实质性的打破。

另一方面，我国政府追求和塑造民主化、法治化政府的努力和要求已成为推动我国预算民主改革的重要动力。由于政府信息不公开将可能导致严重的后果，“为了保密就会要求更多的保密。因此，故意限制信息的传播，可能以损害民主的智力条件开始，而以限制民主的范围断送某些领域内的民主告终。民主条件的恶化必然导致民主本身的恶化。”[②]为了避免上述恶况的出现，政府已经积极改进，以加强法治政府的构建。例如，2010年11月出台的国务院《关于加强法治政府建设的意见》表明了加强法治政府建设的重要性、紧迫性，全面推进政务公开以及加大政府信息公开力度显示出政府自身加强法治政府建设的决心。[③] 2016年2月中共中央办公厅、国务院办公厅印发的《关于进一步推进预算公开工作的意见》，展示出政府加大建立健全全面规范、公开透明的预算制度的力度。2017年财政部对地方预决算公开情况进行专项检查，进一步保证了公开信息的完整性、细化程度、及时性、公开方式以及财政收支信息的真实性。通过政府的不懈助推，我国省级财政透明度近10年来呈现不断上升的趋势。但从总体上来看，我国省级政府预算公开

---

① 2010年中央部门预算首次实现向社会公开，全年共有74个中央部门向社会公开了部门预算收支总表和财政拨款支出预算表。参见邹声文等：《中央部门预算首次向社会公开74个部门亮出自家“账本”》，载《人民日报(海外版)》2011年3月1日，第4版。

② [美]科恩：《论民主》，聂崇信、朱秀贤译，商务印书馆1988年版，第164页。

③ 参见国务院《关于加强法治政府建设的意见》(国发〔2010〕33号)第1章与第6章的具体规定。

情况仍不理想，2017 年仍有超过 50% 的信息未能公开，①我国政府预算公开尚待进一步推进。

（二）政府预算公开的进路评析

其实推动预算公开不是目的，而是寄望于通过预算公开能加强人大及社会对政府预算的民主监督，促使政府改善预算管理，实现预算理念。目前的政府预算公开虽然取得了一定成效，但是仍存在公开有限、公开乏力等诸多问题，尚不能实现预算公开的效果。

首先，预算公开的有限性。一方面，预算公开的程度低。目前我国许多政府推进的预算公开还不能达到预算透明的程度，其公开的预算信息既笼统又粗糙，特别是社会公众非常关心的“三公支出”，由于预算公开的科目不细化，难以得到反映，这就让公众难以看懂，从而失去了预算公开的应有价值。在 2010 年 3 月四川省巴中市白庙乡详细公开了每一笔公务财政支出，成为推进预算民主政府进路的又一注脚，这种预算公开模式应当成为基层地方政府预算公开的范本。结合我国具体国情，政府只有实现了类似于白庙乡模式的政府预算公开，才能对政府进行真正监督，达到预算公开的目的。另一方面，预算公开的范围有限。目前已进行的预算公开的内容还只是一种狭义上的公开，大多仅公布了人大审批后的预算案。而在有的国家，如日本，其预算公开不仅预算全过程公开，甚至包括预算之前的环节，而且在公开预算的同时还会公开一系列配套的细节，比如，制定预算时的各种考虑、各种标准，甚至在一些细目下面会有详细的说明。因此，真正的预算公开应该包括除法律所规定的不能公开的信息以外的所有预算信息，具体应包括预算编制、预算

---

① 参见上海财经大学公共政策研究中心编：《2017 年中国财政透明度报告——省级财政信息公开状况评估》，上海财经大学出版社 2018 年版，第 2 页。

审议、预算执行、预算监督等整个环节的信息，这样也有利于与目前一些地方所兴起的参与式预算形成良性互动。

其次，预算公开缺失足够动力。预算公开如果只是纯粹基于建立开放型政府的良好意愿，而缺乏足够的动力保障，那么预算公开的效果也要大打折扣。预算公开的前景存在许多不确定的因素。在缺失动力中，缺乏法律支持是关键。只有在法律的框架内，才能限制政府预算权行使的合理边界，实现预算法治的目标。虽然2008年5月开始施行的《政府信息公开条例》明确规定政府信息必须公开，但是没有将预算公开的规定落到实处，①同时，由于该条例是国务院制定的规范性文件，其位阶低于《档案法》《保密法》，导致其执行效力降低。因此，政府通过“晒账本”致力于提高预算透明度，虽代表了政府推进预算民主的努力，但这类努力由于面临种种阻碍，如果缺乏法律制度的支持将难以得到深入贯彻和有效推广。如财政部2010年出台的《关于进一步做好预算信息公开工作的指导意见》规定，导致曾经率先向社会公开全部政府部门预算的深圳和广州，在2011年都出现了不同程度的倒退。② 2015年财政部印发的《关于加强和规范地方专户管理的指导意见》导致财政专户大幅精简，其收支透明度呈下降趋势。③ 出现此情形的原因，就在于相关法

---

① 在所有法律条文中只有《政府信息公开条例》第10条第4款和国务院《关于加强法治政府建设的意见》(国发〔2010〕33号)第17条列举和规定了“财政预算、决算报告”应是政府重点公开的信息，除此之外，则无更加细化的规定。

② 2010年广州公布所有114个部门的预算，但2011年部门预算的公开程度从100%骤降到18.4%；2011年，深圳的92个政府部门中，公开部门预算的比例仅为34个。参见黄河、王小乔：《政府预算公开："退"一步为了跳得更远》，载《南方周末》2011年3月10日，A11版。

③ 参见刘素楠：《上海财大2018省级财政透明度报告：广东第一　江西垫底》，载新浪财经：http://finance.sina.com.cn/roll/2018-12-22/doc-ihmutuee1606160.shtml，最后访问日期：2019年7月7日。

律的缺失导致对有的政府权力缺乏法律的约束。虽然国务院明确表示要大力推进财政预算决算公开,但是预算公开进程中的阻力不容忽视。许多国家都制定了专门的信息公开法律。例如,美国《阳光下的联邦政府法》、加拿大《信息公开法》、韩国《公共机关情报公开法》等都将政府信息公开作为拥有信息资源优势的公共权力机关的法定义务。因此,在我国制定位阶更高的信息公开法以及尽快修改《预算法》,使预算公开法定化,对保障公民的知情权和实现预算民主都有至关重要的意义。

三、公众参与式预算的进路及其评析

公共预算意味着政府的预算活动必须置于社会公众的监督和控制之下,即社会公众应参与和监督整个预算过程。而参与式预算正是通过公民及其组织对地方政府预算过程的理性参与,实现公民与政府的互动,从而促进地方政府公共预算与公共决策理性化,保障公共资源分配的公正与效率,实现预算绩效最大化的民主制度。因此,参与式预算所蕴载的力量不仅是推动公共预算的动力,是预算民主的重要表现方式,更折射出民主必须以特定的激励机制为保障,以激励公民积极参与公共生活,激励政府官员更好地为公共利益服务。

(一)公众参与式预算模式的兴起

"公民与政府之间的平等对话一直是民主理想的核心。"①在当今法治社会,"人们更多地认为,民主的本质是协商,而不是投票、利

① Martha L. McCoy, Patrick L. Scully, "Deliberative Dialogue to Expand Civic Engagement: What Kind of Talk Does Democracy Need", *National Civic Review*, Vol. 97, No. 2, 2002, pp. 117 - 135.

益聚合与宪法权利,甚或自治。民主走向协商,表明人们在持续关注民主的真实性:在多大程度上,民主控制是实质性的而不是象征性的,而且公民有能力参与其中”。[①] 参与式预算制度的兴起,承继了民主的理念,内在地契合了协商民主的趋势,使民主变得更加亲切与真实。当前,我国参与式预算制度呈现多点开花的模式。参与式预算自引入我国,经过多地试点培育,历经磨砺后已基本适应本土政治社会环境,取得了一定的成效,主要包括下述几种模式:第一,由民众对民生项目进行优选为中心的“泽国模式”。此模式主要是在政府编制预算的时候,政府将选择一些事关民生的重大项目纳入参与式预算项目范围,由民众或民众代表进行排位选择,得出优先方案,最后将上述方案提交人代会审查讨论并表决通过。这种“泽国模式”不仅在浙江温岭的泽国镇得到试验,而且在哈尔滨和无锡的试点也得到了类似的推广。第二,以民主恳谈为核心的“新河模式”。该种模式强调公民通过人大代表全程参与政府全部预算决策和监督过程,试图将“民主恳谈”制度纳入人大制度的范畴,致力于将协商民主建立在代议民主的基础之上,使我国的代议民主向协商民主的轨道迈进。第三,以注重倾听民声为中心的“焦作模式”。此种模式侧重倾听不同人群(包括普通公众)的意见,事关民生、社会关注的项目先由公众进行网上投票,再由政府推选出代表民众心声的项目。上述三种模式,都注重将预算决策与公众参与相结合,并且作为预算民主的创新机制,使公民由纯粹的预算旁观者转变为预算过程的参与者,不仅克服了政府单方面决策的局限性,整合了不同公民的利益需求,而且提高了预算分配的公正性,深化

① [澳]约翰·S. 德雷泽克:《协商民主及其超越:自由与批判的视角》,丁开杰等译,中央编译出版社 2006 年版,第 1 页。

了预算民主的实践。总而言之,公民社会的发展促使了我国参与式预算的兴起。我国的经济体制改革,不但使经济市场化、自由化,而且使社会的自由程度、活动空间大大增加,促进了公民社会的发展,同时政府的财政收入来源发生转变,由单纯的国有企业收入转变成以公民的税收为主要来源。在上述两种因素的作用下,激发了社会公众预算意识的萌芽,尤其是与民生密切联系的地方政府的作为,使公众参与意愿日渐增长。而扩大公民参与最成熟、最适合的场域是预算,特别是在地方政府预算过程中建立公民参与机制,被认为是了解政府活动、提高公民民主意识、降低公民对政府不信任的重要途径。[①] 因此,在公民社会民主浪潮的推动下,参与式预算制度迎合了这种契机,将公民的意愿通过参与式的渠道嵌入政府预算过程。通过参与式预算的民主机制,"寻求经过深思熟虑的赞同的过程而得到实施……选择对于所有相关社会的人都可合理接受的出路",[②]从而促进预算民主的真实性与有效性。参与式预算的发展,不但通过公民对预算的有序参与,弥补人大制约的虚位,而且通过公众参与和基层人大制度相结合,强化人大监督预算的制约能力,使政府的行政权力受到限制,推动了预算民主的进程。

(二)公众参与式预算进路的评析

我国预算制度处于不甚稳定的状态,不仅参与式预算不充分,而且此种改革在法律和体制上都未得到足够支持。

第一,参与式预算缺乏配套的立法保障。在我国的所有立法

---

① See Maureen Bemer, "Citizen Participation in Local Government Budgeting", *Popular Government*, 2001, pp. 23 – 30.

② [德]尤尔根·哈贝马斯:《对话伦理学与真理的问题》,沈清楷译,中国人民大学出版社2005年版,第12页。

中，参与式预算的法律保障大体只能依据宪法的概括性规定，①以及我国《立法法》第 36 条的规定，②但都不足以保证参与式预算制度的合法性。如何在法律上寻求对参与式预算的立法保障是最迫切的需要。为此，我国《预算法》首先需要确立公众参与预算的基本理念，在预算编制、执行、监督等环节具体规定公众参与制度，比如，预算征询制度、预算草案公开制度、预算听证制度、预算执行监督制度等。③ 其次，培养公民预算民主的理念和素养。公民的预算民主意识不仅是促进参与式预算制度完善的动力，而且公众的参与素质决定了参与式预算的成效。而预算民主素养的培养依赖媒体的大力宣传、借助于专家的力量以及当地领导的民主创新意识的引领。最后，信息公开制度的完善。开放式预算是能将所有决策置于公众、传媒和利益集团面前，并通过预算听证会、咨询会等形式分享他们的观点。④ 因此，信息公开是开放式的参与式预算能顺利进行的前提，信息公开制度的不完善，使参与式预算缺乏信息上的保障，制约了预算参与的效果。鉴于此，完善信息公开制度就成为推行参与式预算改革所面临的首当其冲的问题。

---

① 例如，我国《宪法》第 27 条规定：一切国家机关和国家工作人员必须依靠人民的支持，经常保持同人民的密切联系，倾听人民的意见和建议，接受人民的监督，努力为人民服务。

② 我国《立法法》第 36 条规定："列入常务委员会会议议程的法律案，法律委员会、有关的专门委员会和常务委员会工作机构应当听取各方面的意见。听取意见可以采取座谈会、论证会、听证会等多种形式。"

③ 参见宋彪：《公众参与预算制度研究》，载《法学家》2009 年第 2 期。

④ 参见[美]爱伦·鲁宾：《公共预算中的政治：收入与支出，借贷与平衡》，叶娟丽等译，中国人民大学出版社 2002 年版，第 101 页。

第二，参与式预算具体程序机制亟须构建。参与式预算制度是能吸纳不同民意的兼容制度，也是其产生与存在的根基。对我国参与式预算制度进行考察，基层民众只能以单一的民意代表的方式来参与预算恳谈，人大代表也只是在预算初审与审议阶段有实质性的参与渠道，而在预算执行、预算监督阶段则缺失有效的程序机制来保障民意代表或人大代表的参与。民主商谈的首要规范在于：政治平等，在民主协商中拥有同等地位的意义重大。① 民众参与空间狭窄、民意表达功能受限，不但有损于预算参与的应有效果，而且将制约预算民主的继续推进。在巴西的参与式预算实践过程中，参与力量既包括所选举的代表，又包括公民个人，甚至其他社会组织，如非政府组织、协会和社区团体等都是参与的力量。巴西的参与式预算就是政府、个人和社会性组织机构之间的合作。② 作为体现预算民主的参与式预算，应当构建公民及其他组织宽领域、多层次的参与途径，尤其要注重增加普通民众代表和人大代表参与预算的程序路径，加强对预算执行、预算监督环节的预算参与，保障预算主体间地位平等，形成参与自由、互动宽松的良好格局，实现公共预算资源分配、决策和执行的民主化与理性化。

第三，参与式预算是预算绩效的保障，预算绩效的追求推动着参与式预算的发展。虽然，程序是法律的核心，是公众参与式预算实现的保障，但预算绩效亦是推动公众参与式预算的重要力量。预算绩效是从预算结果上对预算进行的评价。预算结果可以表现为

① 参见［美］詹姆斯·博曼：《公共协商：多元主义、复杂性与民主》，黄相怀译，中央编译出版社 2006 年版，第 92 页。

② 参见刘邦驰、马韵：《试析参与式预算的理论基础与实践——基于巴西与中国浙江温岭两镇的比较》，载《财政研究》2009 年第 9 期。

政府实施预算行为的效果,可以表现为公众所获得的社会公共利益,还可以表现为政府预算资金投入产出的效益。政府预算行为必须力图以最小投入达到最大效益,以提高公共利益的实现率。政府部门要实现预算绩效就必须从预算编制到预算决算的结果都要充分发挥各方优势、利用可利用的有限资源,包括公众有效的参与在内(相关专业人士和广大民众)的各方力量。只有在公众参与下,才能保障预算过程的民主化、效率化,最终实现预算绩效的最大化,同时,预算绩效的最大化客观上要求公众参与式预算发挥应有的作用。参与式预算是预算民主化与效率化的统一。

四、结语

预算民主改革的时代潮流不可逆转,而当前各类预算民主的推进方式不仅是明证,也为预算立法和法治化提供了宝贵的民主实践经验。整体而言,预算民主的实现最终或主要依凭于立法机关的立法与监督、法治政府的自省与民间参与力量的有效配合及立法机关、政府和民众三者之间共同推动预算民主不断地发展和实现。诚然,在现有政治、经济、体制下,作为民主宪治标志的立法机关的预算监督权还难以发挥实体性的功效,地方预算改革并没有推动预算法的修改,许多改革经验亦没有被吸收到新修订的预算法中。因此,在现有情形下,实现三种不同的预算民主推进方式实效最大化,更多地需要现实性的程序保障机制予以配合,如政府公开预算需要相应的信息公开程序机制、公众参与预算的程序保障机制以及人大监督的问责程序机制,而这或许恰恰是值得学界更应关注和努力的方向——如何将现有的民主经验通过诸如程序化机制的设计而纳入法治化轨道，[①]从而使有限的预算民主的制度变革能够尽可能地被各方力量所接受并发挥更大的实效。

第二节　预算法社会本位理念及其规范化表达

按照社会契约理论，国家是公民间达成契约的结果，预算实际上是国民与政府之间就财政收支活动的范围和方向所形成的委托代理关系。政府本质上就是一个国家或社会的代理机构，承担着一种公共受托责任。[②] 政府行使的是人民的权力，作为公众利益的代理人，政府的一切权力行为就理应以公众利益为本位。但是，这只是一种应然状态，实然的情况是政府是由一群具有有限理性的人组成，政府具有其自身的偏好。而资源的有限性决定了在这一条件下政府利益、个人利益的凸显必然会影响社会公共利益的实现。鉴于此，应立足于预算法社会本位理念的角度，深刻阐述预算制度的实质内涵，探寻预算法修订的方向，从而限制预算权力的滥用并保障社会整体利益的提高。

一、预算法社会本位理念的界定

法的本位思想是指法的起点、基础或目的。一般来说，社会本位是以“社会利益”为中心，注重社会整体的发展，追求整体利益的提高。[③] 对于社会本位理念，其基本内涵包括 3 种不同形式的道德

① 季卫东先生指出，通过某些正当性的程序机制设计或许是推进法治的一种更有效的现实选择。参见季卫东：《法律程序的意义——对中国法制建设的另一种思考》，中国法制出版社 2004 年版，第 14 ~ 16 页。

② 参见华国庆：《预算法的理念与中国预算法的完善》，载《法学论坛》2009 年第 4 期。

③ 参见李昌麒主编：《经济法理念研究》，法律出版社 2009 年版，第 151 页。

命令:第一,当其他社会成员需要帮助时,你应该帮助他或他们;第二,当社会利益与个人利益冲突时,你应该放弃个人利益,服从社会利益;第三,你应该把全体社会成员的最大幸福作为你毕生追求的目标。[①] 因此,社会本位理念是以社会为中心和起点,要求在个人与社会之间重新安排权利和义务的一种思想。

对于社会本位理念的产生,它是个人主义或个人本位发展到极致的产物,是对个人本位的颠覆和反动,要求承认社会和社会利益的独立地位,并将法律的中心适当向社会利益倾斜,从而使个人与社会之间的关系趋向和谐。[②] 诚如欧阳谿老先生之言:“权利本位,既由义务本位进化而来。从理想上推测之,法律之重心,当不必以权利为唯一之本位。以权利之拥护,系原于义务之强行,即因义务之强行而拥护权利,尚非法律终局之目的。其终局之目的,在于促进社会生活之共同利益,以谋人类之安全,是法律之重心,将移于社会,而必以社会为本位,可断言也”。[③]

时至现代,在市场经济条件下,社会公众的利益需求及其实现是整个社会经济运行的基础。公共预算所存在的目的是弥补市场的缺陷从而满足社会公众在仅仅依靠市场的情况下所不能实现的权利或利益。因此,满足社会主体的需要是公共预算的价值追求所在。预算的活动范围及方式应以社会公众的所需为限,应以社会所属利益作为中心和起点,并通过制定有效的法律制度从而促进社会所属利益的提高并实现其最大化。概言之,预算法的社会本位理念体现着社会公众希望通过预算制度以维护社会整体利益的诉求,并要求政府配置公共

---

① 参见赵文洪:《市场经济与社会本位价值观》,载《哲学研究》1996 年第 12 期。
② 参见薛克鹏:《论经济法的社会本位理念及其实现》,载《现代法学》2006 年第 6 期。
③ 欧阳谿:《法学通论》,上海会文堂新记书局 1937 年版,第 242 页。

财政资源的起点与终点都必须是促进社会整体利益的提高。

二、预算法社会本位理念的价值维度

预算法社会本位理念蕴含着形式理性和实质理性,正如马克思·韦伯建立的两个方法论的范畴,即“形式理性”和“实质理性”一样[①]——形式理性是指预算法社会本位理念作为公共预算目标的实现工具所应具有的工具理性或形式外观;外在价值是指预算法社会本位理念具有实现社会公共利益最大化的目标取向。

(一)预算法社会本位理念的形式理性

1. 预算民主性

社会公共利益是一个不确定性概念,[②]这一特殊性使政府在预算过程中无法随时随刻地准确把握或维护社会公共利益。而私人利益受到保护是社会公共利益提高的非充分必要条件,社会公共利益的提高必须依赖私人利益的增长。历史经验表明,通过否定个人利益的基础性去维护所谓“公共利益”的优先性,往往是少数权力阶层谋求个人利益的借口和掩饰其滥用权力的“挡箭牌”。[③] 对个人利益的保护欲最强的主体应当是私人自己。预算作为公共权力配置资源的规则,是公共财政运作的控制和组织系统,是代议制政治的基础,其价值核心是民主财政。[④] 因此,借助于公民、社会的力

---

① 参见[德]马克斯·韦伯:《论经济与社会中的法律》,张乃根译,中国大百科全书出版社1998年版,第23页。

② 关于公共利益的内涵及其认定问题,参见蒋悟真:《反垄断法中的公共利益及其实现》,载《中外法学》2010年第4期。

③ 参见王麟:《利益关系的行政法意义》,载《法学》2004年第10期。

④ 参见焦建国:《民主财政论:财政制度变迁分析》,载《社会科学辑刊》2002年第3期。

量,通过参权、[1]委托等方式还权于民,以实现“小政府、大社会”的目标。通过还权于民的方式将一部分保护公众利益的权力分配给社会主体,而权力的社会化避免政府以保护公共利益为借口谋取自身利益,并以此监督政府行使公权力的过程。

2. 预算效率性

社会整体利益从本质上来看无法逃脱经济学对利益的定义,利益的最大化必须具有效率价值。“效率”是经济学上的基本范畴,是指投入与产出或成本与收益的基本关系。而预算制度具有效率价值是指,政府在进行预算决策时是否科学化,是否将有限的财力最优地使用在促进社会公共利益之上。这一点就要求政府预算从传统的投入预算转向绩效预算,而这一过程最重大的变化就是突出了对更完整、更可靠的成本与绩效信息的需求。对于预算实施的结果,需要一个客观、有效的评价主体,而社会公众责无旁贷。政府预算的目的是要向公众提供让公众满意的服务,公众满意度反映的是公众的一种心理状态,它源于公众对政府提供产品服务所产生的感受与自己的期望的对比,而实施公众满意的预算也是公共预算的目标之一。

3. 公私融合性

公共预算带给预算法最重要的变化就是促进了预算法的公私融合品性。传统意义上,预算是政府依靠公权力的手段来配置公共资源。因此,预算法不可避免地具有很强的公法性,公法性格被视为其首要性格。但是,在现代社会中,社会与政治国家的绝然对立已不复存在,对社会公共利益的保护诉求越来越突出以及市场与政

① 参权是社会权力制衡国家权力的一种方式,通过公民和社会组织集中和反映不同社会群体的意见与要求,直接参与国家行政、司法以及立法活动的决策和执行过程。

府在社会经济生活中各自失灵情形的存在，使预算法已不能当然地被归类为公法性质的法律，要求吸收私法元素与传统的公法因素相互配合以共同调整预算法律关系，体现出公私融合的趋势。公私融合是社会本位理念对现代法律发展的要求，同样也是经济社会化的结果。经济社会化表现在多个方面，最突出的表现是其突破了公私对峙的边界，使私人可以进入公共经济领域而国家也可以进入私人领域。经济的公共领域与私人领域已没有了严格的划分，在保障经济和社会健康发展的过程中增加了更多的考量因素。正基于此，现代预算法超越传统公私二元划分，遵循公私融合的趋势，通过公权力与私权利相互之间的博弈以实现公共预算，进而体现社会公共利益最大化的最终目的。

（二）预算法社会本位理念的实质理性

从根本上来说，预算法的公共性是预算法社会本位理念的实质理性之所在。这种实质理性决定并表现在预算法的发展、价值、主体、权力（利）、属性等各个方面。但在现实生活中，追求预算法公共性存在一定的困难。我国台湾地区学者陈新民认为，预算公共性难以捉摸，在于其概念内容的不确定性，而主要原因则在于利益内容的不确定性和受益对象的不确定性。① 预算法公共性的不确定性对预算法的发展产生了深远影响，如公共性的不确定性为法律作用的能动发挥提供了可能，社会公共性可以根据人民主体不断变换的需求来改变其强调的内容和受益对象，让法律具有适度的弹性，从而保证社会公共性在满足人民整体需求的同时具有更大的灵活性。但是，社会公共性的不确定性也有可能成为有的政府滥用公共权力

① 参见陈新民：《德国公法学基础理论》（下册），山东人民出版社2001年版，第182～187页。

的借口。有的政府作为社会公共性的代表具有借维护社会公共性之名而谋求自身利益最大化的可能,并且在实践中,有的政府的行为并非永远代表社会公共利益。①

公共利益既然标榜为公共的利益,那就只有作为公共的众人才有判断的权力。任何排斥民众的参与,排斥议会的监督,单纯以行政机关甚至行政领导人个人意志进行的所谓公共利益的判断,都缺乏冠以公共利益之名的正当理由。那种认为民众的愿望可以被"精英"而不是人民参与讨论、投票、决定更容易确定的做法更是无稽之谈。② "人们已经不能接受这样的观念,即政府的公共政策是由那些掌握权力,声称代表公共利益,但拒绝公民参与政策过程的少数领导人制定的。新技术发展的刺激,直接推动了信息快速的扩展和传播,越来越多的公民逐渐认识到,他们有能力影响那些关乎他们生活质量的公共政策的制定与执行。"③因此,引入与政府相对的社会公众意志(私权)在确定社会公共利益的过程中与政府意志(公权)形成博弈与制衡才是真正维护预算公共性的有效机制。只有使政府预算权力的行使受制于社会公共利益的界限内,才能保证预算的最终目的——社会公共利益的最大化实现。基于此,有的学者提出,"将经济、社会和人的全面发展确立为预算的最终目标,以预算最终目的论代替预算工具论来统领一切具体预算制度的设计,实现

---

① 参见王景斌:《论公共利益之界定——一个公法学基石性范畴的法理学分析》,载《法制与社会发展》2005 年第 1 期。

② See Richard A. Posner, "The Supreme Court, 2004 Term: Foreword: A Political Court", *Harvard Law Review*, Vol. 119, No. 1, 2005, p. 4.

③ [美]约翰·克莱顿·托马斯:《公共决策中的公民参与:公共管理工作者的新技能与新策略》,孙柏瑛等译,中国人民大学出版社 2005 年版,第 1 页。

国家预算的最高利益——人民群众公共需要的最大化实现”。[①] 相较预算工具论，预算最终目的论也更符合预算法社会本位的实质理性，它应是预算法修订的重要内容。

三、预算法社会本位理念的理论基础

公共预算大师瓦尔达夫斯基认为，预算决策是一种“连续—有限—比较”（Successive – Limited – Comparison）的过程，由于决策者的“脑力有限”（Small Brain）、资源亦有限，预算决策者根本没有能力可以再搜集全面与绝对的信息，因而无法针对各种特定政策问题，列举出所有可能的选择方案，并精密衡量各方案的利弊得失。[②] 限于预算决策者的有限理性，导致传统民主决策公共性不足的问题，1980 年约瑟夫·毕塞特在《协商民主：共和政府的多数原则》一书中提出了“协商民主”（Deliberative Democracy）理论，[③]协商民主理论作为民主理论的新发展或者新转向，试图推动以扩大公众参与、彰显公民理性、提倡审慎平等的商谈精神等为特征的政治制度创新，来补济传统民主决策公共性不足的危机。“在协商民主模式中，民主决策是平等公民之间理性公共讨论的结果。正是通过追求实现理解的交流来寻求合理的替代，并做出合法决策。”[④]因此，协

---

① 参见朱大旗：《从国家预算的特质论我国〈预算法〉的修订目的和原则》，载《中国法学》2005 年第 1 期。

② See Wildavsky, “Political Implications of Budgetary Reform”, in Hyde, A. C., eds., *Government Budgeting: Theory, Process, Politics*, Belmont, CA: Brooks/Cole Publishing Company, 1990, pp. 39 – 42.

③ Joseph M. Bessette, “Deliberative Democracy: The Majority Principle in Republican Government”, in *How Democratic Is the Constitution?* eds., Robert A. Goldwin, William A. Schambra, Washington: American Enterprise Institute, 1980, pp. 102 – 116.

④ Carolyn Hendriks, “The Ambiguous Role of Civil Society in Deliberative Democracy”, *Journal of Catalysis*, Vol. 98, No. 2, 2002.

商民主的实质就是要在群体中达成共识,通过对话与讨论形态的公共协商完全符合公共性的条件,因而决策理由更理性、结果更公平,也更令所有人信服。[①] 同时,在社会多元化的趋势下,不同利益主体之间存在差异和分歧,实现社会多元化的共存,离不开协商民主之调和,使社会多元主义的诉求在一定的空间内得到最大限度的满足。具体而言:

一方面,协商民主有力回应了社会多元化的趋向。面对当代多元文化民主可能导致公民分裂与对立的可能,“协商民主是一种具有巨大潜能的民主治理形式,它能够有效回应文化间对话和多元文化社会认知的某些核心问题。它尤其强调对于公共利益的责任、促进政治话语的相互理解、辨别所有政治意愿,以及支持那些重视所有人需求与利益的具有集体约束力的政策”。[②] 因此,协商民主首先承认并接受社会多元化的现实,通过政治共同体成员参与公共讨论和批判性审视具有集体约束力的公共政策的过程,即将多元的社会公众意志纳入协商民主的范围,使政府与公众、公众与公众之间相互学习、交流与博弈,并遵循公共协商的主要目标——不是狭隘地追求个人利益,而是利用公共理性寻求能够最大限度地满足所有公民愿望的政策,从而能通过对话方式实现在多元化主体之间形成普遍的认同,明确各自的责任,最终化解彼此之间的分立。

另一方面,协商民主能够促进决策的合法化。首先,所有受决策影响的利益相关者都平等地参与形成决策的过程,政治讨论包容

---

① 参见[美]詹姆斯·博曼:《公共协商:多元主义、复杂性与民主》,黄相怀译,中央编译局2006年版,第5页。

② Jorge M. Valadez, *Deliberative Democracy, Political Legitimacy, and Self-determination in Multi-cultural Societies*, Colorado: Westview Press, 2001, p. 30.

所有的人，没有人具有超越其他人的优先性，参与协商讨论的机会是均等的。其次，决策是在公民及其代表的公共讨论和争辩过程中形成的，公共利益是他们的共同诉求，而理性具有超越个体自我利益与局限的优势。最后，形成决策的讨论过程是将说服而非强制看作是政治的核心。协商的目的是实现共识。“就政治过程而言，协商民主关注政治观点与意志形成的长期过程，以及它们在正式议会场所与非正式公共领域的交流。因此，协商民主坚定地支持参与，它认为需要高水平的参与，而且其最终目的是使权力运作合理化。”①协商民主基于人民主权原则和多数原则，强调理性交往，以公共利益为共同的价值诉求，使公共协商形成的决策可以得到参与者的普遍遵守，公共协商结果的政治合法性不仅建立在广泛考虑所有人的需求和利益的基础之上，而且还建立在利用公开审查过的理性指导协商这一事实的基础之上。

四、预算法社会本位理念的制度表达

在预算法修订与完善过程中，必须借助预算法社会本位理念的价值导引，从而实现具体预算制度的合理建构与运行，实现各方预算主体间权利(力)的合理配置与平衡。预算法社会本位理念作为一种人们追求的核心价值指向，指导预算制度建构、修改与完善的过程，其实就是其形式理性与实质理性具体作用于预算实践的过程。在当前的预算实践过程中，预算法社会本位理念的制度表达主要通过公众预算参与的模式予以实现，公众预算参与的核心思想在于深化预算的民主性和提高预算的效率性，并增强政府对民众的回

---

① 参见陈家刚：《协商民主引论》，载《马克思主义与现实》2004 年第 3 期。

应性,使预算资源的分配能真正满足民众最迫切的需求。

(一)我国公众预算参与的实践

我国上海闵行区与浙江温岭等地早在 2005 年起逐渐开始重视公众在预算监督过程中的天然优势,将公众吸引到公共预算决策过程中来。我国《预算法》第 32 条规定“各级预算应当根据年度经济社会发展目标……按照规定程序征求各方面意见后,进行编制”,进一步将公众纳入预算过程中,公众能与政府官员、人大代表进行直接对话与交流,这是社会公众对公共预算最有效也是最直接的监督方式。2005 年 7 月浙江温岭新河镇政府以民主恳谈会的形式制定与审议了该镇的年度财政预算,自此,温岭参与式预算成为基层政治运作与政府公共决策制度体系的重要机制。温岭参与式预算在构建公共理性、实现公共预算方面有明显的进步性,浙江温岭的民主恳谈会可以分为两个阶段:预算报告初审民主恳谈和人民代表大会财政预算民主恳谈。在初审民主恳谈阶段,由全体自愿参与的公众和社会组织一同,对政府提出的预算案发表意见,甚至对其合理性进行质疑。第二阶段是人民代表大会期间的民主恳谈,由人民代表根据初审民主恳谈会中公众与社会组织所提出的建议对政府的预算进行审查,并以此提出预算的修正议案。

2014 年我国《预算法》修订后,各地公众参与式预算呈星火燎原之势,如广东顺德、广东深圳、海南海口、江西南昌等地均在当地推行参与式预算,其中广东顺德经过多年探索,其预算参与模式已逐渐成熟。2011 年 11 月顺德区委、区政府联合发布《关于推进社会体制综合改革加强社会建设的意见》,将参与式预算列为改革重点。2012 年 7 月顺德区出台《参与式预算试点工作方案》及其实施细则,为参与式预算工作的开展提供了重要的制度支撑。2018 年顺德参与式预算包括城市管理与运作、城乡社区事务和社会保障、教育和经济科技以及文化和医疗卫生四大领域,共涵盖21个单位的38个项目,预算金额总计20.15亿元;公众通过网络评议参与预算,网络评议设有代表评议及公众评议两个板块:其中,代表评议主要是由党代表、人大代表、政协委员、专家、行业代表等组成的代表对项目进行评议,公众评议则面向各界开放。[①] 但顺德的公众预算参与仅限于审议环节,缺乏完整性,且公众的意见及建议并不作为项目预算的最终意见,人大审议项目预算时如何参考、在何种程度上参考公众意见尚不明确。对于我国的绩效改革,现已开始向重塑利益相关主体共同治理结构的道路迈进,但改革的侧重点仍旧局限在程序规范与流程处理等技术层面,因为绩效改革才刚刚被提上议事日程。其中,比较有代表性的典型案例是上海浦东新区于2005年起开展的绩效预算探索,并在2007年制定了《浦东新区财政预算绩效管理办法(试行)》,规定除人员经费和公用经费按定额标准编制预算外,其他专项支出要按照绩效管理的要求编报年度预算。该地区政府本着“听政于民、问计于民”的理念,将预算项目的制定、实施、结果与评价等四个方面通过社区事务中心、社区网站、社区公告栏等方式,将实施项目预算执行结果向社区居民公布,接受公众监督。而从2007年已经完成的35个项目评价反映的主要情况来看,大部分项目实施情况较好,基本实现了立项初期确定的目标,取得了较好的社会效益和经济效益。[②] 上海浦东新区的绩效预算探

---

① 参见佛山市顺德区财政局:《关于开展2019年参与式预算工作的公告》,载佛山市顺德区财政局网:http://www.shunde.gov.cn/sdcz/main.php? id=186692-7240053,最后访问日期:2019年7月18日。

② 参见周彬:《浦东新区绩效预算改革的成效及推进措施》,载《地方财政研究》2009年第1期。

索,也成为我国绩效预算早期探索较成功的案例之一。从整体而言,无论是参与式预算改革还是绩效预算改革,都未能真正体现预算法的社会本位理念。这种局面的形成,主要是由于我国现行预算法的主体制度呈现出封闭性,仅局限于立法机关、行政机关以及各自的内部机构。[①] 而缺乏社会主体的参与,导致我国目前还停留在政府主导预算的阶段,未能凸显出预算所应具有的公共性与开放性,从而也未能驶入公共预算的法治轨道。因此,如何扩大我国预算主体中社会公共主体所占比例,使公众意愿能够及时、有效地表达在预算的决策过程中,仍是我国未来预算法改革的主要方向之一。

(二)国外公众预算参与的经验

1. 巴西的参与式预算制度

20 世纪 80 年代末的巴西,由于备受政治腐败、社会排外主义、政治保护主义、贫富差距拉大等问题的困扰,一些左翼政党为了获得政治支持,于是进行了追求社会正义、深化社会民主、扩大公民权和推动政府体制创新等一系列政治改革,参与式预算也由此而生。1988 年巴西的宪法引入了两个重要的制度,其中之一就是在市政府一级增加公众对政府计划和预算参与,其后又在宪法的执行条款之一——"城市法规"第 2 条对参与式预算进行了授权。第 2 条规定,在城市发展问题中需要民主管理,而这应该通过"市民、协会这些代表社区不同利益的个体和组织,其参与形成、执行、监督城市发展的计划和项目"来实现。同时要求,为了公众的利益,必须

① 参见蒋悟真:《我国预算法修订的规范分析》,载《法学研究》2011 年第 2 期。

在城市的计划和发展中加入“政府、私人和其他社会分支的合作”。[①]

在1989年巴西的阿雷格里港率先揭开了实施参与式预算制度的大幕,取得了良好的效果,并迅速推广开来。巴西通过推广参与式预算制度,社会的参与程度、社会主体的民主意识、资源分配的公正性以及政府的行政效率与回应能力等都得到了大幅提升。但是,由于巴西地区经济、文化发展情况存在差异,公民直接参与中央预算决策十分困难,因此,其发展至今都存在于市级政府预算决策的过程而其范围仅限于与公众利益密切相关的市政工程计划建设项目,如城市区划内的公共资本投资。[②] 并且参与式预算的推行主要依靠政府单方面的力量,这样就难以保障参与式预算的良好发展和继续施行。总体而言,巴西的参与式预算改革开创了公民作为预算主体参与到预算制度中的先河,通过公民与公共权威之间的对话,将公民的意愿贯彻到政府预算的决策过程中。参与式预算的开展使政府对公民更负责任,促进政府政策更具可接受性与科学性,符合公共需求的偏好。同时,它也有效地推动了公民参与预算的意识与知识,作为“公民”学校,参与式预算使公民更积极、更宽容,以及更加负责,为公民提供了形成团结纽带的机会。[③]

2. 美国绩效预算制度中的公众参与

绩效预算制度(Performance Budgets)是指将成本效益分析的

---

① 参见Janann Joslin Medeiros:《财政分权背景下的公民参与:市政管理中的实践——公民参与政府预算:来自巴西的经验》,载马俊、侯一麟、林尚立主编:《国家治理与公共预算》,中国财政经济出版社2007年版,第136页。

② 参见刘邦驰、马韵:《试析参与式预算的理论基础与实践——基于巴西与中国浙江温岭两镇的比较》,载《财政研究》2009年第9期。

③ 参见陈家刚:《参与式预算的理论与实践》,载《经济社会体制比较》2007年第2期。

方法引入预算制度之中，将预算视为政府提供给公众的一种公共商品，政府预算的目的是要向公众提供满意的服务，而公众满意度反映的是公众的一种心理状态，它源于公众对政府所提供的产品服务所产生的感受与自己的期望的对比。绩效预算是一种非竞争性、非市场性的公共产品产生的预算制度，绩效预算的目标是追求效率，而人们则希望通过绩效预算制度具体的可预测的效果来分配预算资源。绩效预算在1992年成为美国政府改革的核心，国会通过了政府绩效和成效法令，要求各机构建立目标并评估结果；在州和地方政府层级，许多政府也各自提出绩效评估的改革方案，强调对纳税人的公共义务。[①] 通过这种可计量的评估方法来测量预算的效率与效果，使美国政府的管理方式大为改观。

在美国联邦政府中，预算管理者越来越注重预算的结果与公共责任。但在美国的改革中，预算绩效的评估者只停留在项目管理者、预算分析家以及民选政府官员之间。由于预算的绩效评估涉及众多技术指标，而普通的公众所掌握的知识与技能在理解这些方法与信息时存在诸多困难。因此，让公众参与绩效预算评估所产生的巨大成本导致政府将公众与社会组织排除在绩效评估者名单之外。正因为此次新绩效预算改革缺乏社会公众与社会组织的参与，使改革遇到了很大挑战。社会主体的缺乏，直接导致政党利益与集团利益始终对预算的决策产生决定影响。而预算的最终目的是指向社会公众利益的提高，实践表明，社会组织或个人参与预算程度越高，其对预算结果的认可热情和接受程度也就越高。同时，随着信息收集技术的日益成熟，政府公开信息的成本越来越低，为公众有效地

① 参见何达基、张妮：《美国绩效预算的发展及公民参与的职责与局限》，载《中国发展观察》2007年第2期。

参与绩效预算提供了便利。因此,公众作为民主政府的真正主人,应当享有评价政府预算结果与绩效的权利。预算行为结果的好坏不能单纯由政府确定的标准来衡量,绩效基准与指标的确定既需要利用政府部门的力量,又必须借鉴社会主体尤其是专家的力量,这样才有利于整个绩效评估体系快速良好的建立。

(三)我国公众参与预算制度的完善

整体考察我国已试验推行的公众参与预算的实践范例,并结合国外公众参与预算的具体经验,对于我国公众预算参与制度的完善,仍需在确保进步方向和社会稳定的前提下,继续提升协商参与和监督理论的实践理性,在预算法的修改过程中为社会主体留置预算监督和参与的空间,并规范社会主体的预算参与,这将是公共预算制度完善过程中的重点所在。

1.社会公众参与预算

首先,培育公民的民主精神与参与意识。公民对国家政治与决策总体上热情度不够。参与式预算制度能在巴西这样一个由威权体制向民主体制转型的国家中展开,一个重要的原因就是得益于政府花了巨大的心思培育公民行使公民权利的愿望与信心。“有序地扩大公民参与公共政治是建设民主国家制度的必经之路”,[①]政府需要培育公民参与预算决策过程的民主意识,借助吸引参与、广泛宣传、集中培训等诸多手段,使公民意识到自己的预算权利与责任。否则,如果大多数公众对预算决策过程表现得不关心,那么政府的预算也会被证明是毫无意义的。

其次,政府要完善预算信息公开制度。1998年4月国际货币基

---

① 王绍光:《安邦之道:国家转型的目标与途径》,生活·读书·新知三联书店2007年版,第541页。

金组织在华盛顿通过《财政透明度良好做法守则——原则宣言》,确定了政府对公众的财政透明责任,表现为四项原则:[①]一是澄清政府结构、职责与财政管理框架;二是公布年度财政活动全面信息;三是公开预算编制文件、执行情况与决算报告;四是确保数据真实的统计审计管理。信息公开是公民参与预算决策过程的前提,是公民对预算被动接受向主动参与过渡的必经途径,也是建立公共预算的必然要求。在公共预算的制度框架内,预算源于国家对公众的征税,而国家如果要确保这一部分被征收的财产能被合理、有效地使用,而且是被用于有利于社会整体利益提高的公共项目上,自然要向公众公开,并接受公众的监督。因此,政府必须完善预算信息公开制度,使所有的预算项目,除涉及国家秘密或安全外所有重大事项都应置于公众的掌握与监督范围之内。

最后,建立有效的公众参与渠道。公民是具有理性的决策人,所以当参与成本很高时,公民便会失去参与的动力。因此,在实践中,参与式预算制度不仅需要公民有很高的参与热情与需求,更加需要建立合理有效的公众参与渠道,需要以保障社会公众的参与为目的,尽量疏通公众的参与渠道,使公众能对预算过程进行及时的了解和掌控,同时还需要规定一系列配套措施,对专业的预算信息进行充分的解读,这才是公众参与渠道的构建方向。在我国现有的法律体系中,公众可以对关系自己切身利益方面的法律过程进行参与,2015 年 3 月 15 日起正式实施的《立法法》不仅规定“立法应当体现人民的意志,发扬社会主义民主,坚持立法公开,保障人民通过多种途径参与立法活动”(该法第 5 条),而且还列举了一些公民参

① [美]史蒂芬·霍尔姆斯:《权力的成本——为什么自由依赖于税》,毕竟悦译,北京大学出版社 2004 年版,第 94 页。

与立法形式,“听取意见可以采取座谈会、论证会、听证会等多种形式”(该法第36条)。因此,对于公众参与的规定已成为我国法制完善过程中日渐重视的部分,而对于保障社会公众能有效参与预算过程,也应是预算法修改过程中的重要议题。

2. 社会组织参与预算

在现代民主化与多元化的社会中,社会组织掌握着丰富、多元的社会资源,特别是随着经济与信息技术的不断发展,社会组织日益成为各个行业与领域占据支配地位的主体。因此,社会组织成为多元化利益群体的主要代表,传达着公众的意见和主要诉求。社会组织主要包括非政府组织(人民团体、行业组织、中介组织、公益组织和志愿组织、学术与文化组织、宗教团体等)、非执政的政党(如西方的在野党、反对党、民主党派等),此外,执政党的非官方人员与非官方组织也可以被纳入广义的社会组织成员。① 保持预算主体的开放性,将社会组织有机地融入预算过程中,是深化预算法社会本位理念的重要制度体现。

首先,加大新闻媒体的预算参与力度。在发达国家,新闻媒体是公共预算参与主体之一,随着现代信息技术的高速发展,新闻媒体已成为推动公共预算的重要力量。新闻媒体被誉为具有社会权力的“无冕之王”,公众可以通过新闻媒体了解和监督政府预算的编制与执行,政府则可以通过新闻媒体把握社会公共利益的具体定位,使预算的编制可以准确地反映社会公众的需求。因此,为加大新闻媒体的参与力度,电视、广播、各类各级报纸杂志以及各种新闻发布会等媒体需要加大对公共预算方面的法律法规与信息宣传,特

① 参见郭道晖:《社会权力与市民社会》,译林出版社2009年版,第77页。

别是针对公共预算运行过程中存在的问题加大“曝光”度，提高社会公众对公共预算的关注度和参与度。

其次，提升政协、民主党派的预算参与热情。根据我国《宪法》的明确规定，各级政协与各民主党派拥有参政议政的权利与责任。政党的成员都是其所代表阶级中的精英，在政协和各党派内部，拥有众多预算方面的专家，其拥有的社会资源远比一般的社会团体要高。同时，他们对预算具有很高的关注度，因此，疏通参与预算过程的渠道是提升他们预算参与热情、能力和水平的关键。例如，在每年“两会”之前先举行当年的公共预算研讨会，在研讨会上邀请政协、各民主党派以及无党派队伍中的预算专家人士参加，依照法定程序就公共预算的重大问题进行专题讨论或辩论，充分发扬公共民主的精神。

最后，强化社会中介机构的预算参与作用。从发达国家公共预算的实践来看，社会中介机构能客观、独立、公正地参与重大预算支出项目的评估与审计，尤其是在促进社会公共利益方面具有重要作用。例如，在绩效预算模式中，绩效评价主体的多元化是政府提高财政资金配置效率，维护社会公共利益的保障，而由社会中介机构作为主体的第三方评价无疑是绩效评价结果有效的重要手段。在我国，社会中介机构与公众关系的特殊性决定了社会中介机构能够更有效地搜集到来自社会公众的需求。因此，建立政府与社会中介机构的沟通机制，通过后者反馈的信息使政府的决策更加科学和准确。

五、结语

我国《预算法》自 1994 年开始实施，但长期以来对社会本位理念的重视却依然不足。2014 年全国人大常委会第一次修正通过后的《预算法》对于社会本位理念的关注虽有所改善,①但公众预算参与制度的规范构建仍必须认真厘清社会本位理念的价值维度和理论基础,只有在正确的预算法社会本位理念的导引下,才能促使我国《预算法》成为追求社会公共利益最大化目标的坚实保障。预算法社会本位理念的倡导在于表达一种法律理性,②一种鼓励开辟各种社会主体参与的渠道,促进政府公共部门与社会力量结合,从而提高预算决策的公正与效率的理性。笔者提倡预算法的社会本位理念,不仅在于公众参与预算所蕴载的力量是推动公共预算改革的动力,而且是预算民主的重要表现方式。鉴于预算制度正逐步迈向民主化与开放化的道路,在我国预算法的修改过程中必须注重社会本位理念的植入,立足于社会本位的视角来指导我国预算法律制度的完善,既是社会公众权利需求增长的诉求,也是我国预算改革的主导方向。

第三节　预算法可诉性理念及其司法机制构建

一、预算法可诉性命题的提出与证成

德国法学家赫尔曼·坎特洛维奇(Hermann Kantorowicz)曾提出,法律必须是“被视为可诉的”(Considered Justiciable),它是规制人们的外部行为并可以被法院适用于具体程序的社会规则

---

① 例如,我国《预算法》第 32 条规定:“各级预算应当根据年度经济社会发展目标……按照规定程序征求各方面意见后,进行编制。”

② 其实法就是这个根本理性和各种存在物之间的关系,同时也是存在物彼此之间的关系。具体可参见[法]孟德斯鸠:《论法的精神》,张雁深译,商务印书馆 1982 年版,第 1 页。

的总和。[①] 法律之所以“被视为可诉的”，主要原因在于制定法律是为了规范人们的外部行为，既是为了制裁某些外部行为，也是为了保护一些外部行为，但是徒法不足以自行，法律对人们外部行为的制裁与保护无外乎最终都要借助司法制裁才能实现。于是现代法律规范应具备“可以被任何人（特别是公民和法人）在法律规定的机构中（特别是法院和仲裁机构中）通过争议解决程序（特别是诉讼程序）加以运用的可能性”。[②] 但令人遗憾的是，目前可诉性理念几乎是预算立法的空白，[③]这使预算法难以进入司法诉讼领域，而丧失了法律应具有的约束性。[④] 预算法可诉性理念的匮乏，首先应归因于当初立法者对于预算法能否纳入司法适用范畴尚存一些质疑，为此，必须对这一命题进行证成。

第一，预算决策是属于代议机关的权力，代议机关具有民选机构的政治合法性，以及衡量与调和预算支出方面相互对立需求的制度能力。司法机关对预算权进行司法审查很可能将使非选举的法官处于否决多数决定的地位，这种司法裁决表明法官取代了履行预算支出控制责任的代议机关，很可能将降低预算支出的合法性，甚至可能造成对民主的破坏。[⑤] 因此，借助司法机关的审查权力，承认

① See Hemann Kantorowicz, *The Definition of Law*, Cambridge University Press, 1958, p. 79.

② 王晨光：《法律的可诉性：现代法治国家中法律的特征之一》，载《法学》1998 年第 8 期。

③ 在我国《预算法》中，虽然增加了公民等可对预算违法行为进行检举、控告的权利（第 91 条），并且对法律责任章节进行了拓展（第 10 章），但要促使修订后的预算法能真正迈入司法领域，立法者仍需深化对预算法可诉性理念及其实现机制的认知。

④ 参见刘守刚：《将〈预算法〉修订为真正的法律》，载《上海财经大学学报》2008 年第 3 期。

⑤ See Woods and Jeanne M. , “Justiciable Social Rights as a Critique of the Liberal Paradigm”, *Texas International Law Journal*, Vol. 38, No. 4, 2003, p. 773.

法院的适度造法功能,法官就可能在预算案件的审理过程中综观全局、权衡利弊,对预算权的行使进行一些尝试性的规制以保护社会公共利益目标的实现,进而在特定问题上产生制度性效应。这种“滴水穿石”式的实践,不但不会降低预算支出的合法性,反而有助于预算公共性的提升。[①]

第二,有学者将预算行为定位为一种宏观调控行为,而宏观调控行为属于决策行为和国家行为,不具有可诉性,[②]从而推论出预算行为不具有可诉性。[③] 但是上述对预算行为的性质定位与逻辑推理都存有较大漏洞,预算行为虽是一种宏观调控行为,但是并不能因此将其与决策行为、国家行为等同。预算行为是由一系列行为组成的有机系统,其大体包括预算编制、预算审批、预算执行以及预算监督等行为,预算行为之目的是保障能提供使社会公众满意的公共产品与服务,一般情况下与国家行为无涉,更不会引起政治纷争,从而具备司法审查的可能性和必要性,所以自然不能游离于可诉性范围之外。[④]

---

① 司法审查存在之目的是维护合法性的政府、法治的价值以及保护个人和少数的权利。而司法审查的正当性在于人们认为法院会正确地解释宪法,在绝大多数情况下也确实是这样。参见[美]基思·E.惠廷顿:《宪法解释:文本含义,原初意图与司法审查》,杜强强等译,中国人民大学出版社2006年版,第1页。

② 国家行为之所以不具有可诉性,在于国家行为的真正含义是指这样一项司法政策,它宣称某些案件或某些案件涉及的问题不具有可裁判性,即使这些案件或这些案件涉及的问题属于宪法或其他法律规定联邦法院的管辖权范围之内,或者也符合法院受理诉讼的各项要求,但终究不适宜于司法解决。参见[美]路易斯·亨金:《宪政·民主·对外事务》,邓正来译,生活·读书·新知三联书店1996年版,第118~119页。

③ 参见邢会强:《宏观调控行为的不可诉性探析》,载《法商研究》2002年第5期。

④ 有学者提出,宏观调控的可诉性可通过宏观调控立法的法律责任规范和宏观调控主体法律责任规范得到建构,并通过宏观调整行为的司法审查来实现。参见徐澜波:《宏观调控的可诉性之辨》,载《法学》2012年第5期。

二、预算法的可诉性理念内涵及其功能

（一）预算法可诉性理念的内涵

法的可诉性理念作为法的基本属性之一，对于其内在机理的认知，必须包括以下两方面：一方面，可争讼性，即任何人均可将法作为起诉和辩护的根据。因此，法律责任必须是明确的、确定的规范，才能成为人们争讼过程中的标准；另一方面，可裁判性（可适用性），法能否用于裁判并作为法院适用的标准是判断法有无生命力、有无存续价值的标志。① 简言之，法的可诉性理念之内涵，主要是为了制裁或规范法律主体的行为，从而需要不断激发司法的保护作用，这也意味着可诉性将是一个变化不定的概念，它随着对司法作用认识以及它的本质和进化能力而有所不同。② 考察我国预算法实施的状况，预算问责体系的规范构建仍欠缺，并且由于司法预算制度的滞后性致使司法公正面临极大挑战，那么面对当前的现实，对于可诉性理念在预算法领域的有机落实，必须包含预算法可问责性与司法预算的独立性双重要素。

1. 预算法的可问责性

从应然的法律规范模式上分析，为增强规范的约束性，除授权性条款外，还应有义务性条款、禁止性条款的规定，这也是法可诉性理念实现的前提。于是，预算法可诉性的构建首先必须打牢可问责性的根基。预算法的可问责性根植于公共财政中最基本的资源使

---

① 参见舒国滢：《法律原则适用的困境——方法论视角的四个追问》，载《苏州大学学报》2005 年第 1 期。

② See Craig Scott and Patrick Macklem, "Constitutional Ropes of Sand or Justiciable Guarantees? Social Rights in a New South African Constitution", *University of Pennsylvania Law Review*, Vol. 141, No. 1, 1992, p. 17.

用原则，预算资源是纳税人对自身财产权进行让渡的结果，纳税人与政府间形成一种委托代理关系，政府的预算行为也就需服从和满足于委托人的意志与要求。[①] 因此，政府作为承担提供社会公共服务的代理人，意味着预算行为不得违背纳税人的需求，否则将被纳入预算问责的范畴。

预算法可问责性的实现，要求对于预算主体的僭权或滥权行为，能在预算法律文本之中准确地找到对应的问责规范，并能依此作出合乎司法公正观念的正确处理。那么对于预算立法者来说：一方面，应尽量减少法律空白，以避免产生无问责规范可循的尴尬；另一方面，在保持条文细致、精确、一致的基础上，尽量为法律规范预留可伸缩性的空间，使预算法能从容应对社会形势的变更，避免出现法律僵化的境况。因此，为规范义务的履行，需要填补预算法律责任规定的空白，我国《预算法》中每一项约束性条款都应当有对应的责任条款，应明确每一个行为主体在违法时应承担的责任。[②] 以当前我国《预算法》为实证考察对象，上述空白主要需要从两个维度进行填补：第一，行政机关问责制的完善。目前关于行政机关问责制的构建，已基本确立以行政处分（参见第 92 ~ 95 条）与刑事责任（参见第 96 条）为基础的原始问责架构。但是在预算法的实施过程中，由于当前我国预算违法行为已成一种常态化的现象，[③]如何使这些行为真正得到预算法律规范的制裁已成为当前难以克服的顽疾。对此必须深入剖析预算法可诉性理念的内涵，以期构建系统

① 参见丛中笑：《论中国财政制度法治化的创新》，载《暨南学报》2006 年第 5 期。

② 参见刘剑文：《民主视野下的财政法治》，北京大学出版社 2006 年版，第 177 页。

③ 例如，我国审计署于 2018 年 6 月 20 日公布《2018 年第 43 号公告：中央预算单位 2017 年度预算执行等情况审计结果》，其中大部分中央部门单位仍存在一系列预算违法违规行为。

的司法机制才能使问责规范切实实施。第二,立法机关问责制的完善。在我国当前推行代议制预算决策的模式下,预算监督主要由人大及其常委会、人大代表来行使。尽管从某种意义上来说,人大代表是人民的代言人,人大及其常委会的决定也就是人民自己的决定,但人大代表也具有"经济人"的本性,那么立法机关的权力有时就存在某种异化的可能。[①] 因此,需要通过人民制定的宪法来约束立法机关的预算审议和监督行为,立法机关一旦在预算过程中违宪,就应承担相应的宪法责任。这样才能促使代议机关真正成为民意表达的通道,并遏制其异化的可能。

2. 司法预算的独立性

司法审判独立性不仅是司法权威与司法公正的坚实保障,而且是法的可诉性体系构建的基本前提。如果一个国家无法保障司法审判的独立性,即使依照可诉性理念构建出具体的司法制度,也无疑将丧失可诉性理念的初衷价值。在预算法领域,当前行政主体预算权力强大,司法预算源于行政机关。为保障预算问责过程中司法审判的独立性,必须提高司法机关预算的独立性,关于该项改革主要应着重于以下几点。

第一,司法预算编制和执行的改革。司法预算编制和执行的改革中心是要确保司法机关拥有独立的司法预算编制与执行权,尽可能削弱行政部门对司法预算编制和执行的影响,同时还应保障财政部门在预算过程里的中枢地位。易言之,司法预算每年应由最高人民法院编制,然后送财政部汇总,财政部虽无权修改预算,但可附加书面修改意见,再由国务院报全国人大审批,批准后国务院及其财

---

① 参见蒋悟真:《我国预算法修订的规范分析》,载《法学研究》2011 年第 2 期。

政部门需按照既定预算拨付相应款项，最高人民法院具体负责执行。[①]

第二，司法预算审批的改革。为了实现司法审判独立与司法公正，必须排斥外来干涉，尤其要隔绝地方政府对司法权可能的干扰。司法预算支出应由中央财政负担，全国人大负责审批司法预算，全国人大应尊重和保障司法机关能独立履行司法职能。

第三，司法预算监督的改革。由于上述改革是确保司法机关能独立行使司法预算的编制和执行权，但权力的行使离不开监督，为此需要强化司法内部的监督、人大的监督以及审计机关的监督，来确保司法预算的合理性与合法性。

（二）预算法可诉性理念的功能

我国《预算法》的实施机制除依赖行政机关所具有的谦抑性之倾向，以及代议机关所承载的民主性之导向外，更仰仗于可诉性理念而树立的司法权威，预算法可诉性理念既是维护法律形式完整性和功能健全性的必备要素，又是促使象征意义上预算法转向实质的关键。具体而言，预算法可诉性理念的功能主要表现在以下几个方面。

首先，保障权利的实现。按照公共财政的基本理念，“要求确立纳税者基本权利，要求广泛地确保财政过程中的民主主义”。[②] 对于这些要求的实现，预算法可诉性理念则为其提供了坚实的保障：当纳税人的权利受到侵害时，只要社会主体求助于司法，就应享有相应的救济权。因此，预算法可诉性理念体现出保障人权的价值和

① 参见闫海：《论司法预算制度的学理构造》，载《当代法学》2006 年第 3 期。

② ［日］北野弘久：《税法学原论》（第 4 版），陈刚等译，中国检察出版社 2001 年版，第 353 页。

精神，是国家法律赋予社会主体在其权益受到侵害或与他人发生争执时，请求法院通过审判方式保护其合法权益的权利。[①]

其次，化解社会矛盾。预算法的主要功能是为社会公众所需的公共产品与服务提供保障，但预算资源是有限的，而社会公众对公共资源的需求是无限的，这种资源有限与需求无限之间的矛盾，可能将牺牲部分公众的需求，甚至可能造成对社会公共利益的损害。如果司法权对此束手无策，上述侵犯可能会常态化，矛盾可能会积累直至被激发。在司法权介入上述矛盾的处理进程中，司法机关将扮演一个重要的调停角色，通过提供一个中立而又不失权威的场所来讨论矛盾的解决，必要时还可采取临时措施提供紧急救济。司法机关的角色定位，有助于社会公共利益与个人利益之间寻求平衡。

最后，提供利益表达的渠道，实现社会公正。在罗尔斯的《正义论》中，公正实际上是利益的协调和平衡，是通过博弈形成的一种均衡。而所谓的博弈和均衡，本质上就是各种利益的充分而平等的表达过程，若非如此将不能实现。当代中国已进入利益多元化时代，面对多元的利益表达，"党委和政府应当为各个阶层群体提供以理性、合法的形式表达利益诉求的制度性平台，使多元社会的各种利益诉求能够通过公正、规范、有效的渠道输入公共决策过程中，供决策者整合和选择，从而制定出得到社会普遍认可的公共政策"。[②]由此，依照预算法可诉性理念构建的司法诉讼平台，通过各自充分而平等的利益表达，不但有利于预算分配的合理化、合法化，而且有助于社会公正力量的不断强大。

---

① 参见颜运秋：《论经济法的可诉性缺陷及其弥补》，载《当代法学》2000 年第 1 期。

② 参见张文显：《构建社会主义和谐社会的法律机制》，载《中国法学》2006 年第 1 期。

三、预算法的司法审查制度的构建

由于权力扩张主义的影响，目前行政主体预算权力过于强势、立法主体预算监督乏力，其解决不仅应大力推进民主宪治的发展，更期待司法审查制度的配合。

（一）司法审查制度完善的必要性

“司法审查”（Judicial Review）一般是指“法院或司法性质的机构对政府行为的审查，主要包括立法与行政行为的审查”。[①] 它是现代民主法治国家普遍设立的一项重要司法制度，既能对预算主体行为进行必要的监督和制衡，又可以对政府滥权、僭权与侵权行为予以防范与矫正，这是预算法可诉性理念内涵不可缺少的制度演绎。然而长期以来，对抗性宪治文化观念在我国还很匮乏，缺少对可诉性理念的重视，并且缺乏制约行政权力所需的社会结构，因而真正意义上的宪治保障机制尚需进一步完善，忽略了司法审查制度的规范构建。具体而言：

第一，司法审查的对象有限，这种有限性主要是由于不当的行政行为被排除于司法审查的范围之外，[②]造成司法审查的机能严重受损。在行政扩张主义的情势下，影响公众权益的不仅是指那些违法的行政行为，也包括因自由裁量权滥用而造成的不合理行政行为。“一切行政行为都可能有自由裁量问题”，[③]行政主体的预算行

---

① 张千帆：《宪法学导论——原理与运用》，法律出版社 2004 年版，第 149 页。

② 我国《行政诉讼法》第 5 条规定：“人民法院审理行政案件，对具体行政行为是否合法进行审查。”不难看出，司法审查的范围仅限于不合法的行政行为，而不合理的行政行为则被排除在司法审查之外。

③ 江必新、张明杰：《关于行政自由裁量权问题的对话》，载罗豪才主编：《行政法论丛》（第 3 卷），法律出版社 2000 年版，第 331 页。

为也概莫能外,预算行为的过程大多关涉自由裁量权的使用问题。因此,倘若行政自由裁量权的滥用被豁免于司法审查,近乎排除了司法权对行政权的监督与控制,司法审查的职能将无从施展。

第二,我国推行立法机关的审查机制,法律的合宪性主要由立法机关对法律的立、改、废来保证。[①] 虽然我国《立法法》的出台使有关机构和公民有权提出违宪审查的要求或建议,但全国人大常委会的宪法审查权并未实际作出宪法审查的决定,导致一些违宪现象的出现。例如,当前我国已出现多起预算被否决的事件,[②]预算被否决意味着个别地方政府的严重失职,这属于地方政府需承担宪法责任的范畴,但这些事件却没有处理结果。因此,为充分树立预算法可诉性的权威,我国亟须对司法审查机制进行完善。

(二)预算法的司法审查制度构建

第一,司法审查制度的实体性构建。独立的宪治审查制度是宪法的看护者,是成为一个国家从宪法文本走向宪治实践的必要条件。构建独立的司法审查机构非常重要,但我国目前由全国人大及其常委会来行使宪法审查权,导致涉及人大及其常委会的案件时,没有独立的司法审查机构。基于国情下的考量,设立一个类似于德国的宪法法院,是比较可行的方案。当然,消除诸多司法审查机构构建的分歧,不可能一劳永逸,我国司法审查制度的构建,应先实现

---

① 例如,我国《预算法》规定,全国人大常委会有权撤销国务院制定的同宪法、法律相抵触的关于预算的行政法规、法令和命令。

② 例如,2002 年湖南沅陵县预算案遭否决,4 个月后加开人代会才获批准;2009 年河北承德市的预算案两次遭到驳回,第三次才被通过。参见张献勇:《略论代表机关的预算否决》,载《人大研究》2009 年第 7 期。

真正司法性的审查制度，再以设置“宪法委员会”为阶段目标，①最后以“宪法法院”的设立为终极目标。②

第二，司法审查制度的程序性构建。“‘民主的’宪法体现着公民基本权利和义务的观念，并设立一套司法程序来使权利请求得以诉诸法律。司法机构的职能是解释宪法并授权执行其裁决，从实效上看，它试图在‘被治理者’的权利和自由与有效政府的迫切需要之间找到一种微妙的平衡。”③为了找到这种平衡，合理的司法程序是保障司法机构职能得以充分发挥的关键因素。一方面，司法审查范围的设定。立法上采用概括式肯定和排除式列举的方式，即除法律明确列举排除的情形外，预算过程中出现的有损于社会公共利益的行为都应纳入司法审查的受案范围，这才是对预算法可诉性理念的制度诠释。另一方面，司法审查标准的确立。为深化预算法的可诉性理念，需确立合法性审查与合理性审查并行的双轨式审查标准，才能将预算执行行为真正纳入司法审查的范围。

四、预算法的公益诉讼制度的构建

为缓和实体性规则实施过程中的摆动，需要构建与预算法内在价值相契合的程序性规则作为实施途径，而公益诉讼机制必然是预

---

① 2018 年 3 月 11 日，第十一届全国人大第一次会议第三次全体会议通过了《宪法修正案》，将第 70 条第 1 款中的“法律委员会”修改为“宪法和法律委员会”。增加的“宪法和法律委员会”和“推动宪法实施、开展宪法解释、推进合宪性审查、加强宪法监督、配合宪法宣传等职责”，可以认为是我国建构合宪性审查制度的又一重大进步。参见叶海波：《设立宪法与法律委员会的法治分析》，载《武汉大学学报》（哲学社会科学版）2019 年第 2 期。

② 参见孙健波：《财税改革的理想与现实——宪政视角》，经济科学出版社 2008 年版，第 203 页。

③ ［美］阿兰·S. 罗森鲍姆：《宪政的哲学之维》，郑戈、刘茂林译，生活·读书·新知三联书店 2001 年版，第 5 页。

算法可诉性理念制度演绎中不可或缺的部分。

(一)公益诉讼制度构建的必要性

预算法是立足于社会本位的法律,如果它调整的社会关系受到侵犯,一般包括个体权益和社会公共利益的双重损害。预算违法行为侵犯客体的双重性,决定了应构建特殊的诉讼程序才能适应这种形势。在传统的诉讼机制下,"私人救济和行政诉讼都难对偏离正确轨道的公共政策予以纠正"。① 民事诉讼对于危害社会公共利益的行为,如果与公民个体无直接利害关系,其原告资格将不被承认;而行政诉讼将预算行为视为抽象行政行为,如果这种行为符合绝大多数人的利益,则不能因其只损害少数群体的利益而使之被诉,如果其不符合绝大多数人的利益,也不宜由单个个体对其提起诉讼。因此,一旦预算主体违背预算法规,致使社会公共利益遭受严重损失,传统的诉讼机制却无能为力。既然传统诉讼机制及其价值取向已难以承载预算法可诉性理念的内涵,那么为有效地保护社会公共利益,需要设置一种拥有独立价值取向并能有效保护纳税者社会权益的社会诉讼机制——公益诉讼制度,即纳税人权益受侵害时拥有向法院提起诉讼的权利,"承认纳税人诉讼的根据在于,公共资金的违法支出意味着纳税人本可以不被课以相应部分的税金,在每一纳税人被多课税的意义上,纳税人具有诉之利益"。② 概言之,通过公益诉讼把诉权赋予全体社会公民,既可以弥补传统诉讼机制的缺陷,又有助于激发社会主体预算监督的作用,从而提升预算监督的

---

① [日]小岛武司:《诉讼制度改革的法理与实证》,陈刚、郭美松等译,法律出版社 2001 年版,第 84 页。

② [日]田中英夫、竹内昭夫:《私人在法实现中的作用》,李薇译,载梁慧星主编:《民商法论丛》(第 10 卷),法律出版社 1998 年版,第 458 页。

效能。

(二)预算法可诉性理念下公益诉讼制度的构建

预算法中公益诉讼制度的构建,关键是要使这种与预算法内在精神相契合的诉讼制度能有效回应预算过程中的现实问题。具体而言:

第一,借助检察机关的力量,促使公众提起公益诉讼。对于公益诉讼制度的构建,如果仅靠公民个人直接诉讼,将产生取证较难、诉讼地位不公平以及诉讼成本偏高等问题,因此需要借助外部力量。检察院是我国《宪法》规定的法律监督机关,从监督权力与能力两方面都能提供所需的力量,能促使公民的诉权付诸司法实践并得到保护。在具体案件中,检察机关可根据具体案情在以下三种方式中择一参与案件:直接以原告身份参与诉讼、以并列当事人的身份参与诉讼以及以法律监督机关的身份支持起诉。在当前司法实践中,检察机关直接以原告身份参与诉讼是预算公益诉讼的主要模式。[①] 2015 年 7 月全国人大常委会通过了《关于授权最高人民检察院在部分地区开展公益诉讼试点工作的决定》,最高人民检察院得到国有资产保护的公益诉讼原告资格授权,最高人民检察院自身亦制定《人民检察院提起公益诉讼试点工作实施办法》。2017 年修订的《行政诉讼法》第 25 条规定了检察机关在国有财产保护领域的原告资格,进一步强化了检察机关在预算公益诉讼中的职能,能在一定程度上破解预算违法行为查处难的困境。

---

① 例如,甘肃省酒泉市肃州区人民检察院因肃州区财政局不履行法定职责,提起国内首例国有资产保护行政公益诉讼[参见甘肃省玉门市人民法院(2016)甘 0981 行初字第 30 号行政判决书];湖北省石首市检察院因市财政局不依法履行职责致使财政补贴资金被套取,依法向石首市法院提起行政公益诉讼[参见石首市人民法院(2017)鄂 1081 行初字第 2 号行政判决书]等。

第二,公益诉讼原告主体资格的进一步拓展。考察国外经验,公民是提起公益诉讼的最佳主体,但目前我国公民并不具备预算公益诉讼原告主体资格。[①]“原告申诉的基础并不在于自己的某种权利受到侵害或是胁迫,而在于希望保护因私人或政府机关的违法行为而受损的公众或一部分公众的利益。”[②]为充分保护纳税人的基本权利和利益,公益诉讼制度的构建应创造性地使用法律,使法律成为一种资源,让这种资源能鼓励公民投身于司法行动并改善自身的生活。“一种法律制度如果不能保证当事人参加到裁判活动中来,就会使裁判的内在品质受到破坏。”[③]因此,公益诉讼程序的产生与发展应从属于正义的要求,需发挥司法的能动性,鼓励社会公众积极参与,拓宽公益诉讼的启动主体(原告资格问题)范围,尤其是让那些受到侵犯而又难以诉诸法院的社会弱势群体得到司法救济。从理论上而言,考察国外的经验,如印度的公益诉讼,当公共利益受到影响时,任何个人都可以提起公益诉讼,而不必证明其与案件有直接的利害关系。[④]我国公共预算领域公益诉讼制度的构建也应回应社会的需求,放松对诉讼主体规则的限制,促使“法律权利标准”让位于“利益范围标准”,[⑤]以提高诉权的实际效用。

---

① 2006年“蒋石林诉湖南省常宁市财政局违反财政预算购买公车案”,法院最终以原告不符合诉讼主体资格,不予受理。

② [意]莫诺·卡佩莱蒂:《福利国家与接近正义》,刘俊祥等译,法律出版社2000年版,第82页。

③ [法]托克维尔:《论美国的民主》(上卷),董果良译,商务印书馆1991年版,第110页。

④ 参见蒋小红:《通过公益诉讼推动社会变革——印度公益诉讼制度考察》,载《环球法律评论》2006年第3期。

⑤ 即原告提起诉讼时,并不一定要求他的利益属于法律明确规定的范围之内,只要他(她)能够主张受损害的利益处于法律规定或者调整的利益范围之内,就可以请求司法救济。

第三,创设“法院之友”制度。“法院之友”(amicus curiae),是指在法院审理案件的过程中,不是案件事实上的当事人,但基于对案件的浓厚兴趣和重大利益,以第三方的身份向法院提供与案件有关的事实或者适用法律方面的意见……以影响法院判决的一项制度。[①] 由于现代民主内涵的扩展,司法审判独立并不意味着司法权的行使应脱离于民主化的色彩。“司法依赖于民众的信赖而生存。任何司法的公正性,在客观性与可撤销性方面的价值观,决不能与司法的信任相悖。”[②]而“法院之友”制度则有效地契合了民主的精神,因为“法院之友”影响法院判决的主要方式是向法院递交“法院之友”书状(amicus brief),而“法院之友”书状,特别是一些利益集团所递交的书状,往往就是社会现况中主流价值观的体现,是民意的集中反映,如果法院在作出判决之时,能适当援引“法院之友”书状中的意见,则实质上体现出司法权行使的民主化精神。在财政预算领域,引入“法院之友”对公益诉讼制度的构建有特别重要的作用:一方面,预算行为具有较强的政策性、专业性,借鉴该领域权威专家的意见有助于查明案件的真相;另一方面,“法院之友”制度中权威专家的意见是一股无形的威慑力量,可以帮助审判法官抵御外部权力干预,鉴于上述分析,在预算法的修订过程,应保障建立一套程序上与实体上都非常健全的允许案外人向法院提供证据事实和

---

① 参见《布莱克法律词典》(第 8 版),第 263 页。

② [德]拉德布鲁赫:《法学导论》,米健、朱林译,中国大百科全书出版社 1997 年版,第 119 页。

法律意见的制度,即“法院之友”。①

五、结语

长期以来,我国《预算法》缺乏对可诉性理念的重视。经 2014 年大修后的《预算法》对于可诉性理念的认知虽有所改善,但司法机制的规范构建仍必须认真厘清可诉性理念的实质内涵,只有在正确的预算法可诉性理念的导引下,才会真正使该法进入司法应用领域。预算法可诉性理念的倡导在于表达一种法哲学理念——社会能动主义,一种以达到社会正义为目的的司法能动主义。当预算违法行为大量涌现时,作为社会正义的最后一道防线,司法必须与时俱进地给出司法救济。当然,笔者提倡预算法的可诉性理念,提出不合规范的预算行为需要司法权的制约,并不是让司法主体替代立法主体、行政主体来判断如何进行预算资源的配置才具有最佳效果,而是基于我国行政主体的预算权强势、立法主体的预算权需进一步强化的现实,以期通过融入预算法的可诉性理念,设立合理性与可操作性兼备的司法诉讼机制,以保障司法主体能有效震慑或制裁不合规范的预算行为,从而促使司法主体在预算监督中真正发挥“最后屏障”的作用。

---

① 目前,我国已允许法学专家出具专家论证意见书,这与“法院之友”书状有异曲同工之处。但现行的专家法律意见书还有诸多欠规范之处,亟待完善。因此,借助于“法院之友”制度的构建良机,制定规范专家法律意见书的法规,健全相关程序,是国情下的最佳选择。

第五章　作为善治的预算治理：绩效预算

善治意味着一种能够对于民众的需求敏感并能作出相应回应的行政方式，它能够通过构建和运用适当的法律和措施来有效地应对社会中出现的挑战。

——[印度]哈斯·曼德、穆罕默德·阿斯夫①

绩效预算提供了以服务供给绩效为基础对有限资源进行分配的预算决策方法。它从绩效评估开始，在规划阶段确定使命陈述、服务供给目的、目标和绩效指标组合。之后，它上升到绩效管理阶段，此时要求实际运用绩效，从而为核心管理职能中的决策制定过程提供信息。

——[美]珍妮特·M.凯丽、威廉姆·C.瑞文巴克②

---

① [印度]哈斯·曼德、穆罕默德·阿斯夫：《善治：以民众为中心的治理》，国家行动援助中国办公室译，知识产权出版社2007年版，第60～70页。

② [美]珍妮特·M.凯丽、威廉姆·C.瑞文巴克：《地方政府绩效预算》，苟燕楠译，上海财经大学出版社2007年版，第2页。

预算善治是预算治理现代化的价值取向与目标选择。只有明确预算治理的目标取向才能为预算法治与预算共治的实现提供精准的价值指引，同时也使预算治理的制度构建更具针对性与有效性。而追求财政资金“最大货币价值”[①]的绩效预算无疑成为以追求社会利益最大化为终极使命的预算善治的理想模式。

虽然我国《预算法》第12条增加了“各级预算应当遵循统筹兼顾、勤俭节约、量力而行、讲求绩效和收支平衡的原则”，并要求要对预算执行情况进行绩效评价。此外，国务院、财政部还发布了一系列推进预算绩效管理的规范性文件。但我国预算善治异化的局面一直没有得到有效的改善：首先，绩效预算治理法律法规体系不健全，仍处于依赖财政政策的“软法”治理阶段，无法保证绩效预算治理的权威性与稳定性；其次，绩效预算采用的是“管理责任”的支出控制模式，要求赋予预算支出部门广泛的支出灵活性与自主权，但在我国尚未建立起完善的预算控制体系，预算合规性尚难以保证的背景下，赋予预算支出机关广泛的自由裁量权无疑会加大预算管理风险；[②]再次，绩效预算改革是一项复杂的、系统性的工程，需要中期滚动预算规划、权责发生制预算改革、第三方绩效评价机制等制度的严密配合，而我国相关制度改革才刚刚起步，难以为其提供有效的制度支撑；最后，绩效预算将“预算理性”纳入预算过程，并将绩效评价贯穿预算活动的始终，对我国当前预算机关及其工作人员的能力提出了巨大挑战。

当前，我国的绩效预算治理侧重实现治理体系的自洽性以及治

---

① 马骏：《新绩效预算》，载《中央财经大学学报》2004年第8期。

② 参见[美]艾伦·希克：《当代公共支出管理方法》，王卫星译，经济管理出版社2000年版，第111～119页。

理手段的精细化,相对忽视对预算治理所欲达到的“公共善”的价值追求,极易导致预算治理工具理性对价值理性的宰制。故而,急需对预算善治的基本内涵作出明确的阐释,同时也为我国绩效预算治理改革提供相关的建议。

第一节　预算善治与绩效预算之间的关系

长期以来,世界各国奉行的是一种投入导向型的预算治理模式,突出强调预算治理的控制取向,并遵循严格的程序正义,认为只要确立了一种公平且各方均认可的预算决策、审批、执行、监督等程序规则,其结果在相当程度上会被社会公众所接受。但由于各预算支出部门的支出动机不同、对预算信息掌握不充分导致的有限理性以及受政府部门支出偏好等因素的影响,良好的预算程序并不必然会产生良好的预算结果。[①] 法律乃公正与善良之艺术。建立一个对公众负责的政府既要加强对政府预算的控制,确保国家公共财政资金用于经国家权力机关审查、批准的项目、范围,但更重要的是能够有效地管理公共财政资源来满足社会公众需要,实现预算善治。

一、预算善治的内涵

预算善治是预算治理的价值取向与衡量标准。但截至目前,国内外学者仍未对预算善治的内涵作出明确的界定,存在技术理性(工具主义善)与价值理性(目的主义善)的分歧。预算善治的技术理性关注财政资金的配置与运作效率,侧重管理系统的自洽性,沉

---

① 参见[美]艾伦·希克:《当代公共支出管理方法》,王卫星译,经济管理出版社 2000 年版,第 7～11 页。

涵于对预算治理手段精细化的追求,如梅耶斯认为,预算善治应达到受约束的、透明的、反应良好的、及时的、有洞察力的以及合作的预算治理标准;①俞可平认为,善治就是政府与公民对公共生活合作管理以实现公共利益最大化的公共管理过程,包括治理的合法性、透明性、责任性、法治、回应和有效等要素;②曼德和阿斯夫认为,预算善治意味着政府能对民众的社会需求作出及时回应,并通过法律有效应对社会挑战,因此,公信力、透明性、抗击腐败、利益相关群体的参与以及法律和司法框架构成善治的基本要素;③奥斯本和盖步勒则认为,政府在治理过程中应充当"掌舵"而非"划桨"的角色,良好的治理应该是满足社会公众需要而不是政府需要的治理,是以结果为导向、有使命感的治理,是讲求实际效果而不是按投入拨款的治理,是以预防为主而不是强调事后问责的治理,是各主体积极参与、协作的分权式的治理;④玛丽 – 克劳德 · 斯莫茨认为,预算善治四大要素包括法治、有效的行政管理、对人民负责及政治透明。⑤

而预算善治的价值理性体现的是人类的一种善的精神追求,具有合目的性、批判性和公共性等特征,⑥如吴汉东认为,预算善治是

① 参见[美]罗伊 · T. 梅耶斯:《公共预算经典——面向绩效的新发展》,苟燕楠译,上海财经大学出版社 2005 年版,第 623 页。

② 参见俞可平:《治理和善治:一种新的政治分析框架》,载《南京社会科学》2001 年第 9 期。

③ 参见[印度]哈斯 · 曼德、穆罕默德 · 阿斯夫:《善治:以民众为中心的治理》,国家行动援助中国办公室译,知识产权出版社 2007 年版,第 60 ~ 70 页。

④ 参见[美]戴维 · 奥斯本、特德 · 盖步勒:《改革政府》,周敦仁等译,上海文艺出版社 2006 年版,第 1 ~ 210 页。

⑤ 参见[法]玛丽 – 克劳德 · 斯莫茨:《治理在国际关系中的正确运用》,肖孝毛译,载《国际社会科学杂志》1999 年第 1 期。

⑥ 参见刘彩云:《政治学视域中价值理性的回归》,载《政治学研究》2013 年第 6 期。

预算治理现代化的目标模式；[①]魏治勋认为，预算治理是以多元主体合作求得公共利益最大化为取向，以更低的行政成本取得更好的公共服务从而实现公共利益最大化的预算善治为目标；[②]陈天祥认为，政府绩效是政治理性与技术理性的统一体，两者不可偏废；[③]彭国甫和张玉亮认为，追寻政治理性与技术理性的双重关怀是绩效预算发展的必然选择；[④]陈龙认为，预算在国家治理过程中除作为一种效率工具和控制工具外，其最终价值是为公共理性，从而在政府与社会、权力与权利、公域与私域之间形成良性的互动并最终实现预算善治。[⑤]

虽然学者对于预算善治研究的侧重点各有不同，但均认为合法性、有效、责任、回应和参与等是预算善治的基本要素。预算善治兼具工具理性（工具主义善）与价值理性（目的主义善）于一体，且其价值性应高于工具性，甚至是对工具性强有力的约束。[⑥] 由此，预算善治作为实现社会利益最大化的预算治理，其具体可概括为以人为本、依法治理和公共治理三个特征。[⑦]

首先，预算善治是以人为本的预算治理。预算是统治者向被统

---

① 参见吴汉东：《国家治理现代化的三个维度：共治、善治与法治》，载《法制与社会发展》2014 年第 5 期。

② 参见魏治勋：《"善治"视野中的国家治理能力及其现代化》，载《法学论坛》2014 年第 2 期。

③ 参见陈天祥：《政府绩效管理研究：回归政治与技术双重理性本义》，载《浙江大学学报》2011 年第 4 期。

④ 参见彭国甫、张玉亮：《追寻工具理性与价值理性的整合——地方政府公共事业管理绩效评估的发展方向》，载《中国行政管理》2007 年第 6 期。

⑤ 参见陈龙：《预算治理新价值：破解良序社会生成中的理性困境》，载《地方财政研究》2015 年第 7 期。

⑥ 参见周安平：《善治与法治关系的辨析——对当下认识误区的厘清》，载《法商研究》2015 年第 4 期。

⑦ 参见张文显：《法治与国家治理现代化》，载《中国法学》2014 年第 4 期。

治者要求赋予关于收入、支出权限的申请书。[①] 因而，预算权的产生目的归根到底是要保障公共财政收入的来源者即广大人民群众的财政信托利益最大化，保障人民大众的公共财政福利和社会公共需要得到最大化、最优化的实现或满足。[②]

其次，预算善治必须是预算法治。预算作为经国家权力机关审议批准的法律文件，具有约束力与执行力，预算执行机关必须严格执行。同时，预算善治以明确的法律法规体系为基础，打破了传统的过度依靠财政政策等"软法"治理的困境，实现由传统的先试点后立法的"投石问路"到"凡重大改革都要于法有据"。

最后，预算善治是一种公共治理。财政资金配置是以最大限度地满足社会公众的利益偏好为目的的公共选择的过程，资金配置去向应反映公众的利益诉求，符合社会公共利益，这就需要公民参与到预算编制、审议、执行以及监督等活动的全过程，实现预算治理由一元向多元、由被动向主动，同时也使政府的预算的治理方式由恣意、神秘化向透明、规范化转变。[③]

二、预算善治是绩效预算治理的价值追求

预算善治是预算治理现代化实现的理想状态。但是，预算善治是一种"抽象的""被赋予的"善，需要具体的制度构建使其转化为

① 参见[日]神野直彦：《财政学——财政现象的实体化分析》，彭曦等译，南京大学出版社2012年版，第65页。

② 参见朱大旗：《现代预算权体系中的人民主体地位》，载《现代法学》2015年第3期。

③ 参见姜明安：《国家治理现代化过程中国家治理要素的转变》，载《法制与社会发展》2014年第5期。

“具体的”“自带的”善。[①] 为此,注重财政资金的配置效率与运作效率并以结果为导向,实现社会利益最大化的兼具工具主义善与目的主义善的绩效预算管理模式无疑成为实现预算善治终极价值目标的最优制度选择。绩效预算(Performance Budgeting)是发达国家在新公共管理理念和财政民主化背景下,追求政府资金效率的一种预算管理方式,通过设定有意义的绩效目标、衡量进展情况、为决策者在配置有限资源和审议优先次序时提供信息,从而在公共服务中创造价值。[②] 时至今日,无论是理论界还是实务部门对于“绩效预算”一词还没有一个得到普遍认可或广泛接受的定义。有学者将其理解为一种实现公共财政支出“货币价值”最大化的财政管理体制,[③] 还有的将其理解为一种决策规则,认为绩效预算是一种把资源配置的绩效好坏挂钩的预算形式。[④] 与传统预算模式相比,绩效预算将预算理性注入预算管理的全过程,呈现以下特征。[⑤]

1. 以结果为导向

长期以来,世界各国奉行的是一种投入导向型的政府预算模式,其突出强调的是预算管理的资金分配职能,即政府支配了多少资金,投放到了哪些领域,哪些社会群体享用了财政资金。这种模式追求的是政治效果或遵从绩效,注重预算支出的民主性和合法性,而忽视财政资金投入的实际结果。与此不同,绩效预算则将政

① 参见周安平:《善治与法治关系的辨析——对当下认识误区的厘清》,载《法商研究》2015 年第 4 期。

② 参见孟庆瑜:《绩效预算法律问题研究》,载《现代法学》2013 年第 1 期。

③ 参见马骏:《新绩效预算》,载《中央财经大学学报》2004 年第 8 期。

④ 参见[美]珍妮特 · M. 凯丽、威廉姆 · C. 瑞文巴克:《地方政府绩效预算》,苟燕楠译,上海财经大学出版社 2007 年版,第 2 页。

⑤ 参见孟庆瑜:《绩效预算法律问题研究》,载《现代法学》2013 年第 1 期。

府预算视为一种以结果为导向的投入与产出过程，并把预算的产出和结果区分开来，把产出界定为投入的直接成果，把结果界定为这些产出所带来的社会后果，绩效目标要能清晰反映预算资金的预期产出和效果，并以相应的绩效指标予以细化、量化描述。它要求政府的预算报告不仅要清楚地说明政府资金使用了多少、产出了什么，而且还要说明取得了什么社会效果。

2. 以分权为激励

在传统的控制型预算管理体制下，预算管理机关与支出机构之间是一种管理与被管理、监督与被监督的关系，预算管理机关充当的是财政资金的"保护者"与"看守者"的角色。① 而以"目标—绩效—责任"为轴心的绩效预算本质上属于"分权化预算"，它使预算管理与监督的重点从原来的"注重过程"变为"注重结果"，从而使预算权力配置发生根本性的变化。② 在以结果为导向的绩效预算模式下，国家权力机关作为预算审批者的地位并没有发生改变，但是其对于预算的影响力呈现下降的趋势，部分预算权力被赋予预算管理部门，从而形成新的权力制约关系。③ 预算管理部门的工作重点从关注支出的合法性逐步转移到关注支出的结果与绩效、从关注过程逐步转移到关注支出机构的支出重点与总量，预算管理机关与支出机构之间的关系由过去的支出增加与削减之间的博弈转为在平

---

① See Anoto, Thomas, *The Politics of State Expenditure in Illinois*, University of Illinois Press, 1966, p. 122.

② 参见王柳：《绩效问责的制度逻辑及实现路径》，载《中国行政管理》2016 年第 7 期。

③ 美国《1993 年政府绩效与成果法案》为强化预算管理责任同时增加其灵活性就在第 9703 条明确规定，绩效计划的编制可以申请豁免行政程序性规定和控制，包括职员配置的具体规定、补助或薪酬的限制，以及资金在部分预算分类条目之间的流转的禁止和限制等，以作为对完成绩效目标的个人或组织的责任感的回报。参见财政部预算司编：《部分国家预算法汇编》，外文出版社 2005 年版，第 492 页。

等协商基础上拟定支出的绩效改进方案与措施,由过去通过具体预算额度与预算项目安排形成的控制关系转变为由预算总额、战略目标以及绩效责任形成的控制关系。① 预算管理机关不再是预算资金的“守护者”与“控制者”,而成为预算支出与国家宏观经济目标、财政目标的适应性的“政策管理者”以及支出绩效的“评价者”。与此同时,支出机构在预算资金的使用上获得了包括自由裁量、自由调剂甚至是结余资金的留用或者是获得奖励等自主权。

3. 以绩效评价为关键

绩效评价是指预算绩效管理主体根据设定的绩效目标,运用科学、合理的绩效评价指标、评价标准和评价方法,对财政支出的经济性、效率性和效益性进行客观、公正的评价。按照评价主体的不同可分为财政部门评价(评估)和预算部门(单位)自行评价,按照评价的内容可分为项目支出绩效评价、部门整体支出绩效评价、基本支出绩效评价和财政政策综合绩效评价等。推行绩效预算的目的在于建立投入与结果之间的关联性,但在将资源与成效相关联之前,政府需要系统地采集与成本和绩效有关的可靠、一致、完整且可比较的信息。因此,建立起一种科学有效的绩效评价机制,即一种对公共部门资源利用、产出以及预期结果之达成等有关信息的系统收集、分析和报告的制度和流程,进而通过一组指标来衡量政府活动的产出和结果实现的程度,对于能否真正施行绩效预算制度具有至关重要的意义。在实践中,绩效评价也常常成为各国推行绩效预算改革时遭遇的最突出的薄弱环节,因为绩效评价面临评价指标的恰当选取、评价标准和方法的科学确立、绩效信息的有效供给和合

---

① 参见刘寒波:《结果导向的绩效预算》,湖南人民出版社 2014 年版,第 41 页。

理运用等诸多现实问题的困扰。为此,财政部印发的《预算绩效评价共性指标体系框架》分别从项目支出绩效评价、部门整体支出绩效评价和财政预算绩效评价三个方面构建了共性指标体系框架,用于在设置具体共性指标时提供指导和参考。各级地方政府根据本地区的实际情况也出台了一系列预算绩效评价办法,对绩效评价职责分工、评价对象与内容、评价的指标体系和评价方法、工作程序以及绩效评价结果的反馈与应用等都作出了明确的规定。①

4. 以监督和责任为约束

使用者与所有者相分离是公共财政资金的基本特征,公共财政资金的使用者与决策者是政府或由公众选举出来的代表,而资金的所有者是广大的纳税人,两者之间存在一种委托—代理关系。公共财政资金的决策者或使用者可能会根据自己的利益偏好而未考虑纳税人的意愿使用财政资金,为此就要在公共预算过程中建立财政问责机制,以防止公共财政资金被用于私人目的,并进一步确保公共财政资金能够最大化地满足社会公众的需要。

在传统的预算管理模式下,预算管理机关的责任是十分明确的,但结果导向的预算管理模式赋予了预算管理机关新的职责:首先,结果导向的预算管理模式在进一步强化目标和支出总额控制的同时,适当给预算支出机构下放支出管理权限,减轻了预算管理机关对具体支出项目的控制责任;其次,结果导向的绩效预算以支出的考核评价为标准,改变了过去将产出或投入作为考核评价标准的做法,公众对支出结果的满意度成为检验支出是否合理的重要标

---

① 例如,《山西省预算绩效评价管理办法》《广西壮族自治区预算绩效评价结果应用暂行办法》《浦东新区财政预算绩效评价结果公开管理办法(试行)》《嘉兴市预算绩效评价实施办法(试行)》等。

准;最后,在支出总额控制的前提下,预算管理机关与支出机关之间的关系由管理与被管理的关系转变为相互尊重和平等的“合同预算”关系,由此也导致了支出责任发生变化。① 在预算分权的同时,当然离不开预算监督和责任的约束。与投入导向型预算制度不同,绩效预算使资源投入与政府行为的产出和效果联系起来,大大提高了政府运行的透明度,不仅使政府内部的管理者能够准确把握其工作的优劣状态,政府绩效报告还可以成为广大社会公众评价和监督政府的一个基本依据。

综上所述,绩效预算不仅体现出由片面强调实现国家职能、保障公权力行使逐步转变为满足公共需求、促进民众权利的“以人为本”的价值追求,体现出财政分权与管理责任相统一的预算法治的基本要求,更体现出受托责任、公开透明、可预见性和公众参与的公共治理的四个支柱。因而,绩效预算是预算善治的具体制度体现,而预算善治是绩效预算的终极价值目标,二者互为表里、相辅相成。

第二节 预算绩效管理的框架体系与治理模式

一、绩效预算的发展脉络

(一)美国绩效预算的发展脉络

绩效预算正式出现于20世纪50年代的美国,此时的预算过程不再是一个资金供给的过程,而是开始承担起资金供给和确立绩效目标的双重功能。在这种模式下,预算主要拨给具体的活动而非传统意义上的某个与预算科目相关联的支出用途,即同传统的以控制

---

① 有关“合同预算”的相关内容,参见马骏:《新绩效预算》,载《中央财经大学学报》2004年第8期。

为导向的预算相比，关注的重点由投入转移到产出。同时通过投入与产出之比，政府能够更好地评估预算项目的绩效，以便向决策者提供更多的信息。由于绩效预算的实行需要各部门之间的沟通与协调，因此，此时的预算决策大都以分权的形式进行，这有利于预算管理机关将精力放到政策的制定上，并有充足的时间评估各支出机构是否提供了其承诺的产出。但是，此时的绩效预算的重点是完成了什么工作以及是否有效率地完成了该项工作，并不关心支出目标的设定是否合理，即只要是高效率地实现了预算目标就是有效率的，它所关心的只是支出效率而非支出效果。

到了 20 世纪 60 年代，美国兴起了一种新的计划项目预算体制（Plan-Program-Budgeting System，PPBS），或简称计划项目预算（PPB），是预算史上首次在政府内部整合计划与预算的一次雄心勃勃的努力，并影响了其他发达国家和发展中国家的预算改革。[①] 计划项目预算以目标和政策为取向，关注预算的结果，即一定数量的财政资金支出后实现了怎样的效果，它要求预算部门制定预算时不应局限于一个预算年度内，要有长远的目标。此外，计划项目预算过程主要包括目标计划、项目构建与选择和预算三大步骤。计划项目预算要求预算部门在确立目标后，设计达成该目标的各种替代方案，最后运用“成本—收益”分析方法来选择一个最佳的方案并为之提供财政资金。因而，计划项目预算的核心是项目的构建。但无论是发达国家还是发展中国家，计划项目预算改革都不是很成功，各国只能根据本国的实际情况吸收计划项目预算的合理成分。

20 世纪 70 年代，零基预算开始进入人们的视野。在传统的预

① 参见马骏、赵早早：《公共预算：比较研究》，中央编译出版社 2011 年版，第 320 页。

算模式下,预算审查者只关心增加支出,而很少关注预算基数中的那些科目设置是否合理。零基预算作为一种管理取向的预算模式,目的是提高预算管理机关对各个部门预算申请的管理控制,进而改进资源的配置效率。零基预算的一个基本特征是,作为预算决策或者预算拨款依据的预算基数不再是神圣不可侵犯的,现有的支出必须和新的支出一起比较和竞争,各个部门每年都必须为它的全部预算申请进行辩护。[①] 零基预算的过程主要包括寻找和确定基本的决策单位,形成决策包并对决策包进行审查和排序三个步骤。零基预算虽打破了传统的预算基数的限制,但预算过程本质上是一个政治过程,支出项目的确定无法完全排除政治因素的干预,此外,不少项目的财政支出属于法定支出,无法被轻易削减或终止。正是因为有政治以及法律上的限制,零基预算的尝试也没有取得良好的效果。

虽然 20 世纪 80 年代以前的预算改革都在不同程度上影响了政府的预算过程,但都没有取得成功。20 世纪 70 年代末 80 年代初,为了应对财政危机、削减公共支出的社会压力以及公众对政府信任下降构成的挑战,西方国家开始了新一轮的预算改革——新绩效预算改革,主张在一个长远框架内和总额约束的条件下,根据核心使命、整体性思考和计划,确定战略目标和支出重点,并在此基础上选择正确的活动,对活动进行结果导向的绩效测量,然后分配资源,最后评估实现的绩效,这为预算治理改革提供了新思路。

(二)我国绩效预算发展历程

我国预算绩效管理改革随着公共财政框架体系的建立应运而生,并在现代财政制度改革中不断发展完善。从 20 世纪 90 年代后

---

① See John L. Mikesell, *Fiscal Administration*, Hartcout Brace College Publishers, 1999, pp. 199 – 200.

期起,国家逐步加强对财政支出项目验收、考核等工作的管理,财政部于2002年印发的《中央本级项目支出预算管理办法(试行)》指出要坚持"追踪问效"的基本原则,即财政部和中央部门对财政预算资金安排项目的执行过程实施追踪问效,并对项目完成结果进行绩效评价,绩效评价结果作为加强项目管理及安排以后年度项目支出预算的重要依据。此后,广东省、浙江省等部分省份进行试点工作,如广东省财政厅《关于进一步加强财政支出管理的意见》指出要"开展绩效评价,提高财政资金使用效益",并对资金使用实施"跟踪问效"。[①]《浙江省省级部门项目支出预算管理暂行办法》也规定要"追踪问效",并对年度预算安排的项目实行绩效考评制,绩效考评结果将记入省财政厅项目库和省级部门项目库,作为以后年度省级部门项目审批立项和安排项目支出预算的参考依据。[②]

党的十六届三中全会提出"建立预算绩效评价体系",党的十七届二中全会提出要"推行政府绩效管理和行政问责制度"、[③]《"十二五"规划纲要》更进一步明确了"建立科学合理的政府绩效评估指标体系和评估机制"。[④] 党的十一届全国人民代表大会第五次会议主席团通过的《第十一届全国人民代表大会财政经济委员会关于二〇一一年中央和地方预算执行情况与二〇一二年中央和地方预算草案的审查结果报告》明确提出,完善部门预算管理制度,科学确

---

① 参见广东省人民政府办公厅转发省财政厅《关于进一步加强财政支出管理的意见》(粤府办〔2003〕100号)。

② 参见《浙江省省级部门项目支出预算管理暂行办法》(浙财预字〔2007〕17号)第4条、第29条、第30条。

③ 参见2008年党的十七届二中全会通过的《中共中央关于深化行政管理体制改革的意见》。

④ 参见《国民经济和社会发展第十二个五年规划纲要》。

定预算收支范围,健全支出绩效考评机制。时任总理温家宝在国务院第五次廉政工作会议上强调,要“抓紧建立政府绩效评估制度”。国务院还专门批准建立了由监察部牵头的政府绩效管理工作部际联席会议制度,推进政府绩效管理试点。

党的十八大以来,党和政府越来越重视绩效在国家财政支出中的作用。2014 年国务院《关于深化预算管理制度改革的决定》指出要“全面推进预算绩效管理工作,强化支出责任和效率意识,逐步将绩效管理范围覆盖各级预算单位和所有财政资金,将绩效评价重点由项目支出拓展到部门整体支出和政策、制度、管理等方面,加强绩效评价结果应用,将评价结果作为调整支出结构、完善财政政策和科学安排预算的重要依据”,“完善管理制度,创新管理方式,提高管理绩效,用好增量资金……提高资金效益,逐步建立与实现现代化相适应的现代财政制度”。2015 年国务院《关于实行中期财政规划管理的意见》指出要“建立预算绩效评价机制”。2016 年《国民经济和社会发展第十三个五年规划纲要》指出要“全面推进预算绩效管理”。2017 年国务院《关于落实〈政府工作报告〉重点工作部门分工的意见》提出要“深入推进政府预决算公开,倒逼沉淀资金盘活,提高资金使用效率,每一笔钱都要花在明处、用出实效”。2018 年国务院《政府工作报告》中指出要“调整财政支出结构,盘活沉淀资金”。2019 年《政府工作报告》中明确提出“推进财税体制改革,预算绩效管理改革全面启动”。此外,国务院、财政部相继出台一系列旨在提高财政资金使用效率,实现绩效预算目标管理的相关法律法规与部门规章。

由此,我国的预算绩效管理大致可以划分为自发探索萌芽、加强绩效评价试点、全过程预算绩效管理理念的确立以及预算绩效管理发展新时期四个阶段,并在不断地发展完善。[①] 当前,我国的预算绩效管理改革正平稳推进,已经初步建成了全过程预算绩效管理框架体系,相关规章制度与配套设施不断完善,绩效评价范围正不断扩大,评价模式也不断创新,预算绩效管理正从当初的自发探索步入到规范化管理的"快车道"。[②] 但同时我们也应该看到,虽然中央和地方各级政府都对预算绩效管理进行了一系列的尝试,但我国的预算绩效管理改革才刚刚起步。预算绩效管理改革引入了现代评估技术和信息技术,其不是局部的、微观的、具体的财政支出改革,而是全局性的、宏观性的理念重塑和流程再造。

二、预算绩效管理的框架体系

预算绩效管理是指在预算管理中融入绩效理念和要求,将绩效目标管理、绩效跟踪监控管理、绩效评价及结果应用管理纳入预算编制、执行、监督的全过程,以提高财政资金使用效益的一系列管理活动。[③] 美国 1993 年《政府绩效与结果法案》将预算绩效管理分为战略计划、年度绩效计划和年度绩效报告三个阶段。[④] 财政部 2011 年发布的《关于推进预算绩效管理的指导意见》明确指出要建立"预算编制有目标、预算执行有监控、预算完成有评价、评价结果有反馈、反馈结果有应用"的预算绩效管理机制。因此,绩效预算管理

---

① 参见王海涛:《推进我国预算绩效管理的思考与研究》,经济科学出版社 2014 年版,第 147 ~ 149 页。

② 同上书,第 149 ~ 153 页。

③ 参见财政部《关于推进预算绩效管理的指导意见》(财预〔2011〕416 号)。

④ 本书所引用的美国《政府绩效与成果法案》,参见财政部预算司:《部分国家预算法汇编》,外文出版社 2005 年版,第 488 ~ 497 页。

一般具备以下框架。

首先,制订年度绩效预算计划。绩效目标是预算绩效管理的基础,是整个预算绩效管理系统的前提,包括绩效内容、绩效指标和绩效标准。年度绩效计划通常是在编制年度预算时根据国民经济和社会发展规划及相关专项规划、部门(单位)职责,编制的本部门、本单位年度事业发展计划和总体目标,包括以结果为导向的绩效目标、实现绩效目标所需开展的活动和所要动用的财政资源、衡量绩效目标的具体指标体系的构建等内容,是全过程预算绩效管理的基础。

其次,提交绩效预算报告。为跟踪预算部门年度绩效计划的进展情况,一般要求各级财政部门和预算单位要建立绩效运行跟踪监控机制,定期采集绩效运行信息并汇总分析,对绩效目标运行情况进行跟踪管理和督促检查,纠偏扬长,促进绩效目标的顺利实现。跟踪监控中发现绩效运行目标与预期绩效目标发生偏离时,要及时采取措施予以纠正。目前,除澳大利亚、新西兰等国家规定需要提交月报告和年中报告外,大部分国家都只是需要在预算年度结束后提交一份年度绩效预算报告。①

再次,绩效评价管理。预算支出绩效评价是预算绩效管理的核心,为此,预算绩效管理主体要根据设定的绩效目标,运用科学、合理的绩效评价指标、评价标准和评价方法,对财政支出的经济性、效率性和效益性进行客观、公正的评价。当前,我国的绩效评价按照评价的形式可分为财政评价、部门自行评价和委托第三方评价。

---

① 如澳大利亚的《预算诚信法案》就要求政府要发布一系列的综合性报告,以监控政府的财政行为与目标的一致性,使公众能够监督政府的财政管理活动。这些报告包括在预算编制期间的《经济与财政前景展望报告》,在之后 6 个月发布的《年中经济和财政展望报告》,以及在财政年度结束后 3 个月发布的《最终预算结果》报告等。参见苟燕楠:《绩效预算:模式与路径》,中国财政经济出版社 2011 年版,第 61 ~ 71 页。

最后，绩效评价结果反馈和应用管理。对于预算部门管理者来说，绩效预算评级结果有利于其了解公众的偏好以及自身工作中存在的不足，以便改进管理措施、提高管理水平、降低支出成本、增强支出责任。同时，绩效评价结果也是调整以后年度预算分配的重要依据，有利于科学安排预算、调整支出结构、完善财政政策、加强制度建设、实施绩效监督。

三、我国预算绩效管理的治理模式

随着党和政府对预算绩效管理理念认知的不断深入，各地相继出台了一系列有关预算绩效管理的文件，旨在明确预算绩效管理的路径、程序、规范和标准，建立健全绩效预算编制、监控、评价和结果应用的管理体系；同时，建立和完善了相关的制度保障机制、工作运行机制、结果应用机制并制定了符合本地特色的预算绩效管理的评价体系（见表 1）。[①]

表 1　我国当前的绩效预算治理模式

绩效预算模式	绩效评价时间	绩效评价结果与年度预算资金安排的关系
北京模式	预算全过程	重要依据
上海模式	预算全过程	重要依据

① 在中央层面上，财政部颁布了一系列规范性文件，如财政部《关于推进预算绩效管理的指导意见》（财预〔2011〕416 号），财政部印发的《中央部门预算绩效目标管理办法》（财预〔2015〕88 号）等；在地方层面上，地方政府出台了一系列有关预算绩效管理的规章制度如合肥市人民政府办公厅印发的《合肥市预算绩效管理考核问责暂行办法》，厦门市财政局印发的《厦门市委托第三方机构参与预算绩效管理暂行办法》，福建省财政厅印发的《福建省预算绩效管理专家管理办法》，湖北省财政厅印发的《湖北省第三方机构参与预算绩效管理工作暂行办法》，深圳市财政委员会印发的《深圳市本级预算绩效目标管理工作规程（试行）》等文件，极大地规范了预算绩效管理活动。

续表

绩效预算模式	绩效评价时间	绩效评价结果与年度预算资金安排的关系
山西模式	预算年度终了	重要依据
合肥模式	预算年度终了	挂钩资金分配与年度预算安排
广西模式	预算年度终了	挂钩资金分配与年度预算安排
辽宁模式	预算年度终了	挂钩资金分配与年度预算安排

从某种意义上来讲,公共财政管理的过程就是信息管理的过程,在这一流程的各个阶段,信息被开发、分类、汇编成文件,并转化为政策、行动和财政成果。因此,要改变财政支出的行为和结果,必须改变财政活动参与者获得信息、处理信息的方法以及对参与者行为的约束。① 预算绩效评价结果应用是指评价组织机构通过多种形式充分利用绩效评价结果,并将其转化为提高预算资金使用绩效、部门履职能力、财政部门财政管理水平和政策有效性等具体行为活动。绩效评价结果应用方式主要有以下几个方面:结果反馈整改、结果公开、结果报告、结果与预算安排相结合等。根据预算绩效评价结果与年度预算资金分配之间的关系,可以将我国当前的绩效预算模式划分为绩效启发型预算和公式型预算。②

(一)绩效启发型预算

在绩效启发型预算管理过程中,财政资源的配置与绩效评价结果是一种间接的关系,绩效评价结果仅仅作为影响资源配置的因素

① 参见[美]艾伦·希克:《公共财政管理工具有效吗?》(上),载《金融法治研究》2016年第6期。

② 在绩效预算改革中,各个国家都开始收集越来越多的绩效信息,并不断地改善这些信息的质量及与其政策的相关性,并将其整合进预算过程。根据绩效信息在预算过程中的作用,可以将绩效预算划分为三种类型:绩效提交型预算、绩效启发型预算和公式型绩效预算。See Kraan and Dirk-Jan, "Performance Budgeting in OECD Cuntries", *OECD Journal on Budgeting*, Vol. 7, No. 4, 2007, pp. 22 – 23.

之一而存在,并不起决定性作用。例如,无论是《北京市预算绩效管理办法(试行)》,还是《上海市预算绩效管理实施办法》都规定绩效评价结果仅仅作为以后年度编制部门预算和安排资金的重要依据。[①] 在这种模式中,绩效评价结果的作用主要用于计划和财政问责两个目的。以《上海市预算绩效管理实施办法》为例,上海市实行的是全过程绩效预算,即在预算管理中融入绩效理念和要求,将绩效目标管理、绩效跟踪监控管理、绩效评价及结果应用管理纳入预算编制、执行、监督的全过程,以提高财政资金使用效益。首先,预算部门(单位)根据国民经济和社会发展规划及相关专项规划、部门(单位)职责,编制本部门、本单位年度事业发展计划和总体目标,并在设立项目和编制项目预算时,按要求编制项目绩效目标,经预算主管部门审核后才能进入下一环节。其次,要加强对绩效的跟踪管理。预算绩效管理主体根据确定的项目绩效目标,通过动态或定期采集项目管理信息和项目绩效运行信息,对项目管理的各相关内容和目标要求的完成情况进行跟踪,并在归纳分析的基础上,及时、系统地反映预算执行过程中的项目绩效目标的运行情况和实现程度,纠正绩效运行偏差,促进项目绩效目标的实现,实施跟踪的具体时间可根据项目的特点确定,在一个财政年度内,绩效跟踪次数一般为1~2次。最后,绩效评价结果的应用与管理。评价工作完成后,评价组织方应就绩效评价报告的有关内容,听取各相关方面意见,及时整理、分析、归纳,并在规定时间内将评价结果反馈给被评价方,作为改进预算管理和项目管理,落实问题整改的重要依据。

---

① 参见《北京市预算绩效管理办法(试行)》第25条、《上海市预算绩效管理实施办法》第51条以及《山西省预算绩效评价管理办法》第35条等。

(二)公式型绩效预算

在公式型绩效预算模式中,在某些领域,预算绩效评价结果与财政资金配置之间已表现出明确的、直接的关系,预算资金配置是建立在明确的绩效或活动指标之上。例如,《合肥市预算绩效管理考核问责暂行办法》采用绩效评价结果与预算资金安排相挂钩的形式,根据绩效管理工作考核和财政支出绩效评价结果,将预算绩效评价结果划分为优秀、良好、合格和不合格四个等级,并分别按"优先、支持、从紧、取消"的原则与预算安排挂钩。对于评价结果为优秀的,按优先原则,编制单位下一年度部门预算、安排该项目下一期专项资金;评价为良好、合格的,在单位对存在的问题整改到位后,分别按支持、从紧的原则,编制单位下一年度部门预算、安排该项目下一期专项资金;若绩效评价结果为不合格,则被列入"财政支出绩效考核结果黑名单"数据库,对单位下一年度部门预算安排压缩5%～10%,取消财政支出绩效问题突出项目资金后续安排。[①] 而《广西壮族自治区预算绩效评价结果应用暂行办法》将绩效评价结果与预算资金安排相挂钩,将项目资金的绩效评定分为优秀、良好、合格和不合格四个等级,并根据等级的不同分别采取"按实际预算予以保障""优先安排同类或新增项目资金预算""原则上按[20－(分数－60)]%以上的比例减少安排"甚至是"原则上不予安排同类或新增项目资金预算"的形式。同样,对于部门整体支出也采用绩效评价结果与部门预算安排相挂钩的形式。[②] 而《辽宁省省级预算绩效管理结果应用暂行办法》建立了绩效监控、绩效评价结果与资金分配、年度预算安排紧密结合机制,对于"按因素法分配转移支

① 参见《合肥市预算绩效管理考核问责暂行办法》第7条。

② 参见《广西壮族自治区预算绩效评价结果应用暂行办法》第12条。

付资金”,要“将绩效监控、绩效评价结果作为分配因素”,为此还专门制定了《省对下专项转移支付绩效目标管理暂行办法》和《辽宁省省本级部门预算项目支出绩效目标管理办法》,采用定性审核的方式,将绩效评价结果分为“优”“良”“中”“差”四个等级。审核结果为“优”的,直接进入下一步预算安排流程;审核结果为“良”的,可与相关部门或单位进行协商,直接对其绩效目标进行完善后,进入下一步预算安排流程;审核结果为“中”的,由相关部门或单位对其进行修改完善,按程序重新报送审核;审核结果为“差”的,不得进入下一步预算安排流程(见表2)。①

表2　不同绩效预算治理模式下评价结果的应用

预算模式	启发型绩效预算	公式型绩效预算
典型地区	北京、上海	辽宁、广西、合肥
评价结果与资金分配的关系	间接关系,仅作为预算资金分配的重要依据之一	直接关系,与资金分配与预算安排挂钩
适用领域	全部预算资金	重大民生、社会关注、政府购买公共服务领域
绩效评价环节	预算全过程	预算年度终了
绩效评价结果作用	计划与财政问责	分配预算资金

虽然绩效评价是预算绩效管理的核心,但是绩效评价在融入预算的道路上荆棘满布。首先,财政支出的本质在于财政资金的选择与取舍,公共财政资金的稀缺性与支出需求无限性决定了预算资金的分配必然导致“行动者之间的相互竞争,项目之间以及受益人之

① 参见辽宁省财政厅《省对下专项转移支付绩效目标管理暂行办法》第22条,《辽宁省省本级部门预算项目支出绩效目标管理办法》第22条。

间的相互竞争”，[①]但我国《宪法》规定了教育、医疗、社会保障、就业、住房以及文化等权利是公民的基本权利，但这些权利的实现却在很大程度上依赖政府如何分配稀缺公共预算资源。[②] 在我国当前政府主导型的财政支出模式下，政府更加偏好的支出往往享有更高的支出优先权。为此，如何平衡不同利益主体之间矛盾，达成一致的支出意见是绩效预算管理面临的首要难题。其次，绩效预算信息的评定也需要成本和必要的制度支撑。绩效考评结果的准确与否严重依赖数据和信息，取决于信息本身及其传输的质量。绩效考评的信息或来源于现有的统计数据和资料，或源于专门的信息收集机构收集的信息。但由于相关激励机制的缺失，政府公共部门尚未形成为考评而专门收集数据资料的习惯，由此导致绩效信息缺乏权威性与科学性。最后，如何使用绩效信息来编制预算也是预算绩效管理面临的重大挑战。政府预算活动的复杂性与公共财政目标的多重性决定了要给所有的政府活动建立共同的绩效特征几乎是不可能的。此外，绩效和预算之间的关系也不是直观的，拙劣的效果可能不是因为项目设计或管理活动不合格所致，而是由于要着手解决的问题太过于困难。[③] 再加上受法律规定的限制，预算结构和支出类型限制了预算决策者削减项目的能力，由此导致了预算绩效评价在实际运用过程中面临的一系列困境。

---

① ［美］爱伦·鲁宾：《公共预算中的政治：收入与支出，借贷与平衡》，叶娟丽、马骏等译，中国人民大学出版社 2001 年版，第 148 页。

② 参见［美］史蒂芬·霍尔姆斯、凯斯·R. 桑斯坦：《权利的成本——为什么自由依赖于税》，毕竟悦译，北京大学出版社 2004 年版，第 76 页。

③ 参见［美］罗伊·T. 梅耶斯等：《公共预算经典——面向绩效的新发展》，苟燕楠、董静译，上海财经大学出版社 2005 年版，第 517 页。

第三节 我国预算绩效管理的现实困境

公共预算涉及目标选择和实现这些目标的手段,关系到社会的经济和财政的资源在公共部门和私人部门之间的分配,以及这些资源在相互竞争的公共部门需求之间的配置。因此,公共预算制度是选择目标与选择手段的制度。[①] 建立一个对公众负责的政府,一方面要加强对政府预算的控制,确保国家公共财政资金用于经国家权力机关审查、批准的项目、范围,这是维护国家财经纪律,体现人民主权的主要表现;另一方面还必须能够有效使用公共财政资金来满足社会公众需要。公共财政资金源于纳税人缴纳的税收,而税收是纳税人为了获得政府提供的一定数量和质量的公共服务而支付的"对价",因而财政支出绩效是政府实现公共受托责任的关键。相较社会公众的需求而言,公共财政资金永远处于短缺状态,由此决定了国家财政支出必须重视效率。虽然我国当前的预算模式也强调支出绩效,但它所强调的是一种"遵从绩效",即国家财政资金的投入与使用是否严格遵守财经纪律,是否符合我国《预算法》及相关法律法规的规定,而并不要求财政资金的支出必须达到特定的效果,而这也是我国当前财政资金使用效率不高的主要原因。

一、预算绩效管理法律法规体系不完善

目前,我国《预算法》并没有对预算绩效管理作具体规定,同时缺乏绩效预算管理的专门法律,缺少立法刚性保障的预算绩效管理

---

① 参见[美]小罗伯特·D. 李、罗纳德·W. 约翰逊、菲利普·G. 乔伊斯:《公共预算制度》,扶松茂译,上海财经大学出版社 2010 年版,第 1 页。

改革无疑将导致改革方向的模糊和改革动力的不足。美国国会于1993年颁布了《政府绩效与结果法案》(Government Performance and Result Act 199,GPRA),对政府行政管理的评价由“投入—产出”模型转变为“目标—结果”模式,其目的主要是通过设定政府财政支出的绩效目标,比较绩效目标和实施成果,进行年度绩效评价,提高联邦政府的工作效率和责任心,同时要求政府各部门每年向国会提交年度绩效报告。[①] 新西兰1989年通过的《公共财政法案》把公共部门财务管理的重点由投入转向产出和结果,1994年《财政责任法案》(Fiscal Responsibility Act)又通过细化一系列有关财政管理责任的原则,提高绩效报告的质量来规范财政政策的实施。此外,绩效预算改革缺少对接性的制度配套支撑。施行绩效预算离不开正式制度的确认和保障,而且还需要非正式制度的支持与协同。尽管我国近些年以来的预算制度改革不断取得新进展,但是围绕绩效预算制度改革的制度变革和环境改善仍极其有限,如中长期财政规划管理、权责发生制的政府综合财务报告制度、绩效审计机制,我国这些配套性改革步伐迟缓,仅处于刚刚起步的阶段。[②]

二、预算绩效评价体制运作不足

实施结果导向型预算改革的一个基本要素是绩效评估,但是,我国当前的财政支出绩效评价,由于缺乏一套基于严密数据分析的

---

① 参见肖鹏:《美国政府预算制度》,经济科学出版社2014年版,第241~248页。

② 对于中期财政规划管理改革,国务院于2015年1月3日才发布《关于实行中期财政规划管理的意见》国发〔2015〕3号;而对于权责发生制政府综合财务报告制度改革,国务院也是2014年12月12日才发布《关于批转财政部权责发生制政府综合财务报告制度改革方案的通知》国发〔2014〕63号;对于绩效审计机制建构,国务院于2014年10月9日发布《关于加强审计工作的意见》国发〔2014〕48号。

科学、统一、完整的指标体系,无法满足对不同层面、不同行业、不同支出性质等方面进行综合、立体评价的要求,从而影响了财政支出绩效评价结果的公正和合理性,进而也影响了公共财政资金的使用绩效。

第一,预算绩效评价的能力问题。绩效预算评价是一项复杂的系统性工程,它要求政府及其工作人员拥有较强的个人能力以及技术方面的能力。由于预算体系碎片化,预算信息非常分散,当前我国各级政府及其工作人员在预算分析能力与预算信息的储备还不能实现绩效预算管理的现实需要。再加上绩效预算是用理性的预算分析来决定资金的分配,而对于相关信息的收集、分析和处理都有较高成本,忽视了传统控制取向预算模式下在简化预算计算以及降低信息负担上的价值。由此导致绩效预算的实施非但不能优化预算管理反而使预算过程更加复杂和难以管理。

第二,绩效评价信息与预算决策的融合度问题。构建有效、可信的绩效指标体系仅仅是结果导向型预算管理改革的第一步,其核心在于如何在预算和决策过程中让绩效数据的使用制度化,从而使绩效测量和报告不仅停留在预算办公室所要求的文本层面上。① 虽然推行绩效预算改革的国家十分重视预算绩效评级在资金分配与预算安排中的作用,但是如何确保作为绩效预算基础的信息的质量以及如何确保预算信息在预算过程中被使用,是各个国家在使用绩效评价信息时重点关注的问题。以澳大利亚为例,虽然澳大利亚政府要求各级政府部门都必须要公开预算考评结果,但是在实际的执行过程中,仍存在绩效评估与绩效结果运用相脱节的现象,预算资

① 参见牛美丽、何达基、宋小伟:《评价结果导向型管理和预算改革面临的概念和方法上的挑战》,载《公共行政评论》2014 年第 3 期。

金分配仍然是在没有考虑绩效评估结果的基础上进行的。在澳大利亚联邦政府层面的预算实践中，预算资金分配与绩效评价结果并不是主动的、有机地联系起来的，绩效预算信息在预算政策制定过程中仅作为参考，同其他信息相比并无优先权。[①]

三、预算绩效管理的适用范围不明确

预算资金的配置不仅是技术性的和以效率为基础的，同时也是预算参与主体间协商的结果，在某种程度上甚至容易受到利益集团的支配。[②] 因此，绩效评价结果与预算的关系是含混的，即使绩效评价结果能做到准确合理，也并不意味着能很容易地使用这些评定来分配资源。再加上政府公共部门目标具有多重性和模糊性，政府的财政支出不仅需要在服务成本、质量、数量和服务态度上满足公共的期望，而且还必须遵守为保证平等、公正、合法性和公开性等社会价值而设置的一系列程序和条件，而这些价值目标之间有时是不一致的，甚至是相互排斥的。因此，政府部门总面临这样一个运营环境：政府管理者对预算的各个参与者包括立法部门、当选政治家和公众作出回应，从而促成了公共部门的多重甚至有冲突的目标的形成或者尽量模糊部门目标以满足各方的要求，而这反过来又阻碍了绩效考评系统的发展——如果目标不清晰，是无法将结果与目标进行对比从而最终得出绩效考评结果的，而这正是绩效预算的核心。

根据财政部《财政支出绩效评价管理暂行办法》第 7 条的规定，

① 参见财政部预算司：《预算管理国际经验透视》，中国财政经济出版社 2003 年版，第 138 页。

② 参见［美］爱伦・鲁宾：《公共预算中的政治：收入与支出，借贷与平衡》，叶娟丽、马骏等译，中国人民大学出版社 2001 年版，第 25 ~ 27 页。

绩效评价的对象包括“纳入政府预算管理的资金和纳入部门预算管理的资金”,即全部财政资金都要进行绩效评价。但是预算根据不同的标准可以划分为不同的类型,而不同类型的预算在预算绩效管理上应使用不同的标准。当前,我国的预算主要分为基本支出预算与项目支出预算。其中,基本支出预算“是中央部门为保障其机构正常运转、完成日常工作任务而编制的年度基本支出计划,按其性质分为人员经费和日常公用经费”,①是部门预算的组成部分。而项目支出预算是“中央部门为完成其特定的行政工作任务或事业发展目标,在基本支出预算之外编制的年度项目支出计划。包括基本建设、有关事业发展专项计划、专项业务费、大型修缮、大型购置、大型会议等项目支出”。② 项目支出预算是最早也是最适宜开展绩效管理的,这不仅是因为项目支出预算是由一个个相对独立和用途明确的项目构成的,还因为这些项目的资金大部分是通过市场化途径来支出的,易于进行成本收益分析。因而项目支出预算遵循“追踪问效的原则”,对财政预算资金安排项目的执行过程实施追踪问效,对项目完成结果进行绩效考评,并将绩效考评结果作为加强项目管理及安排以后年度项目支出预算的重要依据,要把绩效管理的理念和要求融入项目支出预算管理的各个环节,建立事前有目标、事中有监控、事后有评价、结果要运用的全过程绩效运行机制。但基本项目预算的性质决定了其预算执行具有很强的刚性,必须严格遵守国家权力机关审议通过的预算案,按照“定额原则”进行管理。当前“一刀切”的预算绩效评价在一定程度上有悖于预算绩效管理的初衷,同时也极大地削弱了国家的预算治理能力。

---

① 参见《中央本级基本支出预算管理办法》第 4 条。

② 参见《中央本级项目支出预算管理办法》第 4 条。

四、绩效问责体制缺乏

预算绩效管理问责是指政府及其授权部门为提高财政资金使用绩效,对在预算编制和执行过程中,导致预算绩效管理未达到相关要求,以致财政资金配置和执行绩效未能达到预期目标或规定标准的下级政府、本级预算部门及其责任人员实行绩效问责。在绩效预算管理过程中,预算部门的责任主要表现在三个方面:首先是政治责任,即政府对居民的需要和愿望的反应能力,他们必须选择提供什么样的服务并为之确定大致的优先次序,为此可以适当增加政府部门的预算管理及资金分配权限,同时也为其政治追责奠定基础。其次是财务责任,它要求政府官员为税收中的每一分钱的征收和使用负责;财务责任的目的不仅是防止欺诈和贪污挪用,更在于其能够反映财政资金用到了何处,并在此过程中对政府的总体财务状况提供准确的评估。最后是运作责任,即政府提供公共服务的经济性和有效性。①

因而,强化政府预算绩效问责,是加强资金管理、强化支出责任、提高使用效益、体现政府公共服务目标的重要措施,也是贯彻科学理财、民主理财、依法理财要求的创新实践。财政效率高低是评价公共财政体制框架成败的核心,提高财政效率既有利于推进公共财政体制建设,也有利于推进我国整个市场经济体制的建设。②

虽然我国2018年《预算法》第12条明确规定"各级预算应当遵循统筹兼顾、勤俭节约、量力而行、讲求绩效和收支平衡的原则",但

① 参见[美]珍妮特·M.凯丽、威廉姆·C.瑞文巴克:《地方政府绩效预算》,苟燕楠译,上海财经大学出版社2007年版,第1~2页。

② 参见王旭东:《财政效率问题初探》,载《山东社会科学》2006年第10期。

无论是《预算法实施条例》,还是《财政违法行为处罚处分条例》都缺乏对绩效追责的具体规定,导致无论是中央部门还是各级地方政府在预算执行过程中仍注重对合法性的控制,现实生活中预算资金被浪费,却很少有相关部门及人员被追究责任。虽然部分地方政府结合本地区的社会实践出台了自己的绩效问责管理办法,但我国的绩效问责还存在以下问题。

首先,绩效问责事由单一。绩效预算是一种全过程预算,无论是在预算的编制、审批、执行甚至监督阶段都应考虑到其经济性与效率性。但是,当前我国部分地区的绩效问责主要是针对未达到预期的目标或规定的档次以及违反《财政违法行为处罚处分条例》或相关法律、法规、规章规定的情况,着重于事后问责,[①]而对于财政资金的配置和运行效率缺乏明确的规定。[②]

其次,预算法律责任形式单一。我国预算法律责任形式主要是行政责任,而缺少对预算违法行为的经济追责。[③] 由于许多预算违法行为出现的动力根源是为了获取非法的预算经济利益,为此需要加大对其进行经济问责,以维护财经纪律与社会公共利益。[④]《俄

① 参见《河北省预算绩效管理问责办法(试行)》第12条、《北京市预算绩效管理问责办法(试行)》第8条。

② 所谓的配置效率是指政府在根据公共项目实现其战略目标的效果的基础上对资源进行分配的能力,它要求政府具有将资源从旧有的优先项目到新的优先项目,以及从有效性差的计划转向有效性较好的计划的能力。配置效率要求政府建立目标并区分其优先次序,而且它要求政府评估公共支出对于这些目标的实际或者与其贡献。而管理效率是指政府能够有效率地组织和管理财政交易的能力。参见[美]艾伦·希克:《当代公共支出管理方法》,经济管理出版社2000年版,第37~45页。

③ 预算法上的经济责任是指预算法主体实施预算违法行为并造成相应的经济损害后果时,应为赔偿或补偿的责任。参见朱大旗、何遐祥:《预算法律责任探析》,载《法学家》2008年第5期。

④ 参见朱大旗、何遐祥:《预算法律责任探析》,载《法学家》2008年第5期。

罗斯联邦预算法典》规定，不给用款单位拨付预算资金或对拨付不及时的“对其主管国家机关、地方自治机关的领导人处以罚款，并对用款单位未拨足部分予以赔偿”，对不按专门用途使用预算资金的“对预算资金用款单位领导人处以罚款，并强制没收未按专门用途使用的预算资金”，若超过批准的额度对支出项目拨款的“对相关主管国家机关、地方自治机关的领导人处以罚款，强制收回提供的预算资金”。[①] 而我国无论是《预算法》还是《预算法实施条例》至今尚无追究预算违法行为经济责任的相关规定，《财政违法行为处罚处分条例》第 9 条仅仅规定了单位和个人违反国家有关投资建设项目规定，如截留、挪用国家建设资金，以虚报、冒领、关联交易等手段骗取国家建设资金或违反规定超概算投资等的才“核减或者停止拨付工程投资”，而对于其他财政违法行为则并没有追究经济责任。

最后，责任承担主体不明确。当前，我国绩效预算问责的责任主体主要是预算部门，如《北京市预算绩效管理问责办法（试行）》就规定“主管部门、预算单位在预算绩效管理工作中出现以下情况之一的，对其实行绩效问责”，而对于具体的负责人并无明确的追责。[②] 但是部门负责“其实意味着没有人能够真正地负责，因为任何人都没有明确的义务要给公众一个满意的交代，而且每个责任人都可以推卸责任并寻找替罪羊”。[③] 任何一个组织的行为都是依靠组织内部的个人来具体实施的，而个人能够代表组织从事具体活动的资格和能力又由其在组织中所享有的身份和地位所决定。“欲使

---

① 参见《俄罗斯联邦预算法典》第 293 条、第 289 条、第 297 条。

② 参见《北京市预算绩效管理问责办法（试行）》第 8 条。

③ Richard Mulgan, *Holding Power to Account: Accountability in Modern Democracies*, New York: Palgrave Macmillan, 2003, p. 195.

问责有效,责任必须是个人的责任而非组织的责任。”[①]故此,问责视野下的政府责任不仅应当表现为行政部门的整体性责任,同时也必须将责任落实到享有行政职权、代表行政部门进行决策并实施具体行为的行政官员。同时,鉴于行政机构等级结构,如果一定要有一名政府官员来代表组织履行问责义务,最公正的解决办法显然就是采用行政首长负责制。因为在行政机构内部,行政首长作为管理整个机构的最高行政长官,构成理论上唯一一个能够对所在机构的所有行为实施监督和控制的有权主体,而且也是能够对问责事件展开调查并实施制裁(包括救济)以回应公众需要的最具权威性的主体。[②]

五、财政激励机制不健全

预算的实质在于配置稀缺资源,它意味着在潜在的支出目标间进行选择。然而,传统预算往往强调执行机关是否严格按照议会审议批准的预算以及相关法律法规的规定分配财政资金,其支出控制性要远远高于对资源的配置性。有效的制度既要通过惩罚机制将个人行为限定在合理界域之内,同时也要依靠激励机制提供发展动力与合理预期,以实现激励与惩罚的合理均衡。[③] 如何构建财政支出预算执行的财政诱导与激励机制,在强化预算执行违法行为责任追究的同时激发或鼓励预算执行机关主动追求年度预算所设定的绩效目标,实现由“事后追责”向“事前引导”的转变是提高我国预

---

① Dennis, Thompson, *Political Ethics and Public Office*, Cambridge: Harvard University Press, 1987, p. 65.

② 参见曹鎏:《美国问责制的基本构成》,载《华东政法大学学报》2013 年第 3 期。

③ 参见俞宪忠:《优好制度设计的基本原则:激励与惩罚相兼容》,载《社会科学战线》2011 年第 12 期。

算执行效力的根本保证。

当前，我国绩效预算体系的建构未能充分吸纳“奖励—惩罚”范式[①]下的激励理论，使绩效改革的参与者对绩效预算制度缺乏整体认同感。[②] 因此，如何凝聚对绩效预算改革的认同，化解预算善治过程中所面临的危机，这对于我国预算善治提升显得尤为重要。为此需要形成注重“绩效”与“结果”并重的预算管理文化氛围，对预算管理制度和相关政治制度进行改革。因为只有在这样的制度环境中，预算决策者和管理者才会有压力和动机去接受和运用绩效信息，从而在政府公共部门内部建立有利绩效信息使用的授权机制，并提高绩效预算对于政府公共部门以及公众的可接受性，为绩效预算的实行提供广阔的空间。同时，这也是建立“预算编制有目标、预算执行有监控、预算完成有评价、评价结果有反馈、反馈结果有应用”的全过程预算绩效管理机制，实现预算绩效管理与预算编制、执行、监督有机结合的重要一环。

第四节　我国预算绩效管理的发展进路

预算绩效管理是一种新型的预算管理机制，贯穿于预算编制、审批、执行以及监督全过程，不仅是有效的技术工具与手段，更是一种先进的预算理念。它强调支出责任和效率意识，侧重结果导向，以财政支出的质量和效果为目的，以实现社会利益最大化的预算善

---

① 根据操作性条件反射的行为强化理论，以“奖励—惩罚”范式为基础的制度设计：奖励性可以起到巩固、保持、加强行为的正强化作用，惩罚性可以起到动摇、减弱、消退行为的负强化作用。参见丰霏：《法律制度的激励功能研究》，法律出版社 2015 年版，第 145 页。

② 参见孟庆瑜：《绩效预算法律问题研究》，载《现代法学》2013 年第 1 期。

治为宗旨。因此,绩效预算管理改革是一个长期、复杂的过程,不可能一蹴而就,而是要结合经济社会发展的客观情况,实行渐进式的改革。虽然我国在项目支出绩效评价方面已经进行了一些探索,但绩效预算管理仍处于起步阶段,相关配套制度仍有待完善。为此,我国的预算绩效管理改革必须要立足于我国公共财政建设和部门预算改革的实际情况,稳步推进试点、不断总结经验,探索建立适合我国国情的绩效预算管理模式。

一、完善预算绩效管理法律法规体系

国务院虽已先后发布一系列关于"提高财政支出绩效"的规范性文件,同时财政部作为预算绩效改革的践行者,自 2011 年伊始业已出台多部关于推进预算绩效管理的部门规章,但是绩效预算体系的构建作为一项系统工程,绝非仅靠政府单方努力就能达成。首先,要在我国《预算法》与《预算法实施条例》中对预算绩效管理的基本原则、基本框架体系以及绩效问责等内容作出明确规定,使预算绩效管理工作有法可依、有章可循,为全过程预算绩效管理顺利开展提供坚实的法律基础和有力的法律保障,以实现"凡属重大改革都要于法有据"①的依法治国的基本要求。其次,建立健全涵盖绩效目标、绩效监控、绩效评价、结果应用各环节的预算绩效管理制度。当前,我国部分地区虽然已出台一系列有关预算绩效管理的具体规章制度,但大都位阶较低且相对分散,缺乏统一的标准,这在一定程度上使预算绩效管理改革进程大幅放缓。最后,完善预算绩效

① 参见《习近平:把抓落实作为推进改革重点　重大改革都要于法有据》,载新华网:http://www.xinhuanet.com/politics/2014-02/28/c_119558018.htm,最后访问日期:2019 年 7 月 8 日。

管理配套制度建设,加强政府工作人员业务规程建设。应依据相关法律、法规及管理办法的规定,制订系统、规范的绩效管理工作流程和操作细则,明确各相关机构和人员在预算绩效管理工作中的职责,规范操作程序和质量控制要求,健全协调机制,建立分级分类、适用高效、便于操作的实施细则及业务规范。

二、增强政府及其工作人员的预算绩效管理能力

结果导向型管理和预算改革可视同为一种"治理改革",它要求政府部门公开报告绩效挑战了行政部门的信息支配优势地位,使国家权力机关和其他主要利益相关群体能够监督政府的支出活动和结果。此外,它预示着公共组织文化的转变——对机构领导业绩的评价不再依赖人际关系和政治权力因素,而要看是否公开地为结果和实际绩效负责。[①] 为此,预算机关及其工作人员的预算能力就有必要得到进一步的提升。

首先是预算绩效评价能力。绩效评价贯穿预算活动的全过程,《上海市预算绩效管理实施办法》就明确规定要坚持"绩效导向原则","预算管理各个环节的活动都要以绩效为核心导向"。政府若缺乏有效的绩效评价能力则预算绩效改革必败无疑。为此,中国资产评估协会于 2014 年制定了《财政支出(项目支出)绩效评价操作指引(试行)》,对财政支出绩效评价的基本要求、评价对象与内容、评价程序、评价方案、评价指标、评价标准和方法等内容都作了详细的规定。

其次是预算部门工作人员的个人能力。实施绩效预算要求政府机构拥有大批具有奉献精神且能熟练进行绩效评价及能娴熟地

---

① 参见牛美丽、何达基、宋小伟:《评价结果导向型管理和预算改革面临的概念和方法上的挑战》,载《公共行政评论》2014 年第 3 期。

运用绩效信息数据的工作人员。为此,需要加强对政府机构工作人员能力的培训。财政部《预算绩效管理工作规划(2012—2015 年)》明确指出要“健全培训机制,创新培训方式,采取专题培训、以会代训、选送深造,以及‘走出去、请进来’等多种方式,加大预算绩效管理培训力度”,以提升预算绩效管理工作人员的业务素质。

三、明确预算绩效评价的适用范围

由于不同类型的预算在绩效评价上使用不同的标准,将结果导向的绩效预算应用于政府部门的各个方面是非常困难的。[①] 尤其是我国预算绩效管理改革刚刚起步,相关制度尚不健全,将政府全部财政资金纳入绩效评价范围显然不合实际。《财政支出绩效评价管理暂行办法》第 8 条规定“绩效评价应当以项目支出为重点,重点评价一定金额以上、与本部门职能密切相关、具有明显社会影响和经济影响的项目。有条件的地方可以对部门整体支出进行评价”。这种“先简后繁,先易后难,由点及面,稳步推进”的预算绩效评价进程不失为一个明智的选择。

为此,我国预算绩效评价对象可以分为两种类型,第一种是涉及行业特色、重大民生领域的项目。如财政部《关于推进预算绩效管理的指导意见》明确指出要“积极试点,稳步推进”“先易后难,优先选择重点民生支出和社会公益性较强的项目等进行预算绩效管理试点,积累经验”。上海市《静安区预算绩效管理实施办法》明确规定对绩效预算管理实施“分类管理原则”,根据资金类别、项目性质及预算绩效管理环节分类推进,分工负责,对“反映部门特点、行

---

① 参见[美]罗伯特 · D. 李、罗纳德 · 约翰逊:《公共预算系统》(第 6 版),曹峰等译,清华大学出版社 2002 年版,第 110 页。

业特色和涉及重大民生、社会关注、政府购买公共服务等重点项目，结合财政预算管理的重点要求，以及具体实施项目的重点环节和关键要素，组织开展绩效评价”。[①] 而《辽宁省省级预算绩效管理结果应用暂行办法》重点规定对专项财政资金、财政转移支付资金和省直部门整体支出实行绩效评价挂钩资金分配。[②]《预算绩效管理工作规划（2012—2015 年）》也指出要“推进重大民生支出项目绩效评价和企业使用财政性资金绩效评价……选择党委政府关心、社会各界关注、与经济社会密切相关的民生支出开展重点评价，开展绩效评价的资金总量占民生支出的比例逐年提高”。此外，《上海市预算绩效管理实施办法》以及《湛江市财政支出绩效评价办法（试行）》等都有类似的规定。第二种是一定数额以上的财政支出项目。如《兰州市财政支出绩效评价管理暂行办法》就对财政预算安排资金在 100 万元以上（含 100 万元）的单项项目或者是财政预算安排资金在 100 万元以下，但影响大、涉及面广的民生项目、促进经济增长方式转变和产业结构调整项目，以及重大基础设施项目等实施预算绩效评价。[③] 除此之外，《晋城市财政局项目支出绩效评价管理办法（暂行）》《珠海市香洲区财政支出绩效评价试行方案》《湛江市财政支出绩效评价办法（试行）》都有类似的规定，只是财政支出金额有所不同。[④]

---

① 参见《静安区预算绩效管理实施办法》第 5 条、第 44 条。

② 参见《辽宁省省级预算绩效管理结果应用暂行办法》第 13 条、第 14 条、第 15 条。

③ 参见《兰州市财政支出绩效评价管理暂行办法》第 6 条。

④ 参见《晋城市财政局项目支出绩效评价管理办法（暂行）》第 3 条、《湛江市财政支出绩效评价办法（试行）》等。同样规定对“100 万元以上（含 100 万元）的支出项目试行支出绩效评价”而对于“对一般性、经常性财政支出暂不进行绩效评价，主要通过加强预算编制管理、日常财务管理等措施来规范其支出行为”。

四、强化绩效问责

权利和责任往往是对等的，在赋予预算机关相关职权的同时，各国也相应完善了问责机制，那些赋予部门管理者较大权利的国家也往往是问责机制较健全的国家。如新西兰通过签订个人绩效合同直接约束部门管理者，管理者在合同到期时能否续签合同，能否得到分红，都受到绩效评价结果的影响。[①] 为此，我国预算绩效管理改革也应增加绩效责任，强化预算管理机关的责任意识。

（一）绩效问责事由：配置效率问责与运行效率问责

财政资金的稀缺决定了政府在预算过程中要关注如何实现财政资源的最优化配置，以最小的财政支出实现最大的社会效益。如《俄罗斯联邦预算法典》第 65 条明确规定各级预算支出要建立在“最低国家社会政策标准、提供公共服务的财政费用标准以及最低预算保障计算的统一方法基础上”。[②] 因此，预算执行不仅要强调项目产出的数量、质量等问题，更应该注重该产出的经济效益、社会效益、环境效益，是否满足人民群众的迫切需要以及符合经济社会的可持续发展等问题。绩效预算的结果导向决定了绩效问责事由主要包括预算资金配置责任和管理责任两个方面。

1. 预算配置效率问责

公共预算就是将资金分配给某些用途而非其他用途来配置资源，强调绩效预算对配置效率的追责也是提高国家预算治理能力、

---

① 参见财政部预算司编：《中央部门预算编制指南（2013 年）》，中国财政经济出版社 2012 年版，第 252 页。

② 本文所引用《俄罗斯联邦预算法典》相关条款均参见财政部预算司编：《部分国家预算法汇编》，外文出版社 2005 年版，第 683 ~ 776 页。

实现预算资源效果最大化的本质要求。预算配置效率首先体现为公众满意度。财政资金配置是个公共选择的过程，因此，财政资金配置去向应该反映公众对财政配置的利益诉求，满足社会公共利益的要求。如果财政资金的配置方向是错误的，配置的资金就可能是无效的，甚至出现负效率。其次是公众参与度。《浦东新区财政绩效预算管理行政首长问责办法（试行）》更是明确指出“预算编制过程中，涉及社区管理与服务基础设施建设、社区公共服务、为民办实事等支出项目，未按规定听取社会公众和社区居民意见，并向社会公众公开的”、“预算执行过程中，未根据绩效目标、相关工作任务和实际用款需求计划使用资金，造成财政资金不必要宕存的”以及“预算执行过程中，未按规定调整绩效目标和工作任务的”要依照规定对行政首长问责。最后是预算执行机关的执行力度。徒法不足以自行，无论多么科学完善的财政资金配置方案，如果执行机关将其束之高阁，公共预算的目标不可能实现。为此，《北京市预算绩效管理问责办法（试行）》就明确规定“在预算编制和执行过程中，对财政资金配置和执行绩效未能达到预期目标或规定标准的主管部门、预算单位实行绩效问责”，以强化执行机关的执行力度，这也是预算规范性的重要体现。

2. 绩效预算的管理效率问责

传统的预算规则使以自身利益为出发点的管理者们产生了强烈的花掉所有可利用的财政资金的动机，即使这样做的结果会降低整个机构的运作效率也在所不惜。正是在这种观念的影响下，部分财政支出是效率低下甚至是无效率的，这明显违背了绩效预算的初衷。为提高绩效预算的管理效率必须要及时拨付预算资金，防治预算资金被截留、挤占甚至挪用。[①] 同时还要注意预算管理机关的“设租”与腐败,它有可能直接导致资金使用单位为获得应有的财政拨款而支出额外的费用。有的拥有拨款权力的政府官员往往以各种理由、各种形式“设租”,诱使资金使用单位来寻租,权力越大,“设租”的机会越多,前来“寻租”的人也越多,最严重的甚至出现了个别单位要借钱“寻租”才能得到正常的拨款。

(二)绩效问责对象:行政长官

我国当前的政府主导型预算执行模式决定了政府部门的行政长官在财政支出预算的执行过程中发挥着重要的作用。根据权利与义务相统一的原则,如果政府的执行行为偏离了社会利益和公众利益,就应当追究有关责任人及行政长官的责任。[②] 美国审计总署在预算绩效评价结果分析整理的基础上,将其作为被评估部门负责人任免和奖惩的重要参考依据。澳大利亚《财政管理与责任法案》第 7 章专章规定“主管首长的特别责任”,主管首长必须在促进本部门合理使用联邦政府资源方面进行管理,并要“有效和符合道德地利用”联邦政府的资源。[③] 此外,新西兰、韩国等都有类似的规定。

我国部分地区在预算执行过程中已经开始尝试实行行政长官负责制,如《河北省预算绩效管理问责办法(试行)》第 12 条规定,“预算部门预算绩效管理工作中出现以下情况之一的,对预算部门及其相关责任人实行绩效问责”,并分别列举了具体的责任承担。[④]

---

① 当前,无论是我国《预算法》《财政违法行为处罚处分条例》,还是地方各级政府出台的绩效追责条例对预算违法行为的追责主要强调的仍然是管理责任。

② 参见蒋悟真:《我国预算法修订的规范分析》,载《法学研究》2011 年第 2 期。

③ 相关法条参见审计署法制司、外事司、科研所编:《世界主要国家审计法规汇编》,中国时代经济出版社 2004 年版,第 452 ~ 454 页。

④ 参见《河北省预算绩效管理问责办法(试行)》第 12 条、第 13 条、第 14 条和第 15 条。

重庆市渝中区《关于全面推进财政预算绩效管理的决议》就把绩效目标完成情况纳入年度考核和干部任用考察，对造成预算资金损失、浪费的责任单位和责任人要按照相关规定追究责任。同样，上海市松江区制定的《松江区预算绩效管理办法》也对预算绩效管理考核和绩效评价结果进行问责，对预算绩效管理工作开展不力、绩效评价结果较差或造成财政资金损失浪费、低效使用的部门和单位及其相关人员实施问责。而中共中央办公厅、国务院办公厅印发的《脱贫攻坚责任制实施办法》更是明确规定在脱贫攻坚工作中对于党政正职干部要做到“不脱贫不调整、不摘帽不调离”，这些地方法规（政策）的先行实践经验，应当被合理地吸收到《预算法实施条例》的修订之中。而上海市浦东新区更是出台了《浦东新区财政绩效预算管理行政首长问责办法（试行）》规定，“在年度预算编制、预算执行过程中不履行或不正确履行财政绩效预算管理办法及相关财经管理职责”，直接对行政首长问责。[①]

（三）绩效责任形式：经济责任

当前，我国部分地区已经在绩效预算的经济追责方面迈出了关键性一步，如《河北省预算绩效管理问责办法（试行）》就明确规定，对不能按要求履行预算绩效管理职责、财政支出绩效评价结果达不到预定绩效目标的预算部门“收回年度没有执行或没按规定执行的预算，并相应减少下年度预算”，[②]《北京市预算绩效管理问责办法（试行）》也规定，对于违反相关绩效预算管理规定的“不予安排预算资金”或“收回年度没有执行或没按规定执行的预算，并相应减少下年度预算”。为此，我国《预算法实施条例》的修订要注重追究

① 参见《浦东新区财政绩效预算管理行政首长问责办法（试行）》第 2 条。

② 参见《河北省预算绩效管理问责办法（试行）》第 13 条。

违法冒领、挪用、截留财政资金等行为的经济责任,以增加财政支出预算执行的违法成本,提高威慑效力。

五、完善财政激励制度

我国行政主导型的预算模式决定了行政机关(预算执行机关)拥有较大的自由裁量权,但这在国家权力机关的预算权式微、社会公众的预算参与不足的国情下,预算过程及其运行是公共权力机构最有可能会对公共利益造成全方位、持久性系统损害的领域。① 人们为了满足需要会产生各种各样的动机,动机本身对于人的行为就有激励作用,法律规范可以通过抑制某些恶劣动机,预先对人的行为方向作出指引。② 为此要构建预算执行的公共财政激励机制,改变预算执行机关的执行动机。

控制他人行动的机制主要有两种:一种是将有价值的东西作为奖励提供给服从者,另一种是威胁不服从者,给他以惩罚。③ 追究财政支出绩效责任固然可以提高预算执行的效力,但毕竟是一种被动的、事后性的惩罚机制。法律的主要作用不是惩罚或压制,而是为人类共处和为满足某些基本需要提供规范性安排。④ 为此,需要建立健全财政支出预算执行的财政激励机制,以充分调动和激发预算执行机关的积极性、主动性和创造性,以"内部化预算执行的外部成

---

① 参见王雍君:《中国〈预算法〉的修订:精神、理念和核心命题》,载《经济体制社会比较》2009 年第 2 期。

② 参见付子堂:《法律功能论》,中国政法大学出版社 1999 年版,第 71 页。

③ 参见[美]戴维·波普诺:《社会学》,李强等译,中国人民大学出版社 1999 年版,第 482 页。

④ 参见[美]E. 博登海默:《法理学:法律哲学与法律方法》,邓正来译,中国政法大学出版社 2004 年版,第 366 页。

本,诱导预算执行机关选择社会最优的行为”。[①] 我国《预算法》第32条规定各级政府应当“参考上一年预算执行情况、有关支出绩效评价结果”编制本年度预算,美国1993年《政府绩效与结果法案》也明确规定“通过提供更多有关实现法定目标、联邦项目支出相对效果和效率的客观信息,推进国会进行决策”。将绩效评价结果与下一年度预算资金安排挂钩,是增强民生性财政支出预算,执行财政激励的重要手段,同时也是我国未来预算体制改革的题中之意。为此,国务院、财政部等出台了一系列增强财政预算绩效评价结果反馈与应用的规范性文件,[②]同时,部分地方政府也从本地的财政实践出发进行了有益的探索。总体来说,我国当前的绩效预算激励制度主要包括奖励性激励与授权性激励两个方面。

(一)奖励性激励

一是物质奖励,即对预算绩效评价结果较好的预算单位或相关负责人给予财政优先支付或者财政奖励。首先,利益共享。在通常情况下,预算采取的拨款方式是年度拨款,在预算年度末,没有用完的预算资金应该收回,这也是传统的预算控制的一种主要形式。但是这会导致预算部门可能会集中在年底将预算资金花出去,而无论

---

① 张维迎:《信息、信任与法律》,生活·读书·新知三联书店2003年版,第63页。

② 如国务院《关于深化预算管理制度改革的决定》国发〔2014〕45号指出要加强绩效评价结果应用,将评价结果作为调整支出结构、完善财政政策和科学安排预算的重要依据。《经济建设项目资金预算绩效管理规则》财建〔2013〕165号也强调评价结果反馈与应用,指出财政部可会同主管部门根据工作需要,对绩效较好的予以通报表扬,对较差的通报批评;可按照协议约定或有关规定,采取评价结果与资金安排挂钩等奖惩措施。《财政支出绩效评价管理暂行办法》财预〔2011〕285号也规定对绩效评价发现问题、达不到绩效目标或评价结果较差的,可在一定范围内予以通报并责令其限期整改,直至取消该项财政支出。国务院办公厅《关于对真抓实干成效明显地方进一步加大激励支持力度的通知》国办发〔2018〕117号更是强调对在民生领域真抓实干、取得明显成效的要给予适当奖励或倾斜支持。

是否真的需要这些资金,由此导致"年底突击花钱"现象频发。预算出现结余也可能是由于预算支出机构改进了预算管理效率,以最小的成本完成了预算目标,或者是因为预算支出机构加强了对财政支出的控制,最大限度上减少了预算资金的支出浪费,因而这种结余是有效率的,是值得肯定的。但目前的法律规定并不区分预算资金结余的原因而采取"一刀切"的方式,存在缺陷。因此,为加强预算结余资金的使用效率,应建立预算结余资金"利益共享机制",允许预算执行机关将本年度未用完的预算资金结转到下一年度继续使用,从而抑制预算支出机关因担心预算结余资金被收回甚至被削减下年度预算资金而采取"年底突击花钱"的冲动,①这样不仅保证了预算执行的完整性,同时也通过这种小规模的资金结转,以微小的代价实现预算支出额外的灵活性。② 其次,财政奖励。如《河北省预算绩效管理问责办法(试行)》就明确规定,对于履行预算绩效管理职责较好、绩效结果评价优秀的预算部门或单位可以给予适当的物质奖励。③ 国务院办公厅《关于对真抓实干成效明显地方加大激励支持力度的通知》更是明确规定,为充分发挥中央和地方两个积极性,鼓励各地从实际出发干事创业,推动形成主动作为、竞相发展的良好局面,对落实有关重大政策措施真抓实干、取得明显成效

---

① 为此,国务院《关于深化预算管理制度改革的决定》国发〔2014〕45 号明确指出要建立结转结余资金定期清理机制,各级政府上一年预算的结转资金,应当在下一年用于结转项目的支出;连续两年未用完的结转资金,应当作为结余资金管理,其中一般公共预算的结余资金,应当补充预算稳定调节基金。同时,我国《预算法》第 42 条也规定"各级政府上一年预算的结转资金,应当在下一年用于结转项目的支出;连续两年未用完的结转资金,应当作为结余资金管理"。

② 参见[美]萨尔瓦托雷・斯基亚沃-坎波、丹尼尔・托马西:《公共支出管理》,张通译,中国财政经济出版社 2001 年版,第 145 页。

③ 参见《河北省预算绩效管理问责办法(试行)》第 19 条、第 20 条。

的地方,采取相应措施予以激励,具体措施就包括“给予适当奖励或倾斜支持”。上海市松江区制定的《松江区预算绩效管理办法》就规定,对预算绩效管理工作开展积极或绩效评价结果较好的,在安排预算资金时可予以优先保障和重点支持,而对于预算绩效管理工作开展不力、达不到绩效目标、评价结果较差或对绩效评价发现问题整改不力的,财政部门应当严格控制该部门预算资金安排。2017 年国务院办公厅《关于对 2016 年落实有关重大政策措施真抓实干成效明显地方予以表扬激励的通报》就对“财政预算执行、盘活财政存量资金、国库库款管理、推进财政资金统筹使用、预算公开等财政管理工作完成情况较好”的部分省(区、市)、计划单列市及县(市、区)分别给予 1000 万元以上及 2000 万元以上的资金奖励。

二是精神激励。精神奖励是指对受奖的公务员给予精神激励方面的表彰,是一种通过满足人的精神利益或需要来调动人的积极性的奖励方式,具体包括嘉奖、记功、授予荣誉称号等。《河北省预算绩效管理问责办法(试行)》就规定,对于履行预算绩效管理职责好、绩效评价结果优秀的预算部门和相关责任人可以依照有关规定给予通报表扬、奖励或优先考虑当年度考核评先资格等形式的奖励。[①] 为此,在《预算法实施条例》的修订中应引进财政支出的财政激励政策,将预算绩效评价结果作为下一年度预算资金安排的重要指标之一;同时,预算资金要向绩效评价较好的项目倾斜或给予适当的奖励,实现由“惩治法治观向励治法治观”的转变。[②]

① 参见《河北省预算绩效管理问责办法(试行)》第 19 条、第 20 条。

② 丰霏:《从立法技术到治理理念——中国语境下法律激励理论的转向》,载《法商研究》2015 年第 3 期。

(二)授权性激励

有些财政激励措施既不是给予预算执行机关一定的物质利益,也不是授予其相应的荣誉称号,而是赋予预算执行机关享有从事某种活动或获得一定权利的资格,这种赋予预算支出机关一定权能的激励又被称为授权性激励。如新西兰《公共财政法案》允许支出部门在产出类别之间重新分配资源而不需要进一步议会批准,这使执行机构在资源分配决策中更具有灵活性,一系列产出有助于结果,可以更加重视结果。① 澳大利亚预算绩效管理赋予部门预算管理自主权,以绩效目标为约束手段,强化部门绩效责任。财政部门对部门预算规模进行总量控制,赋予部门以预算资金使用权,重点督促部门注重结果和目标,部门可以灵活地选择实现绩效目标的途径和方法,进而实现政策(目标和结果)与管理(产出和激励)的有机融合。而瑞典预算部门管理者还享有整体拨款权利、资金结转权利以及人事薪酬方面的权利,可以在整体拨款额度内自主决策如何分配财政资金以及以何种方式实现产出目标,并可自行确定工作人员的薪酬。②

当前,我国预算绩效管理改革也注重加大预算执行机关的自由裁量权,并对其采取一系列授权性激励措施,如国务院办公厅《关于对真抓实干成效明显地方加大激励支持力度的通知》明确规定,对落实重大政策措施成效明显、创造典型经验做法且受到国务院督查表扬的市(地、州、盟)、县(市、区、旗),在下一年度国务院组织的有

① 参见 A Guide to the Public Finance Act,载新西兰财政部网:http://www.treasury.govt.nz/publications/guidance/publicfinance/pfaguide,最后访问日期:2017 年 4 月 20 日。

② 参见王海涛:《推进我国预算绩效管理的思考与研究》,经济科学出版社 2014 年版,第 126 页。

关实地督查中实行“免督查”。在我国预算绩效管理过程中也要进一步加大授权性激励力度，对于预算绩效评价结果较好的单位可以免于下一年度财政支出的绩效评价，提高支出单位的积极性。

第六章　中国预算治理现代化的现状与未来

预算是一定时期内为实现特定目标所必须完成的各种项目的计划，包括对所需资源和可用资源的预计，通常还需要与过去一个或多个时期进行对比，并说明未来的需求。

——[美]托马斯·D. 林奇①

预算是社会秩序的反映；明智的预算必然反映协调的社会秩序，协调的社会秩序也必然带来明智的预算。如果把预算制定与社会生活其他方面完全割裂开来，其结果必然产生矛盾和对抗。

——[美]阿伦·威尔达夫斯基②

---

① [美]托马斯·D. 林奇：《美国公共预算》，苟燕楠、董静译，中国财政经济出版社 2002 年版，第 5 页。

② [美]阿伦·威尔达夫斯基著，[美]布莱登·斯瓦德洛编：《预算与治理》，苟燕楠译，上海财经大学出版社 2010 年版，第 262 页。

财政是国家治理的基础和重要支柱，作为拉动中国治道变革的“牛鼻子”，财政制度尤其是预算制度法治化的完备程度成为检视国家治理法治化水平的重要指针。预算治理现代化体现依法治理国家财政的能力，预算治理现代化意味着依宪、依法实现预算治理能力的提升，即要求在预算编制、预算审批、预算执行、预算监督、预算问责等各个预算运行环节都应当建立系统化、规范化、品质化的现代预算制度。

第一节　预算法修订的规范分析

一、问题提出与分析框架

任何一部法律都是基于对特定的社会关系进行调整而形成的产物，不同的社会关系自然产生不同的法律调整规范诉求。[①] 而法律规范始终是通过法律关系的建构实现对社会关系的调整，法律关系在性质上可谓是社会关系的法律拟制。预算法律关系是公共预算关系的抽象和拟制，是立法者运用立法技术制定法律规范的基础和指引，在预算立法与实践之间起着承启的作用。事实上，大量纷繁复杂的预算法律规范不但是预算法学理论研究的深厚资源，也是分析预算问题所不得不依凭的重要基点。对预算法律规范中蕴含的各类法律关系进行规范分析，就是通过对预算法律所预设的逻辑秩序进行阐释、解剖和研讨，进而说明预算法律规范设定的逻辑秩序和实践秩序间的关系。下文选择预算法律文本作为素材（见表

---

① 参见［英］哈特：《法律的概念》，张文显等译，中国大百科全书出版社 1996 年版，第 169 页。

3、表4、表5)，[①]以规范取向为研究进路，对具体文本规范中的预算法律关系的文义内涵予以解释，[②]进而剖析预算法修订的基本思路和完善的主要内容。

规范分析方法主要关注法的合法性、运行效果、实体内容，全方位考察法律关系的构成要素，由此制度事实构成规范分析的对象。其中，规范实证在规范分析方法中肩负着法律之权利和义务关系的分析，它属于规范分析方法的技术之维。[③] 但是，传统的法律关系理论框架有一个不可弥补的缺陷，即用权利义务来概括法律关系的内容，而权利义务概念却无法涵摄法律关系中的权力因素，从而使现有法律关系学说只能解释私法关系，不能合乎逻辑地解释公法关系。[④] 然而，预算法律中的社会关系，不仅有公法关系，而且还有公私法混合关系。“从法理学上看，法律关系的内容是作为权利权力统一体的法定的各种‘权’，从部门法学的角度来看，法律关系的内容还可以被确定得更具体一些。”[⑤]在这个意义上来说，法律关系是法律权力、权利、义务、职责等各种元素的集合。如果以法律关系作为法规范研究的核心，简单地套用传统法律关系理论则很难诠释内在结构复杂多样的预算法律关系。为此，借鉴法理学界已有将权利和权力即(法权)作为法律关系的核心要素，我们尝试采用“主体—

---

① 本表所列的法律文本依据:《宪法》《全国人民代表大会组织法》《地方各级人民代表大会和地方各级人民政府组织法》《预算法》《预算法实施条例》《财政违法行为处罚处分条例》。为了节省篇幅以及理论分析的需要，图表对具体条文中主体、行为和责任内容进行了梳理和归纳。

② 文本解释本身是法律解释的一种理论和方法，而文义解释又被视为解读法律文本的基本方法。参见梁慧星:《民法解释学》，中国政法大学出版社1995年版，第243页。

③ 参见谢晖:《论规范分析方法》，载《中国法学》2009年第2期。

④ 参见冉昊:《法律关系的内容及其模型建立》，载《南京大学法律评论》1999年春季号。

⑤ 童之伟:《法律关系的内容重估与概念重整》，载《中国法学》1999年第6期。

行为—责任”作为预算法律关系的理论分析框架,[①]具体的法律制度也只有“嵌”在“主体—行为—责任”框架之中,才能获得法律上的意义和空间,没有行为能力和责任约束的具体设置,预算法律关系主体必然漂移不定、无根无据。[②] 在预算法律关系中,主体、行为、责任都是公私法通用的要素,便于在进行具体的制度设计和分析时可以从多维方向界定一个完整的社会关系,主体、行为和责任三者结合起来是一个具体法律关系的识别系统。我们从预算法律文本分析中可以发现,法律规范的内容正是围绕这一逻辑框架展开的,“主体—行为—责任”构成了预算法律规范的结构性特征。

表 3　立法机关及其组成人员

编号	主体	行为	责任
1	全国人大与地方各级人大	审查、批准本级预算及其执行报告(其中全国人大还可审查地方预算草案及执行报告);改变或撤销本级常委会不适当决议;各级地方人大撤销本级政府不适当决定和命令;监督预算、决算	无
2	全国人大常委会/地方各级人大常委会	监督中央和地方预算执行;审批中央调整案与决算;撤销国务院、省级人大及其常委会违法性法律文件/监督本级预算执行;审批本级调整案与决算;撤销本级政府和下一级人大及其常委会不适当决定、命令和决议	无
3	人大代表或常委会组成人员	就预算、决算中的有关问题提出询问或者质询	无

① 参见王全兴:《经济法基础理论专题研究》,中国检察出版社 2002 年版,第 48、51 页。

② 参见[奥]凯尔森:《法与国家的一般理论》,沈宗灵译,中国大百科全书出版社 1996 年版,第 135 页。

表4 行政机关及其职能部门

编号	主体	行为	责任
4	各级政府/县级以上地方政府的派出机关	编制本级预算、决算及调整方案;组织、监督本级预算的执行(国务院还可组织、监督地方预算的执行);决定本级预备费的动用;改变或撤销本级各部门和下级政府不适当的决定、命令;报告预算执行情况/根据本级政府授权进行预算管理活动	责令改正;警告、通报批评;行政处分①
5	各级政府财政部门	编制预算、决算草案及调整方案;组织执行;提出预备费动用方案;定期向本级政府和上级财政部门报告预算执行情况	同上
6	各部门(含直属单位)	编制本部门预算、决算草案;组织和监督本部门预算的执行;定期向本级财政部门报告预算执行情况	同上
7	上级政府/上级地方政府	不得在预算之外调用下级政府预算的资金,监督下级政府预算的执行/确定上下级之间有关收入和支出项目的划分以及上解、返还或者补助的具体办法	同上/无
8	下级政府	不得挤占或截留上级政府预算的资金,接受上级政府的监督	同上

① 具体责任规定是:对单位给予警告或者通报批评;而对直接责任人以及主管人员给予行政处分。

表 5　其他预算主体

编号	主体	行为	责任
9	预算上缴部门和单位/各级预算收入征收部门	按规定上缴,不得截留、占用、挪用或者拖欠/征收预算收入;及时将预算收入缴入中央和地方国库;及时编报收入年报及有关资料	同上
10	中国人民银行及其分支机构	经理本级国库业务;受本级财政部门指导和监督;对本级财政负责	同上
11	各级国库	不得延解、占压应该缴入国库的预算收入和国库库款;不得占压财政部门拨付的预算资金	同上
12	各级政府审计部门	对本级各部门、各单位和下级政府的预算执行、决算实行审计监督	对工作人员行政处分,处刑事责任

二、预算法主体的开放性与制衡性

(一)预算法主体的开放性

"公共预算组织是与参与者之间不断变化的关系相互联系、相互依赖的活动体系,该体系根植于其运行的环境之中,既依赖于与环境之间的交换,同时又由环境建构",因而预算主体"主要是强调公共预算参与主体的复杂性、多变性以及相互之间联系的松散性"。[①] 然而,现有立法中预算法的主体制度呈现出封闭性,仅局限于立法机关、行政机关以及各自的内部机构之间。20 世纪 90 年代

① 苟燕楠、董静:《公共预算决策——现代观点》,中国财政经济出版社 2004 年版,第 50 页。

以来,预算的经济、政治环境已发生巨大变化,预算已逐渐开始远离封闭、常规化、内部人控制的模式,朝着21世纪公开化、民主化的进程发展。“法律主体资格的开放性,是指在法律关系的逻辑结构上,其主体类型及主体范围随社会发展可以逐渐扩展。”①当然,这种预算主体的开放性并不意味着预算主体的泛化,它的开放性必须以民主为限度、以法治为依据。开放性强调的是主体资格的开放性,是成为预算法主体的可能性,并非主体设置的随意性。从公共预算的角度来看,国家预算过程的主要特征即是在相互竞争的团体和利益主体之间进行协商,预算主体的开放性主要体现的是对公众的负责。例如,在预算听证会和咨询会议上邀请各种利益的代表来进行参与,使他们的观点能被倾听等。由于现有的预算法主体还处于封闭性的范围内,未能凸显出预算应有的公共性与开放性,这就导致我国现行预算还停留在政府主导预算的阶段,而未驶入公共预算的法治轨道。

法律主体是法律对特定社会关系中“人”的抽象拟制。如近代民法所预设的人的模式,“乃是根植于启蒙时代,尽可能的自由且平等,既理性又利已的抽象的个人,是兼容市民及商人的感受力的经济人”。② 虽然上述仅从私法的角度对法律主体进行阐述,但私法与公法在规范内容及结果上并无本质的区别,③只是相对于私法中的主体是由市场“经济人”塑造而来的法律角色来说,现代预算是一种公共民主的国家预算,因此,预算法主体超脱于一般民事主体

---

① 李萱:《法律主体资格的开放性》,载《政法论坛》2008年第5期。

② [日]星野英一:《私法中的人》,王闯译,中国法制出版社2004年版,第7页。

③ 参见胡玉鸿:《法律主体概念及其特征》,载《法学研究》2008年第3期。

的抽象平等性,而成为“社会人”之特定类型的法律拟制。[①] 当然,作为法律主体的“人”并不只有单一的价值取向,还有多种不同的行为方式,其价值取向与行为方式的多样化导致法律确定的主体范围的不断发展,呈现出一种开放性趋势。预算法所假定的“社会人”与“经济人”差别在于:“社会人”具有开放性(接受社会环境影响)和自主性(选择社会影响)。“社会人”不仅能够接受社会的影响以形成自己的行动目标,而且还能够在没有任何外界刺激的情况下改变自己的目标。[②] 从上述表格展示的预算法主体大体可以看出:无论是立法机关、行政机关及其职能部门还是其他预算主体,每个预算法主体都在特定的行为特征下扮演具体的制度角色,在具体的法律关系中实现自身的功能,以实现各主体间的监督关系、层级关系、隶属关系等。预算法在保证不同主体的独特功能、权责明确的基础上,对各个具体主体的规定都必须遵从预算主体是关于“社会人”拟制的指导。预算法主体制度的设计,正是为了实现预算法整体精神理念或法之价值统摄性的客观要求。

然而,现有预算法主体的设置并未完全体现其应有的开放性特征,主要表现为公众主体的缺失。公共预算对于环境是开放的,公共舆论也是预算环境的一部分,因而,被感知到的公共舆论的变化将会反映在预算变动中。[③] 而公众主体是公共舆论的载体,因此公众主体对预算的参与是预算主体开放性的体现。公众主体对预算

① “社会人”假说是美国行为科学家梅奥首先提出的。相对于“经济人”来说,现代预算法中借用这一概念,旨在倡导一种以社会公共利益为本位的主体之间的共生性与利他性的人格拟制与塑造。

② 参见胡玉鸿:《法学方法论导论》,山东人民出版社 2002 年版,第 459 页。

③ 参见[美]爱伦·鲁宾:《公共预算中的政治:收入与支出,借贷与平衡》,叶娟丽、马骏等译,中国人民大学出版社 2001 年版,第 23 页。

的参与,有助于提高预算的有效性、有助于表达与平衡多元化利益、有助于增强预算法的开放性。反之,如果排除公众对公共预算决策的参与,则可能会造成决策上的失误。市场机制本身的缺陷众所周知,而现代西方国家的财政危机更是显现出“政府的缺陷至少和市场一样严重”,①因此,在预算法主体设计中单纯地依靠单方的力量不是最佳的模式,于是出现了第三方力量——公众主体的参与,“有序地扩大公民参与公共政治是建设民主国家制度的必经之路”,②将公众的意志贯彻到预算当中是提升预算民主性和开放性的关键,也是参与式预算的核心思想。③ 参与式预算模式的目的在于深化预算的民主性和提高公共部门的预算效率,同时增强政府对民众的回应性,使预算资源的分配能真正满足民众最迫切的需求。考察我国预算法律文本,如表3、表4、表5所示,整个预算文本中预算主体大致可归纳为立法主体、行政主体两大类,未能涵盖公众主体,公众主体的缺失意味着预算法的民主性和开放性的不足。因此,有必要在预算法律文本中引进公众主体,将公众主体的决策纳入整个政府预算过程是现代预算形式的发展方向,使公民成为事实上的预算法律主体已是现代预算民主发展的趋势。

---

① [美]詹姆斯·M.布坎南:《自由、市场和国家》,吴良健等译,北京经济学院出版社1988年版,第28页。

② 王绍光:《安邦之道:国家转型的目标与途径》,生活·读书·新知三联书店2007年版,第541页。

③ 参与式预算理论是一种主张除传统的投票选举的方式外,更强调公民积极表达自身利益取向、影响预算分配的有生力量。参与式预算产生于20世纪80年代的巴西,巴西也是目前将这一政府预算模式发展得最成熟的国家。目前,在我国浙江温岭等地方也已经开始实施参与式预算模式的改革试验,并取得了一定的成效,充分发挥了公众主体的参与作用,也使预算资源分配更好地表达了民意。

(二)预算法主体的制衡性

立法者在制定法律规范时,较多使用的是"目的程式"(仅表示出立法者意欲追求的法益目标),而非一般传统法律的"条件程式"(法律预先规定构成要件及法律效果)。[①] 预算法保护的对象已从传统的主流法对法律关系主体的保护转向对主体间互动的关系状态的保护——从保护法律关系两端的人到对法律关系本身的保护。这一转向源于预算法整体(利益)主义的"社会人"观念假设。[②] 因而预算法律应当强调在不同预算主体之间合理分配预算资源,形成一种和谐制衡的预算运行秩序。法律文本在对具体预算法主体的设置和描述中,应注重其结构性的分层和交错,不同性质的国家机关、同一性质机关内部的不同层级机关、不同层级机构在具体法律关系中因分工和协调而组成的联合主体等,这些因主体系统的结构性和相互间分层交错而产生的各种具体主体类型,才是预算法主体的真正全貌(前文所列 3 个表格就是根据预算主体的不同类型予以区分和设计的)。另外,不能忽视的是,现有的预算主体制衡性不足在一定程度上是由于预算主体的封闭性导致的,因而可以从体现预算法主体开放性方面强化预算法主体的制衡性。

1. 强化立法机关对行政机关的制约

国家立法机关与国家行政机关之间的权力制约,具体表现为外部的权力制约模式和内部的权力制约模式。外部制约是指用立法机关的预算权来制约行政机关的预算权(如表 3 与表 4 间的制约,表 2 与表 5 间的制约等);内部制约则是指立法机关、行政机关各自

---

① 参见赖源河编审:《公平交易法新论》,台北,元照出版有限公司 2002 年版,第 36 页。

② 参见刘水林:《反垄断法的挑战——对反垄断法的整体主义解释》,载《法学家》2010 年第 1 期。

内部间预算权力的制约(如表3中人大与人大常委会之间的制约、上级人大与下级人大之间的制约,表4第4项、第6项之间的制约第7项、第8项之间的制约等)。

从外部制约上来看,强化人大对政府的制约关系是关键。我国现行《预算法》确立的是一种政府主导型的预算模式,在该模式下,政府的主体性被强化,有悖于预算法权的合理配置。人大拥有预算审批权和监督权,政府拥有预算编制权和执行权,是强化外部制约的基础。在此种制约模式下,实现立法权力主体对行政权力主体的制约就必须对人大的预算权配置予以完善。而对人大预算权予以完善实质在于预算权主体性的回归,进而实现人大与政府在预算权配置上体现主体间的互动。同时,由于在不同的预算法律关系中,预算主体被赋予不同的角色,预算主体相应承担不同的功能,预算主体功能的实现依赖预算主体的具体构建。人大预算权根植于“公共的力量必须具有一个合格的委托者,它将公共的力量集中起来,在普遍意志的指挥下加以运用”。[①] 于是产生了体现社会公共利益的受托人——代议机关,对政府制定的预算草案进行预算审议并最终进行决策。但由于预算审批是一项政策性、技术性和法律性要求都非常高的工作,根据宪法和相关组织法的规定,人大在短暂的会期内既要进行多项政治和经济决策,又要从事各种相关立法的工作,因此要求人大在会议期限内良好地履行预算审批职责,假如没有专门机构的辅助,人大的各项工作难以深入。因此,人大作为最高权力机关,需要高度的业务处理能力和具体的配套制度才能够真正履行职责。目前,我国人大下设的财政经济委员会与预算工作委

---

① [法]卢梭:《社会契约论》,杨国政译,陕西人民出版社2003年版,第50页。

员会,既不属于我国《宪法》规定的“研究、审议和拟订有关议案”的机构,又由于其人力、财力的有限性,其审查职能的发挥往往流于形式。我国需要在预算审批过程中明确专门的预算工作机构来解决此问题。

从内部制约来看,保障审计机关的独立性是关键。由于审计机关进行的决算审计是议会对政府经济活动的事后监督,有助于将来最适当地运用预算制度。[①] 保障审计机关的独立性是各国实现预算法治的重要标志。1977 年第七届最高审计机关国际组织会议发表的《利马宣言》中强调“最高审计机关必须独立于被审单位之外,并不受外来影响,才能客观有效地完成其工作任务”。而发达国家保障审计机关独立性的途径主要有三种:一是各国议会制定专门的审计方面的法律;二是通过保障审计机关拥有可靠的经费保障来确保审计机关的独立性;三是巩固审计机关人事方面的稳定性和严格性是保障审计机关独立性的关键。结合我国预算的相关法规,我国的审计机关在以上三个方面都还有所欠缺,从表 5 中可以看出,我国的审计部门隶属于行政机关,如表 5 第 12 项所示。为此,有学者认为建构一种立法型审计模式,将现行的审计机关从属于政府的模式转变为直接隶属于人大的模式。[②] 通过独立于行政而对人大负责的专业性审计监督模式,人大能在很大程度上克服其与行政机关在预算执行中信息不对称的弊病,有力地强化其监督制约能力。[③]

---

① 参见[日]井手文雄:《日本现代财政学》,陈秉良译,中国财政经济出版社 1990 年版,第 206 页。

② 参见李季泽:《国家审计的法理》,中国时代经济出版社 2004 年版,第 1 页以下。

③ 参见朱大旗、何遐祥:《议会至上与行政主导:预算权力配置的理想与现实》,载《中国人民大学学报》2009 年第 4 期。

2. 增加社会权力主体对国家权力主体的制衡

社会权力主体的制衡主要是从预算法外部启动对预算权力进行制约的力量,在现今制衡模式下不失为对“国家权力制约国家权力”①的模式的补充,而从未来发展趋势来说,其将成为制衡模式的有机组成部分,是社会发展的必然归宿。由于一个多元的社会意味着意见的多元性、利益的多元性和权力的多元性。② 在现代市场化和民主化的潮流中,作为公民社会核心要素的“第三部门”或民间非营利组织(或称社会中间层)的重要性也日益得到重视。“由于非营利组织独立于政府部门,而且该组织又体现出公益性特点,可以将其作为公共预算的组成部门之一。”③但是我国目前的预算法律文本中还欠缺这方面的考虑,需要在未来的预算法修改中予以完善。例如,在我国,增设预算民间审计组织作为公共预算的组成部门之一,便是增加社会权力主体制衡的重要方面。

现代预算法是以民主性和开放性为核心内容的预算法。处于转型期改革进程中的各种法律关系中的主体,无论是立法机关或政府,或社会中介组织,还是市场主体或个人,在权力和权利、职责和义务等各个方面几乎都在发生巨大的变化,从而为揭示不同的行为方式、进而界定具体的主体类型奠定了基础。在预算法中,随着预

---

① 社会权力主体指拥有社会资源(物质和精神资源)并对社会和国家产生支配力的社会自治组织。我国法学界一直在探讨、尝试解决权力过分集中和权力缺乏制约而导致权力专横腐败的问题,提出了诸如以权制权、以法制权、以权利制约权力等设想。所有上述制权的思路,大都没有超出以国家权力制约国家权力的范围(以权利制约权力通常也要依靠国家权力为中介)。参见郭道晖:《权力的多元化与社会化》,载《法学研究》2001 年第 1 期。

② 参见[美]达尔:《民主理论的前言》,顾昕译,生活·读书·新知三联书店 1999 年版,第 205 页以下。

③ 马蔡琛:《变革世界中的政府预算管理》,中国社会科学出版社 2010 年版,第 43 页。

算体制改革社会化的开展，越来越多的国有企业或事业单位的预算开始由社会性的审计主体来进行，改变了以前由“国家审计部门”垄断审计市场的状态。这种社会化的审计行为衍生出社会化的审计主体，如“民间审计组织”显然应当成为一种新型的预算法主体类型。其实在早期美国预算法改革过程中，源于“ABC 三人组”①建构的市政研究局与民间审计组织就具有众多共同的理念或精神承载。美国市政研究局介于政府与人民之间，既服务于两者，又独立于两者，利用自身的功能来管理复杂的数据，从而促进政府官员的行政管理工作，为人民提供精确且易懂的有关政府活动的数据，成为政府与人民的中介。美国市政研究局作为市民的导向者而存在，将自身获得的知识公之于众，将无知的群众转变为负责任的公民，从而既提高政府行政行为的效率和正当性，亦提高公民权利意识。②我国民间审计组织在预算法中的地位，是处于政府与市场主体之间的社会中间层组织，具有沟通民众与政府的天然优势。民间审计组织，一方面对国家机构的预算执行情形及如何规制政府预算行为具有清晰的了解；另一方面它们把这种对政府预算的正当认识，以社会知识的形式普及给民众，提高民众的预算民主意识。因此，该组织在预算法主体的建构中起到了上通下达的关键作用，同时也说明了增加社会权力主体的制衡是强化预算主体制衡性的发展趋势。

① “ABC 三人组”，是指艾伦、布鲁埃尔和克里夫三者带给研究局 3 种不同的气质，进而界定预算的意义与目的并将预算推向全国。参见[美]乔纳森·卡恩：《预算民主》，叶娟丽译，格致出版社 2008 年版，第 42 页。

② 参见[美]乔纳森·卡恩：《预算民主》，叶娟丽译，格致出版社 2008 年版，第 38 页以下。

三、预算法律行为的品性与法权配置

现代社会中的法律控制逐渐成为一种基于主体行为多元化的控制结构。[①] 同一个主体在不同的法律关系当中据以显示自身特质的,不是名称和形式,而是具体的行为。不同的行为产生不同的结果,从而衍生出具体的法律调整诉求。[②] 因此,只有关注具体的行为,分析不同行为所蕴含的法律含义,才可以洞察到预算法的特质。显然,预算法律行为是预算法学中最基本、最重要的概念。[③] 从预算法律行为入手,可以探讨预算法的编制、审批、执行、监督等预算法的基本问题,并由此构建一个以预算法律行为为核心,以预算行为过程为纽带的预算法律体系。

(一)预算法律行为的品性

预算法律行为是建构在以公共利益为目标的基础上,在民众同意的前提下以确定的规则选择公共需求、筹集经济资源、实施财政投入的决策、执行和监督的行为。因此,预算法律行为事关公民基本权和国家的持续发展,具有非常深刻的法学蕴涵和重要的社会意义。

1. 预算法律行为的程序性

正当程序已成为现代法治的一个基本原则抑或是重要标志。

---

① 参见[美]昂格尔:《现代社会中的法律》,吴玉章、周汉华译,中国政法大学出版社1994年版,第69页。

② 参见[美]麦克尼尔:《新社会契约论》,雷喜宁、潘勤译,中国政法大学出版社2004年版,第56页。

③ 应当指出的是,法律行为原本是民法的概念,民法中的法律行为本质上是私法中意思自治原则的体现。在现代预算法律语境中使用法律行为概念,显然不能按民法语境中的意思来理解。书中所指的预算法律行为的内容主要是指预算法的法权(权利)及其配置。

程序性约束已成为规范预算行为所必不可少的重要法律规则，预算行为的运行既是预算法定程序运行的过程，无预算程序则无预算行为，同时又是一个严肃的法律流程。“一旦确立了一种公平且各方均认可的预算决策、审批、执行、监督等程序的‘道路规则’，制定了立法机构（人大）和社会公众能够真正当家理财的公共预算程序，即使良好的程序仍旧可能会形成未必满意的预算结果，但作为广为参与的公共选择过程，这种或许欠佳的结果，因其规则的公平，还是可以在相当程度上为社会公众所接受的。”①因此，正当程序是全部共同价值判断的结果，体现正义的一般要求。例如，在预算编制过程中加强调查程序、公众参与程序、应急程序、投票表决程序等程序规则的构建是体现预算法律行为正当性的基础。预算法律行为的程序承载的实体内容是预算法权及其配置，鉴于此，预算行为的运行必须依据预算法的直接规定或是基于其他法律的特别授权，非依照法定的程序，任何预算主体不得擅自行使预算权力。

2. 预算法律行为的可问责性

预算法律行为的可问责性根植于预算法律行为本质上是一种委托代理行为。现代国家和政府为了实现社会公众利益而行使预算行为，其预算权始于纳税人（民众）对税收（财产权）的让渡，国家和政府是履行受托责任的过程。此种受托关系表现为人民与权力机关、权力机关与政府、政府与政府间的受托关系。民众纳税是为了实现公共利益，而国家、政府为其实现机制，为其代理者，此意味着国家和政府的预算行为必须在公共利益的限度内进行，政府是此受托责任的实现者和承担者。因此，一旦预算法律行为的执行不当

① 马蔡琛：《变革世界中的政府预算管理》，中国社会科学出版社2010年版，第165页。

给社会公众造成了不利的影响,预算主体必须对其预算行为承担相应的法律责任,同时政府对于社会公众的投诉必须给予积极回应,使相关主体承担相应的法律后果。预算行为可问责性的确立不但是为了预算资金的有效利用,而且是为了实现更好的结果;可问责性不仅仅是对现有制度体系和程序提出批评,而在于推动产生更好的公共物品和服务的供应系统,①可问责性制度的完善也有利于现代民主财政体制下预算行为的规范化。

3. 预算法律行为的民主性

预算作为整个国家的财政收支计划,直接涉及国家利益、公共利益和个人利益等诸多方面,同时,预算行为以追求整个社会公共利益的最大化为目标,因此预算行为从本质上来说是民主的,预算制度应该是符合大多数人根本利益的民主制度。预算法律行为的民主性从一般意义上来说是指人民能够通过一定的方式对重大预算事项拥有决定权,依照民主法治原则,这种决定权是根植于民众对民主法治及各方利益最大化的价值追求之上的,同时民主性也体现为民众能对预算行为进行民主监督。由于"预算的实质在于配置稀缺资源,因而它意味着在潜在的支出目标之间进行选择"。② 而预算民主性则是要求预算权在立法、行政与司法机关之间形成科学合理的分工,合理配置稀缺资源,实现民主法治以及民众利益的帕累托最优状态。

(二)预算法律行为的法权配置

根据预算法律文本的列表情况,预算法律行为及其内容大致可

① 参见[美]萨尔瓦托雷·斯基亚沃-坎波、丹尼尔·托马西:《公共管理支出》,张通译,中国财政经济出版社 2001 年版,第 8 页。

② [美]爱伦·鲁宾:《公共预算中的政治:收入与支出,借贷与平衡》,叶娟丽、马骏等译,中国人民大学出版社 2001 年版,第 3 页。

归纳为预算编制行为、预算执行行为以及预算监督行为三种类型。[①]针对预算法律行为种类的不同,相应的预算法权配置情况也迥异。[②]预算法的修订,关键是在于规范和完善不同的预算法律行为及其法权配置。

1. 预算法律编制行为

"预算是一定时期内为实现特定目标所必须完成的各种项目的计划,包括对所需资金和可用资源的预计,通常还需要与过去一个或多个时期进行对比,并说明未来的需求。"[③]因此,预算编制行为(主要见前文表4)是对国家的收支规模及其结构作出事先安排的政府活动,其行为的总体要求是要注重内容的完整统一,短期目标与长远目标的有机结合。其中,严格程序化乃是政府预算编制行为的关键所在。鉴于此,对预算编制行为的各环节都要予以明确的规定与具体的技术指导,才能从最大限度上保证政府预算活动的协调性、灵活性与规范性。近年来,由于预算编制时间过短导致预算编制不细,编制中对于财政收支的安排存在一定的盲目性;并且当前的预算编制像政治博弈,由于"利益集团"追求自身利益,对预算编制行为施加压力,最终造成政府预算编制的非规范化。因此,必须对预算编制行为进行规范。

---

① 按照我国《预算法》的分类,预算行为可划分为编制行为、审查行为、批准行为、执行行为、调准行为、监督行为以及决算行为。书中将预算监督行为界定在预算案的形成、审批和执行的全过程,因此书中所指的预算监督行为包括上述的审查行为、批准行为、监督行为以及决算行为。

② 应当指出的是,法律行为原本是民法的概念,民法中的法律行为本质上是私法中意思自治原则的体现。但是,在现代预算法律语境中使用法律行为概念,显然不能按民法语境中的意思来理解。借用到预算法中,书中所指的预算法律行为的内容主要是指预算法的法权(权力与权利)及其配置。

③ [美]托马斯·D. 林奇:《美国公共预算》,苟燕楠、董静译,中国财政经济出版社 2002 年版,第 5 页。

首先,要建立一个完善的预算编制框架。预算立法必须对预算编制的范围、形式、方法等问题进行详细而明确的规定,在此建构过程中要特别注重程序性要素。例如,从程序上调整和延长预算编制时间,才能保障建构一个完善的预算编制框架。其次,要明确预算编制的主体。我国的编制主体——财政部是预算编制的法定机构,编制过程基本上由其独家控制。① 因此,需要将现行的预算编制主体进行分权,将预算编制主体明晰化。再次,要强化部门预算。由于法律对于部门预算的规定缺乏统一的权威规定,导致在实践过程中无所适从。鉴于此,部门预算要严格实行一个部门一本预算,以部门作为预算编制的基本单位,将原有按支出功能分散在各类预算科目的资金,统一编制落实到各个具体使用资金的部门和单位,并经财政部门审核,再由同级人大会议通过,从而加强部门预算编制管理,形成一个开放的预算编制体系。最后,提高预算编制工作的透明度,尊重纳税人的知情权。"只有在预算透明的、能够适当提供有关财政的准确和全面信息时,约束财政机会主义行为的各种制约手段才会是有效的。"②并且预算编制的公开有助于使预算的形成过程置于各方面的监督之下,同时由于政府"没有钱什么都做不了,什么能做是体现在预算中的",③这样就能最大限度地避免"利益集团"对预算编制的干扰,同时也可最大限度地减少拥有预算决策信

① 同时,不能忽视的是,财政部门集预算编制、执行与监督职能于一身,这不仅严重违背了分权制衡原则,容易导致权力的滥用与行为的恣意,而且容易造成财政部门与其他部门的"共谋"腐败行为。对此,许多学者提议应分化与独立上述职能,如设立专门的机构来行使预算编制职能等。

② [美]爱伦·希克:《公共支出管理办法》,王卫星译,经济管理出版社 2000 年版,第 45 页。

③ Arron Wildavsky, *Budgeting: A Comparative Theory of Budgetary Process*, New York: Transaction Publishers, 1997, p. 9.

息较多的一方对预算编制的控制,减少预算申请机构与预算核心机构之间的共谋和腐败行为。

2. 预算法律执行行为

人大审议批准的预算决策生效后,政府的预算活动随即转入执行阶段。政府预算的执行行为按照收支两条线进行分类,可划分为预算收入的执行行为和预算支出的执行行为(主要见前文表 4 与表 5)。预算收入的执行由有预算上缴任务的部门和单位以及各级预算收入征收部门负责,它按照现行税收法律及相关政策规定进行征管活动,将预算收入缴入国库。如前文表 5 中第 9 项。除非变革税种或法定的特殊情况,在整个预算年度内一般不容许改变预算收入的执行。而预算支出的执行行为则是在各级政府的指导监督下,由财政部门组织,各部门、各单位具体负责执行,具体参见前文表 4 第 4 项、第 5 项、第 6 项、第 7 项、第 8 和表 5 第 10 项、第 11 项。在上述过程中,由于预算编制者和决策者的有限理性,包括理论预测水平的局限性、经济发展态势的不确定性等,因此,预算作为一种契约不可能是完备的契约,产生了许多问题。其中,典型情况为:由于预算年度与预算审批及执行周期无法衔接而造成预算先期执行的问题、预算调整随意性突出的现象、预算大幅超收[①]连年常态化等相关问题。上述问题产生的原因不但在于预算法律执行行为缺乏强有力的制度保障,更在于其行为的可问责性薄弱。因此,需要将可问责性植入具体的制度运行过程中,才能使政府预算执行行为在公共利益(理想)的限度内运行,最终实现社会公共利益的帕累托最优的总目标。

为解决上述问题,笔者认为:首先,要调整预算年度起讫时间。

---

① 预算超收,是指突破了既有的预算规模控制,产生了处于预算框架之外的“超计划”的财政收入增长额。

根据我国《预算法》第18条的规定，我国预算年度实行历年制，造成了预算先执行后批准的现状。这便严重影响了预算法律文件的时效性和严肃性，因此，必须对预算年度进行调整或改变人大会议时间。其次，进行国库管理制度改革。由于现代意义上的国库不再是简单的国家金库，它还负担管理财政的资产与负债，反映预算执行情况等一系列公共财政职能。因此，国库管理制度改革的核心在于设计以国库单一账户为基础、资金缴拨以国库集中支付为主要形式的集中收付制度，主要包括建立国库单一账户体系、规范收入收缴程序、规范支出拨付程序等。最后，系统强化预算随意调整行为的可问责性。在我国预算调整随意性是由于法律漏洞与程序随意性等多方面造成的。因此，根治预算执行中随意调整行为，并非某一项制度"孤军奋战"能够奏效，应当从许多方面加强努力，形成一个系统工程。

3. 预算法律监督行为

现代议会的预算法律监督行为是立法机关对行政机关的预算权进行约束的一项重要权利，议会对政府的间接控制性要求议会的预算监督行为在间接干预的情况下获得监督效果上的最优情形。议会对预算的约束集中体现为两点：一是体现为对预算的批准；二是体现为对预算过程的监督。具体而言，我国人大预算法律监督行为可划分为预算编制的监督行为、预算审批的监督行为和预算执行的监督行为（主要参见前文表3），这三种行为既是预算监督行为的主要组成部分，在一定程度上又反映了人大预算监督行为的结构。首先，预算编制监督权是预算监督权十分重要的部分，但我国《预算法》并未给予足够重视。例如，在预算编制的监督行为中的初步审查制度是人大预算监督权体系中的一项重要制度。人大的相关机构便可提前介入预算进行初步审查,从而对预算编制机构形成一定的威慑,有利于保障预算编制权的合法行使。但我国《预算法》对于初步审查制度规定模糊,对其具体的程序、方式、法律后果却未提及。因此,我国《预算法》修改必须对此予以着重关注,从而促进预算审查由程序性审查转向实质性审查,提高预算审查的质量和效果。其次,人大预算审批监督行为是预算监督行为的核心,人大应该享有确认或否决预算草案的权利,但是预算相关法规未对人大的预算修正权作出具体规定,预算修正权抽象化的现状使人大在行使预算审批时只能整体否决或整体通过预算草案,这种状况实际上造成了人大预算审批权的未得到落实。而从其他国家的经验来看,议会预算审批监督权不仅是预算的审批权,更体现为对预算的修正权。鉴于上述情形,必须赋予我国人大具体的预算修正权,从而解决现阶段人大只有讨论权而无具体修正权的问题。另外,建立重点项目审查制度是关键,人大应做到科目审查与政策审查相结合、全面审查与局部审查兼顾,重点对预算草案的合法性和合理性进行审查和探究。最后,预算执行的监督行为是议会及其常设机构对预算执行的情况进行监督的行为。在我国预算法律制度中为保障人大能有效行使预算执行监督权,规定了人大享有知悉权和质询权,政府负有主动报告义务。如前文表 3 第 3 项"行为"一栏的规定。

预算是民主的载体,是连接立法机关和行政机关的纽带,是确保管理效率和效益的工具。而由于立法机关具有作为民意代表机构的特性,在预算中应该拥有至上地位,这也是一切现代民主的逻辑起点,因此,现阶段铺建一条以加强人大的预算监督权为核心的民主之路是预算改革的关键。我国《宪法》和相关法律虽然规定人大是我国最高权力机构,但人大的财政和人事受制于政府导致了人大行使监督权的受制性。因此，保障人大财政的独立来源和人事任命的独立性是保障人大独立地位的关键。为了保障人大预算审批的民主性，必须强化预算审批的程序。当前我国《预算法》关于预算审批的规定涉及的主要是各级政府预算草案的审批主体和备案部门等实体问题，而对审批的具体程序问题则涉及较少。例如，在人大会议期间对预算草案的审查、讨论程序，人大财经委、预算工作委员会预审的具体程序等。鉴于此，将人大对预算草案的审批权程序化是强化人大预算监督权的重要方式。

四、预算法律责任的缺陷与拓扑

预算法律责任，是指预算法律关系主体违反预算法规定的义务或未履行其职责所应承担的法律后果。由于预算法律责任从根本上说是站在全社会的高度，为保护全社会的利益而实施的，所以预算法对其主体法律责任的规定相较传统民事责任、行政责任的规定更加苛刻。完善预算法律责任，使之更具科学性和可操作性，有利于预算资源的有效配置。

(一)预算法律责任的缺陷

完善的法律制度、监督机制是实现有效财政监督的基础，而完善的预算法律责任机制又是有效财政监督的核心。“没有责任就无法规范义务的履行，《预算法》中每一项约束性条款应当有对应的责任条款，并且要必须明确每一个行为主体在违法时应当具体承担的责任。”①但我国现行《预算法》确定的法律责任制度存在缺陷。

① 刘剑文:《民主视野下的财政法治》，北京大学出版社 2006 年版，第 177 页。

1. 预算编制中责任缺陷

预算编制是政府实际分配预算资金的过程，主要是由人大来判断政府编制预算行为是否合法。根据代议制政府原理，政府应承担相应的宪治责任。人大一旦发现政府预算编制的过程有不合法、不合理的行为或政府的预算草案被否决等，就意味着政府的施政方针未获得人大承认。由于我国强调人大和政府的议行合一，加上人大代表参政议政的独立性和主动性还不够，因此我国现行《预算法》立法者未考虑预算被否决的情形。但随着我国人大代表的民主法治意识和预算认识程度的增强，预算草案遭遇否决的情形是可能出现的。[①] 在发达国家，预算不获通过的事件是经常发生的。如果议会发现政府在预算草案制定过程中有违法行为等，议会就可以弹劾有关政府官员，使其遭受法律制裁。如造成不良后果，议会可以提出不信任案，促进政府更迭；如系轻微失当，议会可予以警告，告诫其以后不得重蹈覆辙。我国《宪法》第 5 条规定："……一切违反宪法和法律的行为，必须予以追究。任何组织或者个人都不得有超越宪法和法律的特权。"虽然我国《宪法》规定了人大对政府享有执法监督权，但是我国预算法既未规定预算审批通过的标准，又未考虑预算被否决的法律后果，自然也未顾及预算未予通过的宪治责任。如前文表 4 中的预算主体，对其违反预算编制行为所应承担的责任形式中，都缺乏对行政机关所应承担的宪治责任的相关规定。

---

① 例如，2002 年 1 月湖南省沅陵县人大否决了政府的预算草案，4 个月后，加开了一次县人大会议才批准了经修订的预算草案。2005 年新疆维吾尔自治区昌吉市人大常委会否决了政府 2004 年的决算和 2005 年上半年的预算执行情况报告，理由是政府追加预算支出的决定均未编制预算调整方案，也没有依法报请批准。参见田必耀：《预算监督劲风正起》，载《人民建设》2005 年第 12 期。

另外,随着现代国家生活的日益复杂,代议机关对政府的制约能力实际上在逐渐削弱,议会很难真正有效地监督与制约政府的财政权力,这就导致预算过程中将孕育某种预算风险和危机。近年来我国为了减缓金融危机的冲击、解决内需不足等问题,国家多年都在推行扩张性的财政政策,从而导致财政支出大涨,赤字与国债规模激增。目前大量债务不断积累导致国家的债务负担已相当沉重,由此产生了一系列财政法律问题。

2. 预算执行中责任缺陷

我国《预算法》对违法行为归类简单、责任形式单一、惩罚力度过轻。表 4 与表 5 中的"责任规定"为责令改正、警告或者通报批评、行政处分三类,责任种类过于简单,这就难以有效地发挥法律责任所应有的惩戒效果。对此 1995 年国务院颁布的《预算法实施条例》也无更细化的规定,[①]2005 年颁布的《财政违法行为处罚处分条例》的规定也同样比较原则,不够细致,使有关法律责任的承担缺乏可操作性,对违法行为归类过于简单也导致对预算执行行为归责难的现状。由于预算执行权是一种积极的权利,在执行中包含丰富的内涵,因此拥有着比其他行政权更多的自由裁量权。同时,在当前的中国预算管理改革中,预算执行过程中政府的自由裁量权呈现日趋扩大的倾向,影响了政府预算管理的统一性,妨碍了构建统一的公共财政框架的进程。但"法治所需要的并不是消除广泛的自由裁量权,而是法律应该能够控制它的行使",[②]为了能够控制自由裁量权的行使就必须强化预算法律责任。从前文表 4 和表 5 中的"责任

---

① 国务院法制办于 2015 年 6 月 24 日公布《预算法实施条例(修订草案征求意见稿)》,但同样未对预算执行违法责任进行细化规定。

② [英]韦德:《行政法》,徐炳等译,中国大百科全书出版社 1997 年版,第 56 页。

追究”一栏中可以清晰地看出,我国《预算法》以及《财政违法行为处罚处分条例》对于一般预算违法行为的规定仅局限于行政责任的追究。由于各种违法行为都存在性质上的不同和情节上的差异,因此单一的责任形式过于僵化而缺少现实的适应能力,不能对不同性质的违法行为分别予以惩治,造成罚不当过的局面。再从对违法行为的惩罚力度上来看,预算相关法规对违反财政管理体制、违反财政支出法律的行为欠缺强有力的处罚手段。例如,对隐瞒财政预算收入、将预算资金转到账外,以及瞒报预算外资金收入、转移资金,私设“小金库”、滥发福利等违反财经纪律的违法行为的惩罚力度与其所造成的后果不成比例,达不到惩戒的效果。

3. 预算监督中责任缺陷

在我国当前代议制的预算决策模式下,预算监督主要由人大及其常委会、人大代表来行使。不能忽视对立法机关及其组成人员的责任设置。因为立法机关的权力同样存在某种异化的可能。为了保障立法机关所作出的预算决策是真正民意的反映,就必须完善立法机关及其组成人员的责任设置,才能更好地体现“中华人民共和国的一切权力属于人民”的宪法精神。但在现行的预算文本中,立法机关及其组成人员没有相应的责任,具体参见前文表3“责任”一栏,因此预算监督中的责任体系还亟待完善。

(二)预算法律责任机制的拓扑

1. 预算编制中法律责任拓扑

由于财政直接涉及公权力的行使以及国民基本权利的保护,这在某种程度上就是一个宪法问题。一旦在预算编制中出现了有违预算法律规定的行为就必须上升到宪法高度对其进行处理,这是由于预算编制主体具有多重身份性,它既保障经济和社会稳定发展,又保障社会公共利益等方面，因而一般很难让它歇业、关闭甚至处以自由罚；同时，由于经济来源的财政补偿性，处罚的经济后果最终还是要由纳税人来承担。鉴于此，通常只能由相关的直接责任主体先行承担，而预算主体则承担政治性责任，使其付出“合法性减损”或“信用减等”的代价。这种责任承担形式，有可能与违宪责任的承担有关。[①] 因此，使其承担宪治责任是最优的选择。

“公共预算并不是消极被动的，它是严格意思上的财政政策工具，即有意识地影响一国经济生活的工具。”[②]这就导致由于公共预算赤字产生了一系列的财政问题，导致赤字膨胀，诱发财政问题的深层次法律原因，折射出宪法以及宪治精神的缺失。[③] 宪法制度是影响政治决策的方式和行为的根本制度，通过在宪法中制定一个“防止政府预算支出过大，能有效地规范立法机关预算权的预算法则或标准”。[④] 其实，预算收支平衡是各国预算法都应遵守的基本准则，我国现行《预算法》第 12 条就规定“各级预算应当遵循统筹兼顾、勤俭节约、量力而行、讲求绩效和收支平衡的原则”。但是由于理论与实践的不同步，我国一般都疏于对该项准则的遵守。随着公共财政的不断成熟，预防此种可能发生的财政危机变成了一种趋势。因此，需要在预算编制过程中严格遵守预算平衡准则，除非是出现了某种规定的特殊情况需要实行赤字预算外，一般都不准违背该准则，否则预算草案将不被通过，这样才能真正地保证国家预算

---

① 参见张守文：《经济法理论的重构》，人民出版社 2004 年版，第 453 页。

② Jack Rabin and Thomas D. Lynch, *Handbook on Public Budgeting and Financial Management*, New York: Marcel Dekker Inc, 1983, p. 571.

③ 参见张守文：《财税法疏议》，北京大学出版社 2005 年版，第 16 页。

④ [美]布坎南、瓦格纳：《赤字中的民主》，刘延安、罗光译，北京经济学院出版社 1988 年版，第 177 ~ 178 页。

的收支平衡,这也符合我国积极构建法治政府的要求。① 随着民主法治观念的普及和我国宪治的发展,随着财政立宪主义的盛行,我国未来拓展宪治责任是必然的趋势。② 因此,通过拓扑宪治责任是重构财政权利制约机制的有效之道,具体可在前文表 4 中对于行政机关的责任承担方式增加宪治责任的详细规定,以此来弥补预算编制法律责任的缺陷。

2. 预算执行中法律责任的拓扑

针对现有立法中关于预算执行中的法律责任的缺陷,预算法应进一步完善。首先,必须增加经济赔偿责任形式。预算主体承担法律责任的根本目的是要直接恢复被损害的社会公共利益或消除对社会公共利益的潜在威胁,除应承担法律规定的行政责任外,还应当对社会主体承担经济赔偿责任。③ 在国外立法实践中,如《俄罗斯联邦预算法典》第 306 条规定了在预算执行中"不及时按确认的预算付款书支付款项,拒绝确认已经接受的预算付款书,或者不及时确认预算付款义务,将对相关政府机关领导人处以罚款,对其执行预算程序不当提出警告"。针对我国目前预算执行中的现状,经济赔偿责任主要适用于以下三种情况:一是对于隐瞒预算收入或未按规定上缴预算收入的,即对前文表 5 第 9 项增加经济赔偿责任;二是上级政府在预算之外调用下级政府预算的资金,即对前文表 4

---

① 国务院《关于加强法治政府建设的意见》第 11 条规定,重大决策事项应当在会前交由法制机构进行合法性审查,未经合法性审查或者经审查不合法的,不能提交会议讨论、做出决策。

② 参见朱大旗、何遐祥:《预算法律责任探析》,载《法学家》2008 年第 5 期。

③ 预算法上的经济责任,是指预算法主体实施预算违法行为并造成相应的经济损害后果时,应为赔偿或补偿的责任。我国《预算法》或《财政违法行为处罚处分条例》当中皆未规定经济责任。经济责任除了惩罚性赔偿外,还有罚息、支付违约金等形式。参见朱大旗、何遐祥:《预算法律责任探析》,载《法学家》2008 年第 5 期。

第7项增加经济赔偿责任；三是下级政府挤占或者截留上级政府预算的资金，即对前文表4第8项增加经济赔偿责任。其次，必须加大责任惩治力度。预算违法或不当行为负外部性十分显著，对社会的危害性极其巨大，一旦实际发生，损失将不可弥补。因此，预算主体作为预算法上承担行政责任的主体，其应承担的预算违法责任形式除行政处分外，必须包括行政追偿责任，这主要是为了加大惩戒作用。因此，在行政责任中，作为对公务员违法行为的物质制裁措施，追偿责任的惩戒功能不能被其他行政处分所取代，如前文表4中第4项、第5项、第6项、第7项、第8项，表5中第9项、第10项、第11项中仅规定了行政处分，这种处罚过于单一且无法达到惩处的效果。此外，如果行为人的过错程度已经超过上述责任形式的惩戒范围，则有必要在预算违法行为的法律责任中引入刑事责任，充分发挥刑法的威慑作用，完善预算违法行为的法律责任体系。最后，必须严格实行预算执行行为问责制。“在财政执行中确立问责制不仅是为了资金的有效利用，而是为了实现更好的结果；问责制所要强调的不仅是对现有制度体系和程序提出批评，而在于推动产生更好的公共产品与服务的供应系统。”①因此，如果政府的执行行为偏离了社会利益和公众利益，就应当追究有关责任人及行政长官的责任，特别是加强重大决策跟踪反馈和责任追究。对违反决策规定、出现重大决策失误、造成重大损失的，要按照“谁决策，谁负责”的原则严格追究责任，②如在前文表4和表5的“责任”一栏中，可

---

① [美]萨尔瓦托雷·斯基亚沃－坎波、丹尼尔·托马西：《公共支出管理》，张通译，中国财经经济出版社2001年版，第8页。

② 参见国务院办公厅《关于印发基本公共服务领域中央与地方共同财政事权和支出责任划分改革方案的通知》（国办发〔2018〕6号）、国务院办公厅《关于进一步调整优化结构提高教育经费使用效益的意见》（国办发〔2018〕82号）等。

以针对不同的违法行为明确规定“行政长官负责制”的制度。

3. 预算监督中法律责任的拓扑

在当前的预算决策模式下，政府在当前预算决策中发挥着主导性作用，但是并不能因此而松懈立法机关责任规制体系的建构。“在民主政治下，任何权力的行使都必须遵循一定的程序规则……程序的设置及其运作都要反映对权力的规范与制约。”[①]因此加强人大和人大代表在预算过程中对政府的监督作用已成为完善立法机关预算权责任体系的重要部分。立法机关必须服从人民制定的宪法，在制度上必须建立对立法机关的立法行为进行违宪审查的制度。[②] 因此，立法机关一旦在预算监督中违宪，就应承担相应的宪法责任。通过宪法来完善预算的宪法责任，用宪法来约束立法机关的预算监督行为，从而建立起对立法机关预算违宪审查的机制。因此，需要在宪法中增加立法机关的预算违宪行为的责任条款。具体即在前文表 3 第 1 项、第 2 项中拓扑对各级人大及其常委会的预算违宪责任。另外，还可以加强我国的舆论监督与媒体监督，来确保人大预算监督的科学性、公开性和民主性。通过完善人民代表大会制度，增强人大预算审议程序机制建设。同时对个别人大代表的非法行为，也可以追究其相应的法律责任。具体即可在前文表 3 第 3 项增加对人大代表与常委会组成人员的法律责任规定。由此为预算决策活动设置必要的公正、民主、科学的程序性规则，使预算决策的作出具有更高的规范性和透明度，以确保立法机关所作出的预算决策是真正的民意反映，并使立法机关的组成人员在人民的监督下，依照法定的步骤和方式行使职权，使人大代表真正成为人民表达其意

---

① 苗连营：《立法程序论》，中国检察出版社 2001 年版，第 9 页。

② 参见刘广登：《宪法责任论》，山东人民出版社 2007 年版，第 107 页。

志的通道,在规范代表权利行使的基础上,防止立法专断的产生。

五、结语

社会需要和发展是法律产生的前提,而法律的产生及其变革又能为社会需要提供保障。预算法是一种高度应用于社会实践、高度回应于国家法律和政策的法律制度。完善预算法的关键在于回归实践和立法。“规范取向”的研究进路则是要从对具体法律规范的研究中,挖掘出其中内含的理论框架,与“问题取向”以解决具体预算问题为落脚点不同,法律文本“规范分析”的落脚点在于运用立法来总结、反思和完善理论,摆脱既有研究中流行的“空对空”的、大而无当的宏大叙事。当然,预算法的理论基础不能仅依附于实践、混同于立法,亦步亦趋的法条主义、注释法学不应该是预算法理论研究的未来,尽管目前的问题恰恰是在相反的路径上走得过远。

诚然,理论的发展与知识的增长都是积累的过程,语言自身的含义永远不可能确切地被容纳和限制在文本中,而必然不同程度地溢出文本的边界。① 预算走向民主和法治的改革并付诸规范的法理解释过程中,预算与民主之间存在的张力,使预算法制变革与现实国情既攸关又矛盾,这也是预算法修订中的难点所在。要解释法律文本,语境是无法回避的。② 因此,对预算法的理解及其修订,更重要的是从计划经济到市场经济、从权力经济到现代法治经济的语境转换下的理论构造和制度设计,这是我们科学理解和构建预算法理

---

① 参见[英]维维恩·布朗:《作为文本的经济》,载[英]马克·劳格、罗杰·E.巴克豪斯:《经济学方法论的新趋势》,张大宝等译,经济科学出版社2000年版,第485页。

② 有学者分析指出语境是任何理解和解释法律文本都不可挣脱的支撑性条件。参见苏力:《解释的难题:对几种法律文本解释方法的追问》,载《中国社会科学》1997年第4期。

论的现实基础。也正如此,我们才会通过文本的规范分析发现,在宪法及相关预算法律的修订中倡导公共预算的重要性与迫切性。

第二节　预算法实施的中国路径

如何使人民(公共经济资源的来源者)的社会公共需求(欲望)得到最优化的满足,是现代预算法实施的核心问题。因此,通过什么样的实施机制才能实现这个目标,成为法学研究的重大命题。长期以来,中国的预算法理论几乎都是建构在预算制度的发源地与发展地——盎格鲁—撒克逊国家的模式和经验之上,预算法实施的研究者们也总是倾向于采取单一的分析维度:将预算法理论构筑于代议制民主之上,寄希望于在行政与立法之间(在我国预算法律文本中,现行预算法主体局限于立法与行政之间)达到预算权的合理配置和立法对行政的制约,实现公共经济资源(财政资金)的最优化分配,反之离开行政与立法之间的国家权力视域,任何关于预算法实施的讨论都是毫无意义的。但是,从预算法律关系上解读他们的研究,预算法律关系不仅包含国家权力与国家权力之间(行政与立法)的内部性预算权分配关系,还包括国家权力与社会权力之间(如政府与公民)的外部性预算权分配关系。① 显然,关于预算法的实施道路的认知,仅以内部性的预算法律关系作为唯一指标而无视外部性预算法律关系的研究,是十分片面的。因此,在研究预算法实施道路的模式与实践之时,需要打破传统思维的禁锢,除进一步

① 关于"以国家权力制约国家权力"的内部制约模式与"以社会权力制衡国家权力"的外部制衡模式之观念,具体可参见郭道晖:《社会权力与公民社会》,译林出版社2009年版,第32页。

完善内部性的预算法律关系框架外,还应转而寻求尽可能完善外部性预算法律关系的要素与手段,以此完善预算法的实施道路。近年来,我国一些学者开始超越盎格鲁—撒克逊国家的经验,探索预算法实施的其他途径。[①] 其中,尤以参与式预算改革的试验最引人注目——作为直接民主与代议制民主的结合体,参与式预算改革极大促进了地方公共治理现代化、民主化,成为增进人民福祉的有效途径。

党的十八届三中全会通过的《中共中央关于全面深化改革若干重大问题的决定》(以下简称《决定》)指出:“财政是国家治理的基础和重要支柱。”作为财税体制改革的重要内容,我国预算制度构建以及预算法的实施问题,也是关系国家治理体系和治理能力现代化的重大问题。近年来,中国预算法实践表明,中国完全可以探索出一条适合中国国情的预算法实施道路。依凭最近产生的预算法实施的理论与实践,同时借助公民身份的构成要素理论,下文首先建构了一个预算法实施的理论框架,根据这一框架,运用归纳比较思维方法,识别出三条预算法实施的道路,进而对这三条道路进行比较和分析,即重点从法的实施的视角,在预算法实践的基础上集中研究预算法的实施问题,希望为探索预算法实施的中国道路提供参考方案,并进一步思考法的实施问题。

一、预算法的实施道路:一种公民身份的视角

在我国,国家的一切权力属于人民,人民当家作主的水平决定

① 具有典型代表意义的研究成果可参见林慕华、马骏:《中国地方人民代表大会预算监督研究》,载《中国社会科学》2012 年第 6 期;宋彪:《公众参与预算制度研究》,载《法学家》2009 年第 2 期;刘洲:《财政支出的法律控制研究:基于公共预算的视角》,法律出版社 2012 年版。

预算治理的水平。只有充分尊重人民的主体地位,作为服务于人民公共需求的预算法,才能真正提供一种能证明其正当性的证据,即它是实现人民公共需求最优化的正确手段。这其中包含两方面内容:一是预算法律规则内容的正义性问题,二是预算法实施的正当性命题。反之,任何人如果仅用有限预算法律规则内容的绝对性来维护一个特定的预算法律规则,仅仅因为它具有法律性,那么预算法的实施就会失于一种内在的客观的非正义行为。①

一方面,关于特定预算法律规则内容的正义性。从法学视角来看,预算法乃是委托人(人民)基于对国家的信任而让渡部分私有财产形成公共资源(信托财产),受托人基于信托协议(包括《宪法》、《预算法》以及其他预算法律法规)占有、使用和处分(分配)这些公共资源,以实现受益人(人民)的信托利益,最终使受益人的社会公共需要得到最优化的满足。② 也就是说,在中国特色社会主义民主视角下,国家基于宪法、预算法以及其他预算法律法规占有、使用和处分公共资源,以实现公民的社会公共需要得到最优化满足。因此,预算法又可被定位为一种典型的分配法,通过一系列的分配性规则来规范分配行为、保障分配权益,以期形成一个合理有序的公共资源分配格局,最终致力于追求正义性的分配结果。③ “作为一般规则,在所有个人可能害及自身的场合,都应该给他们留下最大限度的选择余地,因为他们自己才是自身利益的最好判断者。”④

---

① 参见[德]施塔姆勒:《正义法的理论》,夏彦才译,商务印书馆2012年版,第21页。

② 参见朱大旗:《科学发展与我国〈预算法〉修订应予特别关注的五大问题》,载《政治与法律》2011年第9期。

③ 参见张守文:《分配结构的财税法调整》,载《中国法学》2011年第5期。

④ Jeremy Bentham, *Theory of Legislation* (2nd ed.), trans by R. Hildrerh, London: Trubner & Co., 1876, p. 63.

无论是从预算法实施的正当性之质疑还是对预算法规则的正义性之探讨，都反映出我国预算法实施的绝对方向应是一种以整合人民的话语表达与人民的利益需求为价值依归的目标范式。

另一方面，对于预算法实施的正当性。在当前日益复杂与不可预测的动态预算环境下，面对千千万万公民之间不同公共诉求的话语表达，代议制民主的表达渠道虽然能在一定程度上传达人民的公共诉求，但是以民意代表机构自居的代议制主体在公共资金支出的价值和见解上可能会偏离公共善，[①]那么预算法实施是否始终能被看作道德的、理性的、自由的人民主动选择之结果，[②]这已经成为代议制民主下预算法主体（包括议会与政府）越来越难以自信回应的话题。

在公民的话语表达的维度上，“显然能够充分满足社会所有要求的唯一政府是全体人民参加的政府；任何参加，即使是参加最小公共职务也是有益的……只有容许所有的人在国家主权中都有一份才是终究可以想望的”。[③] 因此，最好的公民话语表达离不开公民的广泛参与，公民参与的程度也将直接决定公民表达的充分与否。作为话语表达的源头——公民自身是个体与集体之间互动的桥梁和纽带，是天然地携带着以主观能动身份进入共同体（政治共

---

① 代议制民主属于一种“至善者”的统治，统治者是由民主选举产生的精英集团，精英集团总是在公众面前装扮成“至善者”一样，但在价值和见解上脱离于一般公众，代议制民主所崇尚的个人主义导致了公共善的失却。参见［美］理查德·A.波斯纳：《法律、实用主义与民主》，凌斌、李国庆译，中国政法大学出版社2005年版，第131页。

② 诚如福柯之言，“规训‘造就’个人。这是一种把个人既视为操练对象又视为操练工具的权力的特殊技术。这种权力不是那种因自己的淫威而自认为无所不能的得意洋洋的权力。”（［法］米歇尔·福柯：《规训与惩罚：监狱的诞生》，刘北成、杨远婴译，生活·读书·新知三联书店1999年版，第193页。）

③ ［英］J. S. 密尔：《代议制政府》，汪瑄译，商务印书馆1982年版，第55页。

同体或社会共同体)的自主力量。[①] 这种动力性的公民身份因子的广泛播撒,不仅激励着普通公民主体去冲破政治精英的阻碍,还推动着公民身份的内在逻辑朝着更具理性、更具公正和更具效率的方向演进。曾几何时,承载了主观能动主义的公民主体是西方法律思想史中最有活力的角色,但如今在具体实施内容上的公民概念却退化为宪法意义上"具有某个国家国籍的居民"的抽象表达。在法律哲学的价值上,公民个体作为一种关系,集规范性对谈的"如何"与"什么"、"主体"与"客体"于一身,而具体地制定出这种以人为立论基础的正义理论,将是所有被赋予法律相关事务人的皆有责任。[②] 在预算法视阈下,作为预算法服务的对象与目的并且内含能动性、平等性以及公共性的公民主体,不应仅被视为一种建立和限定在法律经验之上的,而应是具有逻辑必然性的、普遍适用的预算法观察之范畴。[③]

在预算法范围内,从"公民身份"的思维方式来探究预算法实施的基本问题,从某种程度上来讲,它是对传统的"国家总能服务公民的政治模式"所进行的法学逆向思考,依托公民身份的理论将研究思维转换为"国家怎样服务公民的政治模式",即将"被动性公民模式"转换为"主动性公民模式"。[④] 这种法学换位思考,可以得出

---

① 无论是激进还是保守之流都可以用公民身份的语言为自己的主张提供辩护,这是因为,公民身份同时包含着个体和集体的因素。参见[美]基思·福克斯:《公民身份》,郭忠华译,吉林出版集团有限责任公司 2009 年版,第 1 页。

② 参见[德]阿图尔·考夫曼:《法律哲学》(第 2 版),刘幸义等译,法律出版社 2011 年版,第 304 页。

③ 参见[德]G. 拉德布鲁赫:《法哲学》,王朴译,法律出版社 2005 年版,第 132 页。

④ 被动地位(对国家权力的服从)、消极地位(排除国家的干预)、积极地位(对国家拥有请求权)、主动地位(参与行使国家权力)是公民在国家中地位的表现形态,这四种公民地位呈阶梯性的上升。参见[德]格奥格·耶利内克:《主观公法权利体系》,曾韬、赵天书译,中国政法大学出版社 2012 年版,第 79 页。

更多“接地气”的结论,这也是下文所要探讨的预算法实施的新视域。主流的预算法学因固守在前文所述的“内部性预算权分配关系”的基石久已,甚至形成了对这种思维方式的安全感与依赖感,但在公民利益需求不断分化的背景下,这种表象上的稳定并不能掩盖国家与社会矛盾双方不断冲突与对抗的事实,当两者之间冲突不断激化并超过了“内部性预算权分配关系”所能调节的阈值时,也就意味着预算法理论应向更深、更广的范围变化与演进。下文进行的法学换位思考,正在于孕育这种预算法实施的新道路的契机,而通过建设性地运用人类所有才能和能力来实现公共福利的目标,也是我们这个时代绝大多数人的愿望。① 如果我们能够赋予公民一种可以普遍适用的正确方法,并成功地对这个“公民身份”的概念进行明确表述和合理划界,我们也就能够安全而有把握地将公民身份的理论逻辑适用到预算法律实践中。在以公民的视角切入预算法的实施问题时,既应当坚守传统理论的合理基石,也须注意发挥国家机关在预算法实施中的重要作用。理想状态是通过制度设计,形成改革合力,实现“内部性预算权分配关系”与“外部性预算权分配关系”的平衡,这是一条最佳的法律实施路径。

立足公民身份的概念,再从人民利益需求的层次出发,在公民利益主张或要求之维度上,②将公民得益需求“分为三类:有些是直接包含在个人生活中并以这种生活的名义而提出的各种要求、需要或愿望(以下简称居民身份利益);其他一些是包含在一个政治组

① [美]E. 博登海默:《法理学:法律哲学与法律方法》,邓正来译,中国政法大学出版社2004年版,第328~329页。

② 人民的利益需求可借鉴边沁的功利主义理论来衡量,参见[英]边沁:《道德与立法原理导论》,时殷弘译,商务印书馆2000年版,第58页。

织社会生活中并基于这一组织的地位而提出的各种要求、需要或愿望(以下简称政治身份利益);还有一些是包含在文明社会的社会生活中并基于这种生活的地位而提出的各种要求、需要或愿望(以下简称社会身份利益)"。[①] 公民利益需求的三重维度划分,正反映出政治学上公民身份的三大构成要素:公民的要素、政治的要素和社会的要素。三大要素分别对应三种不同的权利:公民权利(Civil Rights)、政治权利(Political Rights)和社会权利(Social Rights),而这三种权利的制度保障上:公民权利主要对应法院;政治权利主要对应国会和地方议会;社会权利主要对应教育体制和社会公共服务体系。[②] 在马歇尔的观点提出之后,其核心论点遭到了形形色色的争议与攻击,[③]但不可否认的是,马歇尔提供的是一个影响深远的现代公民身份架构的理论框架,使公民能够自主地、忠诚地、清醒地判断和履行治理与被治理的双重角色,即使在规范意义上公民身份的结构要素正变得更加复杂,但它至少为预算法实施道路的研究提供了一个具有启迪性的经典范式。

进一步梳理上述公民身份理论的逻辑,可以解构出人民话语和

---

① [美]罗斯科·庞德:《通过法律的社会控制》,沈宗灵译,商务印书馆 2010 年版,第 41 页。

② 1949 年在阿尔弗雷德·马歇尔(Alfred Marshall)的年度纪念讲座上,马歇尔发表"公民身份与社会阶级"的演讲,认为公民的要素由个人自由所必需的权利所组成:包括人身自由、言论自由和信仰自由,拥有财产和订立有效契约的权利以及司法权利;政治的要素指公民作为政治实体的成员或这个实体的选举者,参与行使政治权力的权利;社会的要素指从享有某种程度的经济福利与安全到充分享有社会遗产并依据社会通行标准享受文明生活的权利等一系列权利。See Marshall,T. H,*Sociology at the Crossroads and Other Essays*,London:Heinemann,1963,p. 74.

③ 综览对马歇尔的批判性评价,大致可分为五类:认为其研究在时间和空间上过于短视;认为其公民身份概念过分排斥;其观点太过乐观;其有关三种权利的划分太多简单;其阐释与历史无关。参见[英]德里克·希特:《何谓公民身份》,郭忠华译,吉林出版集团有限责任公司 2007 年版,第 17~21 页。

利益保障的三条渠道：政治要素—预算权力—议会—政治身份利益；社会要素—预算权利—公共参与平台—社会身份利益；公民要素—预算诉权[①]—法院—居民身份利益。根据公民利益需求和人民话语表达的三重维度，预算法的实施至少包括三条道路：以政治参与层面的公民预算权利为核心的政治性道路、以社会参与层面的公民预算权利为核心的社会性道路以及司法参与层面的以公民预算诉讼权利为核心的司法化道路，预算法的实施路径，应当满足公民的这些话语表达和利益需求，保护公民的这些权利。申言之，遵照上述方法和逻辑，中国预算法的实施，可以包括三条现实路径：一是政治化道路。政治化道路是一种源于公民身份政治要素而出现的传统的预算法实施道路，即公民通过选举人民代表表达自己的政治身份利益，它体现出公民能够通过选举自己的代表来表达自己的政治身份利益，通过代议机构（人民代表大会）去制约和监督行政机构的预算权力，代议机构作出的预算决策被视为公民整体的决定。二是社会化道路。预算法实施的社会化道路，它适应于公民身份的社会要素，即在预算的编制、审批、执行和监督过程中，公民个体或集体通过与预算权力主体的理性对话、协商沟通、推理辩论等，参与、影响甚至决定公共经济资源的配置过程。三是司法化道路。预算法实施的司法化道路，它体现了公民身份的公民要素，[②]通过赋予公民个体或者集体的预算诉权，建立起预算诉讼制度；当预算法主

① 预算诉权是一种积极性的公法请求权，源于公民对市镇和更高级别地方团体的归属性，抽象形态上体现出居民对其地方团体成员资格的积极维护，具体意义上可被认为纳税人权利在司法上的延伸与转化。

② 亚里士多德认为，全称的公民是凡得参加司法事务和治权机构的人们，这是良好公民的美德和责任。［古希腊］亚里士多德：《政治学》，吴寿彭译，商务印书馆 1965 年版，第 111 页。

体的行为违反预算法律规范时,公民个体或者集体可以诉诸法院寻求救济,这是预算法实施的司法保障。

二、政治化道路:预算权力的运行机制

在西方,预算法实施的政治化路径根源于政治学研究范式,其认为公共预算本质是政治性的,将规范化预算理论定位为一种综合且详尽的政治性理论,[①]这条路径总是在立法与行政之间、在更多集权与更少集权的结构之间强调预算权的不断改变和时间转移。[②] 综观西方财政预算文明的历史进程,预算法实施政治化道路的形成如同封建制度历经了一个复杂且漫长的时期,在历经多轮演化及其变迁之后,才逐渐演绎成当前典型的预算权体系——预算权主要由政府和议会分享,但政府预算权受到议会预算权的严格控制和监督(见表6)。

表6　预算权力配置的演化

阶段	主体	内容
起源	君主	君主财政专制权
发展	议会	议会预算权
形成	议会、政府	议会预算权、政府预算编制与执行权

(一)议会预算权的进化

英国既是近代宪政理论的发祥地,又是预算制度和议会制度的

① 参见[美]艾伦·威尔达夫斯基:《预算改革的政治含义》,载[美]阿尔伯特·C. 海迪等:《公共预算经典(第二卷)——现代预算之路》(第3版),苟燕楠、董静译,上海财经大学出版社2006年版,第55页。

② 参见[美]爱伦·鲁宾:《公共预算中的政治:收入与支出,借贷与平衡》,叶娟丽、马骏等译,中国人民大学出版社2001年版,中文版序言,第5~6页。

发源地,英国议会制度成长史也代表了议会预算权的演化史。自英国封建制度形成之日起,便承继了原始民主传统观念,“当时有行新法及关生民利害之事,必须得人民之同意”,于是有关征税问题一般需经“贤人会议”的讨论和同意。① 于是有关征税问题一般需经“贤人会议”(封建制度确立后,蜕变为大议事会)的讨论和同意。② 然而,后来由于王权的不断强化,加之财政危机的出现,国王屡屡打破征税传统与惯例,甚至出现了对贵族横征暴敛的行为,最终爆发了贵族与国王、教会之间的激烈政治冲突,国王为维系王权的存在与重塑王权的形象,压力之下被迫签署了限制王权的政治文件——《大宪章》——历史上首次确立“非赞同毋纳税”③的原则。虽然当时并不存在真正意义上的议会,但《大宪章》的诞生为议会的形成奠定了良好的制度基础,这也是君主财政专制权向议会批税权转化的源头。④ 概言之,“在英国的议会制度上首先确定为议会权限的,便是赋税承诺权——人民金钱上的负担,非得人民本身代表的承

---

① 参见[英]比几斯渴脱:《英国国会史》,[日]镰田节堂译,中国政法大学出版社 2003 年版,第 2 页。

② See Lyons Bruce, *A Constitutional and Legal History of Medieval England* (2nd Edition), New York, 1980, pp. 248 - 249.

③ 至 14 世纪,“无纳税人同意不得征税”这句格言在法国和英国都已牢固确定下来,违反它就相当于实行暴政,恪守它相当于服从法律。参见[法]托克维尔:《旧制度与大革命》,冯棠译,商务印书馆 1992 年版,第 139 页。

④ 《大宪章》签订之后,议会的课税权逐渐强化,例如爱德华一世在 1275 年、1295 年、1296 年和 1301 年的课税行动均得到了议会的认同。[See Lyons Bruce, *A Constitutional and Legal History of Medieval England*(2nd Edition), New York: Harper & Brothers, 1980, p. 386.]关于《大宪章》历史成就的详细论述,参见[英]詹姆斯·C. 霍尔特:《大宪章》(第 2 版),毕竟悦等译,北京大学出版社 2010 年版,第 270 ~ 313 页。

诺,不得征课的思想,成为议会制度发达的起源”。[①]

后至 1689 年“光荣革命”,《权力法案》被制定,标志着议会预算权基本雏形的形成。[②] 不久,议会为控制国王可能出现的滥用皇室经费之行为,通过 1782 年的《经济改革法案》,将国王世袭的私人财务归入议会监督之下的公共财产,并制定了明确的开支方针和受托责任等。[③] 1822 年起,财政大臣开始向议会提交关于政府财政的指导方针和活动内容的报告,一切皆如戴雪之言:“应当明晓英吉利法律所以处置岁出之方法,盖一如其所以待遇岁入之方法。申言之,岁入岁出均依巴力门法案行事。”[④]这也意味着英国议会预算权体系已基本完善。就议会预算权的起源及其发展而言,议会通过首先掌握批税权到逐渐控制政府的年度收支再到通过设立独立于政府的审计总长专职负责审计政府各部门的经费使用状况——从而强化对政府收支的监督(英国议会于 1866 年制定了《国库与审计部法》),自此实现了国王财政专制权向议会预算权的彻底转化(见前文表 6)。

(二)政府预算权的兴起

从推动和维护预算制度民主而言,将预算编制权划归为国民代表机关的议会,是较理想的。[⑤] 然而在 18 世纪初的英国,政府的收

---

① [日]美浓部达吉:《议会制度论》,邹敬芳译,中国政法大学出版社 2005 年版,第 264 页。

② 如《权利法案》第 4 条规定:凡未经国会准许,借口国王特权,为国王而征收,或供国王使用而征收金钱,超出国会准许之时限或方式者,皆为非法。

③ 参见[美]玛格利特・利瓦伊:《统治与岁入》,周军华译,格致出版社、上海人民出版社 2010 年版,第 136～137 页。

④ [英]戴雪:《英宪精义》,雷宾南译,中国法制出版社 2001 年版,第 350 页。

⑤ 参见[日]井手文雄:《日本现代财政学》,陈秉良译,中国财政经济出版社 1990 年版,第 199 页。

支时常出现盈余,按照议会规定,政府在每年结束之际需将盈余返还给议会,这就难免出现了议员们通过滥提开支要求欲从剩余经费中谋取私利的腐败行为。在1706年,下议院为此通过决议:"本院将不接受关于公共服务方面的任何资金申请,或审议要求以公共收入为基础的拨款或经费的任何动议,不管可支付的是统一基金还是议会提供的经费,除非它是来自国王的推荐。"[①]该决议从1713年起成为下议院永久的议事规则。自此议会对预算收支的控制失去了主动权,只能在审议过程中对政府预算案进行减额修正,预算编制权也逐渐转向政府(见前文表6)。

除英国外,美国预算权体系的变迁过程中也经历了从议会预算编制权向政府预算编制权演化的过程。在20世纪初期,美国法律规定国会拥有预算编制权,对于各行政部门的岁出申请由国会各委员会逐个批准,但由于议员不可能拥有足够的专业知识,从而导致预算编制欠缺统一性,引起预算赤字状况的恶化。国会尽管不情愿将预算编制权赋予总统,但面对公众希望缩减财政赤字的强大压力,在1921年《预算和会计法》颁布后国会最终选择将预算编制权授予政府。[②]随着预算权的不断演化,时至当代,政府拥有预算编制权已成为大多数国家的惯例。预算编制权归属主体的转变,乃是预算权演绎过程中的历史必然:无论是保障政府对施政纲领或工作计划的可控性——以提高政府的执政效率,还是基于预算专业性与复杂性的衡量,将预算编制权赋予行政机关都是一种必要性与合理性的选择。

① Kenneth Bradshaw & David Pring, *Parliament and Congress*, American Political Science Association, Vol. 62, No. 2, 1974, p. 309. 转引自张献勇:《预算权研究》,中国民主法制出版社2008年版,第107页。

② 参见[美]雪莉·琳内·汤姆金:《透视美国预算管理与预算局——总统预算局内的政治与过程》,苟燕楠译,上海财经大学出版社2009年版,第26~27页。

(三)中国预算法实施政治化道路的修缮

以我国现有预算法律文本作为研究对象,包括《宪法》《全国人民代表大会组织法》《地方各级人民代表大会和地方各级人民政府组织法》《各级人民代表大会常务委员会监督法》《立法法》《预算法》《预算法实施条例》等,可以分析出我国预算法政治化道路的基本现状(见表7)。

表7　我国预算法律文本中预算权力的样态

主体	权力内容
人民代表大会	人大预算审查权、批准权、变更撤销权、监督权;人大常委会的监督权、审批权、撤销权;人大代表或常委会组成人员的质询权;人大专门机构对预决算草案、调整案的初审权
人民政府	政府预算编制权、执行权、报告权、执行监督权、变更撤销权;财政部门的编制权、组织执行权、提出方案权、报告权;审计部门的审计监督权

从表7可以看出,我国预算权体系具有较强的"内部性预算权分配关系"的特点。预算权在人大与政府之间进行合理的配置,人大与政府之间形成审查、监督的法律关系。但这一观察是静态的、从制度层面进行的。从法的实施的角度来看,我国预算权体系过于依赖行政权的主导,可能存在权力机关未能有效制止行政主体追求部门利益和官员追求自身利益的现象。为减少和扼制这种公共资源配置实践中的机会主义行为,在观念上应强调人大的预算权威,并从实体和程序两个方向完善现有的预算权体系。

1.人大主导观念的强调

按照我国政治制度的逻辑,人大由民主选举产生,对人民负责、受人民监督;而政府由人大产生、对人大负责、受人大监督。但是,我国预算法以往强调“强化预算的分配和监督职能”、“健全国家对预算的管理”以及“加强国家宏观调控”的立法宗旨(1994 年我国《预算法》第 1 条),凸显的是政府预算的工具性和行政主体的支配性。在这种理念下,权力机关的权威地位未得到必要的凸显,相应地,公民的利益需求也就难以满足。

预算观念的转型,应确立人大主导的预算法宗旨,以统领预算法全篇的布局;并充分尊重人大在公共经济资源配置中的决定性作用,以此推动传统预算观念的双重升级——从政府主导转变为人大主导、从“政府治理的工具”转变为“治理政府的工具”,也只有通过体现人大的权威地位才能最终保证政府的预算收支行为服从于人大的决策和监督。以当前我国政府收支管理中存在的一大顽疾为例,个别政府收支游离于人大预算管理、控制以及监督之外,这种游离于人大控制之外的预算外收支的持续增长,既限制了公共物品的有效供给,又诱使相关主体不断创造扩大预算外收支规模的机会。因此,在制度建构上,突出人大预算管理、控制与监督的主导地位,通过确立“全口径预算管理原则”,推动建立一个包括所有政府收支的“复式预算体系”(含公共预算、政府性基金预算、国有资本运营预算和社会保障预算等),是预算法得以有效实施的关键。

2. 人大预算权的规范化

在预算法律的应然形式上,人大的预算权无疑是整个预算权体系的核心,其应贯穿预算权运转的始终。人大预算权规范化,即预算权的配置过程要强化对政府预算权力运行的制约和监督,形成以人大为核心的预算权运转体系。在我国当前预算法律文本中,人大享有的预算权力主要包括:预算审查权、批准权、变更撤销权、监督权、质询权以及初步审查权(具体见前文表 7)。在表层形态上,对于人大预算权的规定似乎比较完善，但是这些规定过于笼统与抽象，导致在行使过程中受到很大限制，预算法的实施无法达到理想的效果。在实质内容上，要解决实施绩效差的问题，应当立足于规范化的目标，从提升人大预算权的具体实施效力出发，充分激活当前尚处于混沌形式下人大的预算审批和监督权——落实人大的预算编制参与权、明确人大的预算修正权、增加人大的预算否决权、补正人大的预算分项审批权以及细化人大的预算质询权，人大只有真正掌握了预算审批和监督权的命门，才能切实优化人大的预算审批和监督过程。

第一，落实预算编制的参与权。预算编制权虽属于政府，但是由于人民代表大会的会期短、任务重，会议举行期间，很难实现对预算草案的实质性审查。只有使人大提前介入预算编制阶段，预先掌握预算资源的配置状况，才能强化人大预算审议的效果。在当前的预算法律法规中，只是粗略规定了人大专门机构对预决算草案、调整案的初审权，但是为强化人大的初审效果和审查效果，仍需要进一步考虑落实人大在预算编制中的参与权。

第二，明确预算修正权。预算修正权是在权力机关审查预算草案时，应依照法定程序修改或通过预算修正案的权力。人大预算审查权的真正实现，离不开人大代表能对预算草案进行修改的权力，它被视为提高预算合理性和科学性的必备途径。对于预算修正权的明确，需要防止预算修正权的不当扩张，一般预算修正应限制“一般只能做减额修正，而不能做增额修正”。

第三，增加预算否决权。由于我国长期强调人大和政府的议行合一,因此我国现行预算法未考虑预算可能被否决的情形。① 随着人大预算地位不断增强,应考虑预算可能被否决的情形。发生这种情形时,应立即责成政府部门在规定期限内修改,并再次提交人大审批表决;②同时,可依照人大审议的具体情况,对政府部门及其政府官员给予不同程度的行政问责。

第四,补正分项审批权。按照当前的预算法规,我国人大对政府预算的审批只能整体通过或整体否决,这是不合理的。对此,需要将这种粗放式的综合审批制度修改为分项审批制度,人大行使预算审批权可根据预算部门或支出性质的分类,相应地将预算草案划分为具体的预算审批事项。为保证审批效率,可规定人大对某一预算事项的投票表决不影响其他预算事项。

第五,细化预算质询权。我国《预算法》只规定了人大代表或人大常委会组成人员的询问或质询权,但未对质询的效力和责任予以进一步规定。根据法理,只有质询主体对受质询机关的答复表示满意,质询才告结束。如果半数以上质询主体对答复不满意,受质询机关必须再作答复;倘若再次答复的结果仍难以令质询主体满意,被质询机关与直接责任人应承担相应的法律责任。

3. 政府预算权的程序化

"在实体的正义被相对化、纠纷所涉及的关系越来越复杂的当代社会中,以利害关系者的参加和程序保障为中心内容的程序正义

---

① 参见刘剑文:《民主视野下的财政法治》,北京大学出版社 2006 年版,第 249 页。

② 例如,《温岭市市级预算审查监督办法》第 20 条规定:"市人民代表大会对预算草案作出批准与否的表决决议后,预算草案未获通过时,应当责成市人民政府对预算草案的有关内容进行修改,并在三十日内将修改后的预算草案报送市人大常委会,提交市人民代表大会重新审查批准,或根据市人民代表大会授权,由市人大常委会批准重新编制的预算草案。"

观念在其固有的重要意义基础上获得了前所未有的重要性。”①通过发挥程序正义的功能，推动复杂的政府预算关系走向程序化，能有效地限制政府预算权滥用的状况。根据政府预算权力束的分类，立足于程序正义的价值导向，应重点对政府预算编制权、执行权以及审计权三个方面进行调整，以期最终形成编制权高效运转的资源分配程序、调整权不能滥用的严格执行程序和审计权公平公正行使的监督评价程序。

第一，预算编制权的整合。预算编制是复杂性与挑战性并存的程序，它有赖于一个强大的预算主管机关负总责、其他相关预算机构相互配合的权力行使机制。在实践中，一些准预算机构的存在（如发改委拥有预算项目的审批权），使预算编制未形成完全以财政部门为核心的编制体系，进而导致预算资源配置效率低下。改变我国预算编制权的碎片化现象，需建立一个权威的核心预算编制机构来整合财政部门和准预算机构的预算编制权，如此才能实现预算资源的战略性分配。②

第二，预算调整权的限制。根据我国对预算调整的规定（《预算法》第 67 ~ 73 条），只有打破原本预算平衡的预算调整才应报本级人大常委会审批，而不同科目之间的预算资金调剂只需按财政部门的规定报批，这不免助长了我国预算调整权的滥用现象。为减少这种预算调整行为，应从程序的角度构建一个针对预算调整行为的严格监督机制。例如，历经权力机关批准后的预算项目资金的重新

---

① ［日］谷口安平：《程序的正义与诉讼》，王亚新、刘荣军译，中国政法大学出版社 1996 年版，第 22 页。

② 参见朱大旗：《迈向公共财政：〈预算法修正案（二次审议稿）〉之评议》，载《中国法学》2013 年第 5 期。

调配，必须再经权力机关的审批通过才能调整，并且政府只能有权自主决定很小幅度的预算调整，同时预算调整的次数和时间应受到严格限制。即使是一般性的预算科目调整，调整的次数、时间及幅度均应受到严控（如《广东省预算审批监督条例》第 19 条第 4 款规定为 30%），且对调整的要件与限制也必须予以明确规定（如资本性预算不得流用至经常性预算），超出这些限制范围的预算调整，必须报本级人大常委会审批批准。

第三，预算审计权运行的中立。审计机关对政府决算进行的审计活动是对政府经济活动的事后监督，通过审计手段对预算执行的事实进行全面调查、深入分析与及时报告，有助于将来最适当地运用预算制度，保障预算活动的规范进行。① 健全我国预算审计权的关键在于提高审计权行使的中立性，必须保证审计权力的运行过程不会受到政府机关的不当干预。我国当前可行的改革途径：一是要改变审计机关的领导模式，由同级政府首长和上级审计机关的双重领导模式（《审计法》第 7 ~ 9 条），逐渐转变为直接向同级人大负责的隶属模式；二是要改变当前审计机关的履职经费由同级政府予以保证的规定（《审计法》第 11 条），审计经费应由中央财政预算统一予以保障；三是对于审计机关负责人应进一步从职务稳定（《审计法》第 15 条已规定）、薪金待遇以及兼职禁止等方面来保障审计权运行的客观公正性。概言之，我国预算审议权的规范，应考虑改变审计机关的隶属模式，使其直接向人大负责，并从财源稳定与人事稳定两个方面强化审计机关的独立性。

① 参见［日］井手文雄：《日本现代财政学》，陈秉良译，中国财政经济出版社 1990 年版，第 206 页。

三、社会化道路:预算法实施的社会机制

预算法实施的社会化道路,强调外部性的协商民主形式,体现了党的十八届三中全会《决定》关于"推进协商民主广泛多层制度化发展"的指导思想。推行这种社会化道路,在当前已具备相应的经济社会基础。当前,我国正处于一种以巨大的公共财政规模为支持的经济转型期,而财政规模的扩张加速了财政汲取模式的更新——自产国家转向税收国家,并逐渐消除了公民长期存在的"财政幻觉",进而形成了国家的财政预算活动应与社会进行互动的要求。① 预算权体系开始吸收公民、社会的力量,尤其在我国一些地方政府,预算权体系开始强调公民对预算过程的表达、参与以及监督,使原本"高高在上"的预算权成为普通公民可以切实感知、触摸的鲜活的权利。

(一)预算法实施社会化的经验

随着现代民主法治浪潮不断卷席,权力的基础已渐进性地从强权转变为权利,尽管这些变化可能极其细微,却对法律价值取向带来了深远影响。② 为提高公共经济资源的配置效率,现代预算法的实施复归了公民主体的预算权利,而这种预算实践形式使预算法的

---

① 当前,许多自产国家(国家拥有庞大国有资产,能够自我维持的一种财政国家类型)正在实现向税收国家(国家收入主要源于向国民的私有财产征税的税收国家)的转变。如果说自产国家模式下极易形成一种国家养人民的"财政幻觉",那么在税收国家人民将意识到是他们在养国家,这使人民逐渐形成预算社会权利意识,迫使国家在政治上对人民做出让步,开启国家与社会之间互动的闸门。参见马骏:《治国与理财——公共预算与国家建设》,生活·读书·新知三联书店 2011 年版,第 38 页。

② 参见[美]格尔哈特·伦斯基:《权力与特权:社会分层的理论》,关信平等译,浙江人民出版社 1988 年版,第 70 页。

演化呈现出社会化的外在趋势。①

1. 预算编制的社会参与

"预算编制阶段事实上是所有国家预算过程中最封闭的过程并且是被决策者最多控制的阶段,公民社会通常也就没有什么正式的机会在预算编制之前就参与。"②考察国外的预算编制实践,政府通常从外部机构(包括代表雇佣方和受雇方的组织、专业研究所和研究院以及非政府组织等)获得对其政策和预算执行的反馈意见。③政府通过对预算编制权的让渡,实现社会公众在预算编制过程中参与权的回归(预算权本源于社会公众),推动预算编制过程朝着有利于提高公共服务质量的方向作出调整。预算编制权的社会化,既有利于通过公民的直接参与来协调社会内部对于公共产品效用和公共支出顺序的矛盾,④又可以激发公民的公共德行从而为预算决策提供正当性依据。⑤

---

① 许多研究案例表明,向社会公众开放国家的核心活动(如预算),引入公众参与等非市场因素是改善政府责任和治理的最有效手段。See John Ackerman, "Co-Governance for Accountability: Beyond 'Exit' and 'Voice'", *World Development*, Vol. 32, No. 3, 2003, p. 448.

② Warren Krafchik, *Can Civil Society Add Value to Budget Decision-Making? A Description of the Rise of Civil Society Budget Work*, *Essays in Citizen Participation and Pro-poor Budgeting*, United Nations Publication, 2005, p. 63.

③ Richard Allen and Daniel Tommasi, *Managing Public Expenditure: A Reference Book for Transition Countries*, Paris, OECD Publications, 2, rue André-Pascal, 75775 PARIS CEDEX 16 Printed in France, 2001, p. 146.

④ 例如,企业法人与普通纳税人对预算收支效果的期望存在差异,企业法人希望政府预算能为其提供税收减免,而普通纳税人对政府提供的公共产品与服务的渴望较之税收减免更为强烈。

⑤ Nancy Roberts, "Public Deliberation in an Age of Direct Citizen Participation", *The American Review of Public Administration*, Vol. 34, No. 4, 2004, p. 323.

2. 预算审议的社会参与

由于预算事项与公民个体利益或福利息息相关，公民对预算审议过程的参与将拥有极大的热情。在预算审议过程中，不同行为主体间的沟通与协商将有效促进公民之间公共需求共识的达成，最终实现公民权利与公共利益相统一。故此，一些国家的立法机关通常通过各种委员会建立起有效机制，如以听证会的形式就政策适当与否的问题进行广泛磋商。在一些国家，立法机关允许普通公民主动参与，这种参与对负责审批预算的立法机关形成重要影响，公民可以在参与过程中提议修改法律。[①] 因此，公民一旦拥有预算审议参与权，社会各阶层不仅能展开有效的利益博弈，议会也能通过分析不同社会利益集团力量的博弈强度以及观察公众预算参与行为来捕捉公民对公共服务的诉求，从而更好地发挥二次分配的功能，以平衡预算资源配置，使预算的收支形式和结构更好地回应公民需求。

3. 预算执行监督的社会参与

政府作为预算执行权的拥有者，既是预算利益的维护人，又是具有私利的“理性人”。于是以政府自我监督为核心的预算执行监督，不可避免地存在约束不足，从而造成政府可能利用预算执行的复杂性和隐蔽性谋取私利。为扩大预算执行监督的视野，现代法治国家不断从社会、公民的角度发挥其对政府预算执行绩效的正向激励功能。在国外参与式预算实践中，执行阶段预算参与主体的重要性体现为收集有关经费、国家收入与生产的信息，以提高其在立法

① 参见[美]罗伯特・D. 李、罗纳德・W. 约翰逊、菲利普・G. 乔伊斯：《公共预算体系》（第8版），苟燕楠译，中国财政经济出版社2011年版，第177页。

阶段的参与质量。[①] 这个经验表明，构建关于社会、公民对政府预算执行绩效的反馈机制、政府对社会公民关于预算执行状况质疑的回应机制以及预算执行参与过程中的信息对流机制，通过公共部门与各种私人部门之间积极有效的合作，实现政府自我监督模式向更广阔的社会监督模式的转变，将有效防止政府预算执行中的不当行为，最终保障预算既定目标的实现。

4. 预算绩效审计的社会参与

适当"在政府管理中注入一些市场因素，可以缩小非市场缺陷的影响范围"，[②]在预算绩效审计中引入市场化因素，将有效消除政府失灵产生的制度负效应。[③] 尤其是对于审计资源有限的审计机关，可将部分审计事务交予第三方社会中介机构执行。社会中介审计机构参与预算支出项目的评估与审计，可以与国家审计机关形成制度合力，改善国家治理架构。[④] 例如，印度拉贾斯坦邦一个名为"MKSS"的公共组织，通过非官方的公共听证收集公民真实体验方面的预算执行信息，对地方政府政府预算支出的绩效进行有针对性的非正式审计，由此改善了传统国家审计过程过于封闭而忽视公众

---

① Warren Krafchik, *Can Civil Society Add Value to Budget Decision-Making? A Description of the Rise of Civil Society Budget Work*, *Essays in Citizen Participation and Pro-poor Budgeting*, United Nations Publication, 2004, p. 70.

② 参见[美]查尔斯·沃尔夫：《市场或政府——权衡两种不完善的选择/兰德公司的一项研究》，谢旭译，中国发展出版社1994年版，第144页。

③ 例如，在瑞士一些地方政府，公民通过选择独立性的政府竞争机构来评估政府公共项目，并为政治议程提供替代性的政策意见，从而有效改善公共财政的绩效。See Reiner Eichenberger, Mark Schelker, "Independent and Competing Agencies: An Effective Way to Control Government", *Public Choice*, Vol. 130, Issue 1, 2007, pp. 79－98.

④ See Warren Krafchik and Vivek Ramkumar, *The Role of Civil Society Organizations in Auditing and Public Finance Management*, HakiElimu, 2006, p. 2.

感受的弊病，推动了地方政府相关法案的改变。①

（二）我国预算法实施社会化的现状

从实践与立法的二维视角考察中国预算法社会化的现状，挖掘积累的经验并分析存在的问题，可以夯实中国预算法社会化改革的正当性和合法性基础。

1. 中国预算法社会化的实践现状

我国自1998年明确提出建立公共财政以来，一些地方政府在法治政府的建设过程中，立足于当地实际情况，通过强化地方政府责任，提升公民的参与能力、决策能力以及监督能力，努力探索预算法实施社会化的改革路径。改革的主要内容，是通过打造公众与政府之间的良性互动平台，接受社会公民的预算项目咨询，征求社会公民的预算项目建议，组织社会公民的预算决策讨论。从效果上来看，这些改革措施不仅有效促进了政府预算决策的公共化，实现了预算执行与评估的公开化，还满足了公民对社会公共需求的表达与选择，保证了预算资源分配的公正与效率。

首先，在财政维度上，预算法实施社会化的改革主要涉及社会公众切实利益的公共支出。从预算法实施原理上来看，只有密切影响日常民生的预算项目，才能充分激发公民参与的意愿与动力。例如，河南焦作的"全程预算参与"模式，通过公众投票、社会听证、专家论证等方式来保障民生建设项目的预算参与。

其次，在主体维度上，主要包括同级人大、政府部门、社会公众和社会团体。例如，在浙江温岭的改革中，政府部门引入预算民主

---

① Anne Marie Goetz & Rob Jenkins, "Hybrid Forms of Accountability: Citizen Engagement in Institutions of Public-Sector Oversight in India", *Public Management Review*, Vol. 3, No. 3, 2001, pp. 375 – 378.

恳谈、预算项目征询、预算项目听证以及预算绩效评估参与的多种形式,使社会公众能对预算进行参与、监督,最终由人大代表决定修正、调整以及审批预算方案。

再次,在规范维度上,主要依凭同级党委、同级政府制定的行政指导文件。例如,在广东顺德,为促进参与式预算的试点改革,中共顺德区委、顺德区人民政府制定了《关于推进社会体制综合改革加强社会建设的意见》,顺德区人民政府还颁布了《顺德区参与式预算试点工作方案》及其实施细则。

最后,在地区维度上,主要集中于街道、村庄、区、乡镇等基层政府,部分地区则推广到市、县一级,如河南焦作即在市一级预算引入一系列的社会公众参与程序。

这些预算法实施社会化的改革试点,作为地方治理与公共预算相融合的新模式,逐渐成为公民监督政府、社会民意表达、公民参政议政的重要渠道。从预算法实施的效果来看,这些改革依然有值得提升的空间,比如,在公民参与机制的构建方面,由于体制机制的问题,一些公民参与能力不高、参与动力不强、参与渠道单一。这些问题,倒逼预算法的社会化实施改革朝更具制度化、程序化和规范化的方向发展。解决问题的关键,既要将预算参与改革纳入必要的预算法律制度框架内,又要在我国政治权力的架构下协调公众预算参与制度与人民代表大会制度之间的关系,以保证预算法的社会实施步入良性运行轨道。

2. 中国预算法社会化的立法现状

预算法的社会化实施道路,离不开相关法律规范的保障。梳理我国预算法律规范,其中并没有关于社会参与的直接条款,但是在相关性法律法规中,可通过解释论的方法,开拓出预算法实施社会化的发展空间。

首先，我国《宪法》序言第5段行文中宣告“中国人民掌握了国家的权力，成为国家的主人”，反映了立宪者把人民和国家同等当作宪法规范对象的理念。我国《宪法》第2条第3款亦体现出要通过法律对公民权利（如公民预算权利）予以保障，也只有制定出关于这种权利的“法律”，才能充分体现出宪法的保护性色彩，最终符合宪法的要求。[①] 此外，我国《宪法》第33条第4款、第35条以及第41条均规定了公民的各项权利与自由。尽管这些条文还有待在具体的预算法中得到进一步落实，但是这些宪法条款至少认可了我国预算社会参与的改革是具有正当性与合法性基础的。其次，我国《各级人民代表大会常务委员会监督法》第7条、《立法法》第5条以及第36条等法律条款均在一定程度上为预算法实施的社会化提供了法律支持。然而上述法律规定都过于抽象，缺乏进一步的配套与细化规定，以致在预算参与和监督中公民的一些程序权利得不到充分满足，比如，一些公民向行政机关申请公开相关预算信息的要求被驳回。从而反映出当前我国社会预算权利系统的脆弱性。

从上述分析来看，如果预算法修订能对预算社会参与改革的经验进行吸收，为公民预算社会权利提供一种必要的保障，那么就能在另一层面避免使宪法与其他法律中的社会参与条款沦为一具空文，预算法实施的社会化甚至可被称为激活中国宪法规范的一条进路。但是令人惋惜的是，2014年8月31日全国人大常委会向社会公布的《预算法》，其第14条和第32条也只是分别规定预算、预算调整、决算应及时向社会公开（涉密除外）、预算编制应充分征求各

---

① 参见韩大元、王贵松：《中国宪法文本中“法律”的涵义》，载《法学》2005年第2期。

方意见,表明对于我国当前预算社会参与的改革趋势,我国仍只能在非常有限的层面上认可预算法实施的社会化现象。在今后的预算法修订过程中,可以通过规范化的路径,确定预算法的社会实施。

(三)预算法实施社会化的规范路径

面对世界范围内出现的预算法实施社会化趋向,当前我国预算社会参与的改革尚处在起步阶段,预算法的修订应合理迎合这种趋向并真正复归公民预算权的应然表达形式,确立保障预算社会参与改革的基本原则,构建预算法实施社会化的实体机制与程序机制。

1. 预算协商民主原则的明确

面对代议制民主的不足,罗尔斯提出"秩序良好的宪政民主应该理解为协商民主",①这种以卢梭的人民主权理论为基石并注入了实践理性元素的民主理论形式,已迅速为发达国家广泛推崇。②当前预算法实施社会化路径的完善,首先应该确立预算协商民主的原则。党的十八届三中全会《决定》指出,"在党的领导下,以经济社会发展重大问题和涉及群众切身利益的实际问题为内容,在全社会开展广泛协商,坚持协商于决策之前和决策实施之中"。作为经济社会发展的重大问题和涉及群众切身利益的实际问题,预算法的实施,完全可以适用协商民主的规则和程序。通过明确预算协商民主原则凝聚更多的民主资源,③公民预算参与改革所体现的协商民

① John Rawls, "The Idea of Public Reason Revisited", *The University of Chicago Law Review*, Vol. 64, No. 3, 1997, p. 772.

② 参见张康之、张乾友:《现代民主理论的兴起及其演进历程》,载《中国人民大学学报》2011 年第 5 期。

③ 除与公共事务的经济性和效率性密切相关外,预算制度本身就是最强有力的实现民主的机制。参见[美]阿尔伯特·C. 海迪等:《公共预算经典(第二卷)——现代预算之路》,苟燕楠、董静译,上海财经大学出版社 2006 年版,第 26 页。

主与法治理论,强调法与社会的彼此融合,通过赋予公民实质性的预算权利,拓展公民的参与机会,以保证政府的行动镶嵌于社会之中,促进公民预算参与改革向纵深推进。[①] 明确预算协商民主原则,既可以弥补传统预算法下难以充分关注的预算绩效问题,还可通过公民对预算的协商民主参与提升公民的预算民主意识,这是提高预算法实施效力的有效途径。

2. 实体机制的拓扑

预算法实施社会化的实体机制的拓扑,即公民预算权利的真正实现,而非一种权利宣言。在预算法中明确公民参与权,是预算权利实现的前提。为此,可在我国预算法中,"依照预算权利的表现形态增加公民知情权、表达权、决策权、监督权和听证权条款,以切实保障预算法社会化改革的顺利进行"。[②] 其中,预算知情权的存在要义,是通过明确预算知情权来打破预算信息垄断,增强预算法律关系中信息的均衡性,从而抑制信息强势方的专横性,提高信息弱势方的利益保护能力;而预算表达权的确定是公民实现预算参与的必要前提,其基本内涵主要体现为言论自由、新闻自由以及出版自由三重维度;[③]预算参与作为影响预算资源分配的重要渠道,它能使公民感到财政收入被负责任地用于更加合法的公共目的,尤其是涉及民生领域的预算更应适用公民预算参与;公众的预算监督权作为现代预算民主发展的必然要求,亦应贯穿于预算的全过程;预算听证权主要指权力机关、行政机关在作出预算决策前,公民享有就重

① 参见[美]约翰·克莱顿托马斯:《公共决策中的公民参与:公共管理者的新技能与新策略》,孙柏瑛等译,中国人民大学出版社2005年版,第7页。

② 参见蒋洪、温娇秀:《预算法修订:权力与职责的划分》,载《上海财经大学学报》2010年第1期。

③ 参见郭道晖:《论作为人权和公民权的表达权》,载《河北法学》2009年第1期。

要事实表达意见的权利,包括人大预算听证和政府预算听证两种模式。

3. 程序机制的细化

“国家,作为个人的合作性组织,必须反映他们的利益和关心的问题……社会选择,尽管以个人为基础,但集体对它也有重要影响。公共物品的有效供给需要政治制度和制定政策的集体程序。”①在预算法实施的社会化过程中,协商民主形式是一种通过求同存异的办法来防止利益争夺无序和维护多元格局的程序性机制。② 一个公正与理性的预算程序可以更好地落实和完善公民的预算权利与义务,程序机制应是构筑预算法社会化路径的重要内容。

第一,预算公开程序。首先,预算案、法定预算及预算执行之结果应该有规律的、以易解的方式对外公开;其次,预算审议除国家安全上的理由而应守秘密的部分外,应该完全公开,使编制机关与审议机关同受国民之监督;最后,对于预算之批评应该完全自由,并且不得因此蒙受任何不利益。③ 当前我国《预算法》第 14 条第 1 款、第 2 款规定:各级政府预算、预算调整、决算由本级政府财政部门向社会公开,本级政府财政部门的预算、决算由各部门向社会公开。从法技术的角度来看,该条规定还有提升的空间。我国预算公开应在确实、具体、完整、及时、易解、规律以及豁免等方面加以强化。④

第二,预算参与程序。“参与程序为提高计划和预算提供了重

---

① James M. Buchanan and Richard A. Musgrave, *Public Finance and Public Choice: Two Contrasting Visions of the State*, Cambridge: MIT Press, 1999, p. 32.

② 参见季卫东:《正义思考的轨迹》,法律出版社 2007 年版,第 14 ~ 17 页。

③ 参见蔡茂寅:《预算法之原理》,台北,元照出版有限公司 2008 年版,第 44 页。

④ 相关分析可参见上海财经大学公共政策研究中心:《2013 中国财政透明度报告》,上海财经大学出版社 2013 年版,第 171 页。

要的潜力……有效的参与应当在预算计划、建立和批准程序中”:[①]预算编制、审批的参与程序构建,应使每个参与者都能自由表达其偏好,同时避开来自特定利益集团的过度干扰;预算执行的参与以公开为前提,以公民有权对违法预算执行行为提起异议和诉讼为保障,才能防止预算执行权的滥用;在预算绩效评估阶段,应通过问卷调查、民意调查、民主访谈等方式使公民能真实反映预算执行的效果,从而获得更客观与科学的预算绩效评估结果。

第三,预算听证程序。依据听证程序的设计原理,考虑到预算程序的特殊性,预算听证程序的完善主要应从四个方面着手:一是确定预算听证主体,包括预算听证组织者、相关利益主体、专家等;二是明确预算听证内容,为提高听证的实效性,应提供明确的听证内容,如听证项目、项目可行性分析、地点、时间等;三是规定预算听证权利,听证者能在听证过程中提出质询及相关意见;四是对预算编制的裁决应秉承公平、公开原则。

四、司法化道路:预算法实施的诉讼机制

相较预算法实施的政治化和社会化道路的如火如荼,预算法实施的司法化道路仍为星星之火之势。[②] 一些学者对该命题的真伪性尚存疑问,该命题本身的理论构成亦比较复杂,尤其是在我国对公益诉讼制度扩围比较谨慎的背景下,预算法实施司法化道路的发展正处于探索期。然而,从长远考虑,司法化道路是保障预算法有效

---

① 参见[美]沙安文主编:《地方预算》,大连市财政局翻译小组译,中国财政经济出版社2012年版,第193页。

② 早有学者呼吁,我国应开放纳税人诉讼,参见梁慧星:《开放纳税人诉讼,以私权制衡公权》,载《人民法院报》2001年4月13日,第3版。

实施的重要保障,探索这一道路的建构具有重要意义。

(一)预算法实施司法化命题的证成

法律被称为“规定外部行为并被认为具有可诉性的社会规则之整体”。[①] 可诉性是一部法律运行所需的重要因素,体现为判断社会纠纷是非而使纠纷主体可诉求于法律公设的判断主体的属性。[②] 预算法实施司法化的证成,需要在理论上回应一些学者对预算法可诉性的质疑。

首先,可诉性应是预算法得以真正运行与有效实施的必备属性,它产生于预算法的核心功能——规范政府收支行为。一般而言,预算执行者必须遵从法定预算的确定状态。但考虑到政府拥有随时改变其预算执行行为的动机和能力(除法定授权的预算调整裁量权外),如果预算违法行为失去被公民通过问责和制裁程序加以纠正、补救或惩戒的可能性,那么预算法对政府收支行为的规范功能势必落空。于是,预算法的可诉性既是一种限制政府收支权力的基本形式,也是保障预算执行行为合法性的重要手段,对可诉性的重视程度甚至可被作为判断预算法生命力强弱的标志。

其次,经济法学界普遍将预算行为定位为一种宏观调控行为,[③] 而宏观调控决策往往不具有可审查性,从而否认了宏观调控行为的可诉性。[④] 预算行为是由一系列行为组成的有机集合体,其中一些

---

① [德]赫尔曼·康特洛维茨:《为法学而斗争——法的定义》,雷磊译,中国法制出版社2011年版,第158页。

② 参见谢晖:《论法律实效》,载《学习与探索》2005年第1期。

③ 有学者指出,财税法本质上是一种“公共财产法”,对于预算等财税关系,经济法关注的往往是调控行为与调控绩效的评估,而财税法关注的是筹集、使用和监管公共资金整个环节中的问题,两者具有交叉但又非从属关系。参见刘剑文、侯卓:《财税法在国家治理现代化中的担当》,载《法学》2014年第2期。

④ 参见邢会强:《宏观调控行为的不可诉再探》,载《法商研究》2012年第5期。

行为的确属于国家决策的行为，如预算编制行为、预算审批行为，这些行为确实不应被纳入可诉性的范畴。但在微观视角下，一些预算行为应具有可诉性，如预算执行中的国家投资行为、政府采购行为，作出国家投资和政府采购决定的立法机关和执行主体（如政府的财政部门、政策性投资银行、国有投资公司等）之间是强制性的命令与被命令、要求执行与被要求执行的关系，在执行决定以规范的形式作出后，那些实施国家投资和政府采购决定的具体项目、内容性经济活动已经转化成行政性的市场活动行为。[①] 在此种情况下，根据诉讼法理，可将相关具体行为纳入司法审查，保障预算执行行为的合法性与合理性。

再次，从实施绩效的角度来看，当前存在的行政问责与政治问责方式，尚不足以完全实现对预算违法行为的有效问责。我国《宪法》第 73 条规定了人大代表或常委会组成人员的质询权，第 67 条第 7 ~ 8 款赋予了全国人大常委会对两类规范性文件的撤销权，第 89 条第 13 ~ 14 款认可了国务院对下级行政机关不适当的规范性文件的撤销权。上述程序的启动，从制度上来看，需要满足严格的条件；从实践中来看，由于涉及国家机关之间的工作关系，因而国家权力机关秉持谦抑的态度，较少启动相关程序。司法问责则与之不同，根据诉讼法理，司法程序是由利害关系人启动的。由于与争议事项具有利害关系，利害关系人具有发动司法程序的主动性、积极性和迫切性；在程序进行的过程中，利害关系人则会通过对诉讼行为的积极行使，来维护自己的实体权利。因此，通过司法程序实施预算法，可以填补其他两种途径所没有覆盖的绩效空间。

---

① 参见徐澜波：《宏观调控权的法律属性辨析》，载《法学》2013 年第 6 期。

最后,通过司法途径实施预算法,具有越来越大的现实可能性。党的十八届三中全会《决定》已经作出部署,“确保依法独立公正行使审判权检察权”。当前,改革司法管理体制,推动省以下地方法院、检察院人财物统一管理,探索建立与行政区划适当分离的司法管辖制度,这些改革已经在部分地区率先试点、推进。在司法体制改革向纵深推进,司法机关独立公正行使审判权、检察权得以落实的背景下,推进预算法的司法途径实施,已经具有前所未有的现实可能性。

(二)预算法实施司法化的理论基础

分析实证法学的代表人物哈特认为,法律规则是一种初级规则和次级规则的组合:初级类型的规则科以义务,次级类型的规则授予权力(包括公共的和私人的)。[①] 这种类型划分,也存在于预算法的实施过程中。预算法的实施既要尊重预算立法者的决议结果,又不得违反预算的规范效力。初级规则规范的对象是预算执行的具体行为或变动,它意味着预算执行主体承担着严格遵守《宪法》、《预算法》、预算案以及其他预算规范的义务,即“预算拘束原则”(一切预算执行行为均须受预算规范之拘束)。次级规则规范的对象是一切未能尽到预算执行义务的违法行为,它意味着一旦预算执行对预算确定状态造成损害,作为承担了非对等金钱给付义务的纳税人有权向司法者提起请求,以纠正对预算确定状态的损害行为,即“预算救济原则”(一切预算违法行为均可被纳税人提请司法救济)。

关于“预算拘束原则”,我国《预算法》第13条明确规定,“经人

---

① 参见[英]哈特:《法律的概念》(第2版),许家馨、李冠宜译,法律出版社2011年版,第72~89页。

民代表大会批准的预算,非经法定程序,不得调整”,表明议决后的预算对预算执行机关的拘束效力。在法解释论上,虽然这种拘束力与法律规范的效力不能等同,但是在实际效果上,这条规范决定了拘束力与执行力是预算的本质要素。对于收入预算,除法定的收入财源外,政府不得随意将人民财产权转化为公法上强制性的预算收入;对于支出预算,一切政府支出均需纳入预算管理范畴,特别是预算执行需受预算规范的拘束。由此可见,“预算拘束原则”在于确保预算执行主体严格按照预算规则进行公共资金的支出,只有遵从预算构成事项而主动承担提供公共产品的义务,预算法主体才算尽到应尽之责。

“预算救济原则”,既是规制预算执行权力和维护公共支出秩序不可或缺的手段,也体现出对纳税人基本权的一种补救或矫正措施,这种救济应是一个完整纳税人权利的重要组成部分。预算救济原则旨在制止和纠正预算法主体违反预算规则而不当行使预算权力的行为,通过赋予公民诉权纠正这种行为,可以减少公共经济资源的损失,进而增强公民对财税法律的整体信赖,提高纳税人群体对税法的遵守程度。预算救济原则的基本目的,是通过司法保障公民真正享有公共资金的支出利益,为此,需要承认公民、法人或者其他组织对于预算救济事项的诉的利益,通过立法赋予其诉权。“承认纳税人诉讼的根据在于,公共资金的违法支出意味着纳税人本可以不被课以相应部分的税金,在每一纳税人被超额课税的意义上,纳税人具有诉之利益。”[①]2014 年我国《预算法》第 92 ~ 95 条提出“依法纠正违反预算的行为”,第 91 条规定“公民、法人或者其他组

① [日]田中英夫、竹内昭夫:《私人在法实现中的作用》,李薇译,法律出版社 2006 年版,第 55 页。

织发现有违本法的行为，可以依法向有关国家机关进行检举、控告”，表明我国立法者对预算救济原则已有充分认可和高度重视。

预算法实施的司法化是一种救济性和补充性的实施道路，其目的不是解决当事人之间具体的权利义务的纷争，而是确保法律规范的正确实施，维持客观的法律秩序。按照有些大陆法系国家对行政案件诉讼的类型化分析，当事人诉讼被作为以权利保护为目的的主观诉讼，而居民诉讼由于不是针对直接侵害纳税人权益的一般违法用税行为，所以被作为以法规范维持为目的的客观事实来把握（以下简称客观诉讼）。[①] 因此，与当事人可以提起的普通诉讼不同，所谓居民诉讼只有在法律有明确规定的情况下，并限于法律所规定的人才有权提起诉讼。在中国的语境下，学理上主观诉讼与客观诉讼的区别只是相对的，在中国体制下二者出现的相互交错的现象更普遍和复杂。例如，如果制度允许通过司法程序禁止或者限制政府的不当支出行为，那么即使纳税人诉讼是为了维护预算的执行力，但由于该诉讼同时也具有公利诉讼的性质，因而也可将其作为以纳税人权利保护为目的的主观诉讼来考虑。

（三）预算法实施司法化的制度构建

为使预算法能在司法实践中体现可诉性的属性，其制度构建至少应包含两个机理：一是可争讼性，即预算法律责任的规范应该明确，可以作为提起相关诉讼的实体法依据；二是可适用性，即预算法应承认纳税人的诉权，作为提起相关诉讼的程序法依据。鉴于此，预算法司法化的制度建构，首先要完善预算执行的责任机制，然后可以建立预算诉讼制度，激励个人参与预算法的实施，以降低预算

---

① 参见［日］南博方：《行政法》（第6版），杨建顺译，中国人民大学出版社2009年版，第178页。

执行越位、缺位和失位的可能性。

1. 预算法律责任的完善

我国现行预算法律责任的规定，存在对预算违法行为归类不足、责任形式单一、惩罚力度较轻等问题。立法中法律责任的不足，导致法律实施绩效不高，实践中一些违法预算行为未能受到法律责任的有效规制。比如，在预算执行中出现的任意追加预算、挪用预算资金以及改变资金用途等现象，通过现行预算法律责任制度不能受到有效规制。为加强预算法的实施绩效，应在立法上完善预算法律责任机制。

第一，扩充预算违法行为的类型。除现有的预算违法行为类型外，预算法律文本应进一步列举可能出现的预算违法行为，以扩大列举式规定所覆盖的范围；同时，通过概括式规定设立对预算违法行为问责的兜底性条款，力求将实践中可以预见到的预算违法行为都纳入预算法律问责的范畴。第二，丰富预算法律责任的种类。单一的行政责任形式难以适应不同性质的预算违法行为，造成罪与罚不对称的局面。为了更好地救济与补充受损的公共利益，除已有的行政责任与刑事责任的规定外，还必须增加相应的经济责任。例如，增加预算违法主体，特别是国家机关工作人员的赔偿责任、补偿责任以及违约金责任等。依据最简单的功利性违法预防原理，通过经济责任的引入，可以有效地预防预算违法行为，实现良好的实施绩效。第三，加大对违法行为的惩罚力度。相较普通的行政违法行为，预算违法行为的负外部性明显增大，对社会公共利益的影响更显著。因此，对于预算违法行为的责任惩罚力度，应比一般性行政违法行为的惩罚力度更大，如此才能更有效地震慑故意性的预算违法行为。

2. 建立预算诉讼制度

“如果公共服务作用的发挥既违背法令的规定,又不依照法律的要求来进行运营……那么就会按照公民个人的要求产生国家的责任……即使是在没有直接损害的证据的情况下,法律也仍然允许公民采取提起法律诉讼的救济手段。”①有的大陆法国家,为实施预算法建立了所谓的居民诉讼制度或者纳税人诉讼制度。居民诉讼是指当地方性的公共经济支出部门进行了违法或者不当的公款支出以及财产管理、处分时,经居民的监察请求而提起的诉讼。② 居民诉讼制度不仅具有监督和推进地方行政主体依法预算的功能,还承载着通过对个别预算行政行为的审理达到规范同类预算行为公正运作的目标。

居民诉讼作为一种客观诉讼,着眼于社会公共利益,旨在保证预算执行行为的合法性,保障预算支出决策能得到客观和正确地履行。在制度设计上,居民诉讼是不同于以当事人之间权利义务关系为内容的主观诉讼的制度安排。在我国,行政诉讼采用以合法性审查为标准的模式,在外在形式上虽然不能被称作客观诉讼,但在本质上却兼具了监督行政主体依法履行职权和维护客观法规范秩序的功能,③在理论特征上可以称为一种主观诉讼与客观诉讼相融合的诉讼模式。我国行政诉讼的法理,为我国建立相关的预算诉讼制度奠定了理论根基。

在中国特色社会主义法律体系框架内,依据我国的预算法理和

---

① [法]狄骥:《公法的变迁》,郑戈译,中国法制出版社 2010 年版,第 52 页。

② 参见[日]南博方:《行政法》(第 6 版),杨建顺译,中国人民大学出版社 2009 年版,第 189 ~ 190 页。

③ 参见马立群:《主观诉讼与客观诉讼辨析——以法国、日本行政诉讼为中心的考察》,载《中山大学法律评论》2010 年第 2 期。

诉讼法理，参考国外关于客观诉讼的模式，可以提出我国关于预算诉讼的具体设计。

第一，关于起诉资格。有权提起预算诉讼的主体应限于一定范围内的公民、法人或者其他组织。对于公民起诉人，鉴于预算诉讼性质的公益性和复杂性，应限定为户籍在相应行政区划范围内的成年公民。有的国家将这种诉讼叫作纳税人诉讼。在中国社会主义民主政治的语境下，提起这种诉讼的公民，不宜限定为纳税人，中国成年公民中没有被剥夺政治权利的，都应被赋予这种资格。对于法人或者其他组织，可以通过相关实体法规定诉权。

第二，关于起诉条件及前置程序。提起预算权诉讼的条件，除需符合行政诉讼法规定的程序意义上的起诉条件外，还应具备预算法规定的条件，即认为预算执行机关有违反预算法律责任的情形，经过相关行政程序或者监察程序，仍未解除违法状态。在我国法律体系中，预算诉讼是个前所未有的制度创新，在现有的法律实施生态下，有必要设置防止预算诉讼滥用的机制，阻隔权力滥用者，保证国家公共资源得到优化配置。这种防止滥用诉讼的机制，一是通过限定受诉范围，即并非所有的预算违法行为都可提起预算诉讼，在预算公开的语境下，可以规定对只有与财务会计有关的预算支出行为，才可提起预算诉讼；二是前置性程序的设置，在提起预算诉讼前，先经过行政程序或者监察程序，可以最有效率地纠正预算违法行为，避免动用过多的公共资源。

第三，预算诉讼的类型化。依据诉的种类的法理，诉可以分为形成之诉、给付之诉和确认之诉。相应地，预算诉讼可以有 3 种类型：一是形成之诉，即请求撤销某个预算执行行为；二是给付之诉，即要求预算执行机关提供公共产品或者公共服务；三是确认之诉，即要求确认预算执行行为的合法性。对这三种类型的诉讼,预算法可以不作预先规定,但是在起诉资格、起诉条件等制度中,应吸纳预算诉讼类型化的基本法理,避免作出不科学的制度设计。

五、结语

"法律规范之可被适用,不仅在于它由机关所执行或由国民所服从,而且还在于它构成一个特定的价值判断的基础。这种判断使机关或国民的行为成为合法的(根据法律的、正当的)或非法的(不根据法律的、错误的)行为。"[①]本书提炼和梳理的预算法实施的三条道路,正是为预算法律的修改和发展提供一个特定的判断基础。通过观察国内外预算法律理论和制度实践,现代预算法律相对于传统法律制度(如民法与刑法)呈现出一种明显的公法私法相交融的品性,既有国家层面的预算权力配置,又有社会层面的预算权利要求以及对预算诉权的认可,这种品性为我国预算法律制度的更新提供了前沿性的理论依据。

"法律的生命从不是逻辑:它一直是经验。"[②]相较预算法存在的纯粹理性,实践理性才是现代预算法律制度的特质,是现代预算法律制度的生命力之所在。预算制度的实践理性体现为对公共经济资源支出分配的最优结构的追求,故预算法实施道路,应以政治性道路为内核,以社会化道路和司法化道路为动力,这是预算法律制度高度重视实践理性和经验的结果。

阐释预算法律制度的进化规律,认真对待预算法实施的三条道路,要同时关切符合我国民主政治改革的未来走向:政治化道路关

① [奥]凯尔森:《法与国家的一般理论》,沈宗灵译,商务印书馆 2013 年版,第 89 页。

② O. W. Holmes, Jr. *The Common Law*, Boston: Little, Brown, and Company, 1881, p. 1.

乎中国民主政治体制改革的顶层设计，司法化道路牵涉司法体制改革的有序推进，而社会化道路涉及对市场经济规律及社会管理创新的探索。党的十八大报告传达的精神、党的十八届三中全会作出的改革决定以及中共中央政治局审议通过的《深化财税体制改革总体方案》，为上述三条道路的发展提供了良好的预期。预算法实施的三条道路，并非是三个不同的方向，而是制度的辩证统一，目标直接指向预算法的良好实施。法的实施问题也是国家治理能力的重要体现。完善法的实施机制，提高法的实施绩效，是推进国家治理能力现代化的重要抓手。结合当前财税体制改革和法治中国建设的目标，通过预算法实施问题的法理解释，可以发现我国财税法制变革对于提升国家治理能力的重要性和紧迫性，可以解释财税法在国家治理体系中的重要担当。

第三节　中国预算法的现代化

预算作为国家治理的中心，是执政意图的财政反映。党的十八届三中全会强调"推进国家治理体系和治理能力现代化"，但"无论我们如何定义国家能力，预算能力都是国家能力最基本的支撑。没有预算能力，国家能力就不可能存在"。[①] 国家治理需要围绕预算能力的提升来展开，"如果预算缺乏规范公共财政的能力，就不可能有强有力的政府"，[②]预算作为国家治理能力强弱的外在表征，其本

① 马骏：《治国与理财：公共财政与国家建设》，生活·读书·新知三联书店2011年版，第63页。

② Allen Schick, "Does Budgeting Have a Future?", *OECD Journal on Budgeting*, 2002, Vol. 2, No. 2, p. 48.

身可凝练为一种能力的概括表达，重点指向完成或实现既定目标或意志的能动力量，可视为检测和衡量预算体系作用成效的集中表达。概言之，能力作为一个重要的研究范式，[①]对预算能力的理论认知将直接影响国家治理水平的高低，并相应决定预算治理体系和预算法现代化的推进。诚然，关于法的现代化，可作不同的具体理解，但如何适应和满足现代社会对法律所产生的客观需求，应为法的现代化之核心要义。下文所提炼的"预算能力"之基本范畴和秉承"预算能力"之研究范式，重在适应并满足预算治理的时代需求，提升预算能力将是实现预算法现代化的必由之路。

为促进预算制度的发展并提升预算治理的能力，近年来国家掀开了预算改革大幕，并出台了一系列法律法规与政策文件。2014年中央政治局审议通过《深化财税体制改革总体方案》，明确了"强化预算约束，规范政府行为，实现有效监督，加快建立全面规范、公开透明的现代预算制度"的路线图；修正后的《预算法》的施行，则为进一步深化预算制度的改革提供了法律保障；党的十九大报告更是从战略全局高度强调了要"加快建立现代财政制度……建立全面规范透明、标准科学、约束有力的预算制度，全面实施绩效管理"。但当下中国的预算制度环境空前严峻，随着经济新常态下财政收入

① 对能力的认知，最早可追溯至亚里士多德，后为阿玛蒂亚·森和纳斯鲍姆所光大。亚氏提出，"国势强弱与其以人数来衡量毋宁以他们的能力为凭……凡显然具有最高能力足以完成其作用的城邦才可算是最伟大的城邦"。参见[古希腊]亚里士多德：《政治学》，吴寿彭译，商务印书馆1965年版，第352～353页。森认为，"一个人的'可行能力'指的是此人有可能实现的、各种可能的功能性活动组合"。参见[印]阿玛蒂亚·森：《以自由看待发展》，任赜、于真译，中国人民大学出版社2002年版，第62～63页。纳斯鲍姆更是提出，"体面的政治秩序必须保证全体公民的十种核心能力"。参见[美]玛莎·C.纳斯鲍姆：《寻求有尊严的生活——正义的能力理论》，田雷译，中国人民大学出版社2016年版，第24页。

增速的放缓,国家既要满足结构性减税和普遍性降费的市场需要,又要化解财政支出需求不断扩张的刚性压力,还要同时面对政府债务规模不断攀升的现实困境,预算能力的升级已刻不容缓。

提升预算能力以应对当前的预算环境需求,需要充分运用法治思维和法治方式,努力以法治凝聚预算改革共识、规范政府行为、破解财政困局,打造"一种一般意义上"[①]的预算法模式,以深化对中国预算法现代化的理论认知。而唯有深入剖析预算法现代化的价值内涵,理清其发展进路,才能实现预算能力的提升,进而增强预算治理的效能,助推国家治理体系与治理能力现代化的建设。

一、预算法现代化的历史演变及其中国道路

"预算是一个涉及到权力、权威、文化、协商一致和冲突的过程",[②]它将伴随一国政治、经济、社会等要素的变化而不断作出适应、调整与转型,这其实也反映出预算法逐步迈向现代化的发展进程。

(一)西方预算法现代化的发展历程

19 世纪的英国和 20 世纪的美国是近代公共预算制度的滥觞之地,制度的产生初衷在于控制政府的财政资金并对人民负责,其后随着政治、经济以及社会环境的变迁,整个改革进程中的民主化与理性化程度逐渐加深,形成了三个发展阶段。

首先,注重预算控制的改革阶段。此阶段的预算以年度性与渐

---

① ［德］于尔根·哈贝马斯:《现代性的哲学话语》,曹卫东等译,凤凰出版传媒集团、译林出版社 2001 年版,第 2 页。

② Aaron Wildavsky, *Budgeting: A Comparative Theory of Budgetary Process*, New York: Transaction Publishers, 1997, p. 13.

进性为原则进行编制，并以分项列支的形式表现出来，故而预算是“稳定可预测的”。以美国为例，一方面议会控制着征税权，预算部门只有得到议会审议批准才能动用财政资源；另一方面通过1921年的《预算和会计法案》赋予了总统在“预算编制中的正式角色”，[①]并加强了对财政支出的控制。国家通过“预算增长”汲取财政收入，并在立法与行政的互动博弈中形成了基本的预算约束能力。然而，此时的国家预算是一个以基数增长为导向的自下而上的微观预算活动，更多适用于持续增长的经济环境，如果经济增速放缓则极易出现财政危机。自20世纪50年代开始，西方国家开始探索一种新的“理性预算模式”，预算的关注重点从投入控制转移到管理效率。

其次，强调理性预算的改革阶段。此阶段的显著特征是用科学理性的预算分析来决定预算资源的配置问题，以排除政治因素的干扰，由此在美国出现了以预算产出为重点的绩效预算、运用战略计划引导预算资金配置的计划项目预算以及取消预算基数对资金配置的影响而基于预算项目的优先性配置预算资源的零基预算等模式。[②] 如为确保将有限的预算资源配置到最迫切或最有效的公共领域，加拿大联邦政府于20世纪90年代中期启动了“项目审查改革”，联邦政府依据预算案是否服务于公共利益、政府参与的必要性与适当性以及在支付能力内能否提高支出效率等标准，对除重大法定项目外的联邦部门的财政支出进行全面的综合审查，并最终通过

① [美]阿尔伯特·C. 海迪等：《公共预算经典(第二卷)——现代预算之路》(第3版)，苟燕楠、董静译，上海财经大学出版社2006年版，第162页。

② 参见马骏、赵早早：《公共预算：比较研究》，中央编译出版社2011年版，第308～351页。

重新设计方案或整合原方案，甚至将项目转移给地方政府或者使项目民营化来提高财政效率。① 同时期，英国政府亦在 1998 年引入"全面支出审查"制度，采取一个多年期的全面支出审查计划取代渐进性预算制度，以重新优化分配预算资源、消除不必要财政开支来提高公共服务质量。②

最后，强化预算运作的改革阶段。此时期的预算重点虽然继续关注预算总额的控制与预算资源的配置，但在加强预算控制之时，还以功能效果为导向赋予预算执行部门更多的自由空间，并通过契约的方式明晰各预算参与主体的权利义务关系。如为提升预算资源运作效率，新西兰《公共财政法案》赋予支出部门非经议会的批准而享有部分重新分配资源的权利。③ 澳大利亚预算绩效管理赋予部门预算管理自主权，可以灵活地选择实现绩效目标的途径和方法，进而实现政策与管理的有机融合。而瑞典预算部门管理者还享有整体拨款权利、资金结转权利以及人事薪酬方面的权利，可以在整体拨款额度内自主决策如何分配财政资金以及以何种方式实现产出目标，并可自行确定工作人员的薪酬。④

简言之，西方预算法的现代化实际上经历了从初级的预算控制到中级的资源配置再到高级的预算效率最优化的发展过程，即一个由规范治理到有效治理的转变过程。

---

① 参见[美]保罗·莫罗：《削减公共债务：财政调控的成功之道与失败之源》，马蔡琛等译，东北财经大学出版社 2013 年版，第 22～23 页。

② See OECD, *Performance Budgeting in OECD Countries*, Paris: OECD Publishing, 2007, p. 193.

③ 参见 A Guide to the Public Finance Act，新西兰财政部网：http://www.treasury.govt.nz/publications/guidance/publicfinance/pfaguide，最后访问日期：2017 年 4 月 20 日。

④ 参见王海涛：《推进我国预算绩效管理的思考与研究》，经济科学出版社 2014 年版，第 126 页。

(二)预算法现代化的三重能力

受西方预算法的历史演进之启发,学者提出了预算法现代化的不同见解。如安德鲁斯(Andrews)依据财政纪律和财政可靠性、提高基于政策的财政拨款质量以及提高技术支出或成本效益三个指标,将预算发展阶段划分为非正式预算制度、以控制为核心的预算制度、以分配效率为核心的预算制度和以运作效率为核心的预算制度,即四个由低向高进化的阶段。[①] 勒娄普(Leloup)依据行政机关与立法部门间的预算权力配置、预算环境与政策的变化等维度将预算法的发展历程划分为以渐进主义为主的旧预算范式时期、预算过渡时期以及正在形成的新预算范式时期三个阶段。[②] 凯顿(Caiden)则将预算发展历程概括为前预算阶段、预算阶段以及后预算阶段三个方面,并认为未来预算改革的重点是通过适当的定期干预来获得对相对自主和分散的制度的控制,同时要加强财务管理能力以及确定公共财务责任和绩效的可接受标准。[③] 学者马骏基于政府的预算总额控制能力、资源配置能力和运作能力将我国的预算发展历程概括为前预算时代、预算能力的形成以及预算能力的发展三个时代。[④]

尽管学界对于预算法现代化的认知不尽相同,但不难得知预算

---

① See Matthew Andrews, *What Would an Ideal Public Finance Management System Look Like?* In Anwar Shah. Budgeting and Budgetary Institutions. London: Word Bank, 2007, pp. 374 - 381.

② 参见[美]兰斯·T. 勒娄普:《新世纪的预算理论》,载[美]阿曼·卡恩、W. 巴特利·希尔德雷思:《公共部门预算理论》,韦曙林译,格致出版社、上海人民出版社 2010 年版,第 2 页。

③ See Naomi Caiden, "A New Perspective on Budgetary Reform", *Australian Journal of Public Administration*, Vol. 48, No. 1, 1989, p. 60.

④ 参见马骏:《治国与理财:公共财政与国家建设》,生活·读书·新知三联书店 2011 年版,第 61 页。

法现代化的整个历程，本质上就是要实现传统预算（政府预算）向现代预算（公共预算）的完全转变，其导向应从“实现国家职能、保障公权力行使”彻底转向“满足公共需求、促进公民权利”。[①] 即预算法现代化必须立基于民本主义，“民惟邦本，本固邦宁”，必须坚持权利本位让人民生活得“更加体面、更有尊严”，而这一切又依赖公共财政供给能力、预算资源分配能力之充分保障，以实现优质公共产品的最优化给付。综上所述，预算法现代化维度可概括为三个层面：一是对公共财政资源汲取与使用的约束能力。公民权利的实现不仅依赖私人部门的市场交易，更依赖国家承担公共物品供给的社会职能的发挥，而国家公共职能的发挥又须遵循客观经济规律并符合经济发展状况，这就需要通过预算对所涉及的财政收支实施有效的约束。二是对公共财政资源的配置能力。预算资源的稀缺性与支出需求的无限性之间的矛盾，决定了公共预算的本质是一个关于预算资源的选择与取舍的过程。[②] 要实现资源向公民权利领域的优化配置，需要预算在行动者之间、项目之间及受益人之间进行科学权衡与分配，以实现资源的有效配置。三是对公共财政资源的运作能力。现代预算侧重“结果导向”，关注的是预算部门为实现既定预算目标而对预算资源进行分配的效率，以及预算部门所花费的预算资源与该资源消耗所获得的产出之间的比率。三个维度之间，预算约束能力是预算法现代化的基石，是提升预算配置能力和运作能力的前提；而预算配置能力作为预算法现代化的衡量标准，是实现预算法现代化的重要保障；预算运作能力是预算法现代化的终极

---

① 参见朱大旗：《现代预算权体系中的人民主体地位》，载《现代法学》2015 年第 3 期。

② 参见［美］爱伦·鲁宾：《公共预算中的政治：收入与支出，借贷与平衡》（第 4 版），叶娟丽、马骏等译，中国人民大学出版社 2001 年版，第 147～148 页。

价值目标,直接关系预算法现代化的实现程度。通过体系化解析,预算能力研究的价值在于它使预算法律主体能够“胜任”其应充当的预算法治角色。只有在坚持和改善预算能力的基础上,妥善解决预算法治体系建设中存在的重大问题,才能全面推进中国预算法现代化。概言之,对预算法现代化的三重能力维度的归纳,不仅集中描绘了西方预算制度的演进历程,也全面展现出现代预算制度的发展图景。

(三)预算法现代化的中国道路

中国预算法现代化的提出绝非横空出世,而是有着特殊的使命担当,是历史与现实的共同要求。中华人民共和国成立之初,经社会主义改造,我国进入了“自产国家”时期,即财政收入主要来自国有企业的上缴利润,预算仅是资源配置计划的外在反映,此时现代预算缺乏“生根发芽的土壤”。实行改革开放政策并开启市场经济改革后,中国转型至“税收国家”时期,税收成为财政收入主要来源,预算不再仅是“国家管理的工具”,而转变为“治理国家的重器”,预算作为政治、经济和社会体系之间沟通的媒介环,在国家治理中的地位也不断凸显,除加强全口径预算决算审查监督外,还强调对地方政府债务的管理,并要求全面实施绩效管理,预算治理能力在得到不断增强的同时,推进预算法现代化已成为迫切的现实需要。

预算法现代化的改革作为全面深化改革“总棋局”的“突破口”和“主线索”,应打破传统的由单一财政部门主导、仅服务于经济领域等矮化预算治理格局的狭隘思维,跃升为由国家权力机关、行政机关以及社会公众等多元鼎力的共治视野,真正发挥预算作为国家治理基础和支柱作用的功能。[①]

然而,应清醒地认识到,当下中国预算法现代化水平以及公共预算发展实践均处于初步阶段。当下中国并未形成坚实的"规范治理"基础——无论是预算的规范性还是制衡性都有待继续提升,这就决定中国预算法现代化不能机械地沿袭西方预算法的现代化经验,而应立足转型期已有的预算法治资源,寻找真正契合中国国情的预算法现代化道路。

尽管有学者认为,推进预算法现代化,应先行夯实"规范治理",再行开展"有效治理",否则将造成一定的风险。[②] 但改革开放40年以来,中国始终秉承"一种传统与革新并存、不断形成又不断突破路径依赖的"[③]改革进路,且现已基本搭建出现代预算制度的主体框架,建立了以控制为中心的现代预算制度。作为一场系统性的预算法现代化变革,本就是机遇与挑战并存,要实现"弯道超车",就须在理性与经验所能预见的范围内,趟出一条"规范治理与有效治理"同步推进、同步发展的中国道路。[④] 为加快建立"内容完整、编制科学、执行规范、监督有力、讲求绩效和公开透明"[⑤]的现代

① 参见高培勇:《财税体制改革40年的经验与启示》,载《人民日报》2018年8月30日,第7版。

② See Naomi Caiden,"Patterns of Budgeting",*Public Administration Review*,Vol. 38,No. 6,1978,pp. 539 - 544;[美]艾伦·希克:《当代公共支出管理方法》,王卫星译,经济管理出版社2000年版,第113页;马骏:《中国公共预算改革的目标选择:近期目标与远期目标》,载《中央财经大学学报》2005年第10期。

③ 马蔡琛、苗珊:《中国政府预算改革四十年回顾与前瞻——从"国家预算"到"预算国家"的探索》,载《经济纵横》2018年第6期。

④ 参见陈治:《国家治理转型中的预算制度变革——兼评新修订的〈中华人民共和国预算法〉》,载《法制与社会发展》2015年第2期;黎江虹:《规范性和有效性:政府预算中的二重奏》,载《武汉大学学报》(哲学社会科学版)2015年第3期;胡明:《预算治理现代化转型的困境及其破解之道》,载《法商研究》2016年第6期。

⑤ 肖捷:《加快建立现代财政制度》,载《人民日报》2017年12月20日,第7版。

预算制度,务必需要构建一个涵盖约束能力、配置能力和运作能力的三足鼎立之预算法现代化发展格局。

二、预算约束能力的强化

预算约束能力的强化是预算法现代化的基础保障。当下中国的预算改革也极为重视合规性控制方面,无论是政府内部控权还是人大、审计、公众等外部控权都取得了很大进步。但站在预算法现代化的视角考察之,为进一步提升预算约束能力,实现预算主体之间权力(利)的有机制约与动态平衡,还需深入分析具体存在的问题,并对应性地提出解决对策。

(一)预算权责分配的失范

首先,人大预算监督得进一步提升。第一,在预算编制期间约束不力。我国《预算法》第35条规定,各级政府依据"量入为出、收支平衡"的原则编制预算,并经本级人民代表大会审查和批准后层层汇总形成国家总预算。这种自上而下的预算编制,削弱了人大对财政总额的控制实效,无法对预算编制形成有效的约束。第二,预算审议流于形式。受到人民代表大会会期、议题以及人大代表专业能力的限制,人大代表无法在会议期间对政府预算草案作出实质性审查,再加上人大预算修正权与否决权构建尚不完善,浙江温岭、上海闵行等地的预算修正案改革仍属于地方政府行为,尚未上升为国家行动,人大对预算的实质性审议力不从心。第三,对预算调整约束有限。人大在预算执行期间的约束主要体现在对预算调整方案的审批。虽然根据我国《预算法》第20条的规定,预算调整方案须经人大审查和批准。但受预算调整性质以及预算调整对象的制约,政府预算调整呈现出一种随意性特征，[①]人大尚无法实现对预算执行进行有效控制。第四，预算问责无力。虽然我国《预算法》第 85 条规定了人大的询问或质询权，但在实践中仍缺乏一套积极主动且相互信任的对话机制，导致人大对于预算部门的询问或质询缺乏强制性。

其次，社会公众预算参与不足。我国《预算法》对公共财政资源的分配忽视了作为预算终极目的的社会公众的预算权利。虽然从中央到地方政府都出台了一系列促进社会公众参与预算的政策文件，地方政府也在预算实践中探索出不同模式的预算参与进路，但囿于法律制度供给不足、可操作性程序失范、权利救济缺失等，社会公众的预算权利实际上被"虚置"或"搁浅"。一方面，虽然我国《预算法》第 14 条规定经人大或其常委会批准的预算文件应向社会公开，但根据财政部公布的"2017 年度地方预决算公开度排行榜"显示，预算公开地区差异性较大，部分地方公开内容的完整性和细化程度有待提升。[②] 另一方面，尽管我国《预算法》第 45 条、第 91 条分别就公民的预算参与权与"检举控告"权进行了规定，但对于参与人选的确定、参与形式、参与效力以及检举控告的程序等核心问题都缺乏明确的规定，由此导致社会公众的预算参与呈现出一种"碎片化"特征，利益表达分散、无序。

---

① 如宁夏回族自治区 2016 年财政支出决算的报表显示，预算调剂频繁，涉及 80% 的类级预算项目都进行过调整。参见尚陵彬：《科目调剂频繁，建议提升预算约束力》，载宁夏回族自治区人民代表大会常务委员会网：http://www.nxrd.gov.cn/rdzt/zzqrdcwhhy/sse/sqcmtbd/201707/t20170726_4314201.html，最后访问日期：2018 年 6 月 12 日。

② 参见《财政部发布 2017 年度地方预决算公开度排行榜》，载财政部网：https://finance.sina.com.cn/roll/2018-11-29/doc-ihpevhcm3287746.shtml，最后访问日期：2019 年 7 月 7 日。

最后，司法机关追责乏力。司法监督是保障预算活动合法运行的最后一道防线。但受制度约束，我国司法机关极少介入预算活动，其原因在于：第一，预算法律责任不完善。无论是《预算法》还是《财政违法行为处罚处分条例》，均以行政责任为主，且预算违法行为类型和法律责任主体较为单一，不足以对预算违法行为形成有效的威慑。第二，纳税人诉讼制度缺失。纳税人诉讼是一种针对间接侵犯纳税人个人利益以及侵犯纳税人整体利益的客观诉讼，但在曾经备受关注的“蒋石林诉常宁财政局案”中，农民蒋石林以纳税人身份提起的预算公益诉讼，法院曾以不属于“受案范围”为由裁定不予受理，[①]导致公民难以通过诉讼形式维护公共预算利益。第三，行政公益诉讼受案范围较窄。行政公益诉讼兼具财政监督和权利救济双重属性。当前，我国已开始试点行政公益诉讼制度改革，并已取得明显的成效。[②] 但受案范围仅限于“生态环境和资源保护”“国有资产保护”“国有土地使用权出让”“食品药品安全”领域，诉讼类型仅限于“要求财政部门履行财政监管职责，收回国家财政资金”，尚无法发挥财政公益诉讼应有的威慑力。

（二）预算权责分配的明晰

预算权的合理配置在于创造稳定的预算秩序并实现国家预算职能的优化，即应以公共产品与服务的有效供给为基础，注重权力行使的正确性与理性化，而不是拘泥于预算权力的“分”与“合”。

---

① 参见洪克非、徐亮：《财政局凭什么超预算购买豪华车？一名普通纳税人的公益诉讼》，载中国青年报网：http://zqb.cyol.com/content/2006－04/05/content_1351526.htm，最后访问日期：2019年7月9日。

② 参见《福建省南平市延平区人民法院行政判决书》（2016）闽0702行初100号；《安徽省六安市金安区人民法院行政判决书》（2017）皖1502行初字第48号；《湖北省石首市人民法院行政判决书》（2017）鄂1081行初2号等。

当下我国预算约束能力的提升，亟须打破传统的以行政机关为主导的预算控制模式，引入多元主体参与预算活动，形成党委、人大、政府、司法机关和社会公众相互协调的预算权体系。

首先，理顺党的预算领导权与人大预算决定权的关系。中国预算法的现代化进程离不开党的领导和推动，只有坚持党的领导才能确保预算法现代化改革方向正确、举措科学、效果良好。强化党的预算领导权，一方面，要加强对预算方针政策的领导，即在明晰预算法现代化的目标、任务与方向的基础上，为预算法的现代化提供“顶层设计”。在预算编制前党委应负责制定国家的宏观经济政策与工作重点，政府部门需根据党委的指导方针编制具体的政府预算。而人大预算决定权的行使则主要侧重审查预算草案是否充分反映了党委的政策意图，同时对人大代表和社会各界的意见进行审议，最终实现党的意志通过国家权力机关上升为国家的意志。另一方面，各级党组织应积极作为，贯彻落实预算法现代化的路线、方针与政策，既应强化党委在预算审查监督和重大事项上的组织调查职权，又要支持人大增强预算监督刚性和监督实效，在强调党的预算领导权的同时，充分发挥人大在预算审议、执行以及监督中的主导作用。[①]

其次，加强人大预算决定权对政府预算执行权的制约。强化人大的预算监督内含着全面掌握预算信息、协调沟通预算部门以及制裁预算违法行为三个维度。[②] 具体来说，第一，要加强人大对预算活

---

① 如2014年11月南京市委印发《关于增强人大监督刚性和监督实效的意见》，2018年3月中共中央办公厅印发《关于人大预算审查监督重点向支出预算和政策拓展的指导意见》等。

② 参见林慕华、马骏：《中国地方人民代表大会预算监督研究》，载《中国社会科学》2012年第6期。

动的全过程参与,尽可能实现预算信息对称。一方面,人大应提前介入预算编制活动,强化对预算的初步审查力度;①另一方面,应实现预算编制精细化,真正体现"内容完整、编制科学、公开透明"的现代预算制度的基本要求。第二,完善预算信息反馈机制。预算部门应及时反馈人大的预算初步审查结果以及人大代表的质询与问询,人大也要嵌入非正式的事前沟通、交流机制,通过主动与被动、正式与非正式的制度安排实现人大与预算部门之间的对话与交流。② 第三,增强人大预算监督的强制力。除"质询或问询"等柔性手段外,还应增加否决预算草案及调整预算方案、决算草案等刚性手段。

再次,合理界定行政机关与社会公众之间的预算权。发挥社会公众的外部控权,体现出预算权力制衡的多元性,有利于实现预算民主与治理效能之间的平衡。第一,预算编制阶段社会公众的广泛参与权。财政部门下达预算编制草案之后,预算部门应摒弃传统的国家本位模式,通过多种形式听取社会意见和回应社会需求,真正

---

① 如全国人大常委会审议通过的《关于建立预算审查前听取人大代表和社会各界意见建议的机制的意见》就建立预算编制工作通报制度、听取有关方面专家意见建议制度、完善预算草案和预算报告通报工作制度、参加预算初审制度和建立网络服务平台等内容做了明确的规定。而法国通过预算战略辩论大会加强立法机关与行政机关之间充分的信息沟通,共同确立国家的战略目标和预算任务,以提高预算审批和执行的效率。参见黄严:《法国中期预算规划改革:"政策导向型"预算模式》,载《公共行政评论》2016 年第 6 期。

② 为强化人大对预算执行和其他财政收支的监督,湖南省人大常委会就对预算执行审计中发现问题的整改情况实施了满意度测评,"倒逼"预算部门及时进行整改。参见兰志荣、伍奉荣:《首次开展满意度测评,湖南省预算执行审计整改成效显著》,载中华人民共和国审计署网:http://www.audit.gov.cn/n4/n19/c91308/content.html,最后访问日期:2018 年 5 月 30 日。

体现社会公众的预算主体地位。[①] 第二，预算决策阶段应适度吸纳社会公众的建议。虽然公共预算具有技术性、专业性、复杂性，但并不能因此排斥社会公众对预算决策的参与。根据预算层级的不同，基层政府的预算审议应适当扩大社会公众的预算参与范围，而高层级的预算决策参与则应体现预算参与主体的代表性、专业性等，既为维护预算决策的专属性，也为妥善吸纳社会公众的合理意见，最终达成预算决策的共识。第三，预算调整的修正与改善。预算调整应基于经济发展变迁和社会公众的要求作出合理修正，以纠正公共服务供给的失灵，并改善公共服务的供给质量。

最后，强化司法机关对预算部门的监督。增强国家司法机关的预算权力，既有利于保持司法的谦抑性，又可以填补人大与行政机关的问责"真空"。第一，完善预算违法行为法律责任的构成。一方面，要扩展预算违法行为的类型，转变现有的"行为列举"方式为"行为列举 + 行为兜底"模式；另一方面，责任主体由预算部门扩展到具体的个人甚至是部门行政长官，以强化问责效力。[②] 第二，扩大行政公益诉讼的受案范围。预算活动对象的特殊性决定了不受限制的纳税人诉讼极易导致纳税人的滥诉行为，由检察机关提起行政公益诉讼既能发挥预算部门的专业性，亦有利于实现司法的能动性

---

① 如在四川省广安市，为提高财政支出的精准性，当地政府推行一项"菜单式"民生政策，设立"民生菜单"，先由群众"点单"，然后基于项目的普遍性、紧迫性等排序落实。参见侯大伟、胡世平：《四川广安：自主选择"菜单式"民生让百姓受益》，载人民政府网：http://www.gov.cn/jrzg/2012-11/12/content_2263062.htm，最后访问日期：2018 年 6 月 12 日。

② 当前，我国已有部分地区探索对预算部门行政长官开展绩效问责，如上海市《浦东新区财政绩效预算管理行政首长问责办法（试行）》和《河北省预算绩效管理问责办法（试行）》等。而对预算部门行政长官问责也是其他国家预算问责的通行做法，如澳大利亚《财政管理与责任法案》就专章规定了"主管长官的特别责任"。

与谦抑性的平衡。为此,一方面,要扩展行政公益诉讼的受案范围,使其受案范围涵盖预算编制、审批、执行、监督的全过程,并完善起诉标准、受理程序等制度建设;另一方面,则需优化行政公益诉讼的类型,由当前的“形成之诉”发展到要求预算部门提供公共产品与服务的“给付之诉”和确认预算行为合法或违法的“确认之诉”。①

三、预算配置能力的优化

强化预算约束能力以对人民负责只是预算法现代化的初级导向,其终极导向在于充分满足社会公众需求以承担财政受托责任,这极大地考验着政府对公共诉求进行筛选排序的能力,即预算配置能力。当下中国的现代预算改革,因公共诉求空间与结构皆差异甚大,预算资源配置在配置理念、结构与模式方面存在较大改进空间,这是中国预算法现代化推进必须认真对待的问题。

(一)预算配置体系的失衡

首先,配置理念落后。预算在一定意义上是社会秩序的反映,国家预算的配置过程涉及多元权利(力)主体,且面临主体间动机与目标相冲突的问题。受到传统计划经济体制的影响,在预算资源配置过程中,社会公众未被充分重视,导致财政支出针对性不强。第一,预算配置过于强调同一性而忽视差异性。由于社会公众在时空、能力、权益以及社会需求方面存在差异性,预算资源的分配必须体现出差异性,更加注重实质公平。当前,我国政府部门对于预算资源的配置仅考量了社会公众的同一性,财政资源配置的最终结果反而是维持了初始的不平等。第二,防风险性较弱。地方各级政府

① 参见蒋悟真:《中国预算法实施的现实路径》,载《中国社会科学》2014年第9期。

面临的财政风险包括养老金入不敷出、巨额债务的刚性利息支出以及财政赤字等。全国人大常委会预算工作委员会的调研发现，部分地方政府无法偿还债务利息，有的地方已经连续几年出现逾期债务，甚至通过举债来发放养老金。[①] 第三，配置效率有待提升。一方面，由于财政资源配置不合理，大量财政存量资金无法发挥应有的效用，造成预算资源的极大浪费；另一方面，绩效问责的缺失使当前的绩效评价结果仅仅是“行政问责的重要依据”。虽然北京市、四川省、河北省等地已出台专门的预算绩效问责管理办法，但问责事由还仅限于不按规定编制、执行预算绩效内容，绩效评价结果达不到预定标准以及预算绩效管理过程中弄虚作假等，带有浓厚的合规性色彩。

其次，配置结构僵化。财政配置结构取决于国家所处的经济发展阶段，并随预算部门的战略目标与政策调整适时变化。随着我国社会经济的发展与社会环境的变迁，财政资金分配结构并未随之调整，导致可支配财力增量不足与资金存量积压并存。第一，纵向维度的固化。在支出规模上，当前我国的预算编制主要是在上一年度的支出规模上适当增加，因而固化的支出安排事项较多，财政支出规模不断膨胀。尽管为优化财政支出结构，一些地方政府如青海省印发了《关于优化全省财政支出结构的实施意见》，就“全面推行零基预算改革”，加快构建“能出能进”的财政资金分配机制展开了探索，但此仅为试点性改革，仍无法解决支出规模固化的问题。在分配渠道上，《中共中央关于全面深化改革若干重大问题的决定》明确提出要“清理规范重点支出同财政收支增幅或生产总值挂钩事

① 参见全国人大常委会预算工作委员会调研组：《关于规范地方政府债务管理工作情况的调研报告》，载《中国人大》2016 年第 5 期。

项”,但由于教育法等相关法律尚未全部修改,故在执行上仍存在困境。在支出方向上,根据《2017 年地方财政经济运行调研总报告》显示,我国省级政府的财政自给率差异较大,全国平均财政自给率仅占 50% 左右。[①] 地方政府越来越依赖中央的转移支付,但中央对转移支付资金的使用却有严格的限制。在支出方式上,预算活动的不确定性决定了预算调整是必需且必要的,越来越多的国家已取消对同一个“项目”内预算资金调剂的限制。然而我国《预算法》对此仍未作出调整,使同一项目内预算资金的配置缺乏应有的灵活性。第二,横向维度上的固化。财政支出向民生领域倾斜是党和国家的既定方针政策。据财政部公布的数据,2017 年民生投入占支出比普遍超过了 2/3。但社会公众尤其是最底层公众的满足感并没有得到有效提升,究其原因,主要在于预算部门对民生支出的机械化、数字化认识——只考虑到民生性财政支出的数额而忽视了支出的层级性。民生性财政支出应该是一个组合式支出,包括普惠性支出和特惠性支出,两者的配置原则、配置对象以及配置效果均不相同。过度强调民生性财政支出极易导致本就稀缺的公共资源支出固化,影响配置效率。[②]

最后,配置模式短视。当前,我国对预算资源的配置以预算部门事先确定的“预算项目”为载体,由于缺乏长期性的制度设计,导

① 参见中国财政科学研究院“2017 年地方财政经济运行”调研组:《高度警惕风险变形,提升驾驭风险能力——“2017 年地方财政经济运行”调研总报告》,载《财政研究》2018 年第 3 期。

② 如素有“能源之乡”之称的湖南省耒阳市受主体财源煤炭经济持续低迷的影响,财政收入大幅度减少,而刚性支出增速明显高于可用财力增速,由此导致公务员工资延迟发放。参见《湖南耒阳公务员工资迟发,官方:经济萎缩,财政困难》,载新浪网:http://news.sina.com.cn/c/2018-06-08/doc-ihcscwxa7089715.shtml,最后访问日期:2018 年 6 月 20 日。

致我国财政支出的“碎片化”特征十分明显。第一,顶层设计缺失。虽然我国《预算法》第12条新增“跨年度预算平衡机制”,国务院还出台了《关于实行中期财政规划管理的意见》对我国中期财政规划的基本原则、主要内容等作了详细的规定,但其调整范围还仅仅停留于财政收入预测和支出预测的初级层面,约束力不足,无法解决财政支出政策“碎片化”、不可持续等问题。第二,具体制度不足。虽然我国《预算法》第41条规定一般公共预算可以设置“预算稳定调节基金”,弥补以后年度预算资金的不足。财政部还印发了《预算稳定调节基金管理暂行办法》以规范预算稳定调节基金的设置、补充以及使用等,但我国当前的预算稳定调节基金主要源于一般公共预算的超收收入和结余资金以及政府性基金预算的结转结余资金,缺乏稳定性与可预期性。同时,也仅限于“年度间”的预算衔接和稳定,缺乏长期性的规范。

(二)预算配置体系的修缮

预算是一种资源分配机制,资源分配方式直接决定预算资源能否实现效用的最大化,以及公民的社会公共需求能否得到最优化满足。以上问题的解决,要求预算资源配置能力的优化既应体现社会公众参与预算资源配置的可能性,也应体现对社会公众公共诉求的回应性。

首先,配置理念的升级。预算应更多地回应社会的需要,以便满足公共需求并实现公民的基本权利。当下,预算的资源配置理念应由“供给导向”向“需求导向”、由“粗放供给”向“精准供给”转变,同时关注配置的差异性、可持续性及高效性。第一,差异性配置。生命存在与发展的多元性决定了其生存需求的不同,进而决定了预算资源配置的差异性,真正的分配正义必须考虑到分配对象的差异性与同一性两个维度。[①] 2018 年 1 月国务院印发的《基本公共服务领域中央与地方共同财政事权和支出责任划分改革方案》就指出,要依据基本公共服务的不同属性并兼顾地方政府财力状况,采取差异化负担方式,按比例划分支出责任。以"基本公共卫生服务"为例,对于内蒙古、广西等 12 个省区市,中央政府承担 80% 的支出责任,而对于北京、上海两地,中央政府只承担 10%,其余部分由地方政府负担。第二,可持续性配置。实现财政资源配置的可持续性是法治国家预算制度的核心原则之一,具体是指预算资源的配置应在长期内以适当的水平提供公共产品与服务。当前,我国已在实现财政配置的可持续性方面进行了改革。例如,为实现财政负担的可控、安全与可持续性,国务院一方面划拨部分国有资本充实社保基金,以实现代际公平,另一方面又建立了养老保险基金中央调剂制度,提高统筹层次,以平衡省与省之间养老保险基金负担压力。第三,高效率配置。在此方面,域外的一些经验可供我们参考,例如,德国《联邦预算法》将预算活动是否符合经济性和节约性原则以及是否能用更少的人力或物力或其他方式来更有效地完成工作任务作为预算审计的主要内容;新西兰《公共审计法案》则专门规定了效益审计,重点审查公共机构工作的效益性与效率性。[②]

其次,配置结构的调整。预算资金的分配是政府以实现效用最大化为宗旨的一种"投资组合"。[③] 社会公众需求的多元性与层次

---

① 参见易小明:《分配正义的两个基本原则》,载《中国社会科学》2015 年第 3 期。

② 参见审计署法制司等:《世界主要国家审计法规汇编》,中国时代经济出版社 2004 年版,第 119 页、第 461 页。

③ 参见[美]玛莎·C. 纳斯鲍姆:《寻求有尊严的生活——正义的能力理论》,田雷译,中国人民大学出版社 2016 年版,第 15 页。

性决定了国家预算资源的配置要“突出重点、有保有压”。第一，严格限制一般性支出。一方面，要强化行政性支出的定额管理和财政总额控制；另一方面，则要构建预算资金调剂“防火墙”制度，禁止将民生性财政支出调剂为基本项目建设经费。第二，民生性支出优先配置。现代预算制度以公共福祉为导向，民生性支出应该是衡量财政支出正当性的基石。[①] 民生性财政支出优先包含两个方面的内容：在横向配置上，民生性支出优先于运转支出、建设支出等。当前，我国广东省、辽宁省等地已相继出台政策，财政支出要按照民生支出、运转支出、协调发展支出的顺序安排使用，且在上述支出有缺口的地区不得安排其他支出。[②] 但目前民生性财政支出优先尚未内化为预算部门资源配置的普遍性规则，对此仍需进一步予以落实。在纵向配置上，基本民生支出优先于其他民生支出。民生需求的层次性决定了要优先保障社会救助、基本医疗、义务教育、扶贫就业、对农民补贴等基本民生支出。第三，民生性财政支出削减豁免。国务院明确表态对于地方政府负有偿还责任的债务，“中央实行不救助原则”。在地方政府启动财政重整计划后要优先保障必要的民生支出。

最后，配置模式的重构。为保障财政可持续性，应采取“积谷防饥”策略，在经济发展较好或财政持续盈余之年，可从财政支出中留取部分资金作为储蓄，以应对未来可能存在的财政风险，且该制度需通过立法强化其约束力，并规范储备资金的设置、补充以及使用等。如瑞典政府基于年度财政支出的比例建立了比例性的预算边

---

① 参见胡明：《财政权利的逻辑体系及其现实化构造》，载《中国法学》2018 年第 1 期。

② 参见《广东省财政一般性转移支付资金管理办法》第 16 条、《辽宁省本级预算管理规定》、辽阳市《关于从严加强预算管理严格控制支出的通知》等规定。

际储备金制度，以避免意外事件所可能导致的财政超支，也为临时新增预算支出留出余地，提升预算执行的弹性。① 另外，一些资源生产国家，同样设立了具有储备性或稳定性的自然资源基金，来应对未来可能出现的因资源收入减少甚至耗竭所引发的财政危机，如智利的“经济与社会稳定基金”与“养老储备基金”、俄罗斯的“储备基金”等。② 正如有的学者所言，我国可尝试根据每届政府任期内的国内生产总值的比例合理设置储蓄率并将其制度化、规范化，以有效应对未来可能面临的财政可持续性挑战。③

四、预算运作能力的提升

优化配置预算资源是社会公共需求得到最优化满足的前提，但一切又取决于预算部门能否“以更低的税收成本维持或改善公共服务”，④即提升预算运作能力、改善预算绩效管理。当下中国已基本构建了预算绩效管理的指标体系，实现了目标管理、追踪监控、绩效评价以及结果应用的有机统一，也为深化预算绩效管理奠定了根基。但受传统预算理念以及部门预算能力的限制，预算运作能力仍有待继续提升。

---

① 参见黄严、张培培：《临“危”不惧：瑞典如何保持长期良好的财政可持续性》，载《武汉大学学报》(哲学社会科学版)2016 年第 3 期。

② 参见[美]特里萨·达班·桑切斯、让·吕克·海利斯、米歇尔·拉扎尔：《自然资源富饶国家的公共财政管理》，载[美]马尔科·坎贾诺、特里萨·克里斯汀、米歇尔·拉扎尔主编：《公共财政管理及其新兴架构》，马蔡琛、张慧芳、赵铁宗等译，东北财经大学出版社 2017 年版，第 461 ~ 462 页。

③ 参见马骏：《从财政危机走向财政可持续：智利是如何做到的？》，载《公共行政评论》2014 年第 1 期。

④ [美]珍妮特·M. 凯利、威廉姆·C. 瑞文巴克：《地方政府绩效预算》，苟燕楠译，上海财经大学出版社 2007 年版，第 4 页。

（一）预算运作系统的混沌

首先，运作价值扭曲。当前我国预算绩效评价尚处于“强化支出责任、提高财政资金使用绩效”的初级阶段，具有明显的局限性：第一，绩效评价层次较低。无论是财政部《关于推进预算绩效管理的指导意见》还是地方出台的系列预算绩效管理的规定，其评价内容均集中于财务评价方面，目的是为政府部门的预算决策提供辅助，尚未上升到真正的财政支出使用效益的评价层次。第二，绩效评价忽视了作为财政支出最终受益者的社会公众。虽然我国的财政绩效评价已将“服务对象满意度”作为指标之一，但其所占比重过低。以财政部办公厅《关于开展中央部门项目支出绩效自评工作的通知》为例，服务对象满意度仅占绩效评价指标 10% 的比重。第三，绩效评价结果的应用性不强。虽然我国《预算法》规定要对预算支出情况开展绩效评价，但绩效评价结果仅仅是预算编制的参考事项，绩效评价结果与整个预算过程尚未充分对接。

其次，运作范式偏颇。绩效预算是“权责对等、放权和问责相结合”的新型预算模式。学界认为，这是一种以总额控制为基础、分权管理为手段，结果导向为目标的预算管理模式。[①] 该主张具有一定的合理性，但却未充分考量中国国情：第一，评价基础不同。在成熟的市场经济体制与完善的预算控制机制两方面，我国均处于有待继续完善的阶段。第二，评价手段不同。与西方国家预算绩效管理主要依靠“绩效合同”实现对预算部门的控制不同，我国则侧重政府系统内部各部门合理履行基本职能。第三，评价目的不同。与西方国家绩效预算改革主要是为提升公众对政府的信任不同（如 1993

---

① 参见马骏：《新绩效预算》，载《中央财经大学学报》2004 年第 8 期；孟庆瑜：《绩效预算法律问题研究》，载《现代法学》2013 年第 1 期。

年美国《政府绩效和成果法案》明确提出预算改革的主要目的是强化财政部门的公共支出责任,为政府部门改善公共服务和提升顾客满意度提供辅助决策,以提高联邦项目的有效性和公共责任感),我国预算绩效管理评价侧重对预算活动进行"体检性绩效评估",①以助推预算部门职能的转变与公共产品与服务质量提升。

最后,运作手段单一。我国尚未形成多元化公共服务供给体制,我国《预算法》第 14 条虽然规定了应将政府采购情况及时向社会公开,财政部发布的《关于政府购买服务有关预算管理问题的通知》(财预〔2014〕13 号)也对政府购买公共服务的预算管理体制作出了原则性规定,但可操作性整体较弱,导致预算资源配置中政府有时出现"越位"与"缺位"。如何明确政府与市场的界限,实现国家财政资源的"合理退出"与"主动补位",是提升政府预算运作能力需要解决的关键问题。

(二)预算运作系统的升级

实现公共产品与服务的最优化给付是国家和社会的共同责任,这是一种公共责任而非单一的国家责任或行政责任。但因传统预算模式的功能局限性,公共责任的承担过度依赖国家主体。随着社会公众需求的多元化与高层次,国家承担过多公共责任必将导致政府支出规模不断膨胀,影响财政的可持续性。故此,预算运作能力的提升应坚持有效治理的价值取向,将重心从程序合法转向实质有效。

首先,运作价值的重塑。运作价值所指向的预算绩效是一个结果导向概念,其产出的最大化并不等于绩效的最优化,只有符合公

---

① 尚虎平:《政府绩效评估中"结果导向"的操作性偏误与矫治》,载《政治学研究》2015 年第 3 期。

众诉求的产出供给才符合预算绩效的价值取向。第一,提升预算治理效能是预算运作的初级价值。当前我国尚未构建起强有力的预算控制制度,以地方人大、司法机关以及社会公众为主的横向问责机制尚需进一步完善,以人事权为核心的纵向问责机制受上级机关的有限理性而有时无法及时发挥作用。在此背景下,充分发挥预算部门自身的主观能动性,提升预算治理水平,是实现我国预算法现代化的先决条件。第二,实现社会公共价值是预算运作的终极目标。对于预算绩效管理,其目标是为提升预算治理效能,充分提升社会公众满意度,即预算绩效评价应更加注重其目的性价值,为社会公众提供更低成本的公共服务而非简单的绩效评价。在此方面,广东东莞的经验值得推广,东莞市财政局委托第三方对财政支出项目进行评估,并叫停社会公众满意度低的项目,以寻求社会公共利益最大化。①

其次,运作范式的转换。运作范式是预算治理理念、规则、手段的集合体,具有内在的逻辑性与外在的统一性。一个合理的运作模式应与当时的政治经济等社会环境相匹配,并能够不断调整其运作状态以适应不断变化的预算环境。故此,预算运作模式既不能照搬西方的分权模式也不能固守集权模式,而应以社会公众需求的满足作为基点,构造适合中国国情的预算运作模式。第一,预算控权与授权相结合。预算权力的配置应当以预算治理效能和治理能力的合理提升为依据,配置给最能发挥功能优势的部门。受传统预算体制的影响,行政部门在预算运作过程中发挥主导作用,也在一定程度上实现了预算能力的有效提升,因此我国预算运作模式的选择离

① 参见卫学军、严铧:《财政项目第三方评估公众满意度也影响绩效》,载《南方都市报》2016 年 1 月 5 日,第 A2 版。

不开行政机关的主导作用。第二,结果控制与过程控制并重。预算绩效评价是个系统性工程,结果只是其“显在的绩效”。预算绩效评价不能忽视绩效的投入与生产过程,而应将绩效评估过程镶嵌于我国具体的预算管理情境。第三,预算运作模式的选择必须以实现社会公众利益为基本价值追求。运作模式只是手段而非目的,故而,绩效评价只是现代预算制度的逻辑起点,其最终归宿是社会公众的需求得到满足。

最后,运作手段的拓展。随着我国政府职能的转变与公共服务的市场化改革,社会资本主体参与公共产品与公共服务的供给已成社会发展的必然趋势,它可以有效弥补财政资金的不足和满足多元化与高层次的社会公共需求,社会主体在追求经济利益之时也实现了社会公共利益。这一转变要求:第一,公共产品与服务的提供主体应由政府垄断转向公私合作。即社会公共产品与服务不再由政府所垄断供给,而是邀请社会主体分担政府部门在提供公共产品与服务方面的责任,政府与社会主体之间由传统的提供接受关系转变为一种新型的合作伙伴关系,但国家对公共产品和公共服务的供给负有担保责任。第二,公共产品与服务的提供方式由垄断到竞争。中共中央办公厅、国务院办公厅印发的《关于创新政府配置资源方式的指导意见》提出要创新资源配置方式,减少政府对资源的直接配置,针对不同类型的预算资源采用包括引入市场竞争机制等多种不同的资源配置方式。基于此,可将竞争性财政资金分配制度的范围由专项财政资金覆盖到所有符合条件的财政资金,试点主体由部分省市向全国推广,并完善评审专家等相关配套制度,最终实现全体人民公平分享公共资源收益。

五、结语

预算法现代化深深地嵌入政治与社会的双重面向之中，加快推进中国预算法的现代化，不仅关系财政预算体制改革的深化，也影响国家治理模式的转型与重构。当下中国，预算作为国家治理基础的重要性被高度强调的同时，预算治理能力和治理水平不足的情况却普遍存在，尽管预算立法正在不断发展与完善，但在整体上，预算制度在表面供给上的富足和现实执行中的低效形成了巨大的反差。因此，要推进中国预算法的现代化，就必须研究预算法现代化的能力维度，提升预算治理能力，健全预算能力体系。通过对预算法现代化发展历程的考究可知，一个完整成熟的预算能力体系，必须形成以约束能力、配置能力和运作能力为基础的预算能力框架，这也是中国预算法现代化必须遵循的发展路径。

当然，作为一个后发国家，要全面推进预算法的现代化，我国除需要对预算能力框架进行战略性或宏观性的顶层设计外，还需要充分考量当下中国的预算改革经验与传统，在微观上与战术上制定可实施的促进具体能力提升的落地方案。上文围绕党的十八届三中全会以来所强调的一系列预算改革政策，以及党的十九大报告中“建立全面规范透明、标准科学、约束有力的预算制度，全面实行绩效管理”的要求，结合现有预算法律文本并联系预算法治改革实践，重新从法学研究的能力范式视角审视了预算法现代化问题的本质，并以此建构了符合国情的现代预算能力体系。深入厘定三位一体的预算能力关系，将有助于现代预算制度构建的层次化和精细化，亦为以民为本理念下预算法现代化的推进与发展指明了方向。预算法现代化只有经过预算能力理论的不断检验，才能与时俱进，成为真正为人民服务的现代预算法律体系。同时,在法学领域内就能力视角展开法的现代化研究,也为法学研究提供了一种方法论意义上的新型研究范式,如同权力(利)、义务、责任等一般概念,“能力”作为一个基础性、统领性的重要概念,将可能成为法学研究领域大有作为的研究主题以及部门法学研究的共同范式。

参考文献

一、中文原作

（一）著作

［1］财政部预算司编：《部分国家预算法汇编》，外文出版社2005年版。

［2］财政部预算司编：《中央部门预算编制指南（2013年）》，中国财政经济出版社2012年版。

［3］蔡定剑：《公众参与：风险社会的制度建设》，法律出版社2009年版。

［4］蔡茂寅：《预算法之原理》，台北，元照出版有限公司2008年版。

［5］陈恒钧：《治理互赖理论与实务》，台北，五南图书出版股份有限公司2012年版。

［6］陈新民：《德国公法学基础理论》，山东人民出版社2001年版。

[7]陈治:《实施民生财政背景下的预算法治变革》,法律出版社2016年版。

[8]丰霏:《法律制度的激励功能研究》,法律出版社2015年版。

[9]付子堂:《法律功能论》,中国政法大学出版社1999年版。

[10]葛克昌:《国家学与国家法——社会国、租税国与法治国理念》,台北,月旦出版社股份有限公司1996年版。

[11]苟燕楠:《绩效预算:模式与路径》,中国财政经济出版社2011年版。

[12]郭道晖:《社会权力与公民社会》,译林出版社2009年版。

[13]郭维真:《中国财政支出制度的法学解析——以合宪性为视角》,法律出版社2012年版。

[14]何增科、包雅钧:《公民社会与治理》,社会科学文献出版社2011年版。

[15]胡玉鸿:《法学方法论导论》,山东人民出版社2002年版。

[16]季卫东:《法律程序的意义——对中国法制建设的另一种思考》,中国法制出版社2004年版。

[17]季卫东:《法治秩序的建构》,中国政法大学出版社1999年版。

[18]季卫东:《正义思考的轨迹》,法律出版社2007年版。

[19]贾西津:《中国公民参与案例与模式》,社会科学文献出版社2008年版。

[20]江必新:《国家治理现代化》,中国法制出版社2014年版。

[21]蒋洪:《公共财政决策与监督制衡制度研究》,中国财政经济出版社2008年版。

[22]靳继东:《预算政治学论纲:权力的功能、结构与控制》,中国社会科学出版社 2010 年版。

[23]李昌麒:《经济法理念研究》,法律出版社 2009 年版。

[24]李季泽:《国家审计的法理》,中国时代经济出版社 2004 年版。

[25]李燕:《财政预算透明度提升的环境基础研究报告》,中国社会科学出版社 2011 年版。

[26]梁慧星:《民法解释学》,中国政法大学出版社 1995 年版。

[27]刘寒波:《结果导向的绩效预算》,湖南人民出版社 2014 年版。

[28]刘剑文:《民主视野下的财政法治》,北京大学出版社 2006 年版。

[29]刘洲:《财政支出的法律控制研究:基于公共预算的视角》,法律出版社 2012 年版。

[30]罗豪才、毕洪海:《软法的挑战》,商务印书馆 2011 年版。

[31]吕世伦:《社会、国家与法的当代中国语境》,清华大学出版社 2013 年版。

[32]马蔡琛:《变革世界中的政府预算管理》,中国社会科学出版社 2010 年版。

[33]马骏、侯一麟、林尚立主编:《国家治理与公共预算》,中国财政经济出版社 2007 年版。

[34]马骏、赵早早:《公共预算:比较研究》,中央编译出版社 2011 年版。

[35]马骏:《治国与理财——公共预算与国家建设》,生活·读书·新知三联书店 2011 年版。

[36]苗连营:《立法程序论》,中国检察出版社 2001 年版。

[37]欧阳谿:《法学通论》,上海会文堂新记书局 1933 年版。

[38]上海财经大学公共政策研究中心:《2013 中国财政透明度报告》,上海财经大学出版社 2013 年版。

[39]沈敏荣:《市民社会与法律精神——人的品格与制度变迁》,法律出版社 2008 年版。

[40]孙健波:《财税改革的理想与现实——宪政视角》,经济科学出版社 2008 年版。

[41]王海涛:《推进我国预算绩效管理的思考与研究》,经济科学出版社 2014 年版。

[42]王全兴:《经济法基础理论专题研究》,中国检察出版社 2002 年版。

[43]王绍光:《安邦之道:国家转型的目标与途径》,生活·读书·新知三联书店 2007 年版。

[44]熊伟:《政府间财政关系的法律调整》,法律出版社 2010 年版。

[45]徐孟洲:《经济法学》,北京师范大学出版社 2010 年版。

[46]许志雄等:《现代宪法论》(第 3 版),台北,元照出版有限公司 2002 年版。

[47]俞可平:《论国家治理现代化》,社会科学文献出版社 2014 年版。

[48]张恒山:《义务先定论》,山东人民出版社 1999 年版。

[49]张守文:《财税法疏议》,北京大学出版社 2005 年版。

[50]张守文:《经济法理论的重构》,人民出版社 2004 年版。

[51]张维迎:《信息、信任与法律》,生活·读书·新知三联书

店 2003 年版。

[52]张献勇:《预算权研究》,中国民主法制出版社 2008 年版。

(二)中文期刊文献

[1]曹鎏:《美国问责制的基本构成》,载《华东政法大学学报》2013 年第 3 期。

[2]陈家刚:《参与式预算的理论与实践》,载《经济社会体制比较》2007 年第 2 期。

[3]陈家刚:《协商民主引论》,载《马克思主义与现实》2004 年第 3 期。

[4]陈龙:《预算治理新价值:破解良序社会生成中的理性困境》,载《地方财政研究》2015 年第 7 期。

[5]陈少英:《论地方政府保障民生的财政支出责任》,载《社会科学》2012 年第 2 期。

[6]陈天祥:《政府绩效管理研究:回归政治与技术双重理性本义》,载《浙江大学学报》2011 年第 4 期。

[7]陈治:《国家治理转型中的预算制度变革——兼评新修订的〈中华人民共和国预算法〉》,载《法制与社会发展》2015 年第 2 期。

[8]丛中笑:《法治国家视角下的公共财政》,载《财贸研究》2009 年第 4 期。

[9]丰霏:《从立法技术到治理理念——中国语境下法律激励理论的转向》,载《法商研究》2015 年第 3 期。

[10]郭道晖:《权力的多元化与社会化》,载《法学研究》2001 年第 1 期。

[11]韩大元、王贵松:《中国宪法文本中"法律"的涵义》,载《法

学》2005 年第 2 期。

[12]郝明金:《论可诉性是行政行为的本质属性》,载《法学论坛》2006 年第 3 期。

[13]何俊志:《中国地方人大的三重属性与变迁模式》,载《政治学研究》2016 年第 5 期。

[14]胡明:《财政权利的逻辑体系及其现实化构造》,载《中国法学》2018 年第 1 期。

[15]胡明:《预算治理现代化转型的困境及其破解之道》,载《法商研究》2016 年第 6 期。

[16]胡玉鸿:《法律主体概念及其特征》,载《法学研究》2008 年第 3 期。

[17]华国庆:《试论民生支出优先的财政法保障》,载《法学论坛》2013 年第 5 期。

[18]华国庆:《预算法的理念与中国预算法的完善》,载《法学论坛》2009 年第 4 期。

[19]黄严:《法国中期预算规划改革:"政策导向型"预算模式》,载《公共行政评论》2016 年第 6 期。

[20]姜明安:《国家治理现代化过程中国家治理要素的转变》,载《法制与社会发展》2014 年第 5 期。

[21]蒋洪、温娇秀:《预算法修订:权力与职责的划分》,载《上海财经大学学报》2010 年第 1 期。

[22]焦建国:《民主财政论:财政制度变迁分析》,载《社会科学辑刊》2002 年第 3 期。

[23]黎江虹:《规范性和有效性:政府预算中的二重奏》,载《武汉大学学报》(哲学社会科学版)2015 年第 3 期。

[24]李炜光:《财政何以为国家治理的基础和支柱》,载《法学评论》2014 年第 2 期。

[25]李萱:《法律主体资格的开放性》,载《政法论坛》2008 年第 5 期。

[26]林慕华、马骏:《中国地方人民代表大会预算监督研究》,载《中国社会科学》2012 年第 6 期。

[27]林毅夫:《政府与市场的关系》,载《中国高校社会科学》2014 年第 1 期。

[28]刘邦驰、马韵:《试析参与式预算的理论基础与实践——基于巴西与中国浙江温岭两镇的比较》,载《财政研究》2009 年第 9 期。

[29]刘彩云:《政治学视域中价值理性的回归》,载《政治学研究》2013 年第 6 期。

[30]刘剑文、侯卓:《财税法在国家治理现代化中的担当》,载《法学》2014 年第 2 期。

[31]刘剑文、熊伟:《预算审批制度改革与中国预算法的完善》,载《法学家》2001 年第 6 期。

[32]刘剑文:《预算治理中的人大、政府与公民》,载《武汉大学学报》2015 年第 3 期。

[33]刘守刚:《将〈预算法〉修订为真正的法律》,载《上海财经大学学报》2008 年第 3 期。

[34]刘水林:《反垄断法的挑战——对反垄断法的整体主义解释》,载《法学家》2010 年第 1 期。

[35]罗豪才:《公共治理的崛起呼唤软法之治》,载《行政法论丛》2008 年第 0 期。

[36]马海涛、和立道:《公共财政保障民生的次序研究——基于民生支出项目的“层级分布”要求》,载《地方财政研究》2010 年第 2 期。

[37]马骏、赵早早:《中国预算改革的目标选择》,载《华中师范大学学报》2005 年第 3 期。

[38]马骏:《从财政危机走向财政可持续:智利是如何做到的?》,载《公共行政评论》2014 年第 1 期。

[39]马骏:《新绩效预算》,载《中央财经大学学报》2004 年第 8 期。

[40]马骏:《中国预算改革的政治学:成就与困惑》,载《中山大学学报》2007 年第 3 期。

[41]马岭:《我国预算大幅“超收”的法律原因评析》,载《法学》2010 年第 9 期。

[42]孟庆瑜:《绩效预算法律问题研究》,载《现代法学》2013 年第 1 期。

[43]牛美丽、何达基、宋小伟:《评价结果导向型管理和预算改革面临的概念和方法上的挑战》,载《公共行政评论》2014 年第 3 期。

[44]牛美丽:《公民权与公共预算——民主治理之道》,载《公共行政评论》2008 年第 1 期。

[45]尚虎平:《政府绩效评估中“结果导向”的操作性偏误与矫治》,载《政治学研究》2015 年第 3 期。

[46]史际春、李青山:《论经济法的理念》,载《华东政法学院学报》2003 年第 3 期。

[47]史际春、赵忠龙:《中国社会主义经济法治的历史维度》,

载《法学家》2011 年第 5 期。

[48]舒国滢:《法律原则适用的困境——方法论视角的四个追问》,载《苏州大学学报》2005 年第 1 期。

[49]宋彪:《公众参与预算制度研究》,载《法学家》2009 年第 2 期。

[50]苏力:《解释的难题:对几种法律文本解释方法的追问》,载《中国社会科学》1997 年第 4 期。

[51]童之伟:《法律关系的内容重估与概念重整》,载《中国法学》1999 年第 6 期。

[52]王晨光:《法律的可诉性:现代法治国家中法律的特征之一》,载《法学》1998 年第 8 期。

[53]王桦宇:《论现代财政制度的法治逻辑——以面向社会公平的分配正义为中心》,载《法学论坛》2014 年第 3 期。

[54]王景斌:《论公共利益之界定——一个公法学基石性范畴的法理学分析》,载《法制与社会发展》2005 年第 1 期。

[55]王雍君:《中国〈预算法〉的修订:精神、理念和核心命题》,载《经济体制社会比较》2009 年第 2 期。

[56]魏治勋:《"善治"视野中的国家治理能力及其现代化》,载《法学论坛》2014 年第 2 期。

[57]温家宝:《让权力在阳光下运行》,载《求是》2012 年第 8 期。

[58]吴汉东:《国家治理现代化的三个维度:共治、善治与法治》,载《法制与社会发展》2014 年第 5 期。

[59]习近平:《切实把思想统一到党的十八届三中全会精神上来》,载《求是》2014 年第 1 期。

[60]谢晖:《独立的法与可诉的法》,载《法律科学》1999 年第 1 期。

[61]谢晖:《论规范分析方法》,载《中国法学》2009 年第 2 期。

[62]邢会强:《程序视角下的预算法——兼论〈中华人民共和国预算法〉之修订》,载《法商研究》2004 年第 5 期。

[63]邢会强:《宏观调控行为的不可诉性探析》,载《法商研究》2002 年第 5 期。

[64]熊伟:《认真对待权力:公共预算的法律要义》,载《政法论坛》2011 年第 5 期。

[65]熊伟:《宪政与中国财政转型》,载《法学家》2004 年第 5 期。

[66]徐澜波:《宏观调控的可诉性之辨》,载《法学》2012 年第 5 期。

[67]徐澜波:《宏观调控权的法律属性辨析》,载《法学》2013 年第 6 期。

[68]薛克鹏:《论经济法的社会本位理念及其实现》,载《现代法学》2006 年第 6 期。

[69]闫海:《论司法预算制度的学理构造》,载《当代法学》2006 年第 3 期。

[70]颜运秋:《论经济法的可诉性缺陷及其弥补》,载《当代法学》2000 年第 1 期。

[71]姚建宗:《法学研究及其思维方式的思想变革》,载《中国社会科学》2012 年第 1 期。

[72]叶姗:《法律促进预算平衡之基本原理研究》,载《现代法学》2010 年第 5 期。

[73]叶姗:《前置性问题和核心规则体系研究——基于“中改”〈中华人民共和国预算法〉的思路》,载《法商研究》2010 年第 4 期。

[74]易小明:《分配正义的两个基本原则》,载《中国社会科学》2015 年第 3 期。

[75]俞可平:《治理和善治:一种新的政治分析框架》,载《南京社会科学》2001 年第 9 期。

[76]俞宪忠:《优好制度设计的基本原则:激励与惩罚相兼容》,载《社会科学战线》2011 年第 12 期。

[77]袁曙宏、赵永伟:《西方国家依法行政比较研究——兼论对我国依法行政的启示》,载《中国法学》2000 年第 5 期。

[78]翟小波:《代议机关至上的人民宪政——我国宪法实施模式的解释性建构》,载《清华法学》2007 年第 2 期。

[79]张康之、张乾友:《现代民主理论的兴起及其演进历程——从人民主权到表达民主再到协商民主》,载《中国人民大学学报》2011 年第 5 期。

[80]张守文:《分配结构的财税法调整》,载《中国法学》2011 年第 5 期。

[81]张文显:《法治与国家治理现代化》,载《中国法学》2014 年第 4 期。

[82]张文显:《运用法治思维和法治方式治国理政》,载《社会科学家》2014 年第 1 期。

[83]张献勇:《略论代表机关的预算否决》,载《人大研究》2009 年第 7 期。

[84]赵海利:《教育专项转移支付的公平性分析——以浙江省为例》,载《经济社会体制比较》2011 年第 6 期。

[85]赵文洪:《市场经济与社会本位价值观》,载《哲学研究》1996 年第 12 期。

[86]郑玉双:《实现共同善的良法善治:工具主义法治观新探》,载《环球法律评论》2016 年第 3 期。

[87]中国财政科学研究院"2017 年地方财政经济运行"调研组:《高度警惕风险变形,提升驾驭风险能力——"2017 年地方财政经济运行"调研总报告》,载《财政研究》2018 年第 3 期。

[88]周安平:《善治与法治关系的辨析——对当下认识误区的厘清》,载《法商研究》2015 年第 4 期。

[89]周雪光:《"逆向软预算约束":一个政府行为的组织分析》,载《中国社会科学》2005 年第 2 期。

[90]朱大旗:《迈向公共财政:〈预算法修正案(二次审议稿)〉之评议》,载《中国法学》2013 年第 5 期。

[91]朱大旗:《现代预算权体系中的人民主体地位》,载《现代法学》2015 年第 3 期。

[92]王柳:《绩效问责的制度逻辑及实现路径》,载《中国行政管理》2016 年第 7 期。

二、中文译著

[1][爱尔兰]约翰·莫里斯·凯利:《西方法律思想简史》,王笑红译,法律出版社 2010 年版。

[2][奥]凯尔森:《法与国家的一般理论》,沈宗灵译,中国大百科全书出版社 1996 年版。

[3][澳]琳达·维斯、约翰·M. 霍布森:《国家与经济发展——一个比较及历史性的分析》,黄兆辉、廖志强译,吉林出版集

团有限责任公司 2009 年版。

[4][澳]约翰·S. 德雷泽克:《协商民主及其超越:自由与批判的视角》,丁开杰等译,中央编译出版社 2006 年版。

[5][德]G. 拉德布鲁赫:《法哲学》,王朴译,法律出版社 2005 年版。

[6][德]阿图尔·考夫曼:《法律哲学》(第 2 版),刘幸义等译,法律出版社 2011 年版。

[7][德]格奥格·耶利内克:《主观公法权利体系》,曾韬、赵天书译,中国政法大学出版社 2012 年版。

[8][德]哈贝马斯:《公共领域的结构转型》,曹卫东等译,学林出版社 1999 年版。

[9][德]哈贝马斯:《在事实与规范之间:关于法律和民主法治国的商谈理论》,童世骏译,生活·读书·新知三联书店 2011 年版。

[10][德]于尔根·哈贝马斯:《现代性的哲学话语》,曹卫东等译,译林出版社 2004 年版。

[11][德]汉娜·阿伦特:《论革命》,陈周旺译,译林出版社 2007 年版。

[12][德]马克斯·韦伯:《论经济与社会中的法律》,张乃根译,中国大百科全书出版社 1998 年版。

[13][德]马克斯·韦伯:《经济与社会》,林远荣译,商务印书馆 1997 年版。

[14][德]施塔姆勒:《正义法的理论》,夏彦才译,商务印书馆 2012 年版。

[15][德]耶林:《为权利而斗争》,胡宝海译,中国法制出版社 2000 年版。

[16][法]邦雅曼·贡斯当:《古代人的自由与现代人的自由》,阎克文等译,上海世纪出版集团、上海人民出版社2003年版。

[17][法]狄骥:《公法的变迁》,郑戈译,中国法制出版社2010年版。

[18][法]佛兰索瓦·基佐:《欧洲代议制政府的历史起源》,张清津、袁淑娟译,复旦大学出版社2008年版。

[19][法]卢梭:《社会契约论》,杨国政译,陕西人民出版社2004年版。

[20][法]孟德斯鸠:《论法的精神》,张雁深译,商务印书馆1982年版。

[21][法]托克维尔:《旧制度与大革命》,冯棠译,商务印书馆1992年版。

[22][法]托克维尔:《论美国的民主》(上卷),董果良译,商务印书馆1991年版。

[23][法]伊夫·辛多默等主编:《亚欧参与式预算:民主参与的核心挑战》,上海人民出版社2012年版。

[24][古希腊]亚里士多德:《政治学》,吴寿彭译,商务印书馆1965年版。

[25][加]欧内斯特·J. 温里布:《私法的理念》,徐爱国译,北京大学出版社2007年版。

[26][美]杰克·瑞宾、托马斯·D. 林奇:《国家预算与财政管理》,丁学东等译,中国财政经济出版社2000年版。

[27][美]E. 博登海默:《法理学:法律哲学与法律方法》,邓正来译,中国政法大学出版社2004年版。

[28][美]P. 诺内特、P. 塞尔兹尼克:《转变中的法律与社会:迈

向回应型法》,张志铭译,中国政法大学出版社 2004 年版。

[29][美]阿尔伯特・C. 海迪等:《公共预算经典(第二卷)——现代预算之路》(第 3 版),苟燕楠、董静译,上海财经大学出版社 2006 年版。

[30][美]阿兰・S. 罗森鲍姆:《宪政的哲学之维》,郑戈、刘茂林译,生活・读书・新知三联书店 2001 年版。

[31][美]阿伦・威尔达夫斯基、娜奥米・凯顿:《预算过程中的新政治》,苟燕楠译,中国人民大学出版社 2014 年版。

[32][美]阿曼・卡恩、W. 巴特利・希尔德雷思:《公共部门预算理论》,韦曙林译,格致出版社、上海人民出版社 2010 年版。

[33][美]艾伦・希克:《当代公共支出管理办法》,王卫星译,经济管理出版社 2000 年版。

[34][美]爱伦・鲁宾:《阶级、税收和权力——美国的城市预算》,林琳、郭韵译,格致出版社、上海人民出版社 2011 年版。

[35][美]爱伦・鲁宾:《公共预算中的政治:收入与支出,借贷与平衡》(第 4 版),叶娟丽、马骏等译,中国人民大学出版社 2001 年版。

[36][美]昂格尔:《现代社会中的法律》,吴玉章、周汉华译,中国政法大学出版社 1994 年版。

[37][美]保罗・莫罗主编:《削减公共债务:财政调控的成功之道与失败之源》,马蔡琛等译,东北财经大学出版社 2013 年版。

[38][美]伯尔曼:《法律与宗教》,梁治平译,中国政法大学出版社 2003 年版。

[39][美]布坎南、瓦格纳:《赤字中的民主》,刘延安、罗光译,北京经济学院出版社 1988 年版。

[40][美]罗伯特·达尔:《民主理论的前言》,顾昕译,生活·读书·新知三联书店1999年版。

[41][美]戴维·波普诺:《社会学》,李强等译,中国人民大学出版社1999年版。

[42][美]道格拉斯·C.诺思:《经济史上的结构和变革》,厉以平译,商务印书馆2010年版。

[43][美]弗朗西斯·福山:《国家建构:21世纪的国家治理与世界秩序》,黄胜强、许铭原译,中国社会科学出版社2007年版。

[44][美]富勒:《法律的道德性》,郑戈译,商务印书馆2005年版。

[45][美]格尔哈斯·伦斯基:《权力与特权——社会分层的理论》,关信平等译,浙江人民出版社1988年版。

[46][美]汉密尔顿、杰伊、麦迪逊:《联邦党人文集》,程逢如等译,商务印书馆1980年版。

[47][美]华莱士·E.奥茨:《财政联邦主义》,陆符嘉译,译林出版社2012年版。

[48][美]基思·福克斯:《公民身份》,郭忠华译,吉林出版集团有限责任公司2009年版。

[49][美]卡罗尔·佩特曼:《参与和民主理论》,陈尧译,上海人民出版社2006年版。

[50][美]科恩:《论民主》,聂崇信、朱秀贤译,商务印书馆1988年版。

[51][美]莱斯利·里普森:《政治学的重大问题——政治学导论》(第10版),刘晓等译,华夏出版社2001年版。

[52][美]理查德·A.波斯纳:《法律、实用主义与民主》,凌

斌、李国庆译,中国政法大学出版社 2005 年版。

[53][美]罗伯特·D. 李、罗纳德·W. 约翰逊、菲利普·G. 乔伊斯:《公共预算体系》(第 8 版),苟燕楠译,中国财政经济出版社 2011 年版。

[54][美]罗尔斯:《正义论》,何怀宏等译,中国社会科学出版社 2009 年版。

[55][美]罗纳德·德沃金:《认真对待权利》,信春鹰、吴玉章译,上海三联书店 2008 年版。

[56][美]罗斯科·庞德:《通过法律的社会控制》,沈宗灵译,商务印书馆 2010 年版。

[57][美]罗伊·T. 梅耶斯:《公共预算经典——面向绩效的新发展》,苟燕楠译,上海财经大学出版社 2005 年版。

[58][美]马丁·P. 戈尔丁:《法律哲学》,齐海滨译,生活·读书·新知三联书店 1987 年版。

[59][美]马尔科·坎贾诺等主编:《公共财政管理及其新兴架构》,马蔡琛等译,东北财经大学出版社 2017 年版。

[60][美]玛格利特·利瓦伊:《统治与岁入》,周军华译,格致出版社、上海人民出版社 2010 年版。

[61][美]玛莎·C. 纳斯鲍姆:《寻求有尊严的生活——正义的能力理论》,田雷译,中国人民大学出版社 2016 年版。

[62][美]迈克尔·D. 贝勒斯:《法律的原则——一个规范的分析》,张文显等译,中国大百科全书出版社 1996 年版。

[63][美]迈克尔·罗斯金等:《政治科学》(第 6 版),林震等译,华夏出版社 2001 年版。

[64][美]麦克尼尔:《新社会契约论》,雷喜宁、潘勤译,中国政

法大学出版社 2004 年版。

[65][美]乔纳森·卡恩:《预算民主:美国的国家建设和公民权(1890—1928)》,叶娟丽等译,格致出版社、上海人民出版社 2008 年版。

[66][美]萨尔瓦托雷·斯基亚沃-坎波、丹尼尔·托马西:《公共管理支出》,张通译,中国财政经济出版社 2001 年版。

[67][美]塞缪尔·亨廷顿:《变化社会中的政治秩序》,王冠华、刘为等译,上海人民出版社 2008 年版。

[68][美]沙安文主编:《地方预算》,大连市财政局翻译小组译,中国财政经济出版社 2012 年版。

[69][美]史蒂芬·霍尔姆斯、凯斯·R. 桑斯坦:《权利的成本:为什么自由依赖于税》,毕竞悦译,北京大学出版社 2004 年版。

[70][美]托马斯·D. 林奇:《美国公共预算》,苟燕楠、董静译,中国财政经济出版社 2002 年版。

[71][美]威尔逊:《国会政体》,熊希龄、吕德本译,商务印书馆 1986 年版。

[72][美]雪莉·琳内·汤姆金:《透视美国预算管理与预算局——总统预算局内的政治与过程》,苟燕楠译,上海财经大学出版社 2009 年版。

[73][美]约翰·V. 奥尔特:《正当法律程序简史》,杨明成、陈霜玲译,商务印书馆 2006 年版。

[74][美]约翰·克莱顿·托马斯:《公共决策中的公民参与:公共管理工作者的新技能与新策略》,孙柏瑛等译,中国人民大学出版社 2005 年版。

[75][美]詹姆斯·M. 布坎南:《民主财政论:财政制度和个人

选择》,穆怀朋译,商务印书馆 1993 年版。

[76][美]詹姆斯·W.费斯勒、唐纳德·F.凯特尔:《行政过程的政治——公共行政学新论》(第 2 版),陈振明、朱芳芳等译,中国人民大学出版社 2002 年版。

[77][美]詹姆斯·博曼:《公共协商:多元主义、复杂性与民主》,黄相怀译,中央编译出版社 2006 年版。

[78][美]珍妮特·M.凯丽、威廉姆·C.瑞文巴克:《地方政府绩效预算》,苟燕楠译,上海财经大学出版社 2007 年版。

[79][日]北野弘久:《税法学原论》,陈刚等译,中国检察出版社 2001 年版。

[80][日]大须贺明:《生存权论》,林浩译,法律出版社 2001 年版。

[81][日]谷口安平:《程序的正义与诉讼》(增补本),王亚新、刘荣军译,中国政法大学出版社 2002 年版。

[82][日]井手文雄:《日本现代财政学》,陈秉良译,中国财政经济出版社 1990 年版。

[83][日]美浓部达吉:《议会制度论》,邹敬芳译,中国政法大学出版社 2005 年版。

[84][日]南博方:《行政法》(第 6 版),杨建顺译,中国人民大学出版社 2009 年版。

[85][日]神野直彦:《财政学——财政现象的实体化分析》,彭曦等译,南京大学出版社 2012 年版。

[86][日]田中英夫、竹内昭夫:《私人在法实现中的作用》,李薇译,法律出版社 2006 年版。

[87][日]小岛武司:《诉讼制度改革的法理与实证》,陈刚、郭

美松等译,法律出版社 2001 年版。

[88][日]星野英一:《私法中的人》,王闯译,中国法制出版社 2004 年版。

[89][瑞典]博·罗斯坦:《政府质量:执政能力与腐败、社会信任和不平等》,蒋小虎译,新华出版社 2012 年版。

[90][意]莫诺·卡佩莱蒂:《福利国家与接近正义》,刘俊祥等译,法律出版社 2000 年版。

[91][印]阿玛蒂亚·森:《以自由看待发展》,任赜、于真译,中国人民大学出版社 2002 年版。

[92][英]J. S. 密尔:《代议制政府》,汪瑄译,商务印书馆 1982 年版。

[93][英]安东尼·吉登斯:《民族——国家与暴力》,胡宗泽等译,生活·读书·新知三联书店 1998 年版。

[94][英]比几斯渴脱:《英国国会史》,[日]镰田节堂译,中国政法大学出版社 2003 年版。

[95][英]边沁:《道德与立法原理导论》,时殷弘译,商务印书馆 2000 年版。

[96][英]戴维·M. 沃克:《牛津法律大辞典》,李双元等译,法律出版社 2003 年版。

[97][英]戴维·赫尔德:《民主的模式》,燕继荣等译,中央编译出版社 1998 年版。

[98][英]戴雪:《英宪精义》,雷宾南译,中国法制出版社 2001 年版。

[99][英]丹宁勋爵:《法律的正当程序》,刘庸安等译,法律出版社 1999 年版。

[100][英]德里克·希特:《何谓公民身份》,郭忠华译,吉林出版集团有限责任公司2007年版。

[101][英]弗里德利希·冯·哈耶克:《自由秩序原理》,邓正来译,生活·读书·新知三联书店1997年版。

[102][英]哈特:《法律的概念》(第2版),许家馨、李冠宜译,法律出版社2011年版。

[103][英]马克·劳格等著、罗杰·E.巴克豪斯编:《经济学方法论的新趋势》,张大宝等译,经济科学出版社2000年版。

[104][英]詹姆斯·C.霍尔特:《大宪章》(第2版),毕竞悦等译,北京大学出版社2010年版。

三、外文作品

(一)英文专著

[1] A. Premchand, *Government Budgeting and Expenditure Controls: Theory and Practice*, Washington D. C., International Monetary Fund, 1984.

[2] Aaron Wildavsky, Naomi Caiden, *The New Politics of the Budgetary Process*, New York, Longman Publishing, 1996.

[3] Aaron Wildavsky, *Budgeting: A Comparative Theory of Budgetary Process*, New York, Transaction Publishers, 1986.

[4] Aaron Wildavsky, *If You Can't Budget, How Can You Govern?* California, Hoover Institution Press, 1988.

[5] Albert C. Hyde, *Government Budgeting: Theory, Process, Politics*, Belmont, Brooks/Cole Publishing Company, 1991.

[6] Andreas Schedler, Larry Diamond and Marc F. Plattner, eds.,

The Self-Restraining State: Power and Accountability in New Democracies, Boulder, Lynne Rlenner Publishers, 1999.

[7] Dennis Frank Thompson, *Political Ethics and Public Office*, Cambridge, Harvard University Press, 1987.

[8] Hemann Kantorowicz, *The Definition of Law*, Cambridge, Cambridge University Press, 1958.

[9] Holmes, Jr., *The Common Law*, Boston, Little, Brown, and Company, 1881.

[10] Irene S. Rubin, *The Politics of Public Budgeting: Getting and Spending, Borrowing and Balancing*, New York, Seven Bridges Press, LJC, 2000.

[11] Jack Rabin, Thomas D. Lynch, *Handbook on Public Budgeting and Financial Management*, New York, Marcel Dekker, 1983.

[12] James M. Buchanan, Richard A. Musgrave, *Public Finance and Public Choice: Two Contrasting Visions of the State*, Cambridge, MIT Press, 1999.

[13] James M. Poterba, Jürgen von Hagen eds., *Fiscal Institutions and Fiscal Performance*, Chicago, University of Chicago Press, 1999.

[14] John L. Mikesell, *Fiscal Administration*, New York, Hartcout Brace College Publishers, 1999.

[15] Jonathan Kahn, *Budgeting Democracy: State Building and Citizenship in America* 1890 – 1928, Ithaca, NY, and London, Cornell University Press, 1997.

[16] Jorge M. Valadez, *Deliberative Democracy*, *Political Legitimacy*, *And Self-determination in Multi-cultural Societies*, Colorado, Westview Press, 2001.

[17] Joseph M. Bessette, "Deliberative Democracy: The Majority Principle in Republican Government", in Robert A. Goldwin, *William A. Schambra*, *eds. How Democratic Is the Constitution?*, American Enterprise Institute, 1980.

[18] Lyons Bruce, *A Constitutional and Legal History of Medieval England*, New York, Harper & Brothers, 1960.

[19] Matthew Andrews, "What Would an Ideal Public Finance Management System Look Like?", in Anwar Shah, eds. *Budgeting and Budgetary Institutions*, London, Word Bank, 2007.

[20] OECD, *Performance Budgeting in OECD Countries*, Paris, OECD Publishing, 2007.

[21] PeterLaslet, James S. Fishkin, *Philosophy*, *Politics and Society*, New Haven, Yale University Press, 1979.

[22] R. A. Duff, *Trial and Punishment*, Cambridge, Cambridge University Press, 1986.

[23] Richard Allen, Daniel Tommasi, *Managing Public Expenditure: A Reference Book for Transition Countries*, Paris, OECD Publications, 2001.

[24] RichardMulgan, *Holding Power to Account: Accountability in Modern Democracies*, New York, Palgrave Macmillan, 2003.

[25] Stephen P. Osborne, *The New Public Governance? Emerging Perspectives on the Theory and Practice of Public Governance*, New

York, Routledge, 2010.

[26] T. H. Marshall, *Sociology at the Crossroads and Other Essays*, London, Heinemann, 1963.

[27] Teubner Gunther, *Law as a Autopoietic System*, Oxford/Cambridge, Blackwell Publishers, 1993.

[28] Thomas Julius Anton, *The Politics of State Expenditure in Illinois*, Illinois, University of Illinois Press, 1966.

[29] Thomas Lynch, *Public Budgeting in America*, New Jersey, Prentice Hall, 1990.

(二)英文期刊文献

[1] Allen Schick, "Does Budgeting Have a Future?", *OECD Journal on Budgeting*, Vol. 2, No. 2, 2002.

[2] Anne Marie Goetz, Rob Jenkins, "Hybrid Forms of Accountability: Citizen Engagement in Institutions of Public-sector Oversight in India", *Public Management Review*, Vol. 3, No. 3, 2001.

[3] Carolyn Hendriks, "The Ambiguous Role of Civil Society in Deliberative Democracy", *Journal of Catalysis*, Vol. 98, No. 2, 2002.

[4] Craig Scott, PatrickMacklem, "Constitutional Ropes of Sand or Justiciable Guarantees? Social Rights in a New South African Constitution", *University of Pennsylvania Law Review*, Vol. 141, No. 1, 1992.

[5] Gerald J. Postema, "Principle of Utility and the Law of Procedure: Bentham's Theory of Adjudication", *Georgia Law Review*, Vol. 11, 1976.

[6] Giovanni Sartorial, "Constitutionalism: A Preliminary

Discussion",*The American Political Science Review*,Vol. 56,No. 4,1962.

[7] John Ackerman,"Co-Governance for Accountability: Beyond 'Exit' and 'Voice'",*World Development*, Vol. 32,No. 3,2003.

[8] John Rawls,"The Idea of Public Reason Revisited",*The University of Chicago Law Review*,Vol. 64,No. 3,1997.

[9] Ronnie Downes,Delphine Moretti,Trevor Shaw,"Budgeting in Sweden",*OECD Journal on Budgeting*,Vol. 16,No. 2,2017.

[10] Key,"V. O. The Lack of a Budgetary Theory",*American Political Science Review*,Vol. 34,No. 6,1940.

[11] Lourdes Torres,"Service Charters in Spain: Transparency and Citizen Empowerment or Government Marketing",*Public Money and Management*,Vol. 26,No. 3,2006.

[12] Martha L. McCoy,Patrick L. Scully,"Deliberative Dialogue to Expand Civic Engagement: What Kind of Talk Does Democracy Need",*National Civic Review*,Vol. 91,No. 2,2002.

[13] Ming Xing Liu,Juan Wang,Ran Tao and Rachel Murphy,"The Political Economy of Earmarked Transfers in a State-Designated Poor County in Western China: Central Policies and Local Responses",*China Quarterly*,Vol. 200,No. 200,2009.

[14] Nancy Roberts,"Public Deliberation in an Age of Direct Citizen Participation",*The American Review of Public Administration*, Vol. 34,No. 4,2004.

[15] Naomi Caiden,"Patterns of budgeting",*Public Administration Review*,Vol. 38,No. 6,1978.

[16] Naomi Caiden,"A New Perspective on Budgetary Reform",

Australian Journal of Public Administration, Vol. 48, No. 1, 1989.

[17] OECD, "The Legal Framework for Budget Systems: An International Comparison", *OECD Journal on Budgeting*, Vol. 4, No. 3, 2006.

[18] John Rawls, "The Idea of Public Reason Revisited", *The University of Chicago Law Review*, Vol. 64, No. 3, 1997.

[19] Reiner Eichenberger, "Mark Schelker. Independent and Competing Agencies: An Effective Way to Control Government, *Public Choice*", Vol. 130, No. 1 - 2, 2007.

[20] Wallace E. Oates, "The Theory of Public Finance in a Federal System", *Canadian Journal of Economics*, Vol. 1, No. 1, 1968.

[21] Woods, "Jeanne M. Justiciable Social Rights as a Critique of the Liberal Paradigm", *Texas International Law Journal*, Vol. 38, No. 4, 2003.

[22] Richard A. Posner, "The Supreme Court, 2004 Term: Foreword: A Political Court", *Harvard Law Review*, Vol. 119, No. 1, 2005.

初出一览

1.《论预算治理的三重维度》,载《东岳论丛》2017 年第 8 期,第 59 ~ 65 页。

——本书第一章第三节

2.《民生性财政预算执行的法制保障》,载《湖南师范大学社会科学学报》2017 年第 5 期,第 84 ~ 90 页。

——本书第二章第一节

3.《中国预算法的政治性和法律性》,载《法商研究》2015 年第 1 期,第 9 ~ 13 页。

——本书第二章第二节

4.《预算法正当程序理念及其制度完善》,载《西南民族大学学报》(人文社会科学版)2012 年第 1 期,第 79 ~ 84 页。

——本书第三章第一节

5.《预算公开法治化:实质、困境及其出路》,载《中国法学》

2013 年第 5 期,第 42 ~ 51 页。

——本书第三章第二节

6.《保障教师薪酬要从全方位财政法治保障入手》,载《法学》2016 年第 6 期,第 11 ~ 18 页。

——本书第三章第三节

7.《推进预算民主的三条进路》,载《法学》2011 年第 11 期,第 24 ~ 20 页。

——本书第四章第一节

8.《预算法社会本位理念及其规范化表达》,载《财税法论丛》2013 年第 0 期。

——本书第四章第二节

9.《预算法的可诉性理念及其司法机制构建》,载《当代法学》2012 年第 5 期,第 102 ~ 108 页。

——本书第四章第三节

10.《绩效预算:基于善治的预算治理》,载《当代财经》2017 年第 11 期,第 26 ~ 35 页。为人大复印报刊资料《财政与税务》2018 年第 2 期全文转载。

——本书第五章

11.《我国预算法修订的规范分析》,载《法学研究》2011 年第 2 期,第 146 ~ 159 页。

——本书第六章第一节

12.《中国预算法实施的现实路径》,载《中国社会科学》2014 年第 9 期,第 125 ~ 145 页。为人大复印报刊资料《经济法学、劳动法学》2014 年第 12 期全文转载。

——本书第六章第二节

13.《论中国预算法的现代化》,载《环球法律评论》2018 年第 5 期,第 5 ~20 页。为《高等学校文科学术文摘》2018 年第 6 期转载。

——本书第六章第三节

后　记

本书是在近年来发表的一系列预算法论文的基础上整理而成，一定程度上记载了近10年来我对预算法治与预算治理这一问题的研究心得。如今，作为一种记忆，望将其尽可能地保留原貌整体地呈现给读者，并以此感念那些曾为这些文字的发表提供过重要帮助甚至付出过辛劳的老师、编辑和朋友。我在中国人民大学做博士后时，承蒙朱大旗教授的指引与影响，开启了预算法的研究。我的博士后出站报告，曾与本书中的某个选题有关，在此，我特别感谢张文显教授与史际春教授的指导与关爱——甚至于他们的宽容。书中的章节基本上均以论文形式发表过，为此，要特别感谢《中国社会科学》《中国法学》《法学研究》《法学》《法商研究》《环球法律评论》《当代财经》《东岳论丛》《湖南师范大学学报》《江西财经大学学报》等期刊及其相关责任编辑们的关爱，他(她)们接受了我的投稿，而且非常幸运的是，我近年所获的一些荣誉奖励(如教育部人文社科奖、江西省社科优秀成果奖等)几乎都与这些发表的论文相关，对此我心存感激和感恩！

我要感谢中国法学会财税法学研究会和中国法学会经济法学研究会，刘剑文会长和张守文会长以及诸多的前辈、同仁多年来对我的指导、帮助和提携！感谢多年来一直支持和鼓励我前行的我的导师李步云教授和王全兴教授。感谢我的“老东家”江西财经大学的领导与同事，让我在江西的岁月整体上以一种安静的状态投身于学习与工作之中。我还要特别感谢我的家人，让我在处理世俗繁杂的行政事务中仍能抽出精力从事学术研究。感谢华南理工大学的麦均衡部长、李石勇处长，他们的信任、理解与支持，让我能够在困惑中坚守。

我要感谢我的研究团队，近 10 年来，从南昌到广州，我比较注重学术团队的建设。通过对年轻人才的培养以及与课题研究的结合，我们打造了一支比较团结且学术目标追求明确的研究团队，他们年轻、充满朝气，且整体上不那么世俗与功利。其中，胡明副教授、詹国旗博士、郭创拓博士、尹迪博士等，为本书中一些论文的写作与发表提供了诸多帮助；博士研究生阳雨璇等同学对本书统稿进行了文字上的校对。在此一并表示特别感谢！

我国预算法治与预算治理的道路还很漫长，当代财税法治实践中的较多现实问题仍需要理论上的及时回应，我仍会对这一领域的研究保持一如既往的兴趣与热情。当然，就未来的研究而言，中国法治实践中许多重大的、新领域问题仍需要我和团队静下心来去开拓与前行。无论如何，对于我来说，呈现给师友们和读者们的这份研究心得，既是对过往的总结，也可视为迈向未来的新起点。

2019 年夏于广州大学城

图书在版编目(CIP)数据

预算治理现代化中国图景 / 蒋悟真著. -- 北京 :
法律出版社, 2019
ISBN 978 -7 -5197 -3859 -4

Ⅰ. ①预… Ⅱ. ①蒋… Ⅲ. ①预算法 - 研究 - 中国
Ⅳ. ①D922.214

中国版本图书馆 CIP 数据核字(2019)第 203525 号

预算治理现代化中国图景
YUSUAN ZHILI XIANDAIHUA ZHONGGUO TUJING

蒋悟真 著

策划编辑 沈小英
责任编辑 陈 妮
装帧设计 李 瞻

出版 法律出版社
总发行 中国法律图书有限公司
经销 新华书店
印刷 中煤(北京)印务有限公司
责任校对 马 丽
责任印制 吕亚莉

编辑统筹 法治与经济出版分社
开本 A5
印张 12.875
字数 300 千
版本 2019 年 11 月第 1 版
印次 2019 年 11 月第 1 次印刷

法律出版社/北京市丰台区莲花池西里 7 号(100073)
网址/www.lawpress.com.cn
投稿邮箱/info@lawpress.com.cn
举报维权邮箱/jbwq@lawpress.com.cn
销售热线/400 -660 -8393
咨询电话/010 -63939796

中国法律图书有限公司/北京市丰台区莲花池西里 7 号(100073)
全国各地中法图分、子公司销售电话:
统一销售客服/400 -660 -8393/6393
第一法律书店/010 -83938432/8433 西安分公司/029 -85330678 重庆分公司/023 -67453036
上海分公司/021 -62071639/1636 深圳分公司/0755 -83072995

书号:ISBN 978 -7 -5197 -3859 -4 **定价**:89.00 元